D1692162

Woschek · Das Buch vom Wein

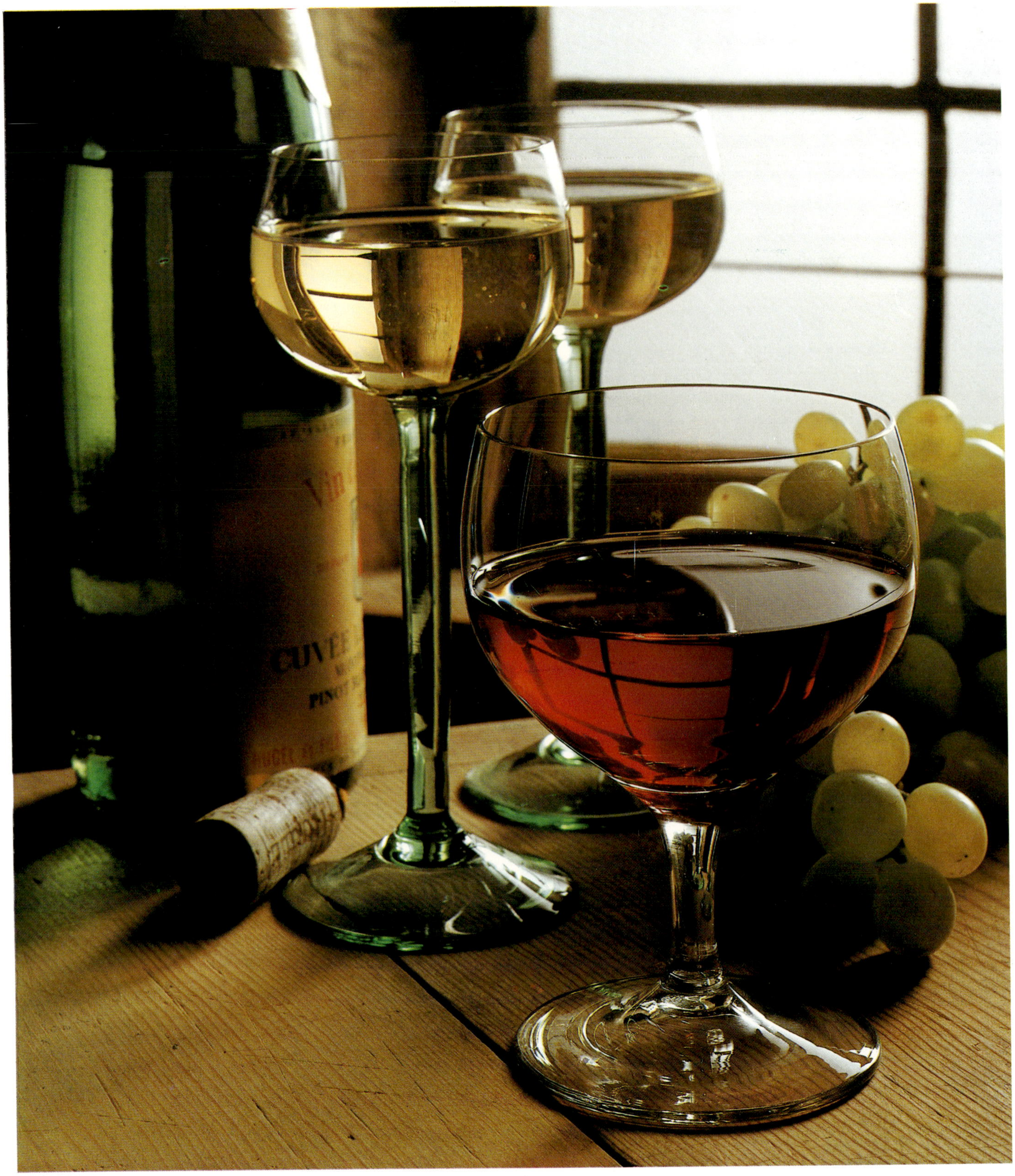

Heinz-Gert Woschek

Das Buch vom WEIN

Alles über die
Welt des Weines
und die Weine
der Welt

Inhalt

Über dieses Buch 7
Wein – was ist das eigentlich? 9
  Die Weintypen der Welt 9
  Weinähnliche Getränke 9
  Wein als Kulturgut und Wirtschaftsfaktor 9
Wein-Historie 10
  Anfänge der Weinkultur 10
  Weinflut im Mittelalter – Überproduktion heute 11
Vom Anbau des Weines 12
  Erziehungsformen der Rebe 12
  Sommerliche Weinbergsarbeiten 13
Der Einfluß von Boden und Klima 14
  Klima und Kleinklima 14
  Das Bestandsklima 15
Die Traube, Geschenk der Natur 16
  Das Wachstum des Rebstocks 16
  Blüte und Fruchtbildung 16
  Reife und Lese 17
Der Saft aus frischen Trauben 18
  Edelfäule und hohe Mostgewichte 18
  Säuregehalt und Reifefaktor 19
  Traubensaft in der Analyse 19
Weinbereitung einst und jetzt 20
  Die Bereitung von Eisweinen 21
  Die alkoholische Gärung 21
Im Reich des Kellermeisters 22
  Der Reifeprozeß des Weines 22
  Schwefeln – Klären – Abfüllen 23
Möglichkeiten zur Qualitätssteigerung 24
  Die Verbesserung mit Zucker 24
  Der Verschnitt 25
Der Weißwein 26
  Rebsorten für wertvolle Weißweine 27

Der Rotwein 28
  Rebsorten für wertvolle Rotweine 29
Der Roséwein 30
  Rosé wird immer beliebter 31
  Einige namhafte Roséweine 31
Süßwein und Likörwein 32
  International bekannte Likörweine 33
Der schäumende Wein 34
  Sorten und Qualitäten 35
Weinbrand und Branntwein 36
  Von der Arznei zum Genußmittel 36
  Branntwein-Spezialitäten 37
Die Welt des Winzers 38
  Arbeitsaufwand und Kosten 38
Weingut, Weinkellerei, Genossenschaft 41
  Weinhandel und Neugründungen 41
Wein kaufen, pflegen, genießen 42
  Eines der schönsten Hobbies 43
Was Qualität beim Wein bedeutet 44
  Subjektive Beurteilung der Weinqualität 44
  Objektive Kriterien der Weinqualität 45
Gütekategorien als Orientierungshilfe 46
  Der Landwein 46
  Die Qualitätsweinklassen 46

Weingesetze zum Nutzen des Konsumenten 48
  Die Bezeichnungen der Prädikatsweine 48
  Die Fremd- oder Auslandsweine 48
  Das Etikett 49
  Was ein Etikett aussagen kann 49
Weinkarten und Preislisten 52
  Was ist zu empfehlen? 52
  Weinsprache und Gütezeichen 52
Junger oder alter Wein? 54
  Raritätenjäger suchen Uralt-Jahrgänge 54
  Weinversteigerungen und -auktionen 54
  Alter und Bekömmlichkeit 55
Gütespiegel der Jahrgänge 56 
  Neidische Herbste hier und dort 57
  Klimastatistik und Gütetabellen 57
  Rekordjahre der Jahrhunderte 57
Weineinkauf – Routine oder Abenteuer? 58
  Der Einkauf beim Winzer 58
  Mit oder ohne Kostprobe 58
  Vor- und Nachteile abwägen 59
Wein im Preisvergleich 60
  Aussagen der Statistik 61
  Vorsicht bei Spekulationen 61
So lagert man Wein 62
  Die Wahl des Lagerraumes 62
  Klassische und moderne Lagersysteme 62
  Keine Parties im Weinkeller 63
Der Aufbau einer Vinothek 64
  Weinsammlung nach Plan 65
  Programmschwerpunkte 65

Das perfekte Servieren 66
Die Trinktemperatur 66
Vom Dekantieren, Öffnen und Einschenken 66

Die Beurteilung des Weingeschmacks 68
Richtiges Schmecken auf der Zunge 68
Auch das Riechen will gelernt sein 68

Die Weinprobe 70
Bedingungen für genaue Weinproben 70
Gläser und notwendiges Zubehör 71
Weinproben nach System 71

Kochen mit Wein 72
Die zum Kochen geeigneten Weine 72
Die Verwendung des Weines 72
Einige Möglichkeiten zur Anregung 72

Wein als Begleiter von Speisen 74
Harmonie zwischen Wein und Speisen 75

Bowle, Punsch und Mixgetränke 76
Die Zubereitung einer Bowle 76
Bowlen je nach Saison 76
Punsch, Glühwein, Flips und Cocktails 76

Sammeln und trinken, was gefällt 78
Gelegenheiten, Wein zu genießen 78
Grenzenloses Weinvergnügen 79

DIE WEINBAULÄNDER DER WELT 80

Frankreich 82
Die Überlegenheit französischer Weine 82

Burgund 84
Chablis und die Côte d'Or 86
Die Côte de Nuits 87
Die Côte de Beaune und Mercurey 89
Mâconnais 90
Beaujolais 91

Bordeaux 92
Die Châteaux 94
Moderne Vinfikation 94
Die klimatischen Vorteile 94
Bordeaux und Bordeaux Supérieur 94
Médoc 96
Graves und Sauternes 98
Saint-Emilion 99
Pomerol und die übrigen Produktionsgebiete 99
Die großen Namen von Bordeaux 101

Südfrankreich 102
A.C.-Enklaven und V.D.Q.S. 104

Côtes du Rhône 106
Vom Schankwein zum Spitzenwein 107

Loire-Tal 108

Champagne 110
Die Méthode champenoise 110

Ostfrankreich 112
Elsaß 112
Arbois und Jura 112
Savoyen 113

Cognac und Armagnac 114
„Das Feuer der Gascogne" 114

Luxemburg 116

Deutschland 117
Weißwein vom Rhein – ein Begriff 119

Rheinhessen 120
Vielseitiges Rebensortiment 121
Zwischen Bingen, Mainz, Worms und Alzey 122

Rheinpfalz 124
Reichhaltige Geschmackspalette 125
Entlang der Deutschen Weinstraße 126
Zwischen Mittelhaardt und Unterhaardt 126

Rheingau und Hessische Bergstraße 128
Lange Vegetationsperiode 128
Weinkultur und große Namen 130
Die Hessische Bergstraße 131

Nahe 132
Wein zwischen Wald und Feldern 133

Mittelrhein und Ahr 134
Musterbeispiele deutschen Rotweins 134

Mosel-Saar-Ruwer 136
Berühmte Weinorte an Mosel, Saar und Ruwer 138

Baden 140
Vom Bodensee zur Bergstraße 143
Breisgau, Kaiserstuhl und Ortenau 143
Badische Bergstraße und Badisches Frankenland 143

Württemberg 144
Das schwäbische Weinland 145

Franken 146
Die fränkischen Rebsorten 146

Österreich 148
Niederösterreich und Burgenland 150
Krems, Wachau und die Weinregionen südlich der Donau 151
Baden und Vöslau 151
Das Burgenland 152
Steiermark und Wien 154
Die Hauerorte um Wien 154
Schweiz 156
Wallis 158
Waadtland 160
Ostschweiz 162
Das Züricher Weinland 162
Schaffhausen und Aargau 162
Thurgau und Sankt Gallen 162
Nordbünden 163
Genf und Neuenburg 164
Der Neuenburger See 165
Bieler See und Thuner See 165
Südschweiz, Freiburg, Liechtenstein 166
Tessin und Misox 167
Freiburg 167
Liechtenstein 167
Italien 168
Quelle europäischer Weinbautradition 169
Norditalien 170
Die acht Weinregionen Norditaliens 172
Mittelitalien 174
Von der Toskana bis Latium 176
Süditalien 178
Zwischen Kampanien und Sizilien 180
Spanien 182
Spanische Qualitätsweine 184
Rioja 184
Galicien und Kanarische Inseln 184

Spanische Aperitif- und Dessertweine 186
Sherry 187
Málaga 187
Spanische Tischweine 188
Katalonien 188
Navarra 188
Valencia und Yecla 189
Valdepeñas 189
Huelva 189
Portugal 190
De Vinhos verdes 190
Dão 190
Portugiesische Qualitäts- und Tischweine 192
Bucelas und Colares 192
Carcavelos 193
Moscatel de Setúbal 193
Tischweine 193
Portwein und Madeira 194
Jugoslawien 196
Ungarn 198
Tokajer und Erlauer Stierblut 200
Rumänien 202
UdSSR und Südosteuropa 204
Sowjetunion 204
Tschechoslowakei 205
Bulgarien 206
Östliche Mittelmeerländer 207
Griechenland 207
Türkei 209
Zypern 209
Malta 209
Nordafrika und Naher Osten 210
Algerien 210
Tunesien und Marokko 210
Übrige Länder 211
Südafrika 212
Nordamerika 214
Südamerika 216
Argentinien 217
Chile 217
Brasilien 217
Australien und Neuseeland 218
Weinenklaven zwischen England und Japan 220

Kleines Lexikon der Fachbegriffe 221
Deutsch 221
Französisch 222
Italienisch 223
Spanisch und Portugiesisch 224
Qualitätsbewertung der Jahrgänge 225
Frankreich 225
Deutschland 226
Österreich 227
Schweiz 227
Italien 227
Europäische Qualitätsweine 228
Die Klassifizierungen von Bordeaux 228
Die großen Weine von Burgund 229
Französische Weine mit dem Garantiezeichen V.D.Q.S. 230
Französische Schaumweine mit kontrollierter Herkunftsbezeichnung 230
Natürliche Süßweine und Likörweine aus Frankreich mit kontrollierter Herkunftsbezeichnung 230
Vollständiges Lagenverzeichnis von Deutschland 231
Österreichische Herkunftsangaben 244
Herkunftsangaben der Schweiz 244
Italienische Weine mit kontrollierter Herkunftsbezeichnung 247
Rebsorten und ihre Synonyme 249
Frankreich 249
Deutschland 249
Italien 249
Luxemburg 250
Großbritannien 250
Weinstraßen in Europa 251
Frankreich 251
Luxemburg 251
Deutschland 251
Österreich 251
Schweiz 251
Italien 251
Register 252

Zu diesem Buch

Als in der Antike die Hellenen Rebe und Wein in Schriften ausführlich darstellten und verherrlichten, wurde der vergorene Rebensaft erstmalig zum „literarischen" Objekt. Dabei zeigte sich, daß über die poetischen Lobpreisungen des Homer hinaus der Anbau von Trauben und die Erzeugung von Wein zum Thema auch fachschriftstellerischer Arbeiten wurden.

Diese frühen Agrarfachschriften sind nicht erhalten geblieben, doch ihr Inhalt und damit das Wissen über die Weingewinnung wurde von den Römern übernommen, die um die Zeitenwende in der Schaffung vielfältiger landwirtschaftlicher Fachliteratur besonders produktiv waren.

Eine Art Pionierleistung auf diesem Bereich erbrachte der Karthager Mago, dessen umfassendes landwirtschaftliches Lehrbuch von den Römern nach der Zerstörung Karthagos übersetzt wurde. Columella, der zu den eifrigsten römischen Schriftstellern über Acker- und Weinbau zählt und um 60 nach Christus das Werk „De re rustica" herausgab, bezeichnete Mago als den „Vater der Landwirtschaft". Eine besondere Stellung unter den Literaten, die sich dem Wein zuwandten, nahmen damals der Dichter Vergil ein, der im Zweiten Buch seines Lehrgedichtes „Georgica" den Weinanbau behandelt, und Plinius der Ältere, der alle zu jener Zeit ihm bekannten Wein- und Rebsorten wissenschaftlich erfaßte.

Es ist zweifellos den Mönchen des Mittelalters zu verdanken, daß wir heute noch eine recht genaue Kenntnis von den Arbeiten römischer Agrarschriftsteller besitzen. Sie verstanden es nämlich, die einmal gesammelten Erfahrungen der Römer zu nutzen und für ihre Zwecke weiter auszubauen.

Nach Gutenbergs Erfindung des Buchdruckes mit gegossenen beweglichen Lettern Mitte des 15. Jahrhunderts war der Weg geebnet für eine breitere Streuung der Agrar- und Weinfachliteratur des Mittelalters. Davon profitierte insbesondere ein „Standardwerk", das bereits im frühen 14. Jahrhundert verfaßt wurde: Arnoldus de Villa Nova (1238–1311) ist der Verfasser des Titels „Kellermeisterey. Gruntlicher bericht/wie man alle Wein/teutscher vnd wälscher landen/vor allen zufällen bewaren/die bresthafften widerbringen/Medt/Bier/Essig/kreuterwein vn(d) all andre getränck/machen sol. Das die natürlich vnd allen menschen vnschedlich zutrincken sind. Gezogen vß den fürnemsten büchern natürlicher künsten/mit solchen stucken bewerth/dergleichen im(m) Truck vorhin nie außgegangen." Das Buch wurde im 15. und 16. Jahrhundert etwa fünfzigmal in verschiedenen Städten, vornehmlich in Straßburg, in süddeutschen Städten und in Wien nachgedruckt.

Diese Bestseller fanden im Mittelalter unzählige Nachahmer, die in ihren „Getränkebüchlein", „Küchen- und Kellermeistereien" oder Kräuterbüchern nicht nur Anleitungen zum Rebanbau vermittelten, sondern vor allem mancherlei Rezepturen für die Herstellung von Wein und anderen alkoholischen Getranken verrieten.

Damit hatte sich zu der landwirtschaftlichen Fachliteratur über Rebenzucht und Weinbau eine Art Beraterliteratur für den Hausgebrauch formiert, in die auch mittelalterliche Medizinal-Erkenntnisse einflossen. Seriöse Sachliteratur auf wissenschaftlicher Basis finden wir erstmals im 19. Jahrhundert, in Form umfangreicher weinkundlicher Bücher, die den neu gewonnenen naturwissenschaftlichen Erkenntnissen ebenso Rechnung trugen wie der wieder zunehmenden Verbreitung des Weinanbaus in Mittel- und Südwesteuropa. Ein Jahrhundert später war die önologische (weinkundliche) Literatur in Themenvielfalt und Titelzahl bemerkenswert angeschwollen, wobei sich das Interesse auf immer mehr fachspezifische Einzelveröffentlichungen und die Aufsätze der Weinfachzeitschriften konzentrierte. Eine 1976 erschienene „Bibliographie zur Geschichte des Weines" spiegelt in der Erfassung einiger tausend Titel die ungewöhnliche Mannigfaltigkeit der Weinliteratur der letzten fünfhundert Jahre.

Mit diesem umfassenden Bildsachbuch neuen Stils, das alle Möglichkeiten moderner Buchherstellung ausschöpft, werden nun wiederum neue Maßstäbe im Bereich der Weinliteratur gesetzt. Es will Wein-„Anfänger" wie erfahrene Weinfreunde gleichermaßen begeistern, indem es zum ersten Mal in vollkommener Verbindung von achthundert meist farbigen Bildern und informationsreichen Texten alle Fragen über die Welt des Weines und die Weine der Welt fundiert beantwortet; indem es dabei dem praktischen Umgang mit Wein (von der Qualitätsbeurteilung bis zur Weinansprache, vom privaten Keller bis zur geselligen Weinprobe, von der Weinwahl zum Essen bis zum richtigen Servieren) besonderen Raum gibt; indem es ferner – neben den Schwerpunkten Frankreich und Deutschland – die Weine der ganzen Welt nach dem neuesten Stand beschreibt; und indem es schließlich keinerlei Fachkenntnisse voraussetzt und doch jeden Leser zur fundierten Weinkennerschaft führt.

An Idee, Inhalt und Gestaltung des vorliegenden Buches wird – im Vergleich – deutlich, welchen Weg das Schrifttum über den Wein in zweitausend Jahren zurücklegte und wie sich die Welt des Weines wandelte.

Heinz-Gert Woschek

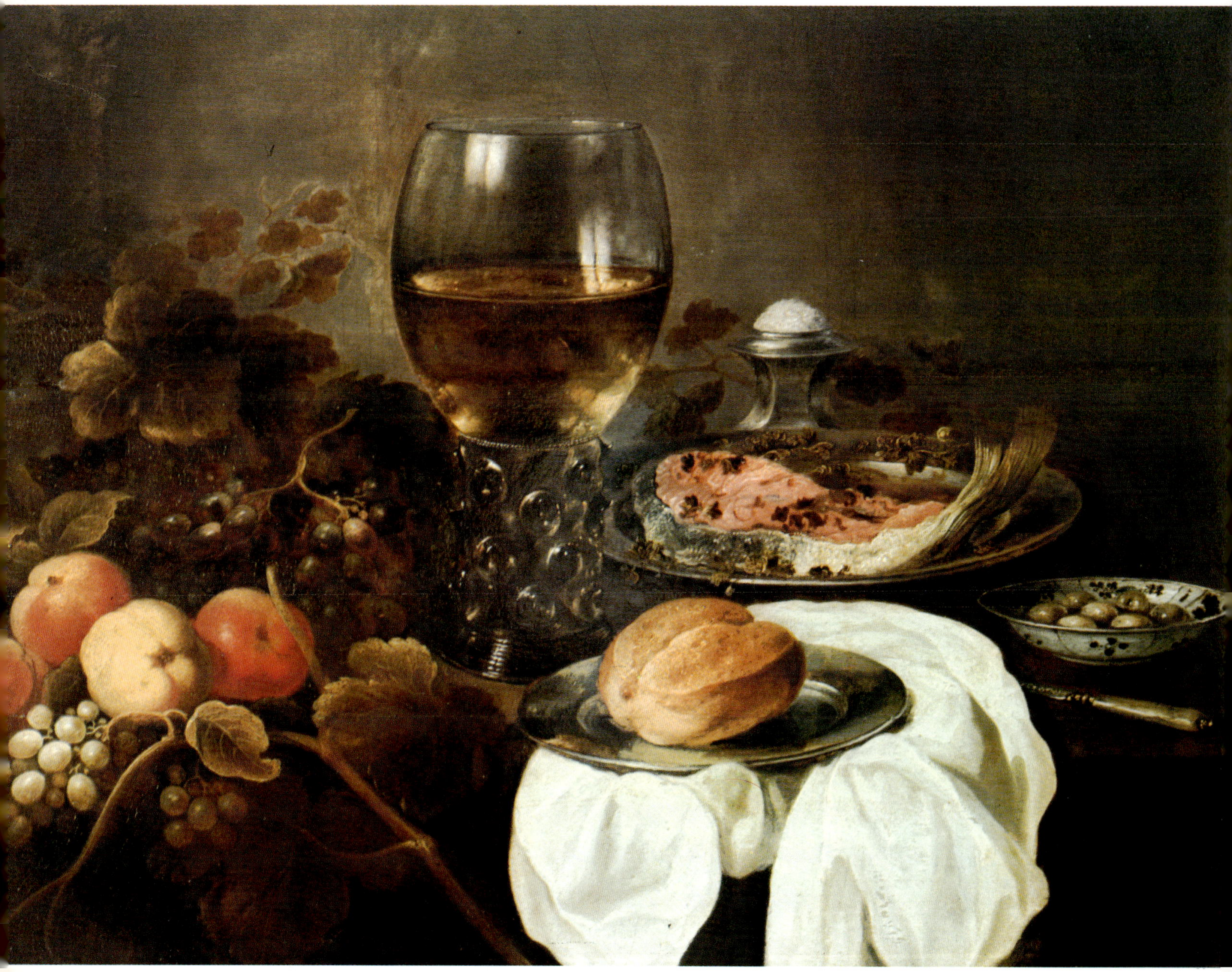

Wein - was ist das eigentlich?

Nach ihrer sprachlichen Herkunft ist die Bezeichnung „Wein" mindestens 2300 Jahre alt. Sie erscheint bereits in schriftlichen Dokumenten am Ausgang der Bronzezeit (etwa 1400 v. Chr.). Schon in den Keilschriften von Ugarit (Ras Shamra) findet sich ein entsprechendes Wort, das wahrscheinlich *yainu* ausgesprochen wurde, da die Bewohner dieser alten Stadt am Anfang eines Wortes kein w sprachen. An dessen Stelle trat ein y. Geschrieben lautete die Bezeichnung für Wein *yine*.

Bei dem griechischen Dichter Homer (um 800 v. Chr.) und in anderen antiken Quellen findet sich dieses Wort wieder als (w)oinos (... os als Endung). Mit Sicherheit wurden damit nicht allgemein alkoholische Getränke beschrieben, sondern der vergorene Saft frischer Trauben. Die genauen Beschreibungen antiker Weingärten, der Weinherstellung und des Weingenusses durch Homer lassen kaum Zweifel zu, daß der Wein bereits in seinem historischen Ursprung ein spezielles, euphorisierendes Getränk war, das seine Entstehung den Trauben verdankte.

Die Beantwortung der Frage, was Wein nun eigentlich sei, erschwert also nicht so sehr die babylonische Sprachverwirrung, nachdem in vielen Sprachen das Wort für Wein fast gleichlautend ist (französisch „vin", italienisch und spanisch „vino", portugiesisch „vinho", englisch „wine"). Die regional wie auch historisch oft sehr unterschiedlichen Erklärungen des Begriffes Wein resultieren vielmehr aus seinen zahllosen Arten, Sorten und damit zusammenhängenden sprachlichen Abwandlungen. Artprägende Begriffe wie Normalwein, Spezialwein oder Naturwein haben neben vielen Qualitätsaussagen wie Konsumwein, Landwein, Tafelwein, Tischwein zu einer beträchtlichen Verwirrung des Weininteressenten beigetragen.

In einer von den meisten großen Weinbauländern als verbindlich anerkannten Definition beschreibt das Internationale Weinamt den Wein als „ein Getränk, das ausschließlich aus der vollständigen oder teilweisen Gärung von frischen Trauben oder frischem Traubensaft hervorgeht".

Wichtigstes Ausgangsprodukt zur Weinherstellung sind also frische Trauben oder Traubensaft. Durch die Jahrtausende der Wein-Historie war dies keineswegs immer so selbstverständlich, wie es hier gesagt wird. Noch im Jahre 1874 erschien zum Beispiel von einem Professor Chevalier, Mitglied der Akademie der Wissenschaften, ein Buch mit dem Titel: „Schmackhafter und gesunder Wein ohne Trauben mit außerordentlich geringen Kosten oder: Anweisung wie ein Jeder alle Arten von Wein selbst bereiten kann." Wie zahlreiche andere Beispiele aus jener Zeit beweisen, hatte der Begriff des Kunstweines bis ins 19. Jahrhundert hinein für die Praxis in Küche und Keller durchaus seine Bedeutung.

Die Weintypen der Welt
Wein als ein weitgehend natürliches Produkt ist zunächst grundsätzlich gegenüber allen möglichen Formen künstlicher (chemischer) „Weinerzeugung" abzugrenzen. Sehr anschaulich bietet sich dafür der vielfach verwendete Begriff Naturwein an. Darunter verstehen viele Weintrinker vor allem einen ungezuckerten, unverbesserten und nicht verschnittenen Wein. Wörtlich genommen ist diese Bezeichnung allerdings irreführend. Denn im eigentlichen Sinne „naturreine" Weine kann es nicht geben, da der Wein für seine Haltbarkeit mindestens geschwefelt werden muß und somit im ursprünglichen Sinne kein unbehandeltes Naturprodukt darstellt. (1978 hat allerdings ein Weingut in der Rheinpfalz erstmals ungeschwefelte und angeblich auch ungeschönte Weine angeboten. Über ihre Haltbarkeit ist jedoch noch nichts bekannt.)

Die Önologie, die Weinwissenschaft, aber auch die meisten Weingesetzgebungen unterscheiden daher zunächst zwischen den beiden Gruppen Normalweine (stille, nicht moussierende Weine) und Spezialweine (schäumende, perlende und aromatisierte sowie gespritete Weine). Für die Gewinnung von normalen oder „stillen" Weinen sind verhältnismäßig enge Grenzen gezogen, während alle übrigen Weinarten durch bestimmte Zusätze wie zum Beispiel Alkohol (bei Likörweinen wie Port oder Sherry), Kohlensäure (bei Perlwein) oder Würzstoffe (bei Wermut) hergestellt werden. In Österreich werden die Spezialweine als „versetzte" Weine bezeichnet, in Italien und Frankreich zählen zu den Spezialweinen auch die natürlichen Süßweine, da sie meist einen höheren Alkoholgehalt besitzen als die Normalweine.

Weinähnliche Getränke
Obgleich sie nicht aus frischen Trauben oder Traubensaft erzeugt werden, nennt man sie Wein. Aus frischem Stein-, Kern- oder Beerenobst gewonnen, besitzen Obstweine meist nur regionale Bedeutung. Der hessische Apfelwein, der perlende „Zider" aus Österreich und Himbeer- oder Kirschweine beziehungsweise Obstschaumweine mögen dafür Beispiele sein. Ebenfalls am Rande der breiten Palette weinähnlicher Getränke liegen der Honigwein, der Ahornwein und der Palmwein, der aus dem Saft der Dattelpalme gewonnen wird. Eine gewisse Bekanntheit hat international der Sake errungen, ein Reiswein aus dem Fernen Osten, der warm getrunken wird.

Arzneiweine werden zwar unter Verwendung von Weinen hergestellt, doch sie gehören kaum noch zum Geltungsbereich der Weindefinitionen. Der deutsche Pepsinwein, der Chinawein und der Kampferwein sind traditionell die führenden Vertreter dieser Gruppe medikamentöser Weine.

Wie fließend hier die Grenzen sind, zeigt das Beispiel Kräuterwein, der von alters her aus zahlreichen Kräutern hergestellt wird und dem man gerne eine „heilende" Wirkung nachsagt. Zu den auch heute noch beliebten Kräuterweinen gehören der in England produzierte Ingwerwein sowie der sizilianische Amarena.

Von der Getränkeindustrie wird eine Reihe weiterer weinhaltiger Getränke wie Bowle, Kalte Ente, Maiwein, Sangria und Schorle fertig abgefüllt angeboten.

Wein als Kulturgut und Wirtschaftsfaktor
Eine Auskunft über den Wein kann sich nicht auf eine Kurzdefinition und die Unterteilung in die wichtigsten Weintypen beschränken. 4000 Jahre Geschichte des Weines haben ihn zu einem Kulturgut ohnegleichen gemacht. Millionen Menschen leben heute vom Weinanbau und -handel; vor allem in der UdSSR, den USA und Südamerika wird die Weinerzeugung beträchtlich intensiviert, so daß der Wein in der Wirtschaft vieler Länder eine ständig wachsende Bedeutung hat. Nicht zuletzt aber verdankt der Wein seine außergewöhnliche Stellung der Tatsache, daß er überall auf der Welt als das wohl individuellste und reizvollste Genußmittel unserer Zeit geschätzt wird.

Wein-Historie

Im Jahre 1969 machten Archäologen in einem etwa 25 Kilometer südwestlich von Damaskus gelegenen Hügelgelände eine aufsehenerregende Entdeckung. Sie fanden eine Frucht- und Traubenpresse, deren Alter Experten auf 8000 Jahre schätzen. Das Gerät wurde in einer prähistorischen Siedlung gefunden, deren Bewohner ihren Nachbarn offenbar hinsichtlich ihrer Baukunst und Werkzeugherstellung weit überlegen waren. Die bei der Presse gefundenen Traubenkerne deuten darauf hin, daß hier aus Wildreben Wein oder ein ähnliches Getränk hergestellt wurde. Ähnliche Funde von Kernen der Ur- und Wildreben in Nord- und Südamerika (Chile), auf den Sandwich-Inseln und vor allem in den Abfallagern der Pfahlbauten aus der Bronzezeit (unter anderem 1973 in dem Torfmoor von Fiavé in den italienischen Alpen) erhärten die Annahme, daß der Wein überall dort – meist durch einen Zufall – entdeckt wurde, wo es in der Natur Reben gab. Vor allem in den klimatisch warmen Zonen des Mittelmeergebietes wurde die Gärung des einmal erzeugten Traubensaftes auf natürliche Weise eingeleitet – zweifellos mag der vergorene Most dem uns bekannten Getränk Wein geschmacklich nicht immer identisch gewesen sein, eine berauschende Wirkung dürfte er gewiß gehabt haben. Überzeugend bestätigt dies der Verfasser von Genesis 9, 20 f.: „Noë, der Ackermann, pflanzte zuerst einen Weinberg, und er trank vom Wein und berauschte sich."

Erste konkrete Anhaltspunkte über die damalige Weingewinnung und die Trinkgewohnheiten verdanken wir sumerischen Rollsiegeln. Diese aus Marmor, Graphit oder Lapislazuli gearbeiteten „Gütezeichen" dienten seit Mitte des 4. Jahrtausends v. Chr. zur Kennzeichnung von Gefäßen, in denen Wein an die Tempel geliefert wurde. Seitdem liegt uns aus dem südosteuropäischen Kulturraum eine Kette von Indizien verschiedenster Art vor, welche auf die Urheimat der Weinkultur im Orient verweist.

Anfänge der Weinkultur

Zwischen 2500 und 1700 v. Chr. blühte in Mesopotamien der Weinhandel, so daß auch erste Gesetzesbestimmungen über den Umgang mit Wein und Bier erlassen wurden. Die Ursprünge der eigentlichen Weinkultur datieren aus der Zeit um 1300 v. Chr., als in Griechenland erstmals der Weingott Dionysos erwähnt wurde. Etwa 100 Jahre zuvor galt im Hethiter-Reich (in Kleinasien) der Wein als Dankesopfer in der Götterverehrung, doch erst in der frühen kulturellen Glanzzeit griechischer Antike nahm der Wein unter den Getränken und landwirtschaftlichen Erzeugnissen seine außergewöhnliche Stellung ein.

Linke Seite, links: Grabstele eines Isysmisten (Anhänger des Isis-Glaubens). Die Darstellung aus dem 3. Jahrhundert n. Chr. in bemaltem Kalkstein zeigt einen Jungen, der in der rechten Hand eine Traube und in der linken Hand ein Hündchen hält (Ägyptische Staatssammlung München).
Linke Seite, rechts: Römische Weinflasche, die noch Wein enthält, aus dem 3. Jahrhundert n. Chr., in Syrien gefunden (Ankauf des Weinmuseums Speyer).

Rechte Seite, oben: Die Meerfahrt des Dionysos. Griechische Schale aus Vulci, um 350 v. Chr. (Staatliche Antikensammlung München).
Rechte Seite, Mitte: Die zahlreichen römischen Glasfunde in den mitteleuropäischen Weinbaugebieten zeugen von der hohen Trinkkultur der Antike. Die oft stark irisierenden Gefäße haben auch heute noch einen besonderen Reiz (Kanne, 3. Jahrhundert n. Chr., Römisch-Germanisches Zentralmuseum Mainz).
Rechte Seite, unten: Die eindrucksvollen Wandmalereien altägyptischer Königsgräber vermitteln einen plastischen Eindruck von der Traubenlese und dem anschließenden Treten der Trauben im Trog (um 1400 v. Chr.).

Um 600 v. Chr. wurde der Wein- und Obstbau in Griechenland gesetzlich geschützt, nachdem hundert Jahre zuvor der griechische Epiker Hesiod ausführlich die Gewinnung „süßer" Weine beschrieben hatte. Der Dionysos-Kult mit berauschenden Feiern und Festlichkeiten verbreitete sich um 500 v. Chr. in Griechenland, und hundert Jahre später schilderte der griechische Philosoph Platon ein „Symposion", jenes fast rituelle gemeinsame Mahl und Trinkgelage mit geistvollen Reden und Ansprachen. So durfte es nicht ausbleiben, daß Hippokrates, einer der ersten wissenschaftlichen Ärzte Griechenlands, um jene Zeit schon den maßvollen Weingenuß propagierte.

Während der Wein durch griechische Händler um 500 v. Chr. an germanische Fürsten geliefert wurde, hatten ionische Griechen in Gallien bereits erste Weinberge angelegt. Auch in den Küstengebieten Spaniens entstanden erste Weingärten.

In Rom galt zu jener Zeit der Wein noch vornehmlich als Kultgetränk, das den Frauen untersagt war. Mit dem Aufstieg Roms zum Imperium Romanum verbreiteten sich die Kenntnisse vom Weinanbau und damit ein großzügiger Weinkonsum nördlich und nordöstlich der Alpen.

Weinflut im Mittelalter – Überproduktion heute

Bereits 160 v. Chr. hatte der römische Politiker Cato eine genaue Anleitung über die Weinherstellung veröffentlicht, doch eine umfassende landwirtschaftliche Literatur wurde erst um 50 v. Chr. durch den römischen Wissenschaftler Varro begründet. In seinem Werk „De re rustica" beschreibt 60 n. Chr. Columella den Weinanbau zu seiner Zeit, der sich – wie Plinius bald darauf in seiner „Naturgeschichte" bestätigte – auf einem beachtlichen Niveau befand.

Diese weinbautechnischen Erfahrungen besaßen für die kommenden Jahrhunderte Gültigkeit. Im gesamten mitteleuropäischen Raum, ab dem 8. Jahrhundert auch in England sowie ab dem 12. Jahrhundert in nordosteuropäischen Ländern, wurde der Weinanbau heimisch. Zu den großen Förderern des Weinbaus gehören Karl der Große und die Klöster, die Technik und Ausweitung des Weinbaus wesentlich beeinflußten. In die Zeit um 1100 fällt die Gründung verschiedener bedeutender Weinhandelsplätze zwischen Augsburg und Bordeaux. Seit 1447 betrieb die Hanse in Nordeuropa ausgedehnten Weinhandel.

Im 16. Jahrhundert, als praktisch in ganz Europa Weinstöcke standen, nahmen die Weinfälschungen derart zu, daß Weinpanscher mit drastischen Strafen verfolgt wurden. Zugleich wurde um 1550 in „Mäßigkeitsvereinen" und kritischen Schriften gegen die verbreitete Trinkfreudigkeit gekämpft. Um 1600 standen allein in Deutschland 300 000 ha Rebfläche im Ertrag (heute 89 400 ha). Der Wein wurde zum preiswerten Volksgetränk.

Durch die Folgen des Dreißigjährigen Krieges, hohe steuerliche Belastungen, verstärkten Import südeuropäischer Weine und Aufhebung der Klöster ist seit 1650 ein Rückgang des Weinbaus in Mitteleuropa zu verzeichnen. Lediglich in den klimatisch besonders geeigneten Zonen hat sich der Weinbau auch außerhalb Europas bei wachsender Verbesserung der Anbautechnik erhalten. Die dadurch erzielte Intensivierung der Erträge führte in unserer Zeit zu einer erneuten Überproduktion vor allem einfacher Konsumweine.

Vom Anbau des Weines

Eine traditionelle Regel besagt, daß der Weinbauer bei der Pflege des Rebstockes im Jahr 16mal Weinbergsboden und Pflanze bearbeiten müsse. Mechanisierung und Rationalisierung haben jedoch in den letzten Jahrzehnten die manuelle Arbeit des Winzers erleichtert. In den flachen, weiträumigen Weinfeldern vieler Anbaugebiete spielt inzwischen die Zugmaschine (Traktor) in mannigfachen Kombinationen mit hochentwickelten Arbeitsgeräten eine dominierende Rolle. In Amerika und einigen europäischen Weinbaugebieten wird sogar die Traubenlese maschinell durchgeführt.

Diesem modernen Bild des Weinbaus stehen in manchen Weinbaubezirken noch die traditionellen Methoden gegenüber. In den fast 1000 Meter hoch gelegenen Weinbergen von Visperterminen im Oberwallis werden ebenso wie in den extremen Steilhängen der Weinberge an Rhein und Mosel oder am Douro kaum jemals arbeitserleichternde Maschinen eingesetzt werden können. Hier wird das Pflanzen neuer Reben, die Bodenlockerung und Unkrautbeseitigung, die Düngung und Bekämpfung von Rebkrankheiten stets mühevolle körperliche Arbeit bleiben.

Immer weniger Menschen sind allerdings noch bereit, derartig schwere Arbeit im Weinbau heute zu übernehmen. Somit werden immer häufiger die schwierig zu bearbeitenden Parzellen aufgegeben. Die allmähliche Verwilderung solcher wertvoller Weinberge kann vor allem eine durchgreifende, planvolle Flurbereinigung aufhalten. Diese ökologisch bedeutsamen, zeitraubenden und sehr kostenintensiven Maßnahmen tragen dazu bei, daß die Weinbergsarbeit erleichtert, die Weinqualität gesteigert und die Ertragssicherheit erhöht wird. Gleichzeitig mit der Zusammenlegung der zersplitterten, kleinen Parzellen werden nämlich größere Grundstücke von wirtschaftlicher Form mit gut ausgebauten Wirtschaftswegen, Wassergräben, möglichst wenig Zwischenmauern sowie arbeitssparenden Erziehungsformen der Reben angestrebt.

Erziehungsformen der Rebe
Die Reben werden in parallel verlaufenden Zeilen jeweils mit einem Zwischenraum von mindestens 1,50 Metern gepflanzt.
Als ein Gewächs aus der botanischen Familie der Lianen bedarf die Rebe zu ihrem „geordneten" Wachstum einer gewissen „Unterstützung" und „Erziehung". In den meisten Weinbaugebieten Mitteleuropas dient als Unterstützungsvorrichtung ein Drahtrahmen, an dem die Zweige der Rebe festgebunden werden. An der

Linke Seite: Die Terrassen der höchstgelegenen Weinberge Europas bei Visperterminen (Oberwallis) bestehen aus kargem Geröllboden.
Rechte Seite: Das Einpflanzen des Rebstocks, Reberziehung und Rebschnitt. In allen von der Reblaus verseuchten Weinbaugebieten müssen Pfropfreben gepflanzt werden. Das sind einjährige Wurzelreben, bei denen die europäische Edelrebe als „Auge" auf der reblauswiderstandsfähigen (amerikanischen) Unterlage steht. Die beste Zeit für die Pflanzung ist das Frühjahr, so daß die Reben sofort treiben können. Die eingetrockneten Zapfen des Edelreises werden abgeschnitten, der einjährige Trieb wird bis auf einen 1 cm langen Stummel, das erste sichtbare „Auge", angeschnitten. Die Seitenwurzeln werden ganz zurückgeschnitten und die Fußwurzeln etwa 5 cm unter der Wurzelstange gekürzt (Abb. 1). Die Pflanzung erfolgt in einem etwa 30 cm tiefen Loch. Bis zum angeschnittenen Auge wird dann das Loch mit Erde zugedeckt (Abb. 2). Mit der Reberziehung reguliert der Winzer die Formierung des „alten Holzes" des Rebstockes, mit dem Rebschnitt das Wachstum des „einjährigen Holzes". Einige wichtige Erziehungsformen sind die „Rheingauer Erziehung" (Abb. 3), die „Ganzbogenerziehung" (Abb. 4) und die „Kordonerziehung" (Abb. 5). Der fachlich richtige Rebschnitt bildet eine wichtige Voraussetzung für erfolgreichen Weinanbau. Abb. 6 zeigt den Erziehungsschnitt im 1. Jahr (links vor und rechts nach dem Schnitt). Abb. 7 zeigt den Erziehungsschnitt im 2. Jahr, Abb. 8 den Erziehungsschnitt im 3. Jahr.

Mosel und in einigen anderen Gebieten wächst die Rebe traditionell jeweils an einem Pfahl oder Stock. In einigen südeuropäischen und amerikanischen Weinbauländern entfaltet sich die Rebpflanze buschartig.

Ihre jeweilige Gestalt erhält die Pflanze durch den Rebschnitt, bei dem ein Teil des Holzes in den Wintermonaten, bevor der Saft in der Pflanze aufsteigt, abgeschnitten wird. Der Rebschnitt kann, je nach Form, zu einer Ertragssteigerung qualitativer oder quantitativer Art führen. Denn das ausgiebige Wurzelwerk versorgt eine durch den Schnitt verkleinerte Rebpflanze optimal mit Nährstoffen und Feuchtigkeit.

Sommerliche Weinbergsarbeiten
Je nach der gewünschten Höhe und Ausbreitung der Rebe führt der Winzer während der Sommermonate mehrfach sogenannte Laubarbeiten durch, bei denen überflüssige Triebe und Zweige abgeschnitten, der Winzer sagt „eingekürzt", werden. Auch damit soll vermieden werden, daß sich die Kraft des Bodens in unnützem Blattwerk verschwendet.

Gerade die Leistungsfähigkeit des Weinbergsbodens hat für die Entfaltung der Rebpflanze große Bedeutung. Schon bei einer Neuanlage – sie ist übrigens in vielen Weinbauländern genehmigungspflichtig – wird eine Vorratsdüngung des Bodens durchgeführt. Um ein ausgeglichenes Nährstoffverhältnis im Boden zu erhalten, achtet der Winzer auf eine ausreichende Humusversorgung, die meist durch eine chemisch genau abgestimmte Erhaltungsdüngung ergänzt wird.

Eine weitere wichtige Aufgabe im Weinberg besteht in der rechtzeitigen und intensiven Bekämpfung von Rebkrankheiten und Schädlingen, die sich je nach Witterungseinflüssen und Sortenanfälligkeit als gefährliche Feinde der Reben erweisen. Zwar ist die Reblaus als bedrohlichster Schädling unter Kontrolle gebracht, doch andere tierische Schädlinge (wie Traubenwickler, Dickmaulrüßler oder Spinnmilben), aber vor allem auch Pilzkrankheiten (wie Peronospora/Blattfallkrankheit, Oidium/Echter Mehltau oder Botrytis cinerea/Grauschimmel) erfordern eine sofortige Behandlung durch Sprühen und Spritzen spezieller Chemikalien. Feuchtigkeit und Luftsauerstoff, besonders Morgentau und Nebel, verhindern, daß eventuelle Reste dieser Chemikalien über die Traube später in den Wein gelangen.

Die Skala weiterer Abwehrmaßnahmen gegen Rebenfeinde im Weinberg reicht vom Schutz der durch Nachtfröste gefährdeten Reben in nördlichen Weinbauregionen – dabei werden die Weinberge durch kleine Ölöfen „beheizt" oder künstlich „bewindet" – über mannigfache Versuche der Abwehr spätsommerlicher Hagelunwetter (vor allem in Österreich) bis zur Abwehr gefräßiger Starenschwärme, die oft zu Tausenden die reifenden, süßen Beeren fressen.

Die Weinlese als Höhepunkt und Abschluß der jährlichen Arbeiten im Weinberg läßt so manche Plage während der letzten Monate vergessen. Alte und junge Lesehelfer schneiden mit der Traubenschere behutsam die reifen Trauben ab und sammeln sie in Bottichen. In der Bütte aus Kunststoff oder Holz wird das frische Lesegut zum Ladefaß gebracht. Der Winzer erntet den Lohn für seine Mühen: Ein neuer Jahrgang ist geboren!

Der Einfluß von Boden und Klima

Fast alle Bodenarten sind für den Weinanbau geeignet, mit Ausnahme reiner Humusböden. Die Rebe kann zwar noch auf ärmsten Kies-, Sand- und Gesteinsböden wachsen, doch für ein ertragssicheres Gedeihen stellt sie bestimmte Anforderungen, wie Erwärmungsfähigkeit des Bodens und optimaler Wasserhaushalt. So sind zum Beispiel Urgesteinsböden für den Anbau von Qualitätsweinen besonders prädestiniert: Sie vermögen Sonnenwärme zu leiten und zu speichern und die Reben am besten mit Feuchtigkeit zu versorgen. Die Bearbeitung dieser Böden bereitet dem Winzer jedoch oft viel Mühe.

Sandböden lassen sich wesentlich leichter bearbeiten, sie sind auch rasch erwärmungsfähig, doch sie sind meist sehr trocken, da sie kaum Wasser speichern können. Als besonders fruchtbar werden Lößböden – oft aus einem Gemisch aus Lehm, Kalk, Sand und Glimmerplättchen bestehend – vom Winzer geschätzt. Ebenfalls nährstoffreiche und weingeeignete Böden sind Lehmböden in einer Mischung aus Sand und Ton. Je nach ihrem tonhaltigen Anteil werden sie in schwere und milde Lehmböden eingeteilt.

Auf fetten Mergelböden, die vorwiegend aus Ton und Kalk bestehen, werden oft würzig-pikante und süffige Weine erzeugt. Reine Kalkböden können dem Wein zwar wertvolle Bestandteile vermitteln, beeinflussen sein Geschmacksbild manchmal jedoch auch negativ. Kreideböden verlangen nach viel Dünger und sind in der Pflege nicht immer unproblematisch. Grundsätzlich unterscheidet der Experte heute im Weinbau zwischen Qualitätsböden und Quantitätsböden. Je wärmer, trockener und dunkler ein Weinbergsboden ist, desto besser fällt das qualitative Ertragsergebnis bei der Weinernte aus.

Klima und Kleinklima

Die Hauptforderungen der Rebe an ihre Umwelt für ein optimales Wachstum sind: viel Licht, viel Wärme und eine relativ hohe Luftfeuchtigkeit. Licht wird für die Assimilation, die Umwandlung anorganischer in organische Stoffe in der grünen Pflanze benötigt. Neue Forschungsergebnisse haben gezeigt, daß die Rebe während der Vegetationszeit eine Beleuchtungsstärke von etwa 20 000 Lux benötigt. Dieses Minimum erfüllt in den Monaten von März bis Oktober oft auch ein leicht bedeckter Himmel, so daß nicht immer strahlender Sonnenschein für das Rebwachstum ausschlaggebend ist. Im Gegenteil: Bei einem Überangebot von Licht und Wärme, wie zum Beispiel während der „Hundstage" im August, kann die Rebe die zu intensive Strahlung und die zu hohen Temperaturen nicht verarbeiten.

Der günstige Temperaturbereich beginnt bei 10°C Lufttemperatur. Darunter verlangsamen sich die physiologischen Vorgänge in der Rebpflanze, darüber werden sie beschleunigt. Am günstigsten sind Temperaturen zwischen 25 und 28°C. Zur vollen Entfaltung gelangt die Pflanze erst bei einem ausreichenden Feuchtigkeitsangebot: 60 bis 80% relative Luftfeuchtigkeit sind optimal. So nutzt die Rebe nicht nur die Wasserkapazität des jeweiligen Bodens aus (meist 70 bis 90%), sondern insbesondere in den nordeuropäischen Anbaugebieten mit länger reifenden Trauben die Herbstnebel und die nächtliche Taubildung. Diese feuchtigkeitsintensive Witterung bezeichnen die Fachleute als „Traubendrücker".

Solchermaßen ideale Wachstumsvoraussetzungen bieten häufig Regionen mit einem speziellen Klein- (oder Mikro-)Klima. In den Flußtälern vom Rhein und seinen Nebenflüssen, von Donau, Rhône und Douro, aber auch an einigen Schweizer und norditalienischen Seen bilden sich aufgrund intensiver Wasserverdunstung, Reflexion der Sonneneinstrahlung auf der Wasseroberfläche und Kälteschutz durch die den Weingärten vorgelagerten Berge spezielle klimatische Verhältnisse, die von der übrigen Großwetterlage oftmals abweichen. Bei der Neuanlage von Weinbergen werden daher jene Rebsorten bevorzugt, die sich auf die jeweiligen Bodenarten und kleinklimatischen Verhältnisse erfolgversprechend einstellen. Boden, topographische Lage (Ausrichtung und Neigung der Rebgärten) und Kleinklima gelten daher als die wesentlichen Standortfaktoren für den Rebanbau in der Welt. Sie bestimmen den Verlauf der nördlichen Anbaugrenze (etwa 50. Breitengrad) und seine südliche Ausdehnung (etwa 30. Breitengrad). Auf der südlichen Erdhalbkugel erstreckt sich der Weinbau zwischen dem 30. und 40. Breitengrad in ebenfalls klimatisch relativ gemäßigten Zonen, die sich teilweise – wie auf der nördlichen Halbkugel – in Hochlagen bis über 1000 Meter über NN befinden.

Linke Seite: Das Bodenprofil zeigt, aus welch verschiedenen Schichten sich Weinbergsböden zusammensetzen. Die Tau- und Tagwurzeln der Reben (für die Wasseraufnahme) befinden sich hier in Braunerde und Löß, während der Wurzelstamm mit den Fußwurzeln bis in den Kalksteinboden reicht.

Rechte Seite: Die Lebensvorgänge in der Rebpflanze wie Assimilation, Ernährung, Atmung, Wachstum und Fortpflanzung werden durch die laufenden Stoffwechselvorgänge gesteuert. Dabei nimmt die Pflanze auch Nährstoffe und Wasser aus dem Boden auf und wandelt sie in körpereigene Substanzen um. Die Zusammensetzung des Weinbergsbodens und damit sein Nährstoffgehalt spielt für Wachstum und Qualität der Rebfrüchte eine wichtige Rolle. In ihrer Bodenbeschaffenheit sind die Weinberge besonders vielgestaltig. Das Wurzelsystem der Rebe mit seinen Langwurzeln, Wurzelzweigen und Wurzelfasern ermöglicht auch in steinigen Böden eine Nährstoffbeschaffung, indem es durch den Unterboden oft tief in den Untergrund eindringt. Die oberirdischen Organe des Rebstockes, vor allem die Blätter, sind in ihrer Funktion von den klimatischen Bedingungen abhängig. Sonnenlicht und Wärme sind zwei wichtige Faktoren für das Reifen der Früchte.

Das Bestandsklima

Neuere Untersuchungen haben gezeigt, daß sich im Weinberg als Lebensraum der Rebe je nach ihrer Pflanzdichte und Erziehungsart ein bestimmtes „Bestandsklima" entwickelt, das von dem der umliegenden Felder beträchtlich abweicht. In einem Weinberg mit Drahtrahmenerziehung und einer Zeilenbreite von etwa 2 Metern können die Temperaturen 3 bis 5°C über denen des Umfeldes außerhalb des Rebbestandes liegen. Auch die Luftfeuchtigkeit ist um einige Prozent höher und fördert somit die Assimilation der Rebe. Bei freistehenden Rebstöcken oder in Zeilen mit sehr breiten Gassen können diese Werte nicht erzielt werden. Gerade in den niederschlagsarmen und heißen Anbauregionen werden die Reben in weitem Abstand gepflanzt, um ihnen die Versorgung mit dem wenigen vorhandenen Wasser zu ermöglichen.

Die Traube, Geschenk der Natur

Erste Spuren der weintragenden, weinliefernden Rebe (botanisch: *Vitis vinifera*) finden sich im mittleren Tertiär Europas. Die Gattung Vitis läßt sich bis ins älteste Tertiär, in Amerika sogar bis in die Kreidezeit des Erdmittelalters zurückverfolgen. Erdschichten, die aus der Zeit der Braunkohlebildung datieren, zeigen in ganz Europa, selbst in Island und Grönland, in Nordamerika und Japan Blattabdrücke, Samen und Holzreste der verschiedenen Vitis-Arten. Seit Jahrmillionen rankt sich die Vitis vinifera silvestris in den Wäldern an Bäumen empor.

Kerne der Edelrebe fand man erstmals in den aus der Steinzeit stammenden Pfahlbauten von Auvernier und St-Blaise. Die Vitis vinifera sativa, die kultivierte Rebe, hat – als zufällige natürliche Entwicklung – wahrscheinlich den Bewohnern der Pfahlbauten nördlich und südlich der Alpen Traubenmost und – ebenfalls als Zufallsprodukt – Wein geliefert. Es mag Jahrtausende gewährt haben, bis die Kulturvölker Vorderasiens und Ägyptens als Begründer unserer Weinkultur aus dem Zufall einen planvollen Anbau des Rebstockes durchführten.

Dabei galt es – wie heute – das lianenförmige Wachstum der Schlingpflanze Rebe in bestimmte Formen zu lenken. Bei zuzunehmender Intensivierung der Rebkultur band man die Girlanden der Pflanze an bestimmte Spaliergerüste, ihre üppig wachsenden Triebe wurden beschnitten, der Rebstock wurde „erzogen". Tatsächlich zählt die Rebe zu den erstaunlichsten Pflanzen: Sie vermag zwar selbst unter extremen Bedingungen zu wachsen, doch hinsichtlich ihrer Fruchtbarkeit kann sie sehr hohe Ansprüche stellen.

Das Wachstum des Rebstocks

Der Rebstock fühlt sich in vielen Bodenarten wohl. Wenn es die klimatischen Bedingungen erfordern, kann sich sein Wurzelsystem 12 Meter tief in den Boden graben, um der Pflanze die notwendige Feuchtigkeit und die erforderlichen Nährstoffe zu beschaffen. Sogar in festen Gesteinsböden dringen die Wurzeln 2 Meter tief ein.

Das für das Auge sichtbare Wachstum des Rebstocks und das Reifen seiner Frucht vollziehen sich auffallend rasch in nur fünf bis sechs Monaten. Nachdem der Stock – je nach seiner „Erziehungsart" – in den Monaten zwischen Januar und März heruntergeschnitten wurde, beginnt Ende April bei Erwärmung des Erdreiches die erste sichtbare Veränderung: Aus den Knospen, vom Winzer Augen genannt, treten die jungen Triebe hervor. Sie tragen wiederum Knoten und Knospen, aus denen sich die Blätter bilden.

Den Laubblättern kommt für das Gedeihen der Pflanze eine wichtige Funktion zu. Durch Hunderttausende von Spaltöffnungen „atmen" die grünen Blätter Kohlensäure aus der Luft ein. Die Wurzeln saugen aus dem Boden Wasser und Mineralstoffe, die zusammen in feinen Kanälen bis in die letzte Blattspitze aufsteigen. In einem chemischen Prozeß (Assimilation) wird dies alles durch die Lichtwellen der Sonnenstrahlung in den Blattzellen umgewandelt. Für das Auge erkennbar wird der Vorgang durch die schwellenden, reifenden Beeren.

Blüte und Fruchtbildung

Auch die für die Rebe typischen Ranken übernehmen wichtige Aufgaben. Als Kletterorgane umklammern sie einen Pfahl oder

Linke Seite: 1. die geschlossene Rebblüte, 2. die Blättchen der Kappe lösen sich vom Blütenboden und werden als „Mützchen" abgeworfen, 3. die geöffnete Blüte zeigt fünf Staubblätter. Bei der Vollblüte streuen die Pollensäcke den männlichen Blütenstaub (Pollen) aus. 4. Schnitt durch den Fruchtknoten, aus dem sich die Frucht entwickelt, 5. Rebsamen (Kern), 6. Querschnitt und 7. Längsschnitt durch einen Rebkern. In der Regel besitzt die Beere zwei Rebkerne (Schnittbild 8), selten mehr. Die Beere besteht aus der Schale, den Kernen und der Fleischschicht. Größe, Gestalt und Farbe der Beere und die Form der Traube (9) sind je nach Rebsorte verschieden. Neben der Wurzel ist das Blatt (10) wichtigstes Ernährungsorgan der Rebe. Die Ranke (11) ist das Kletterwerkzeug der Rebpflanze. Als Fortsetzung des Wurzelstammes bildet sich über der Erde ein Stamm aus altem Holz (12). Rechte Seite: Rebsorten (von links oben nach rechts unten): Roter Traminer (hochwertige, säurearme, alkoholreiche Weißweine), Weißer Burgunder (vollmundige, blumige Weißweine), Trollinger (spritzige, süffige Rotweine), Blauer Burgunder (körperreiche Rotweine), Gelber Muskateller (edle, rassige Weißweine mit Muskatbukett), Riesling (Spitzenweine, sehr fruchtig), Blauer Limberger (kräftige, bukettreiche Rotweine), Grüner Silvaner (milde bis volle Weißweine), Ruländer (volle, säurearme Weißweine), Müller-Thurgau (würzig-süffige, Weißweine), Merlot (eine der besten Rotweinsorten in Bordeaux und im Tessin), Weißer Gutedel (leichte, süffige Weißweine).

Draht und geben damit den Zweigen den notwendigen Halt. Bei den sogenannten fruchtbaren Sommertrieben entwickelt sich im Juni anstelle einer Ranke nach dem zweiten oder dritten Knoten die Blüte, vom Winzer als Gescheiin bezeichnet.

Diese zunächst unscheinbare Blüte ist ein wahres Wunderwerk der Natur. Filigranartig setzt sie sich aus Rispen zusammen, die sich an vielen Verzweigungen des Stilgerüstes befinden. Am Ende der astartigen Verzweigungen sitzen die Einzelblüten, die als zwittrige Blüten Selbstbefruchter sind.

Da die Blütenblätter zu einer Krone zusammengewachsen sind, können sie sich nicht wie bei anderen Pflanzen entfalten. Bei der Weinblüte strecken sich die Staubgefäße und werfen dann die Krone, das Mützchen oder Käppchen ab.

Zwischen Juli und Oktober vollzieht sich in der Beere das für den späteren Wein entscheidende Geschehen. Zunächst wird vor allem bei tieferen Temperaturen bis etwa Mitte August Säure gebildet. Mit zunehmender Reife steigt ab der dritten August-Dekade der Zuckergehalt an, während die Säuren, insbesondere bei höheren Temperaturen, zum Teil veratmet werden. Ein anderer Teil der Säuren wird an Kalium und Kalzium zu Salzen gebunden.

Reife und Lese

Der Abbau der Säuren kann durch kühlere Nachttemperaturen verzögert werden. Dies trifft insbesondere für die Wein- und die Äpfelsäure zu, die etwa 90% der Fruchtsäure in der reifenden Beere ausmachen. Neben dem Abbau der Säuren und dem Anstieg des Zuckergehaltes spielt für die Weinqualität auch die Bildung von Aminosäuren eine Rolle. Nach neuesten Erkenntnissen ist ihre Konzentration als späterer Aromalieferant für den Geruch und Geschmack des Weines wichtig.

Fühlbar kündigt sich der Beginn des entscheidenden Reifestadiums an, wenn im August die Beeren reif und saftig werden. Die Traubensorten für Weißweine werden hell, jene für Rotweine färben sich blau. Die Beeren nehmen allmählich ihre für die jeweiligen Sorten charakteristischen Formen an, die Trauben werden größer, die Beeren praller und saftiger.

Bei günstigen Voraussetzungen (trockene, warme Witterung) beginnt in den südeuropäischen Weinbauländern Anfang September die Weinlese. In den nördlichen Weinbauregionen wartet man mit dem Lesebeginn bis Ende September oder Anfang Oktober, um den Trauben die letzten wärmenden Sonnenstrahlen eines „goldenen Oktobers" zu geben.

Der Saft aus frischen Trauben

Welche Qualitäten verspricht der neue Jahrgang? Zum Zeitpunkt der Weinlese ist diese Frage fern aller prophetischen Weissagungen eigentlich nur mit zwei Auskünften zu beantworten. Die eine nennt die in der reifen Beere festgestellte Zuckerkonzentration, aus der sich der spätere Alkoholgehalt des Weines errechnen läßt, und berücksichtigt dabei eventuell auch noch den Säuregehalt der Beeren. Die andere Antwort beschreibt den allgemeinen Zustand des Lesegutes, also der Trauben.

Da ist zunächst das äußere Erscheinungsbild der reifen Beeren. Regenreiche Herbstwochen können selbst nach vorhergegangenen guten Vegetationsmonaten mit ihren zufriedenstellenden Reifeperioden manche Hoffnungen des Winzers zunichte machen. Als Folge von anhaltenden Niederschlägen kann sich auf den Beeren ein Pilz bilden, die sogenannte Graufäule (*Botrytis cinerea Pers.*). Die davon befallenen Beeren können zwar bei der Lese verwendet werden, bedingen jedoch Verluste an Qualität und Quantität. Um vor allem Qualitätseinbußen zu vermeiden, werden diese kranken Beeren gesondert gelesen.

Edelfäule und hohe Mostgewichte
Tritt die Botrytis nach Erreichen der Vollreife auf, hat sie in bezug auf die Weinqualität einen unschätzbaren Vorzug. Jetzt kann sie nämlich die Entstehung der Edelfäule auslösen. Dabei durchdringt der Pilz allmählich die dünne Beerenhaut und zerstört sie – die Beeren werden „edelfaul". Der Pilz kann sich jedoch nicht vollends ausbreiten, da die Zuckerkonzentration des Beerenfleisches für ihn zu hoch ist. In diesem Stadium der Labilität wird die Beerenhülse entsprechend wasserdurchlässig, so daß bei warmem, trockenem Wetter die Beeren Wasser verlieren und allmählich rosinenartig einschrumpfen.

Aus den eingetrockneten edelfaulen Beeren werden die besten und berühmtesten Weißweine der Welt gewonnen: die deutschen Beeren- und Trockenbeerenauslesen, die köstlichen Süßweine der Sauternes aus Graves und Barsac sowie die renommierten ungarischen Tokajer.

Eine Steigerung der Weinqualität kann der Winzer schon durch eine gründliche Auslese der Trauben unterschiedlicher Beschaffenheit erreichen. Lediglich in Weinbergen, in denen fast alle Trauben sich in einem beinahe gleichen Gütezustand befinden, beschränkt man sich auf nur *einen* Durchgang bei der Lese. Qualitativ jeweils steigendes Lesegut erbringen gestaffelte Lesen im Abstand von mehreren Tagen – gelegentlich auch Wochen – in der Reihenfolge Vorlese (Notlese) – Hauptlese – Spätlese – Auslese.

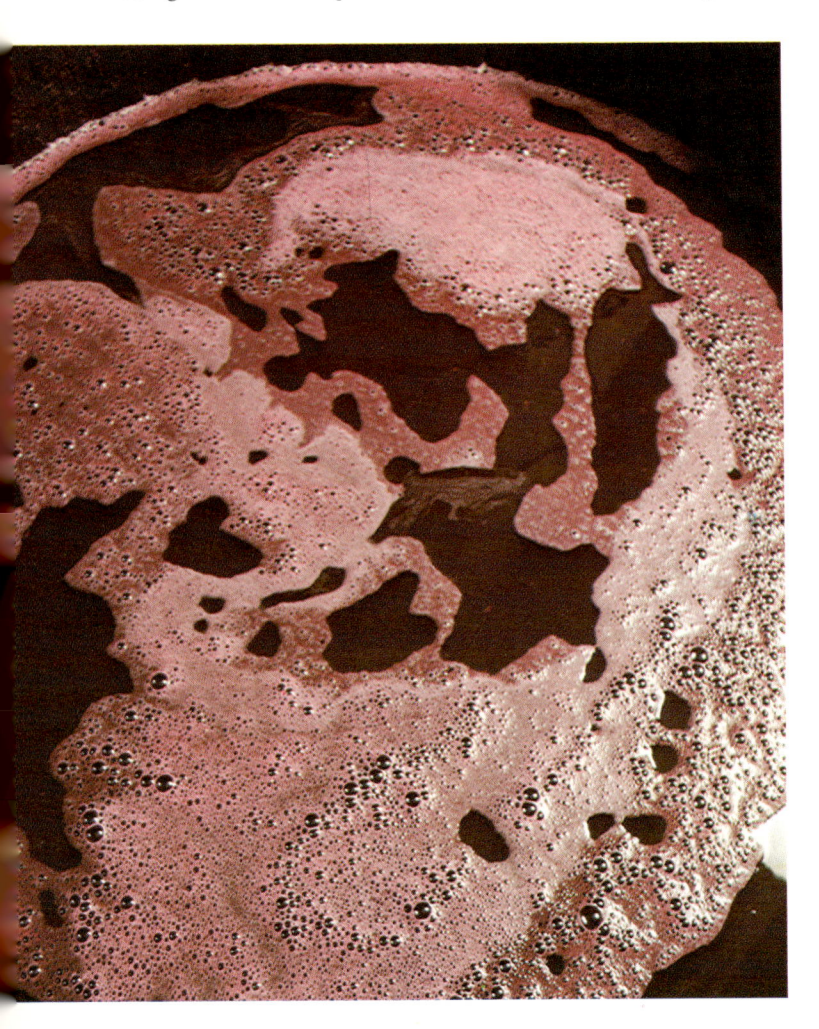

Linke Seite, links: Traubenmost eines italienischen Rotweines.
Linke Seite, rechts oben: Überreife Rotweinbeeren, aus denen nach dem
Platzen der Beerenschale der Saft gleich Blutstropfen quillt.
Linke Seite, rechts unten: Vom Edelschimmelpilz Botrytis befallene Traube,
aus der wertvolle Trockenbeerenauslesen gewonnen werden.

Gleichsam als Indikator für die eigentliche Güte der Trauben gelten ihr Zucker- und ihr Säuregehalt. Der Fachmann bezeichnet den Zuckergehalt als das Mostgewicht, indem er die Dichte des Mostes mit der Dichte reinen Wassers in Bezug setzt. 1835 entwickelte der Pforzheimer Mechaniker C. F. Oechsle eine Glasspindel, mit der sich der ungefähre Zuckergehalt des Traubensaftes berechnen läßt. Diese sogenannte Oechslewaage zeigt an, wieviel Gramm schwerer 1 l Saft ist als 1 l Wasser (1000 g). Die Meßergebnisse werden in Oechslegraden ausgedrückt: Zum Beispiel entsprechen 80° Oechsle einem Gewicht von 1080 g. Der Zuckergehalt läßt sich errechnen, indem man die ermittelten Oechslegrade durch die Zahl 5 teilt. Das Ergebnis ist der Zuckeranteil in Prozenten. Man kann auch den ungefähren Zuckergehalt in Gramm pro Liter errechnen, indem man die ermittelten Oechslegrade mit der Zahl 2 multipliziert. So verfügt bei 80° Oechsle der Saft über 16% Zucker oder 160 g Zucker pro Liter. Teilt man die festgestellten Oechslegrade durch die Zahl 8, so erhält man den voraussichtlichen Alkoholgehalt nach erfolgter Vergärung in Volumenprozent oder Grad. In unserem Beispiel würde sich bei 80° Oechsle der spätere Alkoholgehalt um 10 Volumenprozent oder Grad bewegen.

Säuregehalt und Reifefaktor
Als Pendant zum Zuckergehalt wird die Säure der Beere in Gramm pro Liter oder Promille pro Liter ausgedrückt. Je nach Sorte, Reife, Jahrgang und Witterung kann sie zwischen 6 bis 17 g/l (gemessen als Weinsäure) betragen.
Wenn man Traubenzucker (in Grad Oechsle) und Säure (in Gramm als Gesamtsäure) zueinander in Bezug setzt, kann man den jeweiligen Reifefaktor der Trauben errechnen. Dazu multipliziert man die Oechslegrade mit 10 und teilt die Summe durch die Gramm Gesamtsäure. Durchschnittliche Weine ergeben einen Reifefaktor zwischen 70 und 100, Spitzenweine liegen entsprechend über Faktor 100.
Im Weinberg werden die Oechslegrad-Messungen nicht mit der Oechslewaage, sondern meistens mit Hilfe des Handrefraktometers vorgenommen. Dieses Gerät bietet die ideale Möglichkeit, den Zuckergehalt in der reifenden Beere festzustellen. Es arbeitet nach dem optischen Prinzip der Lichtbrechung, nach dem der Brechungsindex einer Zuckerlösung proportional ist zu ihrer Zuckerkonzentration. Bereits mittels weniger Safttropfen kann demnach ihr Zuckergehalt einfach festgestellt werden.

Traubensaft in der Analyse
Über die wichtigsten Bestandteile des Mostes informiert eine erste chemische Analyse. Most besteht vor allem aus 820 bis 950 g/l Wasser, 150 bis 300 g/l Gesamtextrakt (zum Beispiel Säuren, Salze), 30 bis 150 g/l Traubenzucker (Glukose) als Invertzucker, 30 bis 150 g/l Fruchtzucker (Fruktose), 3 bis 28 g/l Gesamtsäure, 1 bis 8 g/l Weinsäure, 1 bis 20 g/l Äpfelsäure und 1,6 bis 6 g/l Mineralstoffen. Die mengenmäßige Ergiebigkeit der Weintrauben hängt ebenfalls von dem individuellen Reifestadium und Zustand der Rebsorten ab. So ergeben zum Beispiel jeweils 100 kg Blauburgundertrauben 75 l Most, 100 kg Gutedeltrauben 80 l Most. Die Daten ermöglichen dem Fachmann, die Verfahren der Weinbereitung nach der Beschaffenheit des Mostes zu richten.

Reifeentwicklung der Trauben in drei deutschen Anbaugebieten im Jahr 1977
(Zusammengestellt nach Angaben des Ministeriums für Landwirtschaft, Weinbau und Umweltschutz Rheinland-Pfalz. Die obere Zahlenreihe gibt die Mostgewichte in Grad Oechsle an, die untere die Säurewerte in Promille.)

Zeitpunkt der Reifemessung	Rheinpfalz					Rheinhessen				Mosel
	Riesling	Müller-Thurgau	Silvaner	Scheurebe	Ruländer	Riesling	Müller-Thurgau	Silvaner	Scheurebe	Riesling
12. 9.	35–61 17,2–31	43–59 10,8–16,6	42–58 13,4–22,6	43–58	51–60	34–45 24,6–32,4	47–65 12,9–17,2	41–51 17,5–23,5	41–45	31–46 28,5–37,5
20. 9.	45–68 17,2–26,8	51–71 9,0–15,6	44–62 12,4–18,4	53–64	56–80	43–55 20,9–26,9	54–65 10,6–14,1	48–60 14,2–20,3	51–54	42–52 23,6–34,6
26. 9.	53–76 16,0–21,4	51–68 9,2–13,0	50–65 10,4–17,0	60–80	63–75	51–61 19,2–23,9	56–67 10,0–12,2	54–65 12,5–16,3	53–58	52–65 18,4–33,4
4. 10.	62–84 12,6–18,0	48–95 7,6–15,0	55–76 10,0–16,0	62–85	68–79	58–68 17,5–21,0	62–71 9,3–11,8	60–70 11,5–15,1	61–65	48–65 18,2–28,7
10. 10.	63–88 12,6–16,6	63–74 8,5–11,0	61–83 9,4–13,9	65–86	72–82	63–74 16,4–17,7	64–68 10,3–11,2	58–71 10,7–13,2	62–70	53–70
17. 10.	65–85 13,2–15,6	65–74 8,3–10,5	62–86 7,0–12,8	72–95	76–84	66–76 13,9–16,7		69–73 10,5–17,7	66–78	54–73 15,4–23,3
24. 10.	Die Lese war überwiegend abgeschlossen					69–72 14,7–17,4			82 (Einzelwert)	57–75 15,3–21,5

Anmerkung: Der Jahrgang 1977 ergab im Anbaugebiet Rheinpfalz 6% Tafelwein, 75% Qualitätswein b.A., 15% Kabinettwein, 4% Spätlesen; im Anbaugebiet Rheinhessen 1% Tafelwein, 73% Qualitätswein b.A., 17% Kabinettwein, 8% Spätlesen und 1% Auslesen; im Anbaugebiet Mosel-Saar-Ruwer 8% Tafelwein, 84% Qualitätswein b.A. und 8% Kabinettwein.

Weinbereitung einst und jetzt

Die gemahlenen, zerquetschten Trauben vor der Kelterung, die sogenannte Maische, aber auch der frische Most, schauen zunächst keineswegs besonders appetitlich aus und verlocken kaum zum Probieren. Angesichts dieses recht trüben Saftes möchte man bezweifeln, daß er sich nach der Gärung einmal zu einem reinen, klaren, duftenden und wohlschmeckenden Wein entwickeln wird. Bis zum Erreichen dieses glücklichen Endstadiums bedarf es allerdings einer Vielzahl von gut aufeinander abgestimmten Maßnahmen, die bei zunehmender Mechanisierung der Weinbereitung fast ausschließlich im Bereich moderner Technik liegen. Je kleiner indes der Winzerbetrieb ist, desto geringer sind freilich auch die zum Einsatz gelangenden technologischen Verfahren der Weinerzeugung. Hier dominieren oft persönlicher Fleiß, viele traditionelle Arbeitsweisen mit manueller Tätigkeit und oft der „weinromantische" Holzfaßkeller.

Die rustikale Holzkelter, einstmals unentbehrliches Werkzeug der Weingewinnung, findet sich heute lediglich als symbolträchtiges Relikt in den Ausstellungsräumen begüterter Weinbetriebe oder in den Sammlungen spezieller Weinmuseen. An die Stelle der historischen Pressen traten bereits Ende des 19. Jahrhunderts mechanische Traubenpressen, die ab 1835 von hydraulisch arbeitenden Korbpressen abgelöst wurden. Neben pneumatischen

Linke Seite: Auf den Gärfässern befindet sich ein gläserner Gärstutzen, durch den mit glucksendem Geräusch die sich bei der Gärung bildende Kohlensäure entweicht.
Rechte Seite: Schaufässer, deren Faßböden durchsichtig sind, lassen den Vorgang der Gärung von Rot- und Weißweinen gut erkennen. Sie zeigen die Trübung des Mostes vor der Gärung ebenso wie das Absetzen der Trubteilchen und der Hefe nach beendeter Gärung.

Pressen werden heute fast ausschließlich die sogenannten Horizontal-Pressen eingesetzt, die den Most unter erheblicher Zeit- und Arbeitsersparnis besonders schonend von den festen Bestandteilen trennen.

Häufig werden die Trauben als frisches Lesegut nicht unmittelbar zur Kelter geführt, sie werden vielmehr zur Maischegewinnung zunächst „aufbereitet". Dabei werden die Trauben gemahlen und entrappt. Ein rotierendes Schlagwerk trennt die Kämme, Stiele oder Rappen von den Beeren, also jene „Anhängsel", die dem Most und damit dem späteren Wein unerwünschte, bittere Geschmacksstoffe vermitteln würden. Diese Arbeit ist vor allem bei Rotweintrauben erforderlich, da nicht entrappte Rotweine unharmonisch und rauh schmecken.

Die Bereitung von Eisweinen
Am Rebstock hart gefrorene Trauben werden nicht erst zu Maische verarbeitet, sondern in gefrorenem Zustand sofort gekeltert. Bei der Eisweinlese ist das Wasser in den Beeren zu Eis gefroren. Eine solche Rarität wurde erstmals 1794 in Frankreich geerntet und gehört seitdem wegen ihrer hohen Süße und Rasse zu den kostbaren Weinspezialitäten. Durch das Ausfrieren des Wassers aus reifen Beeren erhält man einen konzentrierten, bukettreichen Most mit Mostgewichten zwischen 100 bis etwa 140° Oechsle und einem Säuregehalt bis zu 14‰. Durch Einsatz modernster technischer Verfahren (Kohlensäure-Trockeneis-Schnee) ist es möglich, „künstliche" Eisweine mit hohen Konzentraten zu produzieren. Das deutsche Weingesetz gestattet jedoch nur die Gewinnung natürlicher Eisweine.

Die alkoholische Gärung
Die alkoholische Gärung wird durch Hefepilze bewirkt, die sich auf den Beerenhäuten befinden. Dabei spaltet sich der im Most enthaltene Zucker zu etwa gleichen Teilen in Alkohol und Kohlensäure auf.

Je nach Weinart und Sorte, nach individueller Mostbeschaffenheit und dem in etwa gewünschten späteren Farb-, Duft- und Geschmacksbild des Weines wird heute die Gärung durch den Kellermeister gelenkt. Eine solche Gärführung spielt vor allem bei der Herstellung von Weinen eine Rolle, denen ein bestimmter unvergorener Rest des Zuckers erhalten bleiben soll.

Doch auch zur Gewinnung trockener, also völlig durchgegorener Weine, bedarf es einer kontrollierten Gärung. Selbst bei der Erzeugung von Rotweinen nach traditionellen Verfahren geht man in vielen Regionen immer mehr von den zufallsgebundenen Methoden ab. Zur Rotweinbereitung muß der typische Farbstoff, der sich in den mikroskopisch kleinen Hülsenzellen der Beeren befindet, gelöst werden. Der bei der Gärung sich bildende Alkohol oder die Hitze fördern das Auslaugen der roten Farbstoffe. Die mechanische Bearbeitung der gärenden Maische durch Umwälzen oder Stoßen beschleunigt den Farbaustritt aus den Beerenhäuten. Zudem verstärken höhere Mostgewichte oder Alkoholgehalte die Farbintensität. Andererseits wird der Rotweinfarbstoff durch Faßwände, Filterschichten und vor allem durch die Hefe leicht adsorbiert. Je länger die Maischegärung beim Rotwein dauert, desto rauher und härter fällt das Endprodukt geschmacklich aus. An die Stelle der gezügelten Weißweingärung tritt bei der Rotweinherstellung daher zunächst die sorgfältige Durchführung der Maischegärung, bei der oftmals regional unterschiedliche Verfahren eingesetzt werden.

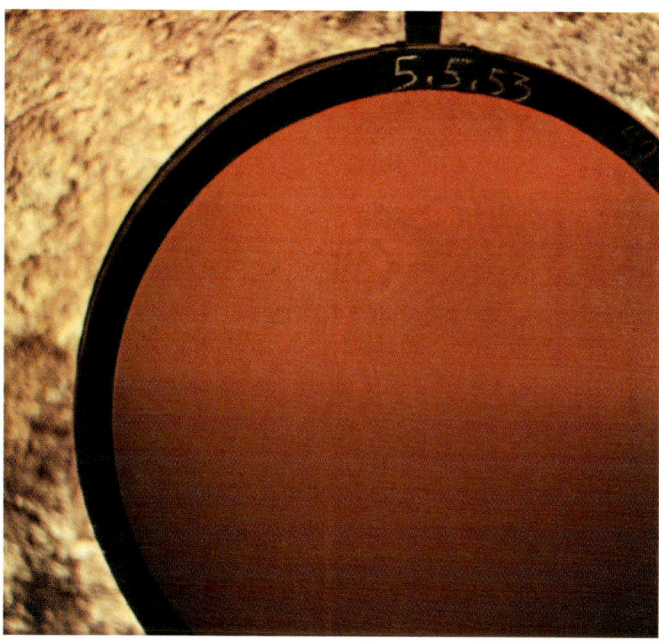

Zu den klassischen Verfahren der roten Maischegärung zählt die offene Gärung in Bütten oder Ständern oder die geschlossene Gärung in Holzfaß oder Tank. Eine gelenkte Maischegärung ist im Drucktank (bei 3,5 oder 8 atü) möglich. Neben dem Einsatz von Kohlensäuredruck wird der Gärverlauf durch die Temperatur, entweder Hitze oder Kälte, gesteuert. Nach der Maischegärung gelangt der teilweise vergorene Rotwein in Lagerbehälter, in denen er seine Gärung beendet.

Im Reich des Kellermeisters

Der Trend zu einer gewissen Industrialisierung der Weinerzeugung, vorwiegend in den Konsumweingebieten, läßt den Typus des bedächtigen und von ausgiebiger Weinerfahrung gezeichneten Kellermeisters immer seltener werden. In den heutigen Groß- und Mittelbetrieben entsprechen die Kellermeister dem Berufsbild der Weinbautechniker und Getränke-Ingenieure. Als gründlich ausgebildete Spezialisten steuern sie oft imposante technische Apparaturen, die eine lückenlose Kette modernster Geräte umfassen.

Auch in kleineren Betrieben hat man erkannt, daß neuzeitliche technologische Maßnahmen dem gesamten Geschmacksbild des Weines nur förderlich sind. Indes vermag die Technik allein nicht mangelnde Sorgfalt und Fachkenntnis zu ersetzen. Bereits durch die gründliche Behandlung des Mostes kann man die spätere Qualität des Weines entscheidend beeinflussen. So werden zum Beispiel zu säurereiche Moste mit einfachem kohlensaurem Kalk entsäuert.

Das Gebot sorgsamer Kontrolle gilt freilich auch für den weiteren Ablauf des Weinausbaus. Bei der Gärung im Holzfaß wird der Kellermeister auf einen natürlichen, nicht zu langen Gärverlauf (höchstens drei Wochen, optimal eine bis zwei Wochen) achten. Feine, fruchtige und bukettreiche Weine stammen meist aus einer langsamen Gärung. Nur qualitativ geringe Moste vergären stürmisch nach dem Motto „Den größten Lärm machen stets die Kleinen". Gefördert werden kann die Gärung durch die Zugabe von Zuchthefen oder durch das Aufrühren der Hefe im Gärfaß. Gebremst werden kann die Gärung zum Beispiel durch die Zugabe schwefeliger Säure.

Der Reifeprozeß des Weines
Nach der Gärung und dem Trennen (Abstich) des Weines von der Gärhefe setzt der eigentliche Reifeprozeß ein. Der Kellerwirt bemüht sich, seinen Wein biologisch stabil auszubauen, so daß er für eine längere Haltbarkeit gerüstet ist und auch längere Reisen in der Flasche ohne Qualitätsverluste übersteht.

Trotz aller technisch hochentwickelten Verfahren wird die Reife des Weines wesentlich von der Zeit, also der Lagerung im Faß und – bei betont frischen Weinen – auf der Flasche, beeinflußt. Gepflegte Rotweine mit einem bestimmten Gebiets- oder Sortencharakter bedürfen zu ihrer vollen Entwicklung einer Lagerung im Holzfaß von mindestens 8 bis 12 Monaten. Weiße Spätlesen können schon nach 6 Monaten auf die Flasche abgefüllt werden, Auslesen benötigen hingegen mehr Lagerzeit. Viele Weintrinker bevorzugen heute junge Weine, die relativ früh abgefüllt werden

*Linke Seite: Einige südeuropäische Winzer bedienen sich auch heute noch zum Auspressen der Trauben antiker Baumkeltern (Torkeln) oder ähnlicher, recht primitiver Systeme, die schwere körperliche Arbeit erfordern.
Rechte Seite, oben: Eine erste Probe des „Neuen" gibt dem Kellermeister Aufschluß über die Qualitäten, die sich bereits im Jungwein andeuten.
Rechte Seite, unten: Zu den Aufgaben des Kellermeisters in der Champagne gehört auch die sorgfältige Überwachung der Flaschen, in denen die zweite Gärung bei der Schaumweinerzeugung stattfindet, sowie der kostbaren Altweine. Mit Recht hat man diese eindrucksvollen Kelleranlagen mit unterirdischen Kathedralen verglichen.*

und mit den ehemals geschätzten firnen, von langer Holzfaßlagerung geprägten Weinen, nichts mehr gemeinsam haben.

Das erste Zwischenprodukt der Weinherstellung, das sich noch im Gärstadium befindet, ist der Sauser, Federweiße oder Sturm. Dieser hefetrübe Jungwein ist während der Weinerntezeit als verführerisch gut schmeckender Tropfen in den Weinbaugebieten beliebt. Da er seine Gärung noch nicht beendet hat, läßt er sich nicht auf Flaschen füllen, verkorken und transportieren.

Schwefeln – Klären – Abfüllen
Noch vor dem ersten Abstich erfolgt die Schwefelung, eine unerläßliche und seit Jahrtausenden praktizierte Methode zur „Konservierung" des Weines. Die schwefelige Säure verhindert seine Oxydation und damit das Auftreten eines unangenehmen Luftones. Die für Most und Wein gesetzlich geregelten Dosierungen für das Schwefeln sind nach zahlreichen Untersuchungen für den Weintrinker gesundheitlich weitgehend unbedenklich, soweit der Tagesverbrauch von 1 Liter Landwein oder 0,5 Liter hochwertigem Qualitätswein nicht wesentlich überschritten wird. Völlig durchgegorene Weine benötigen meist weniger Schwefel als Weine mit Restsüße. Bei Auslesen, aber auch bei Jahrgängen mit einem hohen Anteil fauler Trauben ist der Schwefelbedarf des Weines wiederum relativ hoch.

Der erste Abstich erfolgt etwa 3 Wochen nach Beendigung der Gärung. Unter gleichzeitiger Abtrennung des Trubes wird der Wein aus dem Gärfaß in einen anderen Behälter umgefüllt. Ein zweiter Abstich, vom Kellermeister etwa 8 Wochen später durchgeführt, fördert bereits die Schönung des Weines. Weitere Maßnahmen dienen schließlich der Stabilisierung und Klärung. Neben einer Reihe chemischer, sich im Wein völlig auflösender Substanzen, gelangen dabei moderne Apparaturen wie Separatoren und Filter zum Einsatz.

Die letzte wichtige Station des Weinausbaus umfaßt die Abfüllung auf die Flasche. Der Wein kann nicht unbegrenzte Zeit im Holzfaß lagern, weil er sonst stumpf und holzig schmecken würde. Im Kunststofftank hingegen kann der Wein praktisch unbegrenzt verbleiben. Doch eine Abfüllung des Weines auf die Flasche ist meist schon aus qualitativen Gründen notwendig, denn gute Weine werden in der Flasche noch besser, reifer, feiner.

Der jeweilige Abfüller hat die Haltbarkeit des Weines, die Einhaltung der gesetzlichen Vorschriften bei dessen Erzeugung sowie auch die Füllhöhe, die in der Flasche enthaltene Menge zu garantieren. Von der Garantie ausgenommen ist lediglich die Ausscheidung von Weinstein. Gegenüber diesen kristallinen Ausscheidungen des geschmackfreien weinsauren Kaliums – eine Folge des natürlichen Säureabbaus im Wein – kann man ihn nicht gänzlich stabilisieren. Gerade bei langsamer Gärung mit gleichmäßigen Temperaturen scheidet sich der Weinstein nur sehr langsam aus. Weinstein ist niemals ein Grund für Beanstandungen durch den Weintrinker, da er ja keinen „Fehler" im Wein darstellt.

Für die Flaschenabfüllung stehen dem Kellerwirt heute mannigfache technische Verfahren und Geräte zur Verfügung, die in Großbetrieben beachtliche Kapazitäten erreichen können. Wichtigstes Gebot – vor allem für Weine mit Restsüße – ist eine sterile Abfüllung.

Möglichkeiten zur Qualitätssteigerung

Ziel jeder Weinbereitung ist die Gewinnung optimaler Qualität. Doch den „Veredelungsmöglichkeiten" durch den Kellermeister sind natürliche und gesetzliche Grenzen gesetzt. Was die Sonne im Weinberg den Trauben nicht vermitteln konnte – eine volle Reife, eine herrliche Fruchtsüße und viel „Gehalt" –, vermag auch der Mensch mit seinen vielfältigen Mitteln nicht vollends zu ersetzen. Jeder Wein kann sich zunächst stets nur so weit vom Durchschnitt abheben, wie es seine natürlichen Veranlagungen und Voraussetzungen ermöglichen. Bei allen sich zur qualitativen Verbesserung anbietenden Maßnahmen wird ein tüchtiger und gewissenhafter Kellermeister darauf achten, daß der Wein seinen eigentlichen Charakter nicht verliert. Trotz eventueller „Anreicherung" oder Verschnitts sollten zumindest bei anspruchsvolleren Weinen einige für sie typische Merkmale, wie ihr Sortencharakter (von der Rebsorte geprägt), ihr Gebietscharakter (von der Anbauregion und Lage geprägt) oder ihr Jahrgangscharakter deutlich spürbar bleiben.

Je mehr allerdings Großbetriebe die Erzeugung und den Verkauf von Typen- und Markenweinen forcieren, desto problematischer wird die Einhaltung dieser klassischen Grundregeln der kellertechnischen Qualitätssteigerung. Zweifellos wirken sich zum Beispiel großvolumige Verschnitte von Weinen verschiedenster Anbaugebiete und Sorten auf das Endprodukt leicht nivellierend aus, ebenso kann ein bedenkenloser Gebrauch der Anreicherung zu einem uniformen, eintönigen und langweiligen Geschmacksbild der Weine führen.

Die Verbesserung mit Zucker
Für die Herstellung von Weinen mit Restsüße, die nicht vergoren wurde und das Geschmacksbild insbesondere vieler deutscher Weine beeinflußt, ist die Anwendung der gelenkten Gärung mittels Druck notwendig. Da jedoch nicht selten der verbliebene Zuckerrest zu einer späteren Nachgärung neigt – dies vor allem bei Weinen, die in der kalten Jahreszeit noch nicht auf Flaschen gefüllt wurden –, verwendet der Kellermeister die Süßreserve. Dazu wird bei der Gärung ein Teil des Mostes abgezweigt, damit der Restzuckergehalt möglichst hoch bleibt. Der übrige Teil des Mostes vergärt normal und wird später mit der Süßreserve versehen. In welchem Umfang die einzelnen Sorten und Qualitätsstufen einen Zusatz an Süßreserve erhalten dürfen, schreibt das Weingesetz vor (meist 10 bis 15%).

Während die Verwendung von Süßreserve lediglich das Geschmacksbild des Weines, nicht unbedingt aber seine Güte generell beeinflußt, tragen die eigentliche Zuckerung (Anreicherung) und der Verschnitt in vielen Fällen zur Qualitätssteigerung einfacher, kleiner Weine bei. Bei der Anreicherung unterscheidet man zwischen der Trocken- und der Naßzuckerung.

Nach ihrem „Erfinder", J. A. Chaptal, wird die Trockenzuckerung auch Chaptalisieren genannt. Sie erfolgt vor dem Vergären des Mostes. Der dem Most beigegebene Zucker (Rohrzucker, nicht färbende Saccharose) spaltet sich ebenso wie der natürliche Traubenzucker der Beere bei der Gärung in Alkohol und Kohlensäure auf. Das Ergebnis ist – bei gelenkter Gärung – ein Wein mit höherem Restzucker- und Alkoholgehalt als bei nicht gezuckertem Wein. Solchermaßen verbessert werden dürfen nach den EG-Weingesetzen nur Tafelweine und Qualitätsweine, die über einen bestimmten Mindestalkoholgehalt beziehungsweise ein Mindestmostgewicht verfügen. (In der EG-Weinbauzone B müssen Tafelweine über 50° und Qualitätsweine über 57° Oechsle als Voraussetzung für eine erlaubte Anreicherung verfügen. Auch der maximale Umfang der Alkoholanreicherung ist für die einzelnen Qualitätsgruppen, Weinarten und Anbaugebiete vorgeschrieben. Er beträgt zwischen 2,5° und 5° Alkohol.)

Bei der Naßzuckerung („Gallisieren" nach L. Gall) wird dem Wein erst nach seiner Gärung Zuckerwasser zugefügt, um durch die Verdünnung vor allem zu säurereicher Weine zu genußfähigeren Qualitäten zu gelangen. Zwangsläufig wird durch dieses „Strecken" des Weines auch eine Volumenerweiterung erreicht. In vielen Weinbauländern ist die Naßzuckerung grundsätzlich untersagt. (In der Schweiz gelten naßgezuckerte Weine als Kunstweine und dürfen nicht eingeführt werden. In Deutschland dürfen noch bis 1979 in einigen Weinbaugebieten Weine naßgezuckert werden, die mehr als 12 g/l Säure aufweisen. Dabei darf die „Wein-Vermehrung" nicht mehr als 10 beziehungsweise 15% betragen.)

Das gewiß reellere Verfahren zur Verbesserung saurer Weine besteht in einer Entsäuerung mittels kohlensaurem Kalk, wie es oftmals in schlechten Weinjahren praktiziert wird.

Linke Seite: Die Weinbauversuchsanstalten mit ihren önologischen Forschungsinstituten sind maßgeblich an den Fortschritten in der Technologie der Weinerzeugung beteiligt.
Rechte Seite: In vielen Weinkellern finden sich neben den traditionellen Holzfässern auch moderne Gärtanks und Stahlbehälter, in denen meist die einfacheren Konsumweine lagern.

Der Verschnitt

Zu den ganz alten kellertechnischen Verfahren zählt der Verschnitt. Das Mischen von zwei oder mehreren Weinen wird nicht nur zur Herstellung von Marken- und Typenweinen in großem Maße durchgeführt. Das Zusammenlegen von Weinen kann auch der Beseitigung von Mängeln dienen, die in einer Teilpartie auftreten. Eventuelle Weinfehler, wie Weintrübungen, Luft-, Holz- oder Faßgeschmack und Überschwefelung, können durch den Verschnitt beseitigt oder zumindest verdeckt werden. Bei Rotwein spielt er zur Farbregulierung eine beträchtliche Rolle, indem man zu hellen Rotweinen durch Mischung mit farbintensiven und Deck-Rotweinen die gewünschte Farbe verleiht.

Auch die Verschnittmöglichkeiten und ihre Deklarierung auf dem Weinetikett sind in den Weingesetzen der Weinbauländer geregelt. Um die regionalen Eigenarten im Interesse einer natürlichen Wein-Vielfalt zu erhalten, sind vor allem auf der Stufe hochwertiger Weine die Verschnittmöglichkeiten gesetzlich stark begrenzt. Eine berühmte Ausnahme bilden einige große europäische Qualitätsweine, wie zum Beispiel die Bordeaux-Weine, die schon seit jeher aus dem Verschnitt verschiedener Traubensorten bereitet werden.

Weißwein darf grundsätzlich nur aus Weißweintrauben hergestellt werden, Rotwein ausschließlich aus Rotweintrauben, Roséwein nur aus hellgekeltertem Most von Rotweintrauben. Der Rotling, ein Wein von blaß- bis hellroter Farbe, entsteht jedoch durch das Verschneiden von Weißwein- mit Rotweintrauben. Die badische Weinspezialität „Badisch Rotgold" darf nur aus einem Verschnitt von Grauburgundertrauben (Ruländer) und Spätburgundertrauben erzeugt werden. Das Weingesetz bestimmt ferner, daß „Deutscher Tafelwein" nur aus Wein deutscher Tafelweinanbaugebiete gewonnen werden darf. Ein deutscher Qualitätswein muß ausschließlich aus einem der elf abgegrenzten deutschen „bestimmten Anbaugebiete" stammen, ein französischer Qualitätswein mit der Herkunftsbezeichnung Appellation contrôlée nur aus der entsprechend genannten Anbauregion. Gleiche Bestimmungen gelten auch für die italienischen D.O.C.-Qualitätsweine. Ein deutscher Prädikatswein darf nicht aus Weinen verschiedener Bereiche verschnitten werden, er kann allerdings bis zu 15% Wein eines anderen Jahrganges oder einer anderen Rebsorte enthalten, als auf dem Etikett angegeben ist. Dieser Anteil des sogenannten „bezeichnungsunschädlichen Verschnittes" durfte bis zum Jahr 1977 sogar 25% betragen.

Der Weißwein

Vom zartesten Grüngelb über zahlreiche weitere grünlichgelbe Farbnuancierungen bis zum kräftigen Goldgelb weisen die Weißweine mannigfache Reflexe und Farbvarianten auf. Doch einen eigentlichen „weißen" Weißwein gibt es nicht. Ist ein Weißwein farblos und wäßrig, so reicht er an die sprachlich nicht ganz korrekte, international gebräuchliche Bezeichnung „Weißwein" zumindest heran.

Noch stärker als beim Rotwein wird die abwechslungsreiche Farbskala der Weißweine durch Herkunft, Qualitätsstufe und Rebsorte bestimmt. Junge Weine von Mosel-Saar-Ruwer, aber auch zum Beispiel Soave-Weine, die über einen relativ hohen Säuregehalt verfügen, zeigen oft charakteristische grünschimmernde Farbreflexe. Im Gegensatz dazu weisen schwere, alkoholreiche, hochwertige und lange gelagerte Weißweine Farben auf, die sich zwischen einem dunklen Gelb und beinahe satten Gold bewegen. Vielfach ist die Farbe des Weißweines bereits das erste optische Erkennungszeichen, welche Art und Qualität im Glase man erwarten darf.

Mehr als beim Rotwein erleichtern Farbe und Klarheit des Weißweines dem Laien eine gewisse Gütebeurteilung. Die Klarheit eines Weißweines ist meist deutlicher erkennbar als die des Rotweines. Ein Weißwein kann in aufsteigender Benotung hell, klar, glanzhell bis kristallklar sein. Der Grad der Klarheit wird beim Wein entscheidend durch die Behandlungsmethoden während des Ausbaus im Weinkeller und der Abfüllung beeinflußt. Zu einem viel beachteten Kriterium der Weißweinqualität hat sich in den letzten Jahren der Kohlensäuregehalt entwickelt. Viele Weintrinker schätzen besonders frische, spritzige, jugendliche Weine; das anregend-prickelnde Element weißer Weine bestimmter Qualitätsklassen wird durch ihren CO_2-Gehalt bestimmt. Bezüglich des Duftes weist der Weißwein gegenüber den anderen Weinarten spezifische Merkmale auf, deren Unterschiede wiederum deutlicher spürbar sind als bei Rotweinen. Reinsortige Weißweine erkennt man oft an ihrem typischen Sortenbukett, einer intensiven „Blume", wie sie zum Beispiel gewisse Riesling-, Traminer- oder Muskateller-Weine aufweisen.

Wer sich in der Kunst übt, die Mannigfaltigkeit der Geschmacksunterschiede der Weine durch kritisches Verkosten herauszufinden, wird gewiß bei den Weißweinen zunächst etwas leichter Unterschiede feststellen. Weißweine präsentieren ihren Geschmack auf der Zunge ein wenig direkter und vordergründiger als Rotweine, bei denen die Herbe andere Merkmale etwas verdeckt.

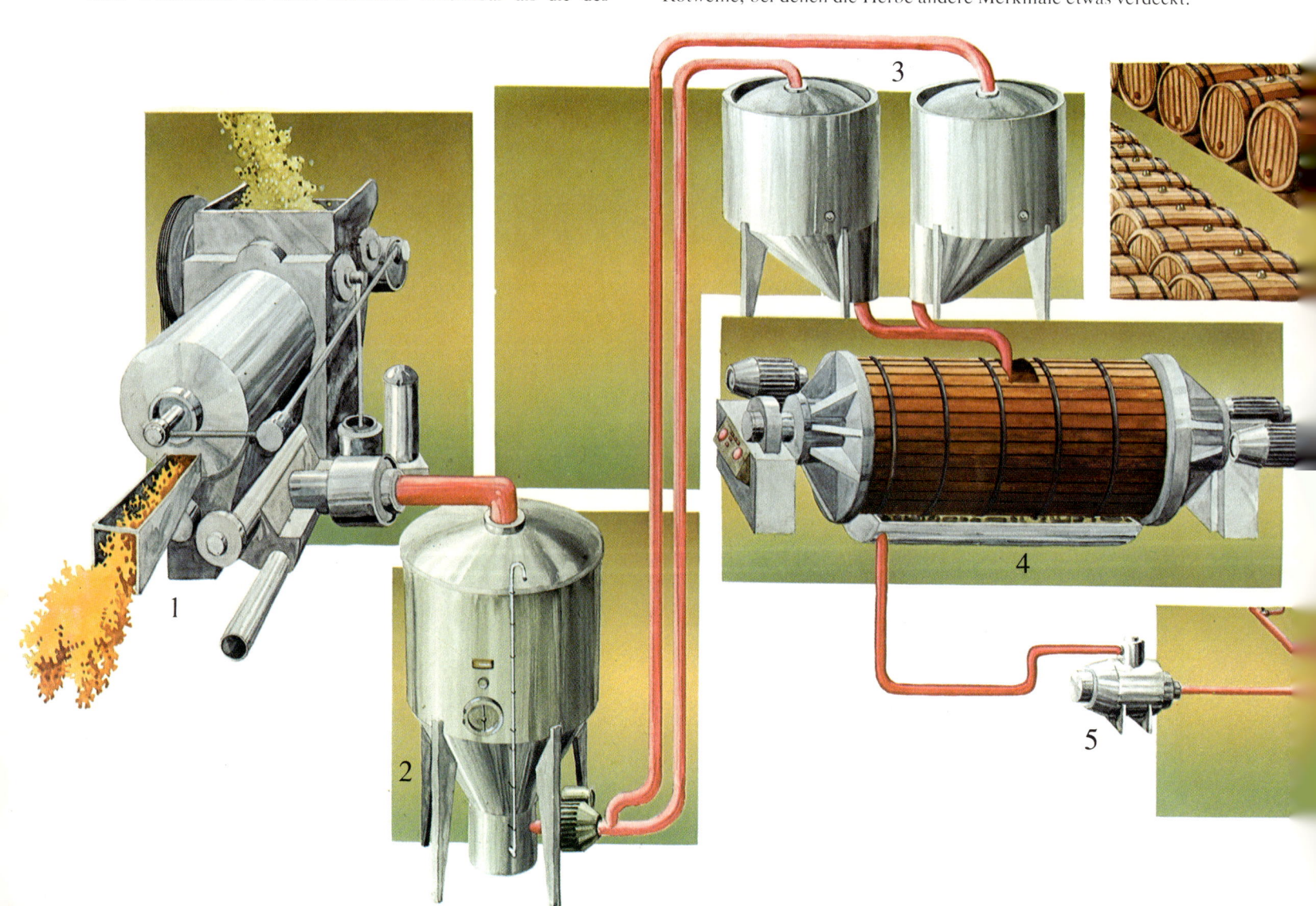

Linke/rechte Seite: Technik der Weißweinbereitung: 1. Das geerntete Traubengut gelangt bei der Traubenannahme in die Traubenmühle und Abbeermaschine, in der Rappen und Kämme von den Trauben entfernt werden. Die abgebeerte Maische fließt in die Maische-Entsaftungsanlage (2), die oft wie ein Abtropfbehälter gebaut ist. In diesen Schrägsilos (3) wird in großen Kellereien die Maische aufbewahrt, bevor sie in die Kelter gelangt, die heute vielfach die Form einer Horizontal-Spindel-Presse (4) hat. Nachdem der aus der Presse abfließende Most separiert wurde (5), kann er zur Verzögerung der Gärung in Vorklärbehälter (6) oder direkt in die Gärfässer (7) geleitet werden. Nach Beendigung der Gärung werden die Jungweine von der Hefe getrennt (Abstich) und zum weiteren Ausbau und Reife in die Lagerfässer gepumpt (8).
Rechte Seite, rechts: Farblose und ungeschliffene Gläser vermitteln einen objektiven Eindruck von den sehr verschiedenen Farbnuancierungen der Weißweine, die je nach Rebsorte, Alter und Bereitungstechnik differieren.

Vor allem der typische Fruchtgeschmack, Süße, Säure und der Körper (Extrakt) lassen sich für ungeübte Weinprobierer bei Weißweinen rascher erkennen.

Rebsorten für wertvolle Weißweine
Weißwein wird durch die sofortige Kelterung von weißen und rötlichen Trauben gewonnen. In den meisten Weinbaugebieten haben sich für die Weißweinerzeugung traditionell spezielle Rebsorten bewährt, zu denen in den letzten Jahren viele neue Sorten aus Kreuzungen gekommen sind. Die Anzahl der Kulturreben wird derzeit auf etwa 8000 Sorten geschätzt, unter denen die Sorten für Weißweine wohl mehr als die Hälfte bestreiten dürften. Die für den Weinanbau in Betracht kommenden Keltertrauben werden je nach ihrer Eignung in empfohlene und zugelassene Sorten klassifiziert. Allein im deutschen Weinbau werden 60 Sorten angepflanzt, von denen allerdings kaum ein Dutzend überragende Bedeutung in der Praxis besitzt. Es sollen daher im folgenden nur Rebsorten für wirklich große Weißweine erwähnt werden, die den Charakter des Weines markant prägen und damit sein Renommee begründen.

Den ersten Platz unter den Weißweinsorten nimmt der Riesling ein. Die Weine zeichnen sich durch feine Rasse und Eleganz aus. Er stellt hohe Ansprüche an die Lage und benötigt eine lange Reife. Der in Österreich, Norditalien, Ungarn und Jugoslawien beheimatete Welschriesling (Riesling italico) ist nicht mit dem (echten) rheinischen Riesling identisch. Er liefert mehr vollmundige, harmonische Konsumweine.

Unter einer Vielzahl von Synonymen erfreut sich der Ruländer internationaler Wertschätzung, da er bukett- und extraktreiche Weine liefert, von denen sich vor allem Spätlesen und Auslesen durch ihren goldgelben Farbton auszeichnen. In Frankreich heißt der Ruländer Pinot gris (Grauer Burgunder), im Elsaß Tokay d'Alsace, im Wallis Malvoisie und in Ungarn Szürkebarát.

Ebenfalls zu den gehaltvollen Spitzenweinen mit Fülle und Rasse sowie einem an Rosenduft erinnernden Bukett zählt der Traminer und seine ausdrucksvolle Spielart, der Gewürztraminer. Seine Mostgewichte liegen meist 5 bis 6° Oechsle über denen des Rieslings. Auch der Weiße Burgunder (in Frankreich Pinot blanc) ist im Mostgewicht dem Riesling überlegen. Die meist fülligen Weine verfügen über ein nicht so ausdrucksvolles Bukett wie der Ruländer. Im ganzen gibt er sich etwas neutraler als die bisher genannten Sorten. Wegen seiner vornehmen Art gehört er jedoch zu den lange haltbaren Spitzenweinen.

Sauvignon blanc (in Österreich und Deutschland Muskat-Silvaner) und Sémillon blanc sind die beiden großen französischen Weißweinsorten, aus denen die berühmtesten Weißweine von Bordeaux erzeugt werden. Die Sémillon ergibt rassige, alkoholreiche Weine und findet sich unter anderem auch in Südafrika, Kalifornien, Argentinien, auf der Krim und im Tessin. Der Muskat-Silvaner gibt volle, runde und extraktreiche Weine.

Aus den Rebsorten Müller-Thurgau und Silvaner werden nur zum Teil wirklich hochwertige Weine gewonnen. Beim Müller-Thurgau (Riesling × Silvaner) mit seinem angenehmen Muskatbukett nehmen sie dann Rieslingcharakter an; die Silvaner können über ihre neutrale Art hinaus gelegentlich fruchtig und wuchtig ausfallen. Ein körperreicher, rassiger Wein ist der Muskateller.

Der Rotwein

Stellt man jeweils in gleichen Gläsern einen alten Burgunder neben einen jungen Beaujolais, einen älteren Bordeaux neben einen jungen Dôle und einen deutschen oder österreichischen Portugieser neben einen Erlauer Stierblut, so entdeckt man beim Farbvergleich dieser Weine gleich beträchtliche Unterschiede. Was zuvor alles nur roter Wein schien, zeigt sich nun hellrot, ziegelrot, feurigrot und rubinrot, tiefrot und sogar schwarzrot. Und selbst Kennern ist eine Aussage wie „Bordeauxrot" zu ungenau. So hatte man sich bei den Diskussionen um die Farbe eines europäischen Einheitspasses zunächst auf „Bordeauxrot" geeinigt, präzisierte jedoch später genauer, indem man sagte: das Rot „Vin de Lys".

Die verschiedenen Schattierungen des Rotweines können wie beim Weißwein durch Rebsorte, Boden, Jahrgang und vor allem Reifegrad und Alter bestimmt sein. Anders als beim Weißwein können sie jedoch auch durch die Zugabe bestimmter Mengen besonders farbintensiver, „deckender" Rotweine erzeugt werden, da viele Rotweintrinker besonders dunkle Rotweine schätzen. Sie halten sich gerne an die Grundregel, nach der ein tiefes Rot des Weines gleichbedeutend ist mit einer vollmundigen, samtigen, alkoholreichen Art. Doch selbst körperreiche Rotweine werden von der Natur nicht immer mit einem dunklen Rot beschenkt.

Zudem bekunden heute immer mehr Rotweintrinker ihre Vorliebe für leichte, bekömmliche und damit auch ein wenig hellere Rotweine, so wie sie zum Beispiel in Württemberg erzeugt werden. Vor allem die württembergischen Weingärtnergenossenschaften sind beispielhaft für ihre Ablehnung der Zugabe dunkler – meist südeuropäischer – Weine. Da ein solcher farbfördernder Verschnitt gesetzlich ohnehin begrenzt ist, bedienen sich manche Rotweinhersteller spezieller Neuzüchtungen, die in ihrer farbgebenden Wirkung italienische, spanische oder algerische Weine ersetzen.

Im Gegensatz zum Weißwein ist bei Rotweinen die Herbe im Geschmack das hervorstechende Merkmal. Sie wird von den Gerbstoffanteilen des Mostes beeinflußt und kann im positiven Sinne mild und samtig sowie angenehm herb, negativ streng, rauh und stumpfig wirken. In welchem Maße ein Rotwein feurig, stark oder warm, kräftig oder leicht, aber auch brandig oder schnapsig schmeckt, bestimmt wesentlich sein Alkoholgehalt und dessen Harmonie mit den Extraktstoffen sowie mit der Säure.

Im allgemeinen verfügen Rotweine über Säurewerte, die bis zu 50% unter denen der Weißweine liegen. Auch ist ihr Gehalt an erregenden Bukettstoffen nicht so hoch wie bei Weißweinen, so daß ihre biologische Wirkung während des Weingenusses häufig zu einer besseren Verträglichkeit als bei Weißwein führt. Dies gilt besonders für farbstoffarme und tanninarme Rotweine, die aus medizinischer Sicht oftmals besonders älteren Menschen zu empfehlen sind. Die meisten Bioelemente und Vitamine finden sich im Rotwein in größeren Mengen als im Weißwein. Fachanalysen haben ergeben, daß bestimmte Rotweine (zum Beispiel Ober-Ingelheimer) fast alle Mineralstoffe und Spurenelemente aufweisen, die sich in zwei Multivitaminpräparaten der pharmazeutischen Industrie befinden. Rotweine werden von Ärzten daher gelegentlich zur Rekonvaleszenz, zur allgemeinen Kräftigung und bei gewissen chronischen Leiden empfohlen, zum Beispiel auf-

Linke Seite, links: Bei der Degustation ist die Farbe des Weines das erste Beurteilungskriterium. Die Nuancierungen sind bei Rotwein jedoch nicht so mannigfach wie beim Weißwein.

Linke/rechte Seite: Technik der Rotweinbereitung: 1. Mittels einer Abkippvorrichtung werden die blauen Trauben aus der Bütte in die Mühle gekippt, wo sie zur Maische zermahlen werden. Ein rotierendes Schlagwerk trennt die Beeren von den Kämmen und Stielen. Für etwa 4 Tage gelangt die Maische sodann in Maische-Gärwannen oder in moderne Druck-Gärtanks (2), anschließend wird der Rotwein nach der traditionellen Art im Holzfaß vergoren (3). Nach Abstich von der Hefe, Schwefelung, Stabilisierung und Klärfiltration (4 und 5) wird der Wein im Faß ausgebaut, bis er nach entsprechender Faßreife (6) auf die Flasche gefüllt wird.

grund ihres günstigen Einflusses bei krankhaften Veränderungen des Blutes und der blutbildenden Organe. Rotweine aus den mitteleuropäischen Anbaugebieten besitzen gegenüber Weißweinen den Vorzug, daß sie eher beruhigen und ihr Alkohol zugleich langsamer vom Körper aufgenommen wird.

Rebsorten für wertvolle Rotweine

Der Blaue Spätburgunder (Pinot noir) nimmt unter den Rotweinen die gleiche Vorrangstellung ein wie der Riesling unter den Weißweinen. Die aus Burgund stammende Traube ergibt vollmundige, samtige, aromatische, körper- und alkoholreiche Weine. Zahlreiche Rotweine mit Spitzenqualität (mit Ausnahme der Bordeaux-Weine) stammen aus dem Blauen Spätburgunder. Im Laufe der Jahrhunderte wurden durch Mutation aus ihm zahlreiche Abkömmlinge entwickelt, wie Weißer Burgunder, Ruländer (Grauer Burgunder), Blauer Frühburgunder (für ziemlich hellrote, süffige, leichte Weine), Müllerrebe (Pinot Meunier, Schwarzriesling, für Weine mit mittlerer Qualität), Samtrot, eine Mutation der Müllerrebe (zarte, feine, samtige Weine) und Blauer Saint-Laurent (dunkelrote Weine mit hochfeinem Bukett und Feuer).

Ein relativ hoher Tanningehalt macht die Rotweine aus der Sorte Cabernet Sauvignon in der Jugend zwar nicht sonderlich weich und geschmeidig, dafür sind sie aber besonders lange haltbar und zeigen nach einigen Jahren eine vollendete Reife. Ihre meist robuste Art entwickelt sich dann zur Rasse, später können sie besonders edel und harmonisch werden. Aus dem Cabernet Sauvignon werden einige der besten Bordeaux-Rotweine gewonnen, die jedoch immer im Verschnitt (assemblage) mit Weinen aus den Rebsorten Cabernet franc (qualitativ etwas geringer als der Cabernet Sauvignon) und Merlot (harmonischer, körperreicher, milder und vollmundiger Wein) erzeugt werden.

Die Sorte Gamay hat vor allem die Beaujolais berühmt gemacht. Sie ergibt auch in anderen Gebieten (zum Beispiel der Westschweiz) fruchtige, frische, samtige, gefällige bis füllige Weine.

In Italien werden aus den Rebsorten Nebbiolo (in Piemont und der Lombardei), Freisa, San Giovese (für die Chiantis der Toskana) und Marzemino gute Rotweine gewonnen. Die Sorte Portugieser, angebaut in Deutschland, Österreich, Ungarn (Oportó), Jugoslawien (Kraljewina) und Frankreich (Autrichien) bringt nur selten überragende Weinqualitäten. Frische, rassige Weine ergibt der Limberger (Blaufränkisch, Kékfrankos); elegante Weine der Trollinger (Groß-Vernatsch, Schiava, Gros bleu, Black Hamburg). In Deutschland gibt es seit den letzten Jahren einige interessante neue Rebenzüchtungen für Rotweine, die im Anbau jedoch noch nicht sehr verbreitet sind. Dazu gehört die Heroldrebe, eine Kreuzung aus den Sorten Portugieser × Limberger für milde, leichte und rassige Rotweine, und die Sorte Helfensteiner für neutrale Weine, die aus Frühburgunder × Trollinger gezüchtet wurde. Eine weitere Neuzüchtung mit dem Namen Rotberger aus Trollinger × Riesling ergibt fruchtige, körperreiche Weine.

Der Roséwein

Im internationalen Sprachgebrauch hat sich die Bezeichnung Rosé für die „Weine zwischen Rot und Weiß" durchgesetzt, obgleich es nicht wenige meist regional begrenzte Synonyme für den Rosé gibt, die teilweise einem gesetzlichen Schutz unterliegen. Als Rosé wird zunächst der Wein von blaßroter Farbe bezeichnet, der aus roten oder blauen Trauben stammt, die vor Eintritt der Gärung gekeltert wurden. Die Bezeichnung Weißherbst steht nach dem deutschen Weingesetz nur Roséweinen aus deutschen Anbaugebieten zu, die aus einer einzigen Traubensorte gewonnen wurden und zur Gruppe der Qualitätsweine gehören. Die früher gebräuchliche Bezeichnung Klarettwein ist mit dem französischen „clairet", dem spanischen „clarete" und dem italienischen „chiaretto" verwandt. Im Englischen bezeichnet man diese Weine als „pale wine".
Eine weitere deutsche Rosé-Spezialität ist der Rotling. Eigentlich handelt es sich dabei um eine eigene Weinart, denn für die Rotlingherstellung wird die Maische aus gepreßten roten und weißen Trauben miteinander vermischt und dann ebenfalls ohne Vorgärung – wie beim Weißwein – gekeltert. Als schwäbische Spezialität wird der Rotling in Württemberg als Schillerwein bezeichnet. Dieser Name deutet auf das schillernde Rot des Weines und keineswegs auf Friedrich Schiller hin.

Der aus der Wildbacherrebe gewonnene Rosé der Weststeiermark heißt Schilcher, ein Wein mit relativ hohem Säuregehalt (bis zu 8‰), der am besten am Deutschlandsberg und in der Gegend von Stainz schmeckt. Deutlich trifft die österreichische Bezeichnung Gleichgepreßter für Rosé das Herstellungsverfahren dieses Weines.
In der Schweiz hat sich der Begriff Süßdruck für den Rosé verankert. Daneben gibt es noch die aus dem italienischen Sprachgebiet stammende Bezeichnung Rosato oder die Südtiroler Bezeichnung Kretzer. Wird ein Rosé in der Schweiz ausschließlich aus Blauburgundertrauben erzeugt, so kann er auch mit Œil de Perdrix (Rebhuhnauge) betitelt werden, womit gleichfalls auf die Farbe dieses Roséweines angespielt wird. Ebenso wie in Deutschland ist auch in der Schweiz der Begriff des Schiller für einen aus weißen und roten Trauben hergestellten Wein gebräuchlich. Dabei muß jedoch der Anteil der roten Trauben überwiegen.
Der in Südtirol im Zusammenhang mit der Weinbezeichnung Lagrein-Kretzer geläufige Ausdruck Kretzer für eine Rosé-Spezialität leitet sich von der „Krätze", einem aus Weiden geflochtenen Seihkorb ab, durch den früher der süß abgepreßte Traubensaft floß, um ihn nach dem torggelen (keltern) zu reinigen.

Linke Seite: Roséweine werden aus blauen Trauben gewonnen. Dieses Foto zeigt eine Lese blauer Trauben in Bordeaux.
Rechte Seite: Berühmte, fruchtige Roséweine stammen aus der Provence in Südfrankreich. Ihr Charakter entspricht der heiteren Landschaft dieser Gegend.

Rosé wird immer beliebter

Der Rosé ist zwar nicht erst ein Kind unserer Zeit, doch er scheint sich immer häufiger als der ideale, bei vielen Anlässen besonders anpassungsfähige Wein zu empfehlen.
Der Umgang mit ihm ist ziemlich unproblematisch. Er verträgt es gut, jung und gekühlt getrunken zu werden. Die Rosés ohne Restsüße sind erfrischend, belebend, fruchtig und harmonisch. Liebliche Roséweine passen weniger zu Mahlzeiten als die klassischen trockenen Rosés, die sich zu mannigfachen Gerichten bei Tisch empfehlen. Sie stellen oft hilfreiche Lückenfüller dar, wenn man gerade nicht über den richtigen Weiß- oder Rotwein bei einem Essen verfügt.
Qualitätsunterschiede sind bei Roséweinen nicht so gewaltig wie bei Weißweinen und Rotweinen. Allerdings gibt es eine Reihe sehr gehaltvoller, aromatischer Rosés mit Eleganz und Finesse, die ein großer Genuß sind und es nicht verdienen, zum Trinken besonders stark heruntergekühlt zu werden. Für die meisten Roséweine ist jedoch stets eine Trinktemperatur richtig, bei der die Gläser beim Einschenken leicht beschlagen (um 6 Grad C). Die meisten Roséweine werden im Gegensatz zu Rot- und Weißweinen durch eine längere Lagerung auf der Flasche nicht besser.

Einige namhafte Roséweine

Aus fast allen Rotweintrauben lassen sich Roséweine erzeugen. Gerade in weniger guten Jahrgängen empfiehlt es sich, aus mangelhaft gefärbten Rotweintrauben Roséweine herzustellen. Doch in der Qualität überragende Roséweine stammen überwiegend aus hochwertigen Rebsorten, wie zum Beispiel dem Spätburgunder oder auch dem Cabernet, der Gamay und der Grenache. Sie zeichnen sich durch eine besonders fruchtige, frische Art aus. Sie sind weder zu weich noch zu streng. In diesem Sinne verdienen die ausdrucksvollen badischen Spätburgunder-Weißherbste, der aromatische, ziemlich alkoholreiche und berühmte Rosé von Tavel (westlich von Avignon) und die milden bis kräftigen Roséweine der Touraine und des Anjou besondere Erwähnung.
Zu den renommierten Roséweinen dürfen sich die pikanten Tropfen der Provence, die blumigen des Beaujolais und einige namhafte italienische Rosés zählen, wie die vom Gardasee (Riviera del Garda Chiaretto), der Lagrein-Kretzer und andere regionale Spezialitäten (zum Beispiel Etna Rosato, ein guter Tischwein). Portugal als Weinland ist mit seinem süffigen Rosé, der als Markenerzeugnis in der Bocksbeutel-Formflasche abgefüllt wird, Weintrinkern in aller Welt zum Begriff geworden.

Süßwein und Likörwein

Linke Seite: Zu den klassischen „verstärkten" Weinen zählt der Sherry, der für das Reifesystem im Solera-Verfahren in übereinandergestapelten Fässern aufbewahrt wird. Die Bodegas gleichen oft mehr Kathedralen als herkömmlichen Weinlagerhallen oder Weinkellern.
Rechte Seite: Die verschiedenen Typen des Sherry erkennt man bereits an ihren Farben: hell der „Fino", mit leichter Ambrafarbe der „Amontillado" und fast altgold der „Oloroso".

In der Gruppe der süßen, nicht moussierenden Spezialweine findet sich eine verwirrende Vielfalt von Weinbezeichnungen: Dessertwein, aromatisierter Wein, Süßwein, Likörwein und in einigen nordischen Ländern nicht selten der Begriff Südwein. Seit dem frühen Mittelalter verstand man unter den Südweinen meist schwere, alkoholreiche und süße Weine, die in ihrem Ansehen schon zu den Zeiten der Karolinger über dem der Weißweine standen und den heimischen Rotweinen noch mehr überlegen waren.

Der Beliebtheitsgrad dieser Südweine führte bald zu beträchtlichen Weinfälschungen. Durch Verstich (Verschnitt) ungarischer, italienischer (Muskateller-Weine) oder spanischer Weine mit minderwertigen kleinen Weinen wurden unter Zugabe von Honig und Zucker „Südweine" jeder Art gepanscht. Häufig wurden aus Südfrüchten, vor allem Rosinen, Südweine in beachtlichen Mengen produziert. Durch diese Überproduktion gegen Ende des 18. Jahrhunderts gerieten Südweine zunehmend in Verruf, und gewiß leidet das Ansehen manches Süßweines, zum niedrigen Verkaufspreis angeboten, auch heute noch unter dieser Diskriminierung.

Angesichts der zahlreichen Möglichkeiten, Süßweine und Likörweine zu erzeugen, wurden in vielen Ländern exakte Bestimmungen erlassen, welche Getränke überhaupt unter diesem Namen angeboten werden dürfen.

Gegenüber den Normalweinen unterscheiden sie sich zunächst durch einen erhöhten Zucker-, Extrakt- und Alkoholgehalt. Sie besitzen einen aromatischen, meist für sie typischen, oft etwas eigenwilligen Geschmack und sind vielfach besonders süß. So kann zum Beispiel Málaga-Wein über 130 g/l Zucker enthalten, der griechische Mavrodaphne über 100 g/l und Maraschino über 80 g/l. Im Vergleich dazu kann eine Trockenbeerenauslese über 120 g/l Zucker enthalten, ein Tokajer Ausbruchwein über 160 g/l und eine Tokajer Essenz sogar über 220 g/l.

Die Grenze zwischen Süßweinen im Sinne von Dessertweinen (als Spezialweine) und Normalweinen ist international nicht festgelegt. Beeren- und Trockenbeerenauslesen, österreichische Ausbruchweine oder italienische Strohweine gelten zum Beispiel als natursüße Weine, die ihre Süße einem besonderen Reifegrad der Trauben verdanken und nicht durch die Zugabe von Alkohol oder Mostextrakt verstärkt werden. Die französischen „vins doux naturels" (natürliche Süßweine) hingegen zählen bereits zur Gruppe der Likörweine. Sie werden aus überreifen Trauben besonderer Sorten (vor allem Muscat, Grenache und Malvoisie) erzeugt und weisen einen außerordentlich hohen Alkoholgehalt (21,5°) auf.

Ausgangsstoff der Likörweine ist stets Wein, Traubenmost oder auch eingedickter Traubenmost, aus dem unter Zusatz von neutralem Alkohol, Weindestillat oder Branntwein aus Wein ein Getränk hergestellt wird, das aufgrund besonderer Herstellungsverfahren und längerer Lagerung einen spezifischen Geruch und Geschmack aufweist.

International bekannte Likörweine
Manche einstmals leuchtende Sterne am Himmel der likörigen Weine sind inzwischen längst verblaßt, andere hingegen konnten über die Jahrhunderte ihren strahlenden Glanz erhalten. In der Gruppe der mehr trockenen Likörweine stehen der früher berühmte Madeira sowie der ebenfalls geschätzte Marsala im Schatten des Sherry und des trockenen Portweins. Auch in der Gruppe der süßen Likörweine rangiert der Portwein in der Beliebtheitsskala an der Spitze. Fast alle diese Weine verdanken ihre Geburt und ihren späteren Ruhm dem internationalen Weinhandel, der für die nordeuropäischen Staaten, vor allem aber für England transport- und lagerfähige Weine benötigte. Nur durch die Zugabe von Alkohol konnte bei ihnen die Gefahr eines raschen Umschlagens gebannt werden. Spanischer Sherry und portugiesischer Port werden in ihrer Originalität durch Herkunfts-Banderolen am Flaschenhals geschützt. Denn sowohl in Südafrika als auch in Nord- und Südamerika werden Weine mit Port- und Sherry-Charakter erzeugt.

Im Grenzbereich zwischen Likörwein und aromatisiertem Wein liegt der gleichfalls in der Produktionszone geschützte Marsala, da zum Beispiel der Marsala all'uovo mit den natürlichen Substanzen des Eidotters und der Marsala chinato mit Chinin aromatisiert wird. In Frankreich werden derartig aromatisierte Weine bereits als Apéritifs à base de vin (Aperitifweine auf der Grundlage von Wein als Ausgangsstoff) bezeichnet. Diese Gruppe wird noch erweitert durch die Wermutweine, die durch einen mittels Wein oder Alkohol gewonnenen Auszug aus verschiedenen aromatischen Pflanzen, insbesondere Wermutkraut, gewonnen werden. Basis des Wermuts ist Wein oder Süßwein, Alkohol und Zucker.

In Italien versteht man unter Mistella oder Sifone einen Süßwein, der aus einem Most mit mindestens 12° Gesamtalkohol gewonnen und dessen Weitergärung durch Zusätze von Weindestillat oder Alkohol verhindert wird. Danach beträgt die Alkoholgradation zwischen 16° und 22°. Auch diese Mistellen stellen lediglich regionale Spezialitäten dar, deren Verbreitung nicht sonderlich groß ist. In Frankreich dienen die Mistelles vorwiegend zur Weiterverarbeitung zu Aperitifgetränken.

Als natürlich süßen Luxuswein bezeichnen die Schweizer hochgrädige Weine (ab 13° Alkohol), die keinen Alkohol-, Zucker-, Konzentrat- oder Traubenzusatz erhalten haben. Sie zeichnen sich vor allem durch einen entsprechenden Restzuckergehalt aus und gehören dementsprechend nicht zur Gruppe der Likörweine, sondern zu den natürlichen Weinen.

Klassische Dessertweine sind schließlich auch der Málaga und der ungarische Tokajer, die nach beziehungsweise vor der Gärung durch eingedickten Traubensaft gesüßt werden.

Der schäumende Wein

Zum Ärger der Weinbauern und zur Enttäuschung der Weinliebhaber gab es schon zu allen Zeiten Weine, die zu einer Nachgärung, einer zweiten Gärung auf der Flasche neigten. Es waren die Winzer der Champagne, bei denen dieses Problem häufig auftrat und die aus der Not schließlich eine Tugend machten. Sie erzeugten einen Wein, der bei Beginn der heißen Jahreszeit erneut zu gären begann. Im vorausgegangenen Winter auf die Flasche gefüllt, moussierte der Wein und wurde so zum „Teufelswein" und „Pfropfensprenger".

Der Benediktiner-Mönch Dom Pérignon soll es gewesen sein, der, seit 1668 Kellermeister der Abtei Hautvillers, schließlich aus Champagnerwein den schäumenden Champagner entwickelte. Er mag wahrscheinlich durch systematische Versuche herausgefunden haben, daß durch die Zugabe von Zucker die von Hefe- und Zuckerresten beeinflußte Nachgärung noch verstärkt wurde und daß man sie kontrollieren und dosieren konnte. Zu seinen Verdiensten soll außerdem die Einführung des Flaschenverschlusses aus spanischer Korkeiche zählen, so daß der schäumende Wein in der Flasche transportiert und gelagert werden konnte, ohne daß die Pfropfen gesprengt wurden.

Schließlich feiert die Legende Dom Pérignon als Erfinder der Cuvée, der Mischung verschiedener Grundweine, um daraus einen Wein mit originaler Geschmacksgebung zu gewinnen. Dieser fachlich gewiß sehr versierte Kellermeister soll schließlich auch die gläserne Champagner-Flöte zum vollendeten Genuß „seines" Weines entworfen haben. Doch vor Dom Pérignon kannte man schon schäumende Weine (zum Beispiel Blanquette de Limoux). Die Mischung aus Weinen und Most wurde ebenfalls seit Jahrtausenden praktiziert, und der Verschluß aus Korkrinde war schon im 17. Jahrhundert – vor allem in Apotheken – gebräuchlich. Dom Pérignon hat dies alles wieder- und neuentdeckend zum Ruhme des Champagners eingesetzt – ein Verdienst, das ihm zur Ehre gereicht.

Damit entwickelte sich eine rasche Popularität des schäumenden Weines in Frankreich und vielen anderen europäischen Staaten. Um 1770 erbot sich ein junger französischer Küfer beim Markgrafen von Baden, dessen Beamte die Herstellung schäumender Weine zu lehren. Doch erst 1826 wurde in Deutschland die erste Schaumweinfabrikation in Esslingen (Württemberg) und Grünberg (Schlesien) gegründet. Zur gleichen Zeit wurde auch in Österreich schäumender Wein hergestellt, und um 1840 kam roter Sekt in Mode.

Linke Seite: Nur noch bei der arbeits- und zeitaufwendigen „Méthode champenoise" werden die Schaumweinflaschen nach der zweiten Gärung mit der Hand gerüttelt. Bei der modernen Schaumweinerzeugung findet die zweite Gärung nicht auf der Flasche, sondern im Tank statt, wobei die Tätigkeit des Rüttelns nicht mehr erforderlich ist. Gegen das Kerzenlicht sieht man, wie der Bodensatz durch das Rütteln allmählich in Richtung Flaschenhals wandert.
Rechte Seite: Ein entscheidendes Kriterium für die Schaumweinqualität ist die Perlfähigkeit. Je feiner das Mousseux und je länger es anhält, desto besser der Schaumwein.

Die deutsche Bezeichnung Sekt für gute Schaumweine ist erst seit ewa 1880 geläufig. Sie leitet sich von der spanischen Bezeichnung „seco" (lateinisch siccus) und dem englischen „sack" ab, aus dem schließlich das deutsche „seck" wurde (um 1640). Damit wurde jedoch keineswegs ein schäumender, sondern ein süßer, spanischer Wein bezeichnet, wie zum Beispiel der Sherry. Der Schauspieler Ludwig Devrient, der nach Theateraufführungen den Champagnergenuß liebte, soll 1825 in der Weinstube von Lutter und Wegener in Berlin wie üblich Champagner bestellt haben, indem er dabei Shakespeares Heinrich IV. deklamierte: „Bring mir Sekt, Bube – ist keine Tugend mehr auf Erden?" Shakespeare meinte Sherry (sack), Devrient erhielt natürlich wie gewohnt seinen Champagner – damit war das Wort Sekt für den deutschen Sprachgebrauch geboren.

Sorten und Qualitäten
Als Traubenschaumwein definiert das Internationale Weinamt einen Wein, der beim Öffnen der Flasche einen mehr oder weniger dauerhaften Schaum (Mousseux) bildet. Dies beruht auf dem Freiwerden von Kohlensäure, deren Druck bei 20° C nicht unter 4 atü betragen darf. Man unterscheidet Schaumweine mit natürlicher Kohlensäureentwicklung in der Flasche aufgrund der Flaschengärung (Méthode champenoise) oder Tankgärung und andererseits Schaumweine, deren Schäumen durch Zusatz von Kohlendioxyd hervorgerufen wird (Imprägnierschaumweine).
Eine Mittelstellung zwischen Schaumwein und Stillwein nimmt der Perlwein ein. Sein Gehalt an Kohlensäure beträgt bis zu 2 atü bei 20° C. Perlwein darf nicht wie Sekt ausgestattet und in Sektflaschen abgefüllt verkauft werden. Das Perlen dieser Weine (französisch Vins pétillants) kann auf natürlichem Wege oder durch Imprägnieren bewirkt werden.
Da sich für die Herstellung von Schaumweinen vor allem der Geschmacksrichtungen herb (brut), sehr trocken (extra dry, extra sec) und trocken (dry, sec) Grundweine mit rassiger Säure gut eignen, finden vielfach Rieslingweine des Moselgebietes, Weine der nur dort wachsenden Rebsorte Elbling und andere relativ säurereiche Weine Verwendung. Dementsprechend kann ein ausschließlich aus der Rebsorte Riesling erzeugter Sekt als Rieslingsekt bezeichnet werden, auch Lagennamen und Jahrgangsangaben sind gebräuchlich, wenn der überwiegende Anteil der Grundweine aus einer bestimmten Lage beziehungsweise einem entsprechenden Jahrgang stammt.
Ihre feine Geschmacksabstimmung erhalten Schaumweine durch die Dosage, einen in Wein gelösten Zuckerzusatz. Zur Einleitung der zweiten Gärung wird zunächst eine Fülldosage (Tiragelikör) und dem fertig vergorenen Schaumwein noch einmal eine Versanddosage zur Feinabstimmung beigegeben. Je nach Anteil dieser Dosage ergibt sich ein Geschmacksbild von süß und mild (doux) bis zu herb (brut).
Im deutschen Weingesetz wird Sekt auch als Qualitätsschaumwein bezeichnet. Er muß mindestens 10° vorhandenen Alkohol aufweisen und mindestens 9 Monate im Herstellungsbetrieb unter einem Kohlensäuredruck von 3,5 atü (bei 20° C) gelagert haben. Für deutsche Qualitätsschaumweine ist eine amtliche Prüfung vorgeschrieben, nach der die analytisch und organoleptisch geprüften Schaumweine eine amtliche Prüfungsnummer erhalten. Die Bezeichnung „Sekt" für Qualitätsschaumweine darf auch bei Qualitätsschaumweinen aus nicht deutschsprachigen Erzeugerländern benutzt werden, sofern diese Schaumweine bei ihrer Herstellung die Voraussetzungen erfüllen, wie sie für deutsche Qualitätsschaumweine vorgeschrieben sind. Sie unterliegen jedoch nicht der Pflicht einer amtlichen Prüfung und erhalten somit auch keine Prüfungsnummer. Die Bezeichnung „Prädikatssekt" für deutsche Qualitätsschaumweine, die zu mindestens 60% aus deutschen Grundweinen gewonnen wurden, ist seit 1975 durch die EG-Kommission untersagt.
In einigen französischen A.C.-Gebieten ist für Qualitätsschaumweine, die nach der Champagner-Methode hergestellt wurden, die Bezeichnung Crémant erlaubt. Sie ist nicht zu verwechseln mit Cramant, einem Gewächs der Côte des Blancs in der Champagne. Der Hinweis „Blanc de Blancs" besagt, daß es sich um einen weißen (Schaum-)Wein handelt, der ausschließlich aus Weißweintrauben (Chardonnay) erzeugt wurde.
Der bekannte Piemonteser Schaumwein Asti spumante darf nur durch natürliche Gärung aus dem Moscato naturale d'Asti, dem Wein aus weißen Muskatellertrauben, gewonnen werden. Sein Zuckergehalt muß mindestens 75 g/l und darf höchstens 90 g/l betragen.

Weinbrand und Branntwein

Wo sich Alchemie und die Suche nach neuen, wirksamen leiblichen Genüssen trafen, dauerte es nicht allzulange, bis ein neues Produkt entdeckt wurde, das die Franzosen beziehungsreich Eau-de-vie (Wasser des Lebens) nennen. Selbst das italienische Acqueviti (von aqua vitae = Lebenswasser oder aqua vitis = Rebenwasser) klingt poetischer als die fachlich zutreffende deutsche Bezeichnung Branntwein. Die Kunst des Destillierens zur Gewinnung aller möglichen hochprozentigen Elixiere haben möglicherweise schon die alten Ägypter beherrscht. Mit Sicherheit verstanden im Orient die Araber bereits eine Menge vom Destillieren, haben sie doch auf diese Weise seit Jahrtausenden eine Vielzahl von Blumendüften eingefangen. Beiläufig glückte ihnen dabei die Entdeckung des Alkohols, wobei sich das arabische „alkul" eigentlich auf die Kosmetik und nicht auf den Schnaps bezog.

Das Prinzip der Destillation beruht auf den unterschiedlichen Siedepunkten von Wasser und Alkohol. Erhitzt man in einem Gefäß eine zuvor vergorene Flüssigkeit, dann beginnt sich der Alkohol bei 78,3° C zu verflüchtigen. Er siedet und würde schließlich verdampfen, wenn er nicht in einem anderen Gefäß aufgefangen wird, wo er sich wieder abkühlen kann. Die jetzt gewonnene Flüssigkeit ist ein vom Gehalt des Ausgangsproduktes geprägtes, gebranntes Erzeugnis, eine Spirituose.

Von der Arznei zum Genußmittel

Für dieses Verfahren bietet sich vor allem der Wein an, da er ja bereits vergoren ist. Im 11. Jahrhundert berichten Chroniken aus Salerno und Córdoba erstmals von der Gewinnung und wohltuenden Wirkung des Branntweins. Anfänglich dienten diese Branntweine als Medikamente, die meist äußerlich anzuwenden waren. Im 14. Jahrhundert wurde Branntwein auch außerhalb Italiens vorwiegend von Apothekern hergestellt. Doch der Schritt von der Arznei zum allseits geschätzten Genußmittel war klein. Seit dem 16. Jahrhundert erfreute sich die Branntweinherstellung allgemeiner Beliebtheit, wobei man in der Auswahl der Grundstoffe und der Beigaben nicht gerade zimperlich war. So hagelte es bald Einschränkungen und Verbote, doch der Branntwein überstand alle. Dazu mag auch der Branntwein aus den Weinen der Charente mit seinen überraschenden Qualitäten beigetragen haben. Seit dem 17. Jahrhundert bezeichnete man ihn als Eau-de-vie de Cognac. Die Kurzbezeichnung Cognac wurde bald für Weinbrand jeglicher Herkunft benutzt, bis sie 1919 für die Branntweine aus dem Charente-Gebiet gesetzlich geschützt wurde. Hugo Asbach, ein rheinischer Weinbrenner, prägte 1902 für alle reinen Wein-

Linke Seite, links: Im Gebiet von Armagnac gibt es noch zahlreiche kleine Familien-Destillerien, die sich zum Teil zu Weinbrennergenossenschaften zusammengeschlossen haben. Ihre Betriebe zeigen oft ein pittoreskes Bild.
Linke Seite, rechts: Nicht nur die Farbe eines edlen, alten Armagnacs im Glas kann entzücken, auch die ausgefallenen Flaschenformen betonen die Noblesse dieses Getränkes.
Rechte Seite: Etwa 2,5% eines Weinbranddestillats verdunsten in jedem Jahr aus diesen alten Eichenfässern. Nach hundert Jahren, so hat man ausgerechnet, bleibt demnach von 15 Fässern nur noch eines übrig.

destillate die Gattungsbezeichnung Weinbrand. Das deutsche Weingesetz schreibt vor, daß Weinbrand oder Qualitätsbranntwein aus Wein mindestens ein halbes Jahr in Eichenholzfässern gelagert haben, eine goldgelbe bis goldbraune Farbe aufweisen und mit einer amtlichen Prüfungsnummer versehen sein muß.

Branntwein-Spezialitäten
Neben den Elsässern waren es die Weinbauern der Gascogne und Charente, die ihre Weine – teilweise aus Gründen eines rationelleren Exports – zuerst in größeren Mengen brannten.
In der Qualität ebenbürtig, doch in Geschmack und Duft weniger „seifig" als der Cognac, liegt der Armagnac ebenfalls in der Spitzengruppe französischer Weinbrände. (Beide werden auf den Seiten 114 und 115 ausführlich vorgestellt.)
Der beste Branntwein Spaniens, der Spanish Brandy (oder Coñac), wird aus den relativ leichten Weinen der La Mancha in den Kellereien des Sherry-Anbaugebietes erzeugt. Von Weinbrand und Cognac unterscheidet er sich durch sein Destillationsverfahren und die Art seiner Lagerung. In Spanien werden zwei unterschiedliche Destillate hergestellt, die später gemischt werden: die Holandas mit 60 bis 65° Alkohol und die Destiladis mit 90 bis 95° Alkohol. Die Holandas sind die eigentlichen Aromaträger, während die neutralen Destiladis dem Brandy seine spätere Weichheit geben.
Der Brandy lagert in Fässern aus amerikanischer weißer Eiche, in denen zuvor schon Sherry gelagert hat. Schließlich altert der Brandy wie der Sherry nach dem „Solera-System": Ein Teil eines zehn Jahre alten Destillats wird abgefüllt, das Faß wird mit neun Jahre altem Destillat aufgefüllt. Das Faß, aus dem dieses Destillat stammt, wird wiederum mit achtjährigem Destillat aufgefüllt und so geht es weiter bis zum jüngsten Destillat. Dadurch wird eine über Jahrzehnte gleichbleibende Qualität gesichert.
Nicht so edel wie Cognac und weniger harmonisch als Weinbrand, jedoch gleichfalls aromatisch und meist sehr kräftig ist der Tresterbranntwein, ein Destillat aus vergorenen Traubentrestern. In den großen französischen Weinbaugebieten wird er als Marc geführt, in Italien heißt er Grappa, in Südafrika Grape Brandy. Wird der Preßrückstand, der Trester, mit Wasser und Zucker aufgefüllt, so gewinnt der Winzer einen „Haustrunk", in Frankreich Vin de Marc oder Piquette genannt. Auch die Schweiz, Portugal und Spanien stellen ihre Branntwein-Spezialitäten aus Trester her. Werden Preßrückstände, die oft viel Weinhefe enthalten, destilliert, so gewinnt man sogenannte Drusenschnäpse, in der Schweiz als „Lie", in Italien als „Feccia" bezeichnet.

Die Welt des Winzers

Bei einer weltweiten Überproduktion von Wein hat sich der Wettbewerb vor allem in den klassischen europäischen Weinbauländern verschärft. Da in Nord- und Südamerika die Rebflächen erweitert werden, haben sich für die traditionellen Exportländer die Ausfuhrmöglichkeiten für Wein verringert. Der Weinkonsum in vielen europäischen Ländern beginnt zu stagnieren, zum Teil ist er sogar etwas rückläufig. Gleichzeitig können bei steigenden Erzeugungskosten die Verbraucherpreise für Wein, die bei Tafelweinen ohnehin auf einem niedrigen Niveau liegen, nicht mehr gesenkt werden. Zölle und mehrfache Steuern führen in einigen Ländern wiederum zu außergewöhnlichen Belastungen des Verkaufspreises für Wein, so daß in vielen Weinbaugebieten die Existenzsicherung der Winzerbetriebe in Frage gestellt ist.
Eine geplante „Steuerung" des europäischen Weinerzeugermarktes durch die Brüsseler EG-Behörden hat sich bislang nicht bewährt. Wie jede Agrarplanung ist auch eine langfristige Festschreibung der europäischen Weinmarktsituation sehr schwierig, da man die Weinernten in Menge und Qualität nun einmal nicht vorausahnen kann, ebenso wie auch das Verhalten der Verbraucher nicht voraussehbar ist.
So kann es nicht ausbleiben, daß die Winzer – wie schon in früheren Zeiten – in den von Absatzkrisen besonders betroffenen Gebieten lautstark demonstrieren und je nach Temperament zu radikaleren Methoden greifen. Der 1975 begonnene „Weinkrieg" zwischen Italien und Frankreich ist zum Beispiel ein Ergebnis mangelnder weinwirtschaftlicher Kooperation auf nationaler und internationaler Ebene. So hatte Frankreich nach dem Ausscheiden Algeriens als wichtiger Weinproduzent seine Winzer im Südwesten (Languedoc-Roussillon) ermuntert, ihre Rebflächen beträchtlich zu erweitern. Gepflanzt wurden sogenannte Massenträger, Rebsorten für große Quantitäten, aber sehr einfache Qualitäten. Da Italien jedoch noch preiswertere und qualitativ sogar bessere Konsumweine erzeugen und ausführen konnte, nutzte der französische Weinhandel diese ergiebige Quelle und vernachlässigte die inländischen Erzeuger.
Als Folge nicht nur dieses Debakels werden von den Brüsseler Behörden Maßnahmen erarbeitet, die zu einer Verringerung der Weinerzeugung beitragen sollen: Verbot der Neuanlagen von Weinbergen, starke Beschränkung der Wiederanpflanzung von Reben, Einführung einer „vorbeugenden" Destillation, die für einfache Tafelweine obligatorisch ist, und schließlich höhere gesetzliche Anforderungen an den Mindestalkoholgehalt der einzelnen Qualitätsweingruppen.

Arbeitsaufwand und Kosten
Dirigistische EG-Verordnungen und immer komplizierter werdende weinrechtliche Bestimmungen lassen den Winzerberuf neben den übrigen natürlichen Erschwernissen, wie sie die Natur beschert, heute nicht sonderlich attraktiv erscheinen. Dementsprechend ist die Gründerzeit von Weinbaubetrieben längst vorüber. 1895 gab es in Deutschland bei einer Rebfläche von 92 000 Hektar noch 250 473 Betriebe mit Rebland. 1925 waren es nur noch 186 694 Betriebe mit insgesamt 64 706 Hektar Rebfläche und 1958 schließlich knapp 91 000 Betriebe mit 61 752 Hektar Rebfläche.
Einen Anstieg ermittelte die Statistik erstmals 1972, als 101 225 Betriebe bei einer Rebfläche von 90 000 Hektar in den deutschen

Weinernte beim Château Aigle im Waadtland (Westschweiz). Die Aufnahme zeigt einen traditionsbewußten Winzer, der auf dem Rücken noch eine Logel (Bütte) aus Holz trägt, die mit Trauben beladen über 50 Kilo wiegt. Die Ladfässer aus Holz hat man inzwischen vielfach gegen leichtere Kunststoff-Behälter ausgetauscht.

Linke Seite: Zum Prototyp großer, repräsentativer Weingüter gehören die berühmten Wein-Châteaux von Bordeaux. (Aus der Vogelperspektive Château Beychevelle bei Saint-Julien.) Die großzügig angelegten Gebäude inmitten weitläufiger Weingärten und gepflegter Parkanlagen bilden in der Welt des Weines jedoch immer noch die Ausnahme, denn nur wenige Winzer bringen es im Verlauf mehrerer Generationen zu solcher Wohlhabenheit, daß sie ihr Weingut zu einem herrschaftlichen Anwesen ausbauen können. Die Gründung dieser renommierten Weingüter erfolgte vielfach durch einflußreiche, finanzstarke Persönlichkeiten, die ihr Kapital zunächst anderen Einkommensquellen verdankten als dem Weinanbau.

Rechte Seite: Betriebs- und Wohngebäude der Weingüter und Kellereien gruppieren sich häufig um einen großen Innenhof. Hier ein Weingut mit Sektkellerei in der Rheinpfalz.

Anbaugebieten gezählt wurden. Ähnlich verlief die Entwicklung in den Nachbarländern. Allerdings sind nur etwas mehr als die Hälfte reine Weinbaubetriebe, 23 500 Betriebe verfügen über Weinbau und Landwirtschaft, bei 17 000 Betrieben dominiert die Landwirtschaft und der Weinbau spielt eine mehr untergeordnete Rolle. 2500 Betriebe beschäftigen sich mit Weinhandel und Weinbau.

Wenn in den letzten Jahren wieder ein Anstieg der Weinbaubetriebe zu verzeichnen ist, so wirkt sich vor allem der Trend zum Flaschenweinverkauf durch die Erzeugerbetriebe aus. Unter Ausschaltung traditioneller Handelswege beschreiten immer mehr Winzer den unmittelbaren Absatzweg zum Endverbraucher: Sie werden Selbstmarkter. Tatsächlich sieht das Einnahmeergebnis für die flaschenweinverkaufenden Betriebe am günstigsten aus. 1975/76 betrug es in Deutschland im Durchschnitt 43 357 DM pro Hektar Ertragsfläche. Die faßweinverkaufenden Betriebe erwirtschafteten 32 576 DM pro Hektar und die Winzergenossenschaften 19 600 DM. Unabhängig von der Art des Weinverkaufs bestimmen die Kosten für den Arbeitsaufwand bei der Weinerzeugung entscheidend den Weinpreis. So benötigt ein Winzer in der Pfalz jährlich für die Arbeiten am Rebstock 244 Stunden pro Hektar, an der Mosel mit ihren steilen Weinbergen und ihrer Stockerziehung jedoch 853 Stunden (im Jahr 1972). Für die Bodenbearbeitung waren in der Pfalz 41 Stunden, an der Mosel 252 Stunden erforderlich, die Düngung machte in der Pfalz 14 Stunden, in den Moselweinbergen 75 Stunden aus, die Schädlingsbekämpfung 32 Stunden (Mosel 103 Stunden) und die Weinlese schließlich 234 Stunden in der Pfalz und 468 Stunden an der Mosel. Dazu kamen noch Neben- und Sonderarbeiten mit 17 Stunden (Pfalz) beziehungsweise 50 Stunden (Mosel).

Bei den kellertechnischen Arbeiten sind die Unterschiede im Zeitaufwand nicht mehr so bedeutend. Für die Kelterung werden 45 bis 50 Stunden benötigt, der Faßweinausbau erfordert 80 bis 100 Stunden, die Füllung einschließlich Reinigung und Lagerung 230 bis 280 Stunden. Dazu kommen für die Flaschenausstattung, den Vertrieb und die Leergutrücknahme 450 bis 560 Stunden. Der durchschnittliche Arbeitsaufwand betrug 1972 demnach für einen flaschenweinverkaufenden Winzer in der Pfalz 1394 Stunden und an der Mosel 2816 Stunden.

Ein Familienbetrieb mit Flaschenweinverkauf hatte 1972 im Durchschnitt in der Pfalz 24 167 DM Kosten, an der Mosel jedoch 37 815 DM. Berücksichtigt man die Erntemenge des entsprechenden Jahres, so lassen sich die regionalen Unterschiede bei der Preisgestaltung für Wein klar begründen.

Weingut, Weinkellerei, Genossenschaft

Der Begriff des Weingutes ist wie die entsprechende französische Bezeichnung „domaine" (in Bordeaux „château") oder die italienische „tenuta" nicht an eine bestimmte Größe der Wirtschaftsgebäude und Rebflächen gebunden. Unter einem Weingut versteht man zunächst ein Besitztum, das Weinberge und Weinkeller umfaßt. Die Ausmaße dieses Besitztums können dabei eine beträchtliche Schwankungsbreite zeigen. Sie bewegen sich zwischen etwa 100 Hektar Rebfläche, wie sie vom größten privaten Weingut in Deutschland, dem Weingut Reichsrat von Buhl in Deidesheim/Pfalz, bewirtschaftet werden, bis zu einigen wenigen Morgen. Große privatwirtschaftliche Weingüter in Frankreich, Italien und Spanien sowie in Griechenland und Nordafrika (auch für die Tafeltraubenerzeugung) umfassen oftmals ein Vielfaches der Rebfläche, wie sie in den nördlichen Weinbauregionen von Weingütern verwaltet werden. Und in Australien sowie in den amerikanischen Weinländern nehmen diese Besitztümer geradezu imposante Ausmaße an, die mit manchen anderen gigantischen Superlativen dieser außereuropäischen Staaten zu messen sind.

Ein wichtiger Maßstab für die Bedeutung eines Weingutes ist daher mehr seine Lagerkapazität im Faß- und Flaschenlager sowie die Ertragfähigkeit seiner Weinberge in Quantität und Qualität. Unter den mehr als 30 000 namentlich registrierten Châteaux im Bordeauxgebiet ist die Zahl jener Gutsbetriebe, die jährlich mehr als 3000 Kisten (etwa 36 000 ganze Flaschen) erzeugen, ziemlich gering. Gleichwohl kann sich auch noch ein noch so dürftig eingerichteter Weinbetrieb stolz Château nennen.

Als beliebtes Indiz für das Ansehen eines Weingutes wird – soweit nachweisbar – seine Geschichte und sein Gründungsjahr herausgestellt. Zahlreiche namhafte Weingüter gelangten erst nach der Säkularisation zu Anfang des 19. Jahrhunderts in das Eigentum der heutigen Inhaber beziehungsweise ihrer Vorfahren. Seit dem Mittelalter waren die Güter meist Bestandteile kirchlicher Stiftungen oder Klostergüter. Wenn diese dann später direkt vom Staat übernommen wurden, bildeten sich Staatsdomänen von beträchtlichem Ausmaß, wie zum Beispiel die Rheingauer Staatsweingüter, die mit einer Rebfläche von 196 Hektar der größte Weinbaubetrieb Deutschlands sind.

Schon im 16. und 17. Jahrhundert besaßen Adelsfamilien und später auch wohlhabende Bürger Weingüter, die sie zum Teil verpachteten. Gründungen, die von Winzern aus kleinsten Anfängen heraus erfolgten, haben sich hingegen kaum über die Jahrhunderte erhalten können, da die hervorragenden und mit einem guten Ruf belegten Weinberge sich traditionell bereits in Händen der Kirche oder des Adels befanden.

Weinhandel und Neugründungen
Materiell bessere Chancen ergaben sich da schon im Weinhandel, dessen Bedeutung parallel zum stetig wachsenden Weinkonsum seit dem frühen Mittelalter wuchs. In den alten Weinhandelsstädten an den wichtigen europäischen Verkehrsverbindungen wie in Bordeaux, Beaune, Florenz, Verona, Bozen, Straßburg, Frankfurt, Mainz, Koblenz und Köln errichteten die Weinhändler bereits im Mittelalter Handelsplätze, an denen später auch Weinkellereien entstanden.

Die Kellerei, eigentlich ein ebenerdiges Gebäude, in dem Weine bereitet werden, entwickelte sich immer mehr zum Ort des Handels und Verkaufs. Bis zum 17. Jahrhundert zählten die Weinhändler zu den vornehmsten Zünften. Im 18. Jahrhundert, als der Weinhandel zunehmend von Krämern, Spekulanten und Gastwirten übernommen wurde, litt sein Ansehen. Ein Jahrhundert später blühte der Weinhandel wieder auf, zugleich entwickelte sich der Berufsstand des Weinkommissionärs als Vermittler zwischen Weinhandel und Weinerzeuger. Zu einer interessanten Einkaufsquelle wurden bald die Weinversteigerungen, auf denen die Erzeuger ihre Weine fuderweise über die Kommissionäre an den Handel versteigerten. Der Weinhandel trug entscheidend dazu bei, den Bekanntheitsgrad und damit die Nachfrage bestimmter Weine zu fördern, andererseits erfüllte er gewisse Kundenwünsche nach Weinen in „stets gleichbleibender" Qualität allzu leichtfertig . . .

Weinhandelskellereien mit großer Tradition sind heute selten. Kriegswirren, starke fiskalische Belastungen und die zunehmende Bedeutung des Produktionsweinhandels haben nicht wenige klassische Weinhandelshäuser in unserer Zeit in arge Bedrängnis gebracht.

In der zweiten Hälfte des 19. Jahrhunderts zwang die wirtschaftliche Not die Winzer zu Zusammenschlüssen. Über die Winzervereine und -vereinigungen entstanden die Winzergenossenschaften mit dem Ziel einer engen Zusammenarbeit in der Weinerzeugung und im Weinverkauf. Die große Zeit der Winzergenossenschaften kam nach dem Zweiten Weltkrieg, als vor allem in Baden-Württemberg ein Wiederaufbau der zerstörten Weinberge im großen Stil durch das Genossenschaftswesen erfolgte. Heute sind über 80% aller Winzer im Bundesland Baden-Württemberg Genossenschaftsmitglieder, in Hessen 62% und in Bayern 52%. Von den 388 Winzergenossenschaften in der Bundesrepublik werden etwa 34% der gesamten Rebfläche bewirtschaftet.

Auch in Italien, Frankreich und Österreich findet das Genossenschaftswesen stets größeren Zuspruch. In einigen Ländern wird durch staatliche Beihilfen die Gründung von Erzeugergemeinschaften gefördert. Neben den Winzergenossenschaften können diese Erzeugergemeinschaften dazu beitragen, daß dramatische Herbstspekulationen mit Faßweinen, die einen Käufer suchen, unterbunden werden. Somit wird eine gewisse Preisstabilität für Wein erreicht, wie sie in anderen Ländern nur durch staatliche Verordnungen und Zahlungen von Ausgleichbeträgen an die Winzer erzielt werden.

Wein kaufen, pflegen, genießen

Wenn die Weinflasche, etikettiert und gut verpackt, auf dem Wege zum Weinkunden den Winzerkeller verläßt, ist ihr Inhalt in der Regel so gut präpariert, daß er den berechtigten Erwartungen des Empfängers vollauf entsprechen kann. Bei den meisten Weinen gibt es dazu lediglich eine Voraussetzung, die vom Weingut oder der Weinkellerei nicht mehr erfüllt werden kann: Bis zum ersten erwartungsvollen Probeschluck bedarf der Wein daheim einer gewissen Pflege, die als Fortsetzung der vielfältigen Bemühungen des Winzers und Kellermeisters zu verstehen ist. Alle guten Veranlagungen insbesondere wertvoller Weine können sich nur dann entwickeln und vollends entfalten, wenn der Weinliebhaber seinen Weinen dieses Minimum an Pflege schenkt.

Der erste Schritt dazu beginnt bereits bei der Auswahl der Weine, vielleicht sogar schon bei der Wahl der Einkaufsquelle. Denn wer als Weintrinker weder Zeit, Muße noch Verständnis für eine gewisse sorgfältige Behandlung edler Tropfen besitzt, sollte sich von Anfang an auf möglichst problemlose und zumeist auch recht preiswerte Konsumweine einstellen, die für den baldigen Verzehr geeignet sind und folglich nicht über eine erfreuliche Skala von Geschmacks-, Duft- und Farbnuancierungen verfügen wie anspruchsvollere Weine.

Gewiß haben auch diese einfachen Tropfen im Weinsortiment ihre Berechtigung. Sie sind oft willkommene Durstlöscher, wenn man einmal rasch einen kühlen und leichten Wein trinken möchte. Viele dieser Weine sind ziemlich robust und benötigen nach dem Einkauf nicht wie ihre edleren Geschwister eine „Ruhepause". Solche Weine überstehen auch ohne großen Schaden eine stehende Lagerung in der Flasche, in einer Position also, in der sie auch in manchen Verkaufsgeschäften angeboten werden. Dabei darf es den rasch entschlossenen Weinkäufer nicht weiter stören, daß in solchen Läden die Weine direkt neben Tabakwaren, Gewürzen, Süßwaren und Haushaltspflegemitteln offeriert werden. Gerade diese Massenweine haben bekanntlich dazu beigetragen, daß der Wein längst seine klassischen, manchmal sogar exklusiven Vertriebswege eingebüßt hat. Wer diese Entwicklung bedauert, der mag sich damit trösten, daß immerhin noch eine beachtliche Zahl von Weinen der gehobeneren Klasse bislang nicht Eingang in jene neuzeitlichen Unternehmungen des Konsumartikelumschlages und in die um ihre Existenz ringenden „Tante-Emma-Läden" gefunden hat.

Vielleicht wäre es schon so weit gekommen, wenn sich eine gut sortierte Weinpalette von selbst, also ohne persönliche, informative Beratung verkaufen ließe. Da es jedoch gerade beim Weinverkauf mehr als bei allen anderen Genußmitteln auf eine seriöse, kenntnisreiche Beratung des Kunden ankommt, muß der Dialog zwischen Käufer und Verkäufer weniger ein Verkaufsgespräch

Jede Weinart und -gattung entfaltet ihre geschmacklichen Qualitäten am besten in dafür geeigneten Gläsern: 1. Burgunder-Rotweine, italienische Rotweine und südosteuropäische Weine gelangen sehr gut in einem großen, bauchigen Kelch zur Geltung. 2. Rotweine aus Bordeaux, Chianti classico, Rioja und ähnliche Kreszenzen gehören in dieses schlanke Glas. Man sollte die Weinflasche möglichst schon eine halbe Stunde vor dem Einschenken öffnen, damit der Wein „atmen" kann. 3. Frankenweine werden im Bocksbeutel abgefüllt. Das dazu abgebildete Glas nimmt außer diesen herzhaften, kernigen und rassigen Weinen auch fruchtige Weißweine von Rhein und Mosel, aus der Pfalz und aus Baden-Württemberg auf. 4. Süffige Tafelweine wie der in der charakteristischen Bastkorbflasche abgefüllte Chianti oder leichte Landweine schmecken gut aus diesem Glas, das sich ganz allgemein für junge Rotweine, beispielsweise auch Primeurs, eignet. 5. Das grünstielige Glas ist typisch für Elsaßweine, doch kann man ebensogut herb-spritzige, junge Weißweine aus Deutschland, wie zum Beispiel einen Mosel, darin servieren. 6. Roséweinglas, das sich nach oben hin leicht öffnet. 7. Schaumwein, wenn er trocken und rassig ist, trinkt man aus der „Flöte", in deren hohem Kelch das Mousseux besonders gut wirkt. Süße Schaumweine kann man auch aus einem schalenförmigen Glas trinken. 8. Dessertweine wie Oloroso-Sherry, Port, Málaga, Marsala, Madeira, Samos, Tokajer oder Beerenauslesen genießt man aus kleinen Gläsern.

sein, bei dem eine Ware angepriesen wird, sondern vielmehr eine notwendige fachkundige Hilfe für den Kaufinteressenten. Diese Hilfe kann er in Supermärkten und Lebensmittelgeschäften meist nicht erwarten.

Eines der schönsten Hobbies
Immer dann, wenn der am Wein interessierte Käufer im Gespräch mit dem Fachmann etwas von dessen persönlichem Engagement erfährt, wird sich für ihn die Welt des Weines mit ihrer reizvollen Vielfalt als ein besonders schönes, vielleicht sogar aufregendes Hobby erschließen. Weine auswählen, verkosten, die Ergebnisse der Degustationen vergleichen, mit Freunden diskutieren, die Herkunft der Weine an ihrem Anbauort persönlich kennenlernen, kostbare Weine suchen und sammeln – die passionierte Beschäftigung mit dem Wein kann auf diese Weise zu einer außerordentlich vielseitigen und abwechslungsreichen Betätigung werden, die über das gelegentliche Genießen eines beliebigen Weines bei weitem hinausreicht.

Wohl kaum ein Warensortiment im Konsumgüterbereich ist derzeit internationaler bestückt als das Sortiment der Weine und der mit ihnen verwandten Getränke. Dem Weinfreund, der die Beständigkeit liebt und gerne treu an seinem ihm liebgewordenen Schoppen festhalten möchte, mag eine solche reichhaltige Auswahlmöglichkeit ziemlich gleichgültig sein. Einem anderen weinstudierenden Zeitgenossen dürfte die nur zu ahnende Vielfalt der Weine aus aller Welt hingegen ständige Unruhe bereiten: Stets neue Jahrgänge, Hunderte verschiedener Rebsorten, eine immense Reichhaltigkeit an Varianten warten auf ihn.

Der Wein verbindet die Menschen – nicht nur im geselligen Kreis bei funkelnden Pokalen. Wer sich auf Weinstudienreisen begibt, lernt mehr kennen von Land und Leuten, Geschichte und Kultur, Tafelsitten und gastronomischen Gewohnheiten, als er je zu hoffen wagte. Weinclubs, Weinbruderschaften und Seminare für Weinliebhaber gehören zu den geselligen Treffpunkten Gleichgesinnter, deren Hobby die Beschäftigung mit dem Wein in seiner ganzen Vielfalt ist. Das Studienobjekt Wein, im privaten Weinkeller sorgsam aufbewahrt, wird schließlich zur persönlichen Erinnerung an mannigfache Erlebnisse mit dem Wein.

Wer auf diese Weise die Poesie des Weines schätzt, sollte sich in den Spielregeln zur Pflege und zum Genuß eines guten Tropfens auskennen. Man sollte den „Wein-Knigge" nicht strenger fassen, als es dem Geist dieses Getränkes entspricht. Eine allzu großzügige Handhabung fördert zwar den Weinkonsum bei ungeübten Anfängern, führt jedoch letztlich zu manchen Enttäuschungen, die möglicherweise bereits bei einem mißlungenen Weineinkauf beginnen.

Was Qualität beim Wein bedeutet

Es gibt keine verbindliche Definition für die Qualität beim Wein. Die Folge ist ein großzügiger, manchmal sogar sehr leichtfertiger Umgang mit dem Begriff Qualität, wenn Erzeuger, Händler oder auch Konsumenten über bestimmte Güteeigenschaften des Weines sprechen. Die im deutschen Weingesetz verankerte Gruppe der Qualitätsweine, die auf den Güteklassifizierungen der EG-Weinverordnungen aufbaut, ist abolut nicht mit dem Begriff der Weinqualität identisch. So gibt es zum Beispiel im Bereich der Kabinettweine Qualitäten, die denen einiger Spätlesen überlegen sind. Selbst ein Tafelwein kann von guter Qualität sein, wenn er sauber, sortentypisch und gebietstypisch ist.

Die gesetzlichen Bestimmungen für „Qualitätsweine b. A." (bestimmter Anbaugebiete) der Europäischen Gemeinschaft und auch die entsprechenden nationalen Gesetze schreiben lediglich die Voraussetzungen für die Gewinnung von „Qualitätsweinen" vor, wie zum Beispiel für den Anbau zugelassene Rebsorten in den „bestimmten" Anbaugebieten sowie die Erreichung eines Mindestalkoholgehaltes, die Durchführung einer analytischen und organoleptischen Prüfung und genaue Bezeichnungen auf dem Etikett. Für den Weintrinker sind dies gewiß schon recht nützliche Informationen, doch über die jeweilige tatsächliche Qualität im Glase besagen sie nicht allzuviel.

Subjektive Beurteilung der Weinqualität
Solange keine wissenschaftlich exakte, mit Daten und Zahlen abgesicherte Festlegung des Begriffes Weinqualität vorliegt, besteht die Gefahr, daß diese überwiegend von subjektiven Ansprüchen und Erwartungen an die Gütemerkmale eines Weines bestimmt wird. Unbestritten findet sich zunächst einmal Weinqualität in Weinen, die durch eine natürliche, harmonische Zusammensetzung ihrer Inhaltsstoffe eine bekömmliche und optimale Wirkung auf die Sinne und das Wohlbefinden ausüben. Die Forderung nach einer „natürlichen" Zusammensetzung der Inhaltsstoffe (wie Zucker, Alkohol, Säuren, Bukett- und Aromastoffe sowie Farbstoffe) ist allerdings nicht gleichbedeutend mit dem früher üblichen Begriff Naturwein. Auch darin kann sich nicht in jedem Falle Qualität spiegeln. Angesichts der bekannten Vielfalt der Weine muß der Grundsatz gelten: Wein ist nicht gleich Wein. Eine Schematisierung in „Naturweine" oder „Qualitätsweine" ist daher nicht möglich.

Die Regel persönlicher Erfahrung, nach der man den Wein erst nach der eigenen Verkostung qualitativ beurteilen kann, besitzt dementsprechend weiterhin ihre Gültigkeit. Der Faktor des persönlichen Ermessens, was nun Weinqualität individuell bedeutet, spielt also doch eine große Rolle.

Linke Seite: Der Düsseldorfer Maler Johann Peter Hasenclever (1810–1853) vereinigt in seinem Bild „Die Weinprobe" eine einzigartige Typologie kritisch genießender Weinfreunde.
Rechte Seite: Farbe und Klarheit des Weines prüft der Weinfachmann, indem er das Glas gegen eine neutrale Lichtquelle hält.

Objektive Kriterien der Weinqualität

Unabhängig von gesetzlichen Begriffen und der persönlichen Geschmacksrichtung des Weintrinkers, die nicht selten gewissen Modeeinflüssen und Stimmungen unterworfen ist, lassen sich einige Wertmaßstäbe für die Weinqualität nach objektiven Gesichtspunkten aufstellen:

Die Weinqualität ist abhängig von dem weinbaulichen und kellerwirtschaftlichen Können des Weinherstellers. Bodenpflege und Düngung, Rebschnitt und Rebpflege, Lesezeitpunkt und Lesesorgfalt bestimmen maßgeblich die Weinqualität. Ebenso eindeutig ist die Weinqualität von der Art und der Durchführung kellerwirtschaftlicher Maßnahmen abhängig.

Nur zum Teil abhängig ist die Weinqualität von der Rebsorte, von Lage und Boden und schließlich vom Jahrgang. Wenn die Rebsorte an einem optimalen Standort steht, ist die Weinqualität von der Sorte abhängig. Dies trifft heute überwiegend zu, da es nur sehr wenige Rebsorten gibt, die keine guten Qualitäten liefern können. Der Anbau solcher Rebsorten wird amtlich nicht zugelassen.

Von Lage und Boden ist die Weinqualität nur mit Einschränkungen abhängig. In heißen, trockenen Jahren können steile Lagen, die unter Trockenheit leiden, weniger wertvolle Weine liefern als die sogenannten geringen Lagen mit tiefgründigen, wasserhaltigen Böden. Dieses Beispiel zeigt, wie relativ der Bezug Boden und Lage zur Weinqualität ist.

Auch vom Jahrgang ist die Weinqualität nur teilweise abhängig. Oft wachsen in „mittleren" Jahrgängen in den mitteleuropäischen Anbaugebieten die gebiets- und sortentypischsten Weine. Ein Beweis für die auch vom Weintrinker akzeptierte Güte dieser Jahrgänge ist die lebhafte Nachfrage der Käufer nach Weinen aus durchschnittlich zu bezeichnenden Jahrgängen (wie 1970, 1972, 1974 und 1977).

Weinqualität ist daher keineswegs gleichbedeutend mit Spitzenweinqualität. Andererseits hat ein Wein noch keine Qualität erreicht, wenn er lediglich frei von Fehlern und Mängeln ist. Weine mit Qualität sollten sich über dem jeweils üblichen Durchschnitt befinden, sei es zum Beispiel als Tafelwein oder als Auslese. Ein Hilfsmittel kann in dieser Richtung für den Verbraucher die Ausstattung des Weines mit einer offiziellen Medaille oder ähnlichen Auszeichnung sein. Leider ist sie nicht in jedem Falle verbindlich, denn an Weinwettbewerben nehmen nur „Qualitätsweine" (im gesetzlichen Sinne) teil, und auch hier findet sich eine erhebliche Schwankungsbreite in der Beurteilung durch die Weinprüfer.

Gewiß wäre es auch fragwürdig, den Preis als Anhaltspunkt für vermeintliche Qualität heranzuziehen. Die Preisgestaltung bei Wein unterliegt zahlreichen Einflüssen und Faktoren, dabei spielt die echte Qualität nicht immer die dominierende Rolle. In welchem Maße nur ungezuckerte Weine qualitativ einwandfrei sind, ist gleichfalls umstritten. Durch eine maßvolle Zuckerung kann der Wert eines einfachen Weines durchaus gehoben werden. Voraussetzung dazu ist wiederum ein harmonisches Zusammenspiel seiner gesamten Inhaltsstoffe. Ein wichtiges Kriterium für Weinqualität ist schließlich der Reifegrad des Weines. Ausgereifte Weine kommen dem Ideal von guter Weinqualität am nächsten.

---

1. Punktschema des OIV Paris für internationale Weinkosten

1. Farbe	0– 2 Punkte
2. Reinheit	0– 2 Punkte
3. Geruch	0– 4 Punkte
4. Geschmack	0–12 Punkte
insgesamt	20 Punkte

2. Internationales Punktschema Budapest (1965)

A) *Handelsübliche Weine, Qualitätswein, Dessertwein*

1. Farbe	0– 2 Punkte
2. Klarheit	0– 2 Punkte
3. Bukett	0– 4 Punkte
4. Aroma, Gesamteindruck	0–12 Punkte
maximale Punktzahl	20 Punkte

B) *Schaumweine*

1. Farbe	0– 2 Punkte
2. Klarheit	0– 2 Punkte
3. Bukett	0– 2 Punkte
4. Mousseux	0– 4 Punkte
5. Aroma, Gesamteindruck	0–10 Punkte
maximale Punktzahl	20 Punkte

3. Punktschema Wädenswil/Schweiz

1. Farbe und Klarheit	1–3 Punkte
2. Bukett	1–5 Punkte
3. Reintönigkeit	1–4 Punkte
4. Körper, Vollmundigkeit	1–4 Punkte
5. Sortenart, Harmonie, allgemeiner Eindruck	1–4 Punkte
insgesamt	20 Punkte

4. Punktschema Österreich, Vorschlag Paul (1964)

1. Aussehen	0–4 Punkte
2. Geruch	0–8 Punkte
3. Geschmack	0–8 Punkte
insgesamt	20 Punkte

5. Deutsches Punktschema nach W. Buxbaum (1951)

Beurteilung nach	Punktzahl einzeln	gesamt	Mindest-Punktzahl (Qualitätswein)
1. Farbe			
Weißwein: *Rotwein:*			
a) blaß oder — hellrot	0		
hochfarbig — braunrot		2	2
b) hellgelb — rubinrot	1		
c) typisch — typisch	2		
2. Klarheit			
a) blind	0		
b) blank	1	2	1
c) kristallklar	2		
3. Geruch			
a) fehlerhaft	0		
b) ausdruckslos	1		
c) reintönig	2	4	2
d) duftig - blumig	3		
e) Frucht und Aroma	4		
4. Geschmack			
a) fehlerhaft	0		
b) fehlerfrei	1–3		
c) sauber und weinig	4–6	12	6
d) reif, harmonisch	7–9		
e) vollreif und edel	10–12		
Punkte insgesamt		20	11

Gütekategorien als Orientierungshilfe

Die Weinbauländer der Europäischen Gemeinschaft (Frankreich, Italien, Bundesrepublik Deutschland und Luxemburg) bezeichnen ihre einfachen Konsumweine als Tafelweine. Sie dürfen nur aus klassifizierten Rebsorten in der EG hergestellt werden. Sie müssen über einen vorhandenen Alkoholgehalt (nach der Anreicherung) von mindestens 8,5° und dürfen höchstens über 15° (in Ausnahmen 17°) Alkohol verfügen. Eine Erhöhung des Alkoholgehaltes durch Anreicherung (Verbesserung, Zuckerung) ist je nach Weinbauzone um 2,5° bis 3,5° Alkohol erlaubt. In Jahren mit ungünstiger Witterung darf auch eine Anreicherung um 4,5° erfolgen.

Der Landwein
Europäischer Tafelwein ist meist ein Verschnitt aus Weinen verschiedener EG-Weinbauländer. Weine, die außerhalb der EG-Weinländer gewachsen sind, dürfen nicht mit EG-Weinen verschnitten werden. Deutscher Tafelwein stammt ausschließlich aus den vier deutschen Weinbaugebieten für Tafelwein (Rhein und Mosel, Neckar, Oberrhein). Als neue Qualitätsgruppe über dem deutschen Tafelwein, der sich in der Bundesrepublik bislang kaum durchsetzen konnte, steht vor allem seit der mittelmäßigen 1977er Ernte der deutsche Landwein zur Diskussion. Als Vorbild dafür mag der französische Vin de pays dienen, der inzwischen für den Weintrinker wegen seines günstigen Preises und der meist zuverlässigen Qualität zum Begriff wurde.
In Frankreich wurden entsprechend den EG-Bestimmungen die einfachen Konsumweine (Vins de Consommation Courante, V.C.C.) in Vins de table umbenannt. Auch hier handelt es sich um Weine, die ihre ursprüngliche Individualität durch den Verschnitt (Coupage) verloren haben. Der Hinweis auf den Alkoholgehalt dieser Weine auf dem Etikett ist obligatorisch.
In Italien werden die Tafelweine offiziell mit Vino di tavola betitelt. Die gebräuchliche Bezeichnung Vino da pasto entspricht mehr (gesetzlich nicht bestimmbarem) Tischwein, einem Wein mittlerer Güte, der gerne bei den Mahlzeiten getrunken wird. Zahlreiche einfache Tafelweine werden unter Phantasie- und Markennamen angeboten, da für sie keine geographisch eng begrenzte Herkunft angegeben werden kann.

Die Qualitätsweinklassen
Im Unterschied zu der Masse der Konsumweine (in Frankreich charakteristisch als Vins ordinaires bezeichnet) verfügen die Qualitätsweine in vielen Weinbauländern über spezielle Bezeichnungen. Nach dem EG-Weinrecht muß ein Qualitätswein über einen Gesamtalkoholgehalt von mindestens 9° (70° Oechsle) verfügen. Der natürliche Mindestalkoholgehalt von Qualitätsweinen beträgt je nach Weinbauzone zwischen 6° (50° Oechsle) und 9,5° (73° Oechsle), so daß auch Qualitätsweine in bestimmten Gebieten und in gewissem Umfang angereichert werden dürfen. Art und Umfang dieser Verbesserung regeln die Weingesetze der einzelnen Länder. So dürfen zum Beispiel in Deutschland „Qualitätsweine b.A." in begrenztem Umfang verbessert werden, für „Qualitätsweine mit Prädikat" ist eine Anreicherung untersagt.
Nach europäischem Recht dürfen Qualitätsweine nur aus geeigneten und zugelassenen Rebsorten in geographisch begrenzten Qualitätsweinbaugebieten erzeugt werden. Diese Produktionsgebiete müssen auf dem Etikett genau angegeben werden.

Frankreich unterscheidet zwischen zwei Qualitätsweinklassen: Die Appellation (d'origine) contrôlée (A.C., Weine mit kontrollierter Ursprungsbezeichnung) und Vins delimités de qualité supérieure (V.D.Q.S., Weine höherer Qualität aus begrenzten Anbaugebieten). Entscheidend für die A.C.-Weine ist ihre mengenmäßige Begrenzung, die einen sich nach den Ernteergebnissen richtenden Höchstertrag pro Hektar festlegt. Alle „zuviel" geernteten Weine werden deklassiert. Innerhalb des A.C.-Systems gibt es verschiedene eng gezogene Herkunftsbezeichnungen, die sich von einem Gebiet bis zu einer Lage oder einem Château erstrecken

Eine Freude für das Auge: Im klassischen Interieur eines Bordeaux-Château steht diese Tafel mit dem Wein, der seine vollkommenste Entfaltung bei den Mahlzeiten findet.

können. Im Gegensatz dazu bezieht sich die Bezeichnung V.D.Q.S. meist auf ein flächenmäßig größeres Gebiet.

Seit 1963 ist in Italien ein gestaffeltes Kennzeichnungssystem für Qualitätsweine in Kraft: Die Bezeichnung Denominazione di Origine Semplice bezieht sich auf Weine mit einfacher Herkunftsbezeichnung. Diese wenig gebräuchliche Bezeichnung ist mit der französischen A.O.S. (Appellation d'origine simple) identisch. Auf der Stufe der Qualitätsweine befinden sich die Weine der Denominazione di Origine Controllata (D.O.C., kontrollierte Ursprungsbezeichnung). Seit 1978 eingeführt ist als höchste Stufe die Denominazione di Origine Controllata e Garantita (D.O.C.G., kontrollierte und garantierte Herkunftsbezeichnung). Sie entspricht den deutschen Qualitätsweinen mit Prädikat und den französischen A.C.-Weinen.

Spanien, Griechenland sowie einige nordafrikanische Staaten haben für ihre Qualitätsweine ebenfalls amtliche Gütekategorien mit Herkunftsbezeichnungen eingeführt. Österreich unterscheidet zwischen Qualitätswein (mindestens 73° Oechsle, darf verbessert werden) und Qualitätsweinen besonderer Reife und Leseart, die in der Staffelung deutschen Prädikatsweinen entsprechen.

Weingesetze zum Nutzen des Konsumenten

Es gibt wohl kaum ein Produkt, das so sehr der Gefahr ausgesetzt ist, nachgeahmt oder gefälscht zu werden, wie der Wein. In der Präambel zu einem bedeutenden modernen Weingesetz heißt es daher, daß die Bestimmungen das Produkt Wein schützen, den Weinbauern vor Schaden und den Konsumenten vor Täuschungen bewahren sollen.

Erste Spezialgesetze über die Erzeugung von Wein und vor allem den Handel mit Wein traten bereits im frühen Mittelalter in Kraft, als es Weinfälschungen schon in großem Umfang gab. In Frankreich wurde 1350 eine Verordnung erlassen, nach der es verboten war, Weine verschiedener Herkunft miteinander zu verschneiden und einem Wein einen anderen Namen als den seines wirklichen Ursprungslandes zu geben. Im Jahre 1441 bestimmte Philippe le Bon, in der Ebene von Dijon alle Reben zu vernichten, um den guten Ruf der Weine von Dijon zu erhalten. Am Ende des 14. Jahrhunderts hieß es in einem Gesetz des Bischofs von Würzburg, daß der Wein aus nichts anderem gemacht sein soll „denn allein mit beeren".

In Frankreich, wo im Sinne der Qualitätsangabe die Herkunftsbezeichnung besondere Bedeutung hat, wurde 1935 in einer Gesetzesverordnung eine Kategorie von Ursprungsbezeichnungen (A.C.) eingeführt, deren Kontrolle von einem Comité National übernommen wurde. Damit war ein weitreichender Schutz für Weinerzeuger und Verbraucher gesichert, nachdem zuvor bereits eine deutliche Abgrenzung zwischen einer Wein-Marke und einer Wein-Ursprungsbezeichnung erfolgt war. Die zunächst erlassenen Abgrenzungen von Anbaugebieten für A.C.-Weine waren nicht immer unproblematisch. In der Champagne lösten sie zum Beispiel 1911 einen Aufstand der Winzer aus, der nur durch den Einsatz von Militär niedergeschlagen werden konnte. Die Winzer erreichten mit ihrer Revolte, daß bei der für sie so wichtigen Vergabe des A.C.-Schutzes nicht allein die geographische Lage berücksichtigt, sondern auch höhere Anforderungen an Bodenbeschaffenheit und Rebsorten gestellt wurden. So wurden zum Beispiel Hybridenweine vom A.C.-Schutz ausgeschlossen.

Die Bezeichnungen der Prädikatsweine
In Anbetracht der regional sehr unterschiedlichen und im Verlauf der Jahre schwankenden Ernteergebnisse besitzen in der deutschen und österreichischen Weingesetzgebung Angaben über Reife und Leseart des Weines eine ebenso große Bedeutung wie die Ursprungsbezeichnung als Hinweis auf die Weinqualität.
Die Benutzung traditioneller und nur diesen Weinbauländern vorbehaltener Prädikate werden in den nationalen Spezialgesetzen ausführlich geregelt. Als höchste Qualitätskategorie hat die deutsche Weingesetzgebung die Qualitätsweine mit Prädikat und das österreichische Weingesetz die Qualitätsweine besonderer Reife und Leseart geschaffen. Weine mit der Bezeichnung Kabinett gehören nach österreichischem Gesetz noch zur Gruppe der Qualitätsweine. Sie müssen mindestens 83° Oechsle (17° Klosterneuburger Mostwaage KMW) aufweisen und dürfen nicht verbessert werden. Deutsche Kabinettweine gehören schon zur Gruppe der Prädikatsweine und benötigen mindestens 73° Oechsle zur Erlangung dieses Prädikates. Auch sie dürfen wie alle anderen Prädikatsweine nicht verbessert werden und unterliegen einer behördlichen Lesekontrolle sowie einer amtlichen Prüfung von Analyse und Beschaffenheit.

Eine Spätlese wird durch die späte Lese der Weintrauben in vollreifem Zustand gewonnen. In Deutschland hat sie mindestens 85° Oechsle, in Österreich 94° Oechsle (19° Klosterneuburger Mostwaage). Eine Auslese wird durch die Auswahl und getrennte Kelterung nur vollreifer Trauben erzeugt, die mindestens 95° Oechsle, in Österreich 105° Oechsle (21° Klosterneuburger Mostwaage) aufweist.

Die Beerenauslese wird durch die Auswahl nur edelfauler oder überreifer Beeren mit mindestens 125° Oechsle (in Österreich 130° Oechsle oder 25° Klosterneuburger Mostwaage) gewonnen. Eine österreichische Spezialität ist der Ausbruchwein, der aus edelfaulen oder überreifen, auf natürliche Weise eingetrockneten Beeren stammt. Er muß mindestens 27° Klosterneuburger Mostwaage aufweisen. Die Trockenbeerenauslese als höchste Prädikatsstufe entsteht aus der Auswahl nur eingeschrumpfter, edelfauler Beeren mit intensiver Fruchtsüße. Ihr Mindestmostgewicht liegt bei 150° Oechsle, in Österreich bei 30° KMW (entspricht 150° Oechsle).

Die Fremd- oder Auslandsweine
Zum Schutz der heimischen Weinerzeugung enthalten die Weingesetze spezielle Bestimmungen über die jeweilige Einfuhr von Auslandsweinen und ihre Kennzeichnung für den Konsumenten. Dabei wird von vielen Weinen eine gewisse Anpassung an die gesetzlichen Auflagen in den jeweiligen Importländern gefordert. Insbesondere muß ihr Etikett eine deutliche Aussage über ihr Herkunftsland geben. Außerdem muß die Beschaffenheit dieser „Fremdweine" in den wichtigen gesetzlichen Forderungen (zum Beispiel Schwefelgehalt, Alkoholgradation) den Vorschriften des Einfuhrlandes entsprechen.

Das 1977 in Kraft getretene neue Weinbezeichnungsrecht der EG hat in einer Liste alle Angaben zusammengestellt, die für die Deklarierung einer gehobenen Weinqualität bei in die EG eingeführten Weinen zulässig sind:
Für österreichische Weine sind es die bereits erwähnten Begriffe „Qualitätswein besonderer Reife und Leseart" mit den entsprechenden Prädikaten sowie „Qualitätswein" und „Kabinett".
Bei den Schweizer Weinen können die folgenden Bezeichnungen auf eine gehobene Qualität hinweisen: „Attestierter Winzerwy" (Gütesiegel für unverschnittene Ostschweizer Erzeugerabfüllungen, die bei einer Geschmacksprüfung mindestens 18 von 20 Punkten erhalten haben), „Spätlese" (Flétri und Mi-flétri) für Weine aus überreifem Traubengut in guten Jahrgängen, „Auslese" (sorgfältig ausgelesenes Traubengut, steht in der Ostschweiz allerdings qualitativ unter der Spätlese), „Beerliwein" (für klaren, tiefroten Wein, der aus abgebeerten – entrappten, gerebelten – Trauben erzeugt wurde), VITI (Gütezeichen für Tessiner Merlot-Rotweine, die von einer Fachkommission in der Kostprobe mit mindestens 18 von 20 Punkten bewertet wurden) und „Terravin" (für hochwertige Dorin-Weißweine des Waadtlandes, die bei der Fach-Degustation von 20 möglichen Punkten mindestens 18 Punkte zugesprochen bekamen).
Gehobene Weinqualitäten aus Spanien können mit der Bezeichnung „Denominacion de Origen" (Ursprungsbezeichnung) ausgestattet werden, entsprechende Qualitäten aus Portugal mit „Região demarçada" oder „Denominaçao de Origem" und den Spezialbezeichnungen „Garrafeira" oder „Reserva".

Der Blick in diesen schönen alten burgundischen Weinkeller erinnert an einen Ausspruch von Ortega y Gasset: „Lange bevor der Wein zum Verwaltungsproblem wurde, war er ein Gott." Was hier in Fässern und Flaschenreihen in stimmungsvollen Gewölben reift und lagert, kann heute erst dann den Weintrinker erreichen, wenn es das engmaschige Netz weingesetzlicher Vorschriften passiert hat und mit einem detailliert vorgeschriebenen Flaschenschild ausgestattet wurde.

Das Etikett

Für nicht wenige Weinfreunde hat das Weinetikett oft den Charakter eines „Buches mit sieben Siegeln". Je vorschriftsmäßiger und detaillierter die Aufschriften auf manchem Flaschenschild gehalten sind, desto verwirrender und unverständlicher präsentieren sie sich dem Unkundigen. Selbst „fortgeschrittene Anfänger" unter den Weinliebhabern haben mit dem Studium des Etiketts als „Wein-Personalausweis" ihre Probleme. Die Geister, welche der Weingesetzgeber für die wahrheitsgemäße und exakte Deklaration von Weinen rief, wird man seit langem nicht mehr los. Beneidenswert sind nur jene Weinländer (meist außerhalb Europas), die entweder kaum Vorschriften über die Beschriftung von Weinetiketten erlassen haben oder – wie zum Beispiel die Schweiz – wirklich einfache und doch gut funktionierende Regelungen besitzen.

Analog zum kommerziellen Wert eines Weines sollte sein Etikett unmißverständlich Auskunft geben über Art und Beschaffenheit (Sorte, Qualität) des Weines, seine Herkunft (möglichst genau umrissen), den Lieferanten und/oder Erzeuger und schließlich das Alter (den Jahrgang). Es lag schon von alters her im verkäuferischen Bemühen von einigen Weinhändlern und Winzern, unter diesen Angaben nur jene zu erwähnen oder besonders hervorzuheben, die einen günstigen Einfluß auf den Kaufentscheid ausübten. Die meisten Weingesetze haben daher viele der schmückenden und werbenden Attribute auf dem Etikett untersagt. Das Weinetikett soll zunächst informieren und nicht propagieren. Einige Länder gestehen dem Weinhersteller eine Mischung aus sachlicher Aussage und Beschreibung der qualitativen Beschaffenheit für ein Rückenetikett zu, auf dem auch gelegentlich wichtige analytische Zahlen (zum Beispiel für Diabetiker über den Zucker- und Kaloriengehalt „trockener" Weine) veröffentlicht werden.

Um den Weinkonsumenten vor raffinierten optischen Täuschungen zu schützen, gibt es in einigen Ländern auch Vorschriften für die grafische Gestaltung des Weinetiketts. Damit soll erreicht werden, daß beispielsweise die Verwendung von Bildsymbolen nicht eine bestimmte Herkunft vortäuscht, ebenso müssen die Schriftgrade der einzelnen Aufschriften in angemessener Größe zu ihrer objektiven Bedeutung stehen.

Was ein Etikett aussagen kann

Ein Weinetikett sollte zunächst die Frage nach der Weinart (Normalwein, Spezialwein) beantworten. Auskunft über eine oder mehrere Rebsorten geben vorwiegend nur die Weinbauländer Deutschland, Österreich, Ungarn, Südtirol, Schweiz (zum Teil) sowie einige andere Länder fast ausschließlich für Weißweine. Angaben über die Rebsorten dürfen allerdings nur dann gemacht werden, wenn mindestens 85% des Weines aus der oder den genannten Rebsorten erzeugt wurde. In Frankreich – mit Ausnahme des Elsaß – und in den meisten südeuropäischen Weinbauländern ist die Angabe von Rebsorten auf dem Weinetikett nicht üblich. Vielfach handelt es sich um Verschnitte, oft werden in einigen Gebieten auch nur eine oder zwei traditionelle Sorten angebaut, die – wie zum Beispiel in Burgund der Pinot noir oder an der Mosel der Riesling – nicht immer ausdrücklich auf dem Etikett deklariert werden. Außereuropäische Weinbauländer, die ihren Weinbau nach europäischen Vorbildern betreiben, geben häufig Rebsorten bei den Weinen an, deren Pendants in den entsprechenden Stammländern ebenfalls die Rebsorte auf dem Etikett tragen (zum Beispiel Rhine-Riesling in Australien).

Der komplizierteste Teil eines Weinetiketts umfaßt die Ursprungs- und Herkunftsangaben. Sie können sich von der geographisch weitestreichenden Bezeichnung einer oder mehrerer Weinbauländer bis zu einem einzigen Weingut als engste Herkunftsbezeichnung erstrecken. Dazwischen rangieren Anbaugebiete, Regionen, Bereiche, Weinbauorte und Lagen. Je umfassender und genauer die Herkunft eines Weines auf dem Etikett angegeben wird, desto größer ist die Gewähr für eine eindeutige, von Auslassungen freie und unverfälschte Weindeklarierung.

Viele national gebräuchliche Spezialbezeichnungen haben entweder den Charakter einer Herkunfts- oder einer Qualitätsbezeichnung. Dazu einige Beispiele: Mise (oder Mise en bouteilles) du (oder au) Domaine (oder Château) = Abfüllung auf Flaschen im Weingut, entspricht der deutschen Erzeugerabfüllung und dem italienischen Imbottigliato nell'origine. Die französische Bezeichnung Cru meint einen Weinberg, der nach Lage, Boden und Klima Weine von besonderer Güte liefert. Dementsprechend ist ein Grand Cru (oder Tête de Cuvée) eine Spitzenlage. Premier Cru rangiert in Burgund nach Grand Cru an zweiter Stelle der Qualitätsskala. In Bordeaux werden die klassifizierten Weine mit Cru classé bezeichnet (von erster bis fünfter Sorte). Im Médoc ist der Cru Exceptionnel die zweite Stufe nach der klassifizierten Sorte, Cru Bourgeois Supérieur ist die dritte und Cru Bourgeois die vierte Stufe. Die häufig benutzte Bezeichnung Supérieur besagt, daß der Wein 1° Alkohol mehr als den vorgeschriebenen Mindestalkoholgehalt aufweist. Grand Vin ist ein „großer Wein" ohne verbindlich definierte Qualitätsaussage.

In Italien ist ein Riserva ein Wein von gehobener Qualität, der meist eine etwas längere Lagerzeit hinter sich hat. Auf eine größere Reife weist auch das Wort Vecchio hin. Superiore ist eine Güteaussage, die sich auf einen höheren Alkoholgehalt und eine längere Lagerung bezieht. Die Zusatzbezeichnung Classico tragen Weine aus einer eng begrenzten Produktions- und Anbauzone.

Die Kennzeichnung trocken (secco, sec, asciutto) ist nur für Weine mit höchstens 4 g/l Restzucker erlaubt oder 9 g/l, wenn der Säuregehalt höchstens 2 g/l niedriger ist als der Restzuckergehalt. Die amtliche Prüfungsnummer (A.P.-Nummer) wird deutschen Qualitätsweinen nach behördlicher analytischer und organoleptischer Prüfung erteilt. Die A.P.-Nummer besteht aus einer Zahlenkombination, aus der das Jahr der Antragstellung zur Prüfung (die letzten beiden Zahlen), die laufende Antragsnummer, die Betriebs- und Ortskennzahl und die Kennzahl der Prüfstelle ersichtlich sind. Zu den obligatorischen Angaben auf dem Weinetikett in der EG gehört seit 1977 (mit entsprechenden Übergangsregelungen) auch die Angabe über den mengenmäßigen Flascheninhalt.

Historische Weinetiketten besitzen heute hohen Sammlerwert. Von Vorschriften nicht eingeengt, konnte der Gestalter seiner Phantasie nachgehen. Das Interessante an einer Etikettensammlung ist der Spiegel des Geschmacks und der künstlerischen Richtung in den Entstehungszeiten der Flaschenschilder.
Linke Seite: „Traditions-Etikett" der Hochheimer Lage „Königin Victoria Berg", die ihren Namen nach einem Besuch der englischen Königin Victoria in diesem Weinberg am Main erhalten hat. Linke Seite, links unten: Eines der ältesten Etiketten der berühmten Weinlage „Steinberg" im Rheingau.

Linke Seite, rechts unten und rechte Seite: Typische Jugendstil-Etiketten der zwanziger Jahre aus dem Rheingau und von Mosel und Saar.

Weinkarten und Preislisten

Die Redlichkeit, mit der die Angaben auf einer Weinkarte oder einer Preisliste zusammengestellt und veröffentlicht werden, bestimmt nicht allein das Weingesetz. Unabhängig von Spezialvorschriften können diese schriftlichen Angebote sich entweder auf eine minimale Kurzform beschränken oder aber eine ausführliche Beschreibung bieten. In jedem Fall stellen sie einen Appell an die Aufmerksamkeit und die Weinkenntnis des Konsumenten dar.

In Ländern, in denen das Weintrinken zum alltäglichen Leben zählt, beschränkt man sich bei der Aufstellung von Weinkarten und Weinpreislisten auf einige wenige Angaben, Jahrgang und Herkunftsname des jeweiligen Weines betreffend. Im Bereich der Gastronomie werden ohnehin fast ausschließlich die regionalen Spezialitäten offeriert, die der Kundschaft ja bestens bekannt sind. Lediglich in der gehobenen Gastronomie, in speziellen Weinrestaurants und Luxusrestaurants werden Weinkarten vorgelegt, die dem Gast ein größeres Sortiment mit genaueren Informationen über die Herkunft (Weingut, Weinkellerei), eventuelle Auszeichnungen und Qualitätsbezeichnungen bieten. Da sich hier vielfach schon im Weinpreis ein höherer Wert des Weinangebotes ausdrückt, kann der Gast mit Recht genaue Erläuterungen zu den einzelnen Weinen erwarten. Gleichwohl verzichten die meisten französischen und südeuropäischen Weinkarten größeren Stils auf zusätzliche Hinweise über Geschmack und Qualität des Weines. Diese Empfehlungen spricht meist nur der Sommelier, der Weinkellner, aus. Ihm obliegt in den luxuriösen Restaurants die Beratung des Gastes, indem er ihm analog zu seiner Menüauswahl passende Weine vorschlägt.

Je nach individuellem Berufsethos wird der Sommelier dabei Weine empfehlen, die er persönlich besonders schätzt oder die er gerne rasch und gut verkaufen möchte oder die wirklich den Geschmacksvorstellungen und Wünschen seines Gastes entsprechen. Trotz mancher überzeugend aussehender Erscheinung eines solchen Sommeliers sollte man sich auch ein wenig auf seine eigenen Weinkenntnisse und die Fähigkeit, eine Weinkarte zu „durchleuchten", verlassen können.

Was ist zu empfehlen?
Beachten Sie zunächst die Form der Weinkarte. In nicht zu großen Restaurants, die über eine säuberlich gedruckte Weinkarte verfügen, sollten Sie ein wenig vorsichtig sein bei der Weinauswahl. Kaum ein Gastronom kann es sich leisten, mehrfach jährlich eine neue Weinkarte drucken zu lassen. Sofern also nicht schon mehrere Angebote als „ausverkauft" gestrichen und andere handschriftlich ergänzt wurden, deutet eine vornehm gedruckte Karte auf ein ziemlich geringes Interesse der Kundschaft gegenüber dem Weinsortiment hin. Wenn Sie Glück haben, können Sie zwar vielleicht recht preiswert an einige ältere Weine gelangen, doch breitet sich über die Frage ihrer bisherigen Lagerung ein undurchdringlicher Schleier.

In nicht wenigen Restaurants wird die fachgerechte, temperaturkonstante und ruhige Lagerung von Wein ziemlich stiefmütterlich behandelt. Hier ist man am besten mit jungen, frischen Weinen bedient. Man sollte sich auch nicht vor einer Bestellung scheuen, wenn diese auf den ersten Positionen der Weinkarte stehen. „Offene" Weine, in Deutschland gerne Schoppenweine genannt, trinkt man am besten in ihren Anbaugebieten. Meist sind es Weine, die in Ein- oder Zwei-Liter-Flaschen abgefüllt und recht preiswert angeboten werden. Gerade in gut besuchten Weinstuben kann man zu diesen Tropfen Vertrauen haben.

Da sich die Weinpreise in der Gastronomie in den letzten Jahren rapide nach oben bewegt haben, sind teure Luxusweine nur recht selten gefragt. Sofern man sich mit einem guten Tischwein zum Essen bescheiden möchte, ist man mit Weinen der mittleren Preis- und Qualitätsgruppe in den meisten Fällen gut bedient.

Weinsprache und Gütezeichen
Da die Kenntnis von den individuellen Eigenarten der Weine in Deutschland komplizierter ist als in den westlichen und südlichen Nachbarländern, erweist sich für eine publikumswirksame Weinkarte oder Preisliste die zusätzliche Beschreibung des Weingeschmacks oft als unentbehrlich. Die deutsche Sprache bedient sich dazu einer Vielzahl ausdrucksvoller Eigenschaftswörter, mit denen oft auch die Veranlagungen, das Aussehen und die Attraktivität einer Frau beschrieben werden können. Da diese Weinsprache nur im übertragenen Sinne verständlich ist, muß ein Laie ihre Vokabeln und deren Bedeutung auswendig lernen, um deutsche Weinkarten und Preislisten in ihren Zusatzinformationen verstehen zu können. (Siehe „Kleines Lexikon der Fachbegriffe" auf den Seiten 221 ff.)

Wer dieser typischen Weinsprache in Weinpreislisten und Weinkarten nicht allein trauen möchte, der sollte den – soweit vorhanden – Auszeichnungen, Gütezeichen und Siegeln seine Beachtung schenken. In Deutschland können Qualitätsweine auf freiwilliger Basis nach einer speziellen Prüfung das rote Weinsiegel erhalten. Damit wird eine über dem Durchschnitt stehende Güte in den jeweiligen Qualitätsstufen dokumentiert. Das gelbe Weinsiegel wird auf gleicher Basis trockenen Weinen verliehen. Badische Weine können ebenfalls nach einer Prüfung ein offizielles, amtlich zugelassenes Gütezeichen erhalten. Deutsche Spitzenweine werden jährlich von der Deutschen Landwirtschaftsgesellschaft (DLG) auf der Bundesweinprämierung ausgezeichnet. In den einzelnen Weinbaugebieten erfolgt eine ähnliche Prämierung durch die Landwirtschaftskammern. Österreichische Qualitätsweine können als offizielles Kennzeichen für amtlich geprüfte Weine das Weingütesiegel Österreich erhalten. Daneben gibt es auch regionale Kennzeichnungen als gesetzlich geschützte Markenzeichen. Auf der Österreichischen Weinmesse in Krems werden jährlich die besten Weine mit Medaillen ausgezeichnet. In Frankreich werden Weine bestimmter Gebiete durch Weinbruderschaften ausgezeichnet.

Linke Seite, links: Original Rheingauer Weinpreisliste aus dem Jahre 1870.
Linke Seite, rechts: Zu den begehrten Bestätigungen für das Qualitätsstreben
gehören die hohen Auszeichnungen der Weinprämierungen.
Rechte Seite: Eine stilvoll gestaltete und sorgfältig zusammengestellte
Weinkarte ist oft das beste Spiegelbild des gastronomischen Geistes eines
guten Restaurants. Eine Weinkarte sollte nicht nur übersichtlich sein, sie
muß auch für den weniger kenntnisreichen Weinliebhaber verständliche
Erläuterungen und Erklärungen enthalten, die dem Gast die richtige
Auswahl erleichtern.

Junger oder alter Wein?

Genau sechs Wochen nach Abschluß der Weinlese, pünktlich um Mitternacht 0 Uhr, wird in Burgund der Beaujolais Primeur in den Handel gebracht. In der Regel ist es Mitte November, wenn dieser „erste Beaujolais" als frischer, fruchtiger Tropfen auf den Tischen der Pariser Gastronomie steht und dort als heißbegehrte und kühl getrunkene Spezialität – als Rotwein mit etwa 10° C – Connaisseure und Feinschmecker gleichermaßen begeistert. Inzwischen erfreut sich der Primeur auch außerhalb der französischen Landesgrenzen außerordentlich großer Beliebtheit. Ein „Primeur-Rennen" von Mâcon nach London ermittelt jährlich denjenigen Teilnehmer, der als erster mit einer Kiste Primeur in London eintrifft.

Nur wenige Wochen später gibt's in den Buschenschänken und Weinlokalen Wiens den Heurigen, den reschen, spritzigen Wein der neuen Weinernte. Und in Deutschland bemühen sich zur gleichen Zeit einige Weinkonsumenten bei besonders guten Jahrgängen um erste Flaschenabfüllungen. Immer häufiger werden von Supermärkten und großen Lebensmittelgeschäften schon im Dezember Weine aus dem neuen Jahrgang angeboten, nicht selten sogar Qualitäts- und Kabinettweine.

Raritätenjäger suchen Uralt-Jahrgänge

Eine andere Gruppe von Weinliebhabern bemüht sich hingegen um gänzlich andere Tropfen: Auf der Suche nach altehrwürdigen Weinen beinahe längst vergessener Jahrgänge durchstreifen die Raritätenjäger Weinschatzkammern, private Weinkeller und Spezialsortimente. Gesucht werden insbesondere Jahrgänge, die zu bestimmten persönlichen Anlässen Erinnerungen weckend verschenkt werden. Taufe, Verlobung, Hochzeit, Geburtstage und Jubiläen sind beliebte Ereignisse, um mit einem alten Jahrgangswein zu glänzen.

Da jedoch in den letzten Jahrzehnten längst nicht so viele Weine gesammelt wurden, wie heute als Jahrgangsweine früherer Zeiten gesucht werden, muß für derartige Raritäten oft ein stolzer Preis bezahlt werden.

Selbst qualitativ fragwürdige und inzwischen abgebaute Jahrgänge können von diesem Trend noch gut profitieren. Bei Weinen der 60er und 50er Jahrgänge ist es noch ziemlich unproblematisch, aus größeren Altvorräten alle wichtigen Jahrgänge zu erwerben. Schwierig und kostspielig wird es dann bei den 40er Jahren, in denen sich Kriegs- und Nachkriegsereignisse auch auf die Weinernten und die Bestände stark dezimierend ausgewirkt haben.

Sehr bemerkenswerte Unikate finden sich hingegen aus den 30er Jahren, selbst Weine, die zu Anfang dieses Jahrhunderts gewachsen sind, tauchen gelegentlich in einschlägigen Offerten zu teuren Preisen für Sammelfanatiker auf.

Weinversteigerungen und -auktionen

Die sicherste Einkaufsquelle für edle Altweine aus den bedeutenden französischen und deutschen Anbaugebieten sind die renommierten Weinversteigerungen in Kloster Eberbach bei Kiedrich im Rheingau sowie die Auktionen, die von namhaften Häusern wie Christie's, Sotheby und Heublein in Europa und den USA durchgeführt werden. Auf Spitzenweinversteigerungen französischer Provenienzen hat sich außerdem das Züricher Auktionshaus Koller und Steinfels spezialisiert.

Linke Seite, oben: Flaschenweine, die länger als 20 Jahre lagern, benötigen einen neuen Korken. Hat sich die Füllmenge während der langen Lagerung durch Verdunsten verringert, muß vor dem Verkorken wieder etwas Wein nachgefüllt werden.
Linke Seite, unten: Das stimmungsvolle Foto vereinigt alte und junge Rotweine der Staatsdomäne Assmannshausen im Rheingau. Links eine „bemooste", uralte Weinflasche, daneben noch trüber Traubenmost, in dem die Senkspindel für die Messung des Mostgewichts schwimmt. Im Glas ein typischer Assmannshäuser Spätburgunder.

Rechte Seite: Diese Tabelle vermittelt ungefähre Richtwerte für die durchschnittliche Haltbarkeit verschiedener Weine. Die spitz auslaufenden Säulen demonstrieren jeweils die individuell mögliche längere Lagerfähigkeit des Weines, die vor allem bei den großen Bordeaux- und Burgunder-Rotweinen sowie bei den hochwertigen Sauternes und Trockenbeerenauslesen über die Skala von 15 Jahren weit hinausreicht. Ebenso sind alle verstärkten Weine (Dessertweine) praktisch unbegrenzt haltbar. Bei besonders guten Jahrgängen kann ein Verlängerungsfaktor von einem oder sogar mehreren Jahren in der Haltbarkeit hinzugerechnet werden, bei schlechten Jahrgängen sollten die Angaben um ein bis mehrere Jahre verkürzt gerechnet werden.

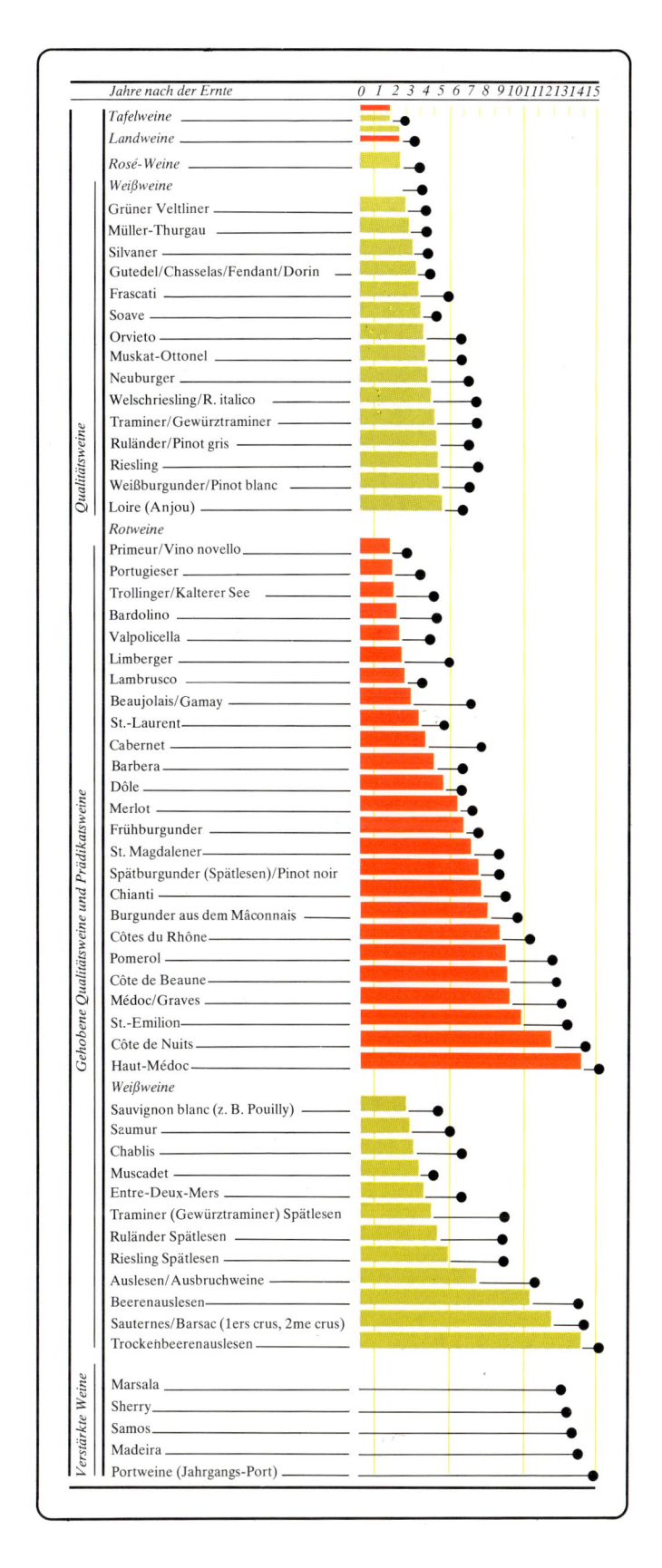

In größeren Zeitabständen führt der Verband Deutscher Prädikatsweingüter im Wiesbadener Kurhaus große Versteigerungen deutscher Spitzenweine für jeweils etwa 800 Personen durch. Bei der Versteigerung im März 1978 kamen zum Beispiel 75 der edelsten Weine aus Deutschlands Weingärten zur Versteigerung, die aus den Schatzkammern der Güter stammen und im freien Verkauf nicht mehr erhältlich waren.

Auf den deutschen Weinversteigerungen werden ausschließlich Weine unmittelbar aus den Kellern der Weinerzeuger angeboten, die für die Originalität der einzelnen Abfüllungen die volle Garantie übernehmen.

Die Auktionsprogramme der internationalen Versteigerungsfirmen umfassen neben den Spitzenrot- und -weißweinen aus Bordeaux, Burgund und Deutschland auch Champagner, Sherry, Madeira, Tokajer, Jahrgangs-Port, seltene Branntweine und Liköre. Das jeweils umfangreichste Sortiment präsentiert auf ihren Weinversteigerungen die Firma Christie's, die seit Mitte des vorigen Jahrhunderts mit einer eigenen Abteilung derartige Auktionen regelmäßig durchführt.

Die Versteigerungsresultate stimmen, wie ein langjähriger Vergleich zeigt, deutlich mit der wirtschaftlich bedingten Bereitschaft eines kaufkräftigen internationalen Publikums überein, Geld in Weinsammlungen – zum Teil spekulativ – anzulegen.

Dementsprechende sensationelle Ergebnisse, wie zum Beispiel der Erlös für eine Jeroboam-Flasche (4 Liter Inhalt) 1878er Château Mouton Rothschild von etwa 35 000 DM, sollten Sammler mit weniger gefüllten Geldbeuteln nicht verstören. Zahlreiche ältere, gut gereifte Weine sind heute auf Auktionen bereits preiswerter zu ersteigern, als sie in manchen Listen gut sortierter Weinhandlungen aufgeführt werden.

Alter und Bekömmlichkeit
Noch vor wenigen Jahrzehnten war es zumindest in Kennerkreisen nicht üblich, Weine zu trinken, die nicht mindestens fünf Jahre alt waren. Auf dem Holzfaß lange gelagerte, überreife und vielfach firne mit einem speziellen Alterungston versehene Weine wurden überaus geschätzt. Dieser Grundsatz gilt heute nur noch für die großen Bordeaux- und Burgunder-Rotweine, die frühestens nach drei Jahren hinreichend entwickelt sind. Je qualitativ mittelmäßiger ein Wein ist, desto früher kann und sollte er getrunken werden. Nur Weine bester Lagen mit viel Säure und ausreichend Alkohol vertragen unbeschadet eine lange Lagerzeit, in der sie sich dann oftmals erst zur vollen Geschmackspracht entwickeln.

Ältere Weine werden von einer Reihe von Weinkonsumenten besser vertragen als junge, frische Weine. Die Gründe dafür sind wohl in der natürlich gegebenen Kombination der verschiedenen chemischen Bestandteile des Weines zu finden, die bei älteren Weinen in einem besonders günstigen, für den Weintrinker bekömmlichen Verhältnis stehen.

Andererseits werden die meisten jungen Weine heute durch eine moderne Kellerwirtschaft in optimaler Harmonie ihrer Inhaltsstoffe ausgebaut, so daß auch ihr Genuß im Regelfall gute Verträglichkeit garantiert.

Gütespiegel der Jahrgänge

Rekordjahre der Jahrhunderte

Jahr	Rote Bordeaux	Sauternes	Burgund	Champagne	Rhein und Mosel	Jahrgangs-Port
1802					•	
1804					•	
1811		•			★	
1815		•				
1819		•				
1822		•				
1828		•				
1832		•				
1834		•			•	
1836		•				
1840		•				
1841	•					
1842						
1844	•					
1846	•	•				
1847		•				
1852		•			•	
1858	★		•		•	
1859					•	
1861					•	
1862					•	
1864	•	•	•			
1865	•		•			
1868	•		•			
1869	•	•			•	
1870	•					•
1872						•
1873					•	•
1874					•	•
1875	•	•	•		•	•
1877						•
1878					•	•
1880					•	•
1881					•	•
1884					•	•
1885			•			•
1887			•			•
1889					•	•
1890			•			•
1892			•			•
1893		•	•		•	•
1894			•			•
1895			•		•	•
1896			•			•
1897						•
1898			•			•
1899	★		•			•
1900	•	•	•		•	•
1904		•				•
1906			•			•
1908		•				•
1911				•	★	•
1912						•
1915			•			•
1917	•					•
1919		•				
1920	•	•				•
1921		•	•		•	•
1923			•	•		
1924	•	•			•	•
1926				•		•
1927						•
1928	•	•		•	•	•
1929	•	•	•	•	•	•
1934	•		•	•	•	•
1935						•
1937		•	•	•	•	

★ Jahrhundert-Jahrgang   • Außergewöhnlich bis sehr gut

Linke Seite, links: In einer dekorativen Ausstattung sehen fast alle Weine verlockend aus – seien es nun gute oder weniger gute Qualitäten. Über das, was wirklich in ihnen steckt, kann man sich erst bei einer genauen Verkostung informieren. Keine Zweifel dürften jedoch bei diesen drei Spitzenweinen aus Bordeaux bestehen.
Linke Seite, rechts: Gute Abfüllungen aus der Zeit vor dem 2. Weltkrieg werden immer seltener. Als kostbare „Keller-Denkmäler" sind sie sehr gesucht und werden entsprechend teuer gehandelt. Diese Zusammenstellung signalisiert, in welchen Jahren es besonders hochwertige Weine gegeben hat.

Rechte Seite: Unter den italienischen Rotweinen sind die Barolos am besten für eine lange Haltbarkeit und somit ein hohes Alter in der Flasche prädestiniert. Diese Uralt-Flaschen stammen aus dem Weingut Marchese di Barolo in Barolo (Piemont).

Für passionierte Weinsammler und anspruchsvolle Weinfreunde bildet der Jahrgang zunächst das wichtigste Erkennungszeichen der Weinqualität. Schon die römischen Weinkenner der Antike schätzten einige besonders gut geratene und dementsprechend bekannte Jahrgänge, wie das Jahr 121 v. Chr. mit dem „opimianischen" Wein, der – wie damals üblich – seinen Namen von dem jeweils regierenden Konsul erhielt (L. Opimius Nepos). Seit dem 17. Jahrhundert liegen uns spezielle Chroniken vor, die das Mengen- und Güteergebnis der einzelnen Weinjahrgänge zusammengestellt aufführen. Zum Teil vermerken sie bereits ausführlich den Witterungsablauf während der Vegetations- und Reifezeit der Trauben und begründen damit Mißjahre und sehr gute Erntejahre.

Bereits in der „Naturgeschichte" des Römers Plinius ist bei einem guten Weinjahr von „Kochwetter" die Rede. Seither spiegeln sich die Launen des Wettergottes in den jeweiligen Ernteergebnissen wider. Aus zahlreichen Quellen schöpfend, hat der Weinhistoriker Bassermann-Jordan die Resultate der Weinlesen vom Jahre 91 n. Chr. bis zum Jahre 1922 zusammengestellt. Während der Zeitabschnitt bis zum frühen Mittelalter naturgemäß recht lückenhaft ausgefallen ist, enthalten die Beschreibungen der Weinlese-Ergebnisse aus den letzten Jahrzehnten viele interessante Details, die sich jedoch vielfach nur auf die Anbaugebiete am Rhein konzentrieren.

Neidische Herbste hier und dort
Weinbewertungen sind für die Jahrgänge allerdings nur dann zuverlässig, wenn sie sich nicht auf zu große geographische Räume beziehen. So ist es kaum möglich, ein gesamtes Weinbauland bei der Jahrgangsbeurteilung mit einigen Anmerkungen ausreichend zu berücksichtigen. Die regionalen Unterschiede sind nicht selten so beträchtlich, daß es schon differenzierter Berichte über die Situation in einzelnen Anbauregionen bedarf, um ein genaues Bild vom tatsächlichen Abschluß der Weinlese zu erhalten.

Derartige exakte Ermittlungen können in Jahren mit sogenanntem „neidischen Herbst" erschwert werden. Dabei verläuft die Witterung während der Monate Juni bis Oktober mit so vielen Kapriolen und sogar lokal beträchtlichen Unterschieden, daß die Resultate von Ort zu Ort, von Weinberg zu Weinberg deutlich voneinander abweichen. Diese Schwankungen können von den Erntemeldungen kaum erfaßt werden, so daß sich oft erst beim Verkosten dieser Weine zeigt, wie sehr die Ausnahme in Form eines vorzüglichen Weines in einem schlechten Jahr oder im umgekehrten Falle die allgemeine Regel bestätigt.

Klimastatistik und Gütetabellen
Wie unmittelbar der Zusammenhang zwischen dem Wetterverlauf in den Monaten Mai bis Oktober und den in Oechslegraden gemessenen Ernteergebnissen ist, demonstrieren die meteorologischen Daten und Aufzeichnungen der offiziellen Beobachtungsstellen sowie die statistischen durchschnittlichen Meßwerte der Mostgewichte dieser Jahre. Für den Rheingau ergab sich dabei zum Beispiel für die drei letzten großen Weinjahrgänge folgendes Bild: Im Jahr 1959 wurde in Deutschand der höchste Durchschnittswert im Mostgewicht mit 91° Oechsle ermittelt. Im selben Jahr betrug im Rheingau die Summe der Sonnenscheinstunden von Mai bis Oktober 1487 (Durchschnitt der letzten 30 Jahre: 1136 Stunden). Die Niederschläge von Mai bis Oktober betrugen 236 mm (30jähriger Durchschnitt 307 mm) und die Mitteltemperatur 16,5° C (30jähriger Durchschnitt 15,5° C).

Das Jahr 1971 brachte mit einem Durchschnittsmostgewicht von 83° Oechsle ebenfalls ein herausragend gutes Ergebnis. Dementsprechend lagen auch hier die Sonnenscheindauer mit 1282 Stunden, die Niederschläge mit 272 mm und die Mitteltemperatur mit 15,8° C über dem langjährigen Durchschnitt. Andererseits ergaben sich für Mißjahre gleichfalls eindeutige Werte. In dieser Weise sind als berüchtigt unter anderem die Jahre 1965 (durchschnittliches Mostgewicht nur 61° Oechsle) und 1968 (im Durchschnitt 62° Oechsle) in die Weinchronik eingegangen. Die Klimastatistik zeigt dementsprechend für 1965 im Rheingau nur 988 Sonnenscheinstunden, aber 332 mm Regen und eine Mitteltemperatur von 14° C und für 1968 nur 894 Stunden Sonnenschein, dazu 486 mm Niederschlag und eine Mitteltemperatur von 15° C.

Rekordjahre der Jahrhunderte
Besonders glücklichen Umständen verdanken es Weinsammler, daß sie hin und wieder in den Besitz von Weinen aus den ganz großen Jahrgängen der vorigen Jahrhunderte gelangen können. Traditionsreiche alte Familienunternehmen und einige Staatsdomänen verfügen in ihren Vinotheken noch über derartige Schätze. Da die Qualitätsbewertungen der Jahrgänge auf den Seiten 225 bis 227 sich auf die letzten Jahrzehnte beschränken, sind nebenstehend die berühmten Jahrgänge vor 1940 genannt.

Die in diesem Zusammenhang häufig diskutierte Frage nach der Trinkbarkeit derartig alter Weine läßt sich nicht mit einem klaren Ja oder Nein beantworten. Zu den ältesten noch trinkbaren Weinen der Welt zählt zweifellos ein 1727er Rüdesheimer Apostelwein, der sich im Besitz des Bremer Ratskellers befindet und offiziell mit der folgenden Charakteristik versehen wurde: „Beherrscht von einer ehrwürdigen, stark hervortretenden Säure, aber auch von einer Klarheit und von einem an einen alten Madeira erinnernden Duft, ist er der einzige, praktisch noch probierfähige Bestand der alten Rose- und Apostelweine des Bremer Ratskellers. Nur noch ein Kuriosum." Tatsächlich ergab eine Analyse, daß dieser Wein einen Alkoholgehalt von 13,3°, einen zuckerfreien Extrakt von 42,7 g/l und einen Gesamtsäuregehalt von 13,1 g/l besitzt und sich somit allein schon durch seine Analysedaten als ein echtes Spitzengewächs ausweist.

Weineinkauf – Routine oder Abenteuer?

Zu den beliebtesten Partygesprächen gehören die von vermeintlichen Kennern vermittelten Tips über die interessantesten Weineinkaufsquellen. In Großstädten, in denen sich die professionellen Shopping-Experten im Sortiment jeder Weinboutique und jedes Feinkostgeschäftes auskennen, sind derartige Empfehlungen für Weineleven zuverlässig. Etwas problematischer wird es für Weininteressenten, die in kleineren Städten und auf dem Lande wohnen, wo naturgemäß das Weinangebot des örtlichen Einzelhandels nicht allzu umfangreich ist. Eine gewisse Standardisierung des Weinsortimentes in zahlreichen Verbrauchermärkten und Lebensmittelhandlungen hat im übrigen dazu geführt, daß sich Weinliebhaber verstärkt um andere Weineinkaufsmöglichkeiten bemühen.

Der Einkauf beim Winzer
In den von Touristen frequentierten Weinbaugebieten lockt das Aushangschild „Flaschenweinverkauf" alljährlich Tausende von „Weinreisenden" in Winzerstuben und Weinkeller, um an der Geburtsstätte des Weines gute Tropfen für den privaten Bedarf durch eine persönliche Probe auszuwählen. Diese stets beliebter werdende Form des Weineinkaufs hat ihre Reize. Das Gespräch mit dem Winzer und seiner Familie, die fachliche Unterhaltung mit dem Kellermeister einer Genossenschaft oder dem Kundenbetreuer eines Weingutes tragen viel zur Steigerung individueller Weinkenntnisse und zu einem betonten Vertrauensverhältnis zum Weinlieferanten bei. Ein Ausflug an derartige Weinquellen ist auf jeden Fall lohnend. Selbst in der Weinsprache ungeübte und in der Interpretation eines Weinetiketts unerfahrene Weinschmecker werden mit Sicherheit die für sie richtigen Weine durch die vorherige Verkostungsmöglichkeit herausfinden.

Damit verbundene Reisen auf den Weinstraßen und Besuche folkloristischer Veranstaltungen oder weinkultureller Einrichtungen gestalten diese Form des Weineinkaufs zum Erlebnis. Doch auch der umgekehrte Weg hat sich inzwischen bestens bewährt: Große Weingüter entsenden ihre Repräsentanten, in der Beratung von Weininteressenten ausgebildet, mit Weinproben zum „flüssigen Verkauf" in die Wohnung des Konsumenten. Auch hier besteht die Möglichkeit, in heimischer Atmosphäre das Angebot persönlich verkostend zu prüfen.

Mit oder ohne Kostprobe
Da die Weinprobe der ideale Weg ist, jemanden von der Qualität des Weines zu überzeugen, haben auch einige Weinfachgeschäfte und ihre modernen Pendants, die „Vinotheken" oder „Oeno-

Linke/rechte Seite: Die Weinverkostung im Weingut kann auch Informationen unmittelbar über die jeweiligen Herstellungsmethoden bringen. Hier werden Walliser Rotweine probiert.
Rechte Seite: Ein Weinfachgeschäft mit reichhaltigem und interessantem Sortiment ist oft ein wahres Dorado für den Weinsammler und -liebhaber. Hier kann er Schätze finden, die er sonst nur nach zeitraubenden und zahlreichen Besuchen bei den verschiedenen Erzeugern erhält.

theken" für gute Kunden die Möglichkeit der Weinverkostung geschaffen. Natürlich läßt sich nicht alles aus dem Sortiment zuvor probieren. Denn die Angebote gut sortierter Weinboutiquen sind meist wesentlich umfangreicher und zum Teil noch wertvoller bestückt als das Erzeugungsprogramm eines mittleren Weingutes. Die vollendete Qualität eines 1962er Burgunders oder eines 1955er Bordeaux-Weines wird sich dem Käufer zwangsläufig erst nach dem Öffnen der Flasche zu Hause präsentieren können.

Meist ohne persönliche Probemöglichkeit, dafür jedoch mit ausführlichen Beschreibungen der Weine und fotografischen Abbildungen der Flaschenausstattung offerieren Wein-Spezialversandfirmen ihre Ware. Ihre Vorzüge liegen in vielseitig zusammengestellten Sortimenten, in denen die bedeutenden Anbaugebiete mit ihren renommierten Lagen, Sorten und Weingütern vertreten sind, so daß man bei einigermaßen guten Vorkenntnissen sich interessante Partien für seinen eigenen Bedarf auf diese Weise auswählen kann.

Das Lieferprogramm einiger dieser Firmen geht über Wein und verwandte Getränke noch hinaus. Sie halten für ihre Kunden spezielle Geschenkpackungen, Gläser, Korkenzieher und viele nützliche Dinge für die Weinbar und den privaten Weinkeller im Angebot bereit.

Vor- und Nachteile abwägen

Angesichts eines harten Konkurrenzkampfes im Weinverkauf räumen manche Weinhandelsfirmen ihren Kunden besondere Vorteile ein. Sie nehmen binnen einer bestimmten Frist vom Käufer die Weine zurück, die ihm nicht gefallen haben. Andererseits beliefern sie ihre Kunden frachtgünstig mit einem eigenen Zustelldienst und nehmen dabei das Leergut wieder mit. Wenn zugleich noch die Möglichkeit einer Kostprobe und einer hinlänglich großen Auswahl gegeben ist, besteht hier eine für den Weinfreund interessante Einkaufsquelle.

Im Gegensatz dazu betont der Lebensmittelhandel gerne seine besondere Preisgünstigkeit. Im Rahmen von Werbewochen werden oftmals auch hochwertige Weine zu niedrigen Preisen verkauft, so daß es sich für den scharf kalkulierenden Weinkonsumenten schon lohnt, einige Posten im Lebensmittelgeschäft zu erwerben. Wo sich bei größerer Flaschenanzahl ein Transportproblem ergibt, ist man natürlich auf die Hilfsbereitschaft des Geschäftes angewiesen.

Niemals sollte der Weineinkauf zur bloßen Routine werden. Bei aufmerksamem Vergleich der oft sehr verschiedenen Weinanbieter wird man bald etliche Preisunterschiede feststellen. Aber auch die eigentliche Leistungsfähigkeit in der Anlieferung der Ware, in der Rücknahme von leeren Flaschen und Verpackungsmaterial – eine in Zeiten des Umweltschutzes wichtige Frage – sollte beim Vergleich der verschiedenen Einkaufsquellen berücksichtigt werden.

Selbst für Weinlaien muß der Weineinkauf nicht zum abenteuerlichen Detektivspiel ausarten. Überall, wo eine vorherige Kostprobe möglich ist, verringert sich das Risiko einer späteren Enttäuschung. Ein seriöser Weinverkäufer vermag die fehlende Kostprobe im Gespräch mit dem Kunden eigentlich zu ersetzen. Vorausgesetzt, der Kunde weiß seine geschmacklichen Wünsche verständlich zu beschreiben.

Wein im Preisvergleich

Linke Seite: Spezialangebote machen den Käufer im Fachgeschäft auf günstige Gelegenheitsangebote aufmerksam. Dieser holländische Wein- und Spirituosenladen strahlt eine gemütliche Atmosphäre aus, in der ein Weineinkauf sicherlich ebenso viel Spaß macht wie in einer Weinkellerei.

Das Weinangebot ist in fast allen Ländern von einer mehr oder weniger deutlichen Preisspaltung gekennzeichnet. Auf eine einfache Formel gebracht, drückt sie sich in relativ niedrigen Preisen für Konsumweine und in hohen bis zum Teil extrem hohen Preisen für Qualitäts- und Spitzenweine aus. Innerhalb dieser beiden Gruppen zeigen sich bei der jeweiligen Preisfestsetzung durch Erzeuger und Handel gewisse Schwankungen, abhängig von Güte und Menge eines Weinjahrganges, dem unterschiedlichen Bekanntheits- und Beliebtheitsgrad der Weinregionen und -lagen, der Vermarktungsform (zum Beispiel Lebensmittelhandel, Direktversender, Gastronomie) und nicht zuletzt von steigenden Kostenbelastungen bei den Erzeugerbetrieben (hohe Anbaukosten in Steillagen, aber auch Löhne und Sozialkosten) und auf der Weinhandelsstufe (Steuern, Zölle, Transportkosten).

Für den Weinkonsumenten indes ist es äußerst schwer, einen verläßlichen Überblick über die Verkaufspreise bei Wein zu erhalten. Faktisch bietet sich für ihn die Möglichkeit, eine Flasche Wein zu einem Preis zwischen etwa 1,90 DM und mehreren hundert DM (in Ausnahmefällen bei sehr alten, wertvollen Spitzenweinen sogar mehreren tausend DM) zu kaufen. In diesem Zusammenhang ist es vor allem schwierig zu beurteilen, ob dieser oder jener Wein den geforderten Preis tatsächlich wert ist.

Aussagen der Statistik

Nehmen wir zur Beantwortung dieser Frage zunächst einmal Zahlen aus Marktforschungsuntersuchungen zur Hilfe, wie sie unter anderem seit 1964 regelmäßig in der Bundesrepublik im Auftrag des Stabilisierungsfonds für Wein durchgeführt werden. Sie zeigen, daß die Verkaufspreise für Wein – gemessen an der gesamtwirtschaftlichen Preissteigerungsrate – zu den stabilsten Konsumgüterpreisen überhaupt zählen. Im Bundesdurchschnitt sind die Weinpreise mit 3,05 DM pro Liter im Jahre 1965 auf 4,37 DM pro Liter im Jahre 1976 gestiegen, wobei allerdings die Weinverkaufspreise in Nord- und Westdeutschland durchschnittlich höher liegen als in Südwest- und Süddeutschland. In realer Kaufkraft gerechnet, kann man feststellen, daß die Weine in der Bundesrepublik Deutschland überwiegend sogar billiger wurden.

Zu diesem Bild mögen entscheidend die zahlreichen preiswerten Konsumweine beigetragen haben, die insbesondere als Importweine über den Lebensmittelhandel zu Schleuderpreisen offeriert werden. Immerhin sind nach den Marktforschungsergebnissen des Jahres 1976 im Durchschnitt deutsche Weine in der Bundesrepublik 1,09 DM teurer als ausländische Weine. Wie stark allerdings die Preise in den einzelnen Qualitätsstufen differieren, zeigt folgender Vergleich: Der Durchschnittspreis für Tafelweine betrug 1976 1,93 DM, für Qualitätsweine ohne Prädikat 3,67 DM, mit Prädikat 6,19 DM und für Markenweine 3,65 DM.

Insbesondere den preisbewußten Weinkonsumenten wird es dabei interessieren, daß die Qualitätsweine und Prädikatsweine je nach regionaler Herkunft beachtlich unterschiedliche Preise zeigen. Im Bundesdurchschnitt am billigsten sind seit vielen Jahren die Weine aus dem Anbaugebiet Rheinpfalz (1976: 3,58 DM), am teuersten sind Naheweine (1976: 5,92 DM), Weine aus dem Rheingau und aus Franken (5,52 DM), von Mosel-Saar-Ruwer (5,42 DM) und aus Baden (5,08 DM). Nahe am Bundesdurchschnitt von 4,72 DM lagen 1976 die Weine aus Rheinhessen (4,81 DM) und Württemberg (4,56 DM).

Wesentlich größere Unterschiede zeigen die Preise für Weine aus bekannten französischen oder italienischen Qualitätsanbaugebieten im Gegensatz zu den nicht so populären Anbauregionen dieser Länder. Drei klassische Beispiele dafür sind Bordeaux, Burgund und Piemont, deren Weinpreise oft mehrere hundert Prozent über denen liegen, die für Abfüllungen beispielsweise aus Bergerac oder Roussillon (für Frankreich) oder Venetien oder Südtirol (für Italien) gefordert werden. Dabei spielt nicht nur das Renommee dieser Anbaugebiete eine Rolle. Die im langjährigen Durchschnitt tatsächlich hervorragenden Qualitäten machen sie beim Weinliebhaber besonders begehrt.

Vorsicht bei Spekulationen

Ein typisches Beispiel für Spekulation war die stürmische Preisentwicklung für gehobene Bordeauxwein-Qualitäten, die ab 1965 bis zum Frühjahr 1974 ungewöhnliche Dimensionen annahm und schließlich in der Rezession fast zu einem Zusammenbruch des Bordeauxwein-Marktes führte. Von den internationalen Getränkekonzernen, die in Amerika, Japan, England und Italien neue Absatzmärkte für Château-Abfüllungen aus Bordeaux entdeckt hatten und mit Wein-Investment-Clubs die Kapitalanlage in hochwertigen Bordeaux-Weinen propagierten, wurde in jenen Jahren die Preisentwicklung für diese Weine in unglaublicher Weise angeheizt. Was offenbar niemand erwartet hatte, trat dann im Krisenjahr 1974 schlagartig ein: Unter den ersten Anzeichen einer wirtschaftlichen Depression und des verhängnisvollen Ölembargos wurden die Sensationspreise für Bordeaux-Weine weder von den sonst so zahlungskräftigen Weinsammlern noch vom Fachhandel in den betreffenden Ländern akzeptiert. Als die französischen Banken nicht bereit waren, die Güter zu stützen, war die Krise perfekt.

Die Jahrgänge 1973 und 1974 waren nämlich in Bordeaux zudem so reichhaltig ausgefallen, daß sie ihrerseits zu einem beachtlichen Druck auf die Preise führten. Erst die geringe Menge des 75er Jahrganges brachte eine allmähliche Normalisierung bei den Bordeauxwein-Preisen, da die Lagerbestände nicht mehr ins Unermeßliche stiegen und die Preise wieder von den Erzeugern reguliert werden konnten. Inzwischen scheint das 74er Krisenjahr in Bordeaux schon wieder vergessen, denn die Preise steigen bereits wieder merklich. Selbst für die „Petits Châteaux" und die Vins génériques, die Weine der unteren Preislagen, haben sich die Preise beachtlich entwickelt, was bei der geringen Ernte des Jahrgangs 1976 dazu führte, daß die früheren Jahrgänge vielfach bereits völlig ausverkauft sind.

Eine ähnliche Entwicklung zeichnet sich auch in Burgund ab, das in der internationalen Nachfrage direkt hinter Bordeaux auf dem zweiten Platz rangiert. Eine natürliche Verknappung durch Ernteausfälle (zum Beispiel 1977 beim Chablis) und zum Teil schlechte Qualitäten in diesem Jahrgang an der Côte d'Or hat die Nachfrage auf andere Anbauregionen verlagert. Zu den ganz großen Favoriten zählt dabei offenbar das Beaujolais, dessen Weine in den letzten Jahren eine bemerkenswerte Aufwärtsentwicklung verzeichnen. Wer als Weinkonsument diese Hausse nicht mitmachen möchte, kann vorerst noch äußerst günstig gute Qualitäten aus Südfrankreich, zum Beispiel Côtes-de-Provence und Côtes-du-Rhône, aus Nord- und Mittelitalien sowie Sizilien und schließlich auch aus Portugal und Spanien erwerben.

So lagert man Wein

Die Lagerung von Wein in privaten Haushalten ist dank der gestiegenen Widerstandsfähigkeit der Weine gegenüber Temperaturschwankungen und Umwelteinflüssen problemloser geworden.

Bevor es an die Planung eines kleinen Weinlagers in den eigenen vier Wänden geht, sind die wichtigsten Anforderungen zu überdenken, die gute Weine an ihren Lagerplatz stellen, um ihre Flaschenreife im natürlichen Ablauf entfalten zu können.

1. Alle Weine, deren Flaschen mit einem Naturkorken verschlossen sind, müssen liegend aufbewahrt werden. Dabei hält der Wein den Korken feucht, so daß er nicht austrocknet. Alle gespriteten Weine, wie Sherry, Port und ähnliche Likörweine, können stehend gelagert werden. Ihre Lagerzeit ist – selbst in geöffneten Flaschen – praktisch unbegrenzt. Schaumweine können, sofern sie nicht mit Naturkorkverschluß (wie zum Beispiel Champagner) versehen sind, ebenfalls stehend gelagert werden.

2. Weine und Schaumweine vertragen kein direktes Sonnenlicht. Sie müssen auf jeden Fall vor Sonnenbestrahlung geschützt werden.

3. Eine optimale Entwicklung der Weine in der Flasche gewährleisten nur relativ gleichmäßige Temperaturen. Häufige und extreme Temperaturschwankungen sollten unbedingt vermieden werden. Die meisten Weine vertragen auch über einen längeren Zeitraum von zwei bis drei Monaten eine Höchsttemperatur von etwa 20°C, wenn diese nicht ständig mit niedrigeren und höheren Temperaturen wechselt. Hohe Temperaturen können den Reifeprozeß auf der Flasche fördern, dies gilt vor allem für Rotweine.

4. Viele Weine sind geruchsempfindlich. Sie dürfen nicht in der Nähe stark riechender Waren gelagert werden.

5. Die meisten Weine vertragen während der Lagerung keine ständige Erschütterung durch Vibrationsschwingungen in der Nähe laufender Motoren, Maschinen oder vom Straßenverkehr. Weine sollten ruhig lagern.

6. Für eine langjährige Lagerung kommen nur Räume mit ausreichender Luftfeuchtigkeit in Betracht. Der Raum sollte weder zu trocken noch zu feucht sein und stets gut durchlüftet werden.

Die Wahl des Lagerraumes

Wenn man diese sechs Gebote zur fachgerechten Weinlagerung berücksichtigt, lassen sich leicht die wirklich ungeeigneten Plätze für die Weinsammelecke ausscheiden. Sofern ein Kellerraum in Betracht kommt, errichte man das Weinregal möglichst nicht an Wänden, in oder an denen Heizungsrohre verlegt sind. Vorratsräume, die geruchsintensive Waren enthalten, sind für eine längere Weinlagerung ungeeignet. Der Dachboden kommt auch nur dann in Frage, wenn er gut isoliert ist, da hier die Temperaturen zu stark vom Witterungsverlauf abhängig sind.

Kleinere Partien lassen sich für kürzere Lagerzeiten von einigen Monaten ohne Risiko in gut belüfteten und nicht zu warmen Räumen (zum Beispiel im Schlafzimmer) außerhalb direkter Sonneneinstrahlung aufbewahren. Der Haushaltskühlschrank ist nur für die kurzfristige Lagerung weniger Weißweinflaschen im unteren Kühlfach (Gemüsefach) geeignet.

Klassische und moderne Lagersysteme

Das selbstgezimmerte Holzregal ist gewiß das am meisten verbreitete und preiswerteste Lagersystem für Weinflaschen. Sein Nachteil besteht je nach Verarbeitung in einer relativ geringen Belastbarkeit und damit unsicheren Standfestigkeit.

Lager aus Dränagerohren sind für Weinflaschen in mancher Hinsicht ideal. Werden die Hohlräume zwischen den Rohren weiß verputzt, stellen gestapelte Dränagerohre ein sehr dekoratives Flaschenlager dar. Da jedes Rohr nur eine Flasche aufnehmen kann, bedarf es einer guten Kennzeichnung der eingelagerten Flaschen, um ein ständiges Herausziehen der Flaschen zum Lesen der Etiketten zu vermeiden.

Linke Seite: Mit berechtigtem Besitzerstolz präsentiert der Weinsammler einen seiner „Schätze" im wohlgeordneten Keller. Sehr übersichtlich sind alle Weine vorschriftsmäßig liegend in den flachen und langen Regalen angeordnet.
Rechte Seite, links und rechts: Weinregale für den privaten Weinkeller: gestapelte Tonröhren (Dränagerohre) und ein Holzregal, in dem Flaschen liegend oder stehend aufbewahrt werden können.

Preisgünstige Baukastensysteme aus Kunststoff, vor allem Styropor und PVC-Materialien, werden in vielen Haushaltswarengeschäften angeboten. Die einzelnen Bauelemente fassen meist fünf Burgunderformflaschen und sechs Weißweinflaschen und lassen sich raumsparend stapeln.

Flaschenschränke aus Metall sind zwar ziemlich teuer, haben jedoch den Vorteil, daß sie zum Teil verschließbar sind und außerdem eine gute Übersicht über den jeweiligen Vorrat vermitteln. Sie sind leicht sauberzuhalten und vielfach auch in Einzelteile zerlegbar.

Formschöne Holzregale im Baukastensystem sind zwar nicht gerade billig, dafür aber eine Zierde für jede Vinothek.

In jeder Beziehung optimal sind die Weinflaschen-Kühlschränke, wie sie in einer breiten Palette zum Beispiel von der Firma Eisfink in Asperg (Württemberg) hergestellt werden. Je nach Größe garantieren sie für 60 bis etwa 230 Flaschen ideale Lagermöglichkeiten.

Eine sehr gelungene Imitation von Schmiedeeisen sind die praktischen Ornamingestelle, die preiswert zu einem unbegrenzt ausbaufähigen Weinregal ergänzt werden können.

Keine Parties im Weinkeller

Trotz aller stimmungsvollen Verlockungen sollte der private Weinkeller nicht zum Austragungsort feucht-fröhlicher Feten umfunktioniert werden. Der dabei unvermeidliche Tabakrauch, der meist einige Tage lang den Raum erfüllt, gehört zu den Feinden eines gut geführten Weinlagers. Freunde zünftiger Kellerparties sollten dafür einen anderen Raum auswählen. Bestenfalls eine kleine beschauliche Weinprobe (unter Nichtrauchern) an rustikalen Barmöbeln ist in der Nähe der Vinothek möglich.

Abschließend noch ein Tip für stolze Besitzer von „Uralt"-Weinen: Nach zwanzigjähriger Lagerzeit besteht die Gefahr, daß die Korken brüchig werden. Machen Sie Stichproben und lassen Sie gegebenenfalls vom Winzer die kostbaren Flaschen fachmännisch neu verkorken.

Sollten Ihre Weine mit der Zeit einen hohen ideellen und materiellen Wert erhalten, so versäumen Sie es nicht, sie gegen Diebstahl zu versichern. Und falls Sie einmal Schwierigkeiten mit der rechten Temperatur haben: Das Einwickeln der Flaschen in dickes Zeitungspapier ist die preiswerteste, die Anschaffung eines Klimagerätes für den Weinlagerraum die optimale Methode, um zu große Temperaturschwankungen zu verhindern.

Der Aufbau einer Vinothek

Sobald mit der Aufstellung eines Flaschenregals oder eines Weinkühlschrankes der erste Schritt zur Einrichtung einer Weinschatzkammer gemacht ist, wird sich der Weinliebhaber um eine attraktive Bestückung seines Weinkabinetts bemühen. Sein Ziel und die Erfüllung mancher geheimen Wünsche wird es sein, sich eine sehens- und erlebenswerte Vinothek einzurichten, ein Spiegelbild vieler sonnenverwöhnter Weinjahrgänge, vielleicht sogar ein Prunkstück in Auswahl und architektonischer Ausstattung.

Mit Recht ist eine gut sortierte Vinothek der ganze Stolz so manches Hausherrn und die Freude der Gattin sowie der Neid nicht weniger weindurstiger Nachbarn und Bekannten. Denn der Besitzer einer Vinothek kann bei ausreichendem Weinvorrat nicht so rasch in Verlegenheit gebracht werden. Er verfügt über den jeweils passenden Tropfen zu den Speisen, er hat die richtigen Weine parat, wenn die Familie mit einem Überraschungsbesuch von lieben Verwandten oder Freunden bedacht wird, er kann mit Bedacht und Vergnügen für festliche Stunden die köstlichsten Rebensäfte auswählen. Seine Vinothek wird ihn zu keiner Stunde im Stich lassen.

Linke Seite: Die Vinothek ist gleichsam das Refugium des großen Weinliebhabers.
Rechte Seite: Die verkleinerte Wiedergabe einer Doppelseite aus dem Kellerbuch für den Weinfreund zeigt die verschiedenen Eintragungsmöglichkeiten beim getätigten Weineinkauf und den anschließenden Weinverkostungen. Dieses Buch ist als repräsentativer Band für Weinsammler unter dem Titel „Vinotheka" über den Verlag Eggebrecht-Presse in Mainz erhältlich.

Weinsammlung nach Plan

Was vielleicht einmal durch Zufall begann – die Anlage einer privaten Weinsammlung als Ergebnis einer Reise in ein Weinbaugebiet –, sollte nicht immer nur den Zufällen überlassen bleiben. Auch ein Hobby wie das Sammeln reizvoller Weinspezialitäten und kostbarer Raritäten lebt von der Planung. Ein größerer Weinvorrat, der von seinem Besitzer nicht mehr überschaut und auf seinen Bestand hin kontrolliert werden kann, besitzt bald nur noch musealen Wert.

Ordnung ist ein notwendiges Grundprinzip bei der Anlage einer Vinothek. Sie ermöglicht es, im entscheidenden Moment die richtige Flasche zu finden, die man aus einem bestimmten Anlaß sich und seinen Freunden gönnen möchte. Langwieriges Suchen nach einem gewünschten Wein mindert den Reiz einer Vinothek und stellt die Weinfreunde auf eine große Geduldsprobe. Je umfangreicher das Programm einer Vinothek gestaltet ist, desto übersichtlicher sollte sie angelegt sein. Neben verschiedenen Kennzeichnungsmethoden erleichtert ein Kellerbuch den Überblick über alle vorhandenen Schätze des „flüssigen Goldes".

Den Grundstock einer Vinothek bilden in den meisten Fällen Weine, die man als persönliche Geschmacksfavoriten besonders schätzt. Mit der Zeit gesellen sich interessante Novitäten – oft als „Souvenirs" auf Weinreisen erworben – und vielleicht auch bestimmte Weinpräsente von lieben Mitmenschen dazu. Auf diese Weise sind schon bald zumindest die letzten Weinjahrgänge vollständig in der Vinothek vertreten. Möglicherweise finden sich auch schon die wichtigsten Weinbauländer mit einigen bemerkenswerten Repräsentanten in der Weinsammlung.

Programmschwerpunkte

Für Weinsammler mit einem bescheidenen Weinetat ist es tröstlich zu wissen, daß eine Vinothek nicht nur eine Selektion der ganz großen Weine unserer Zeit enthalten sollte. Ebenso gehören die jugendlichen, frischen, unkomplizierten Tischweine hinein. Denn der Weinvorrat wird doch vielfach anläßlich großer *und* kleiner Tafelfreuden frequentiert. Und dazu bedarf es nicht immer kostspieliger Gewächse aus den berühmten Renommierlagen.

Im übrigen sind junge Weine stets preiswerter als bereits gereifte Weine, die sich auf dem Höhepunkt ihrer Entwicklung befinden. Mit dem frühzeitigen Einkauf schon bald nach der Ernte abgefüllter Weine und einer ausreichenden Lagerung im privaten Weinkeller vermag man zweifellos sich eine gewisse Kapitalanlage zu schaffen, da eine Reihe von Weinen, vor allem Prädikatsweine aus guten Jahrgängen, große Bordeaux- und Burgunder-Weine im Handel von Jahr zu Jahr natürlicherweise im Preis steigen.

Sofern ein ausreichendes Budget für die Vinothek vorhanden ist, besteht die Möglichkeit, ausgiebig die Offerten von kostbaren Altweinen zu nutzen, die der Vinothek ihre prachtvolle Patina verleihen. Gerade diese Weine verlangen jedoch eine besondere Aufmerksamkeit während der Lagerung daheim. In bestimmten Zeitabständen von sechs bis acht Monaten sollte man sich durch stichprobenartige Verkostungen von dem Reifestadium dieser Weine überzeugen. Sobald sich eine leichte Firne einstellt, sollte man sie für den baldigen Verzehr vorsehen, sofern man nicht betont firne Weine bevorzugt. Nach zwei bis drei Jahren können diese Weine vielleicht außer einer passablen Farbe nicht mehr allzuviel aufweisen. Sie sind passé, es fehlt ihnen an Duft und Geschmack.

Unabhängig von den Repräsentanten großer Jahrgänge sollte eine gut bestückte Vinothek auch einen Querschnitt der wichtigsten Rebsorten in sortenreinen Weinen aufweisen. Besonders reizvoll sind gewisse „Stufenleiter-Programme", die vom einfachen Tafelwein bis zum Spitzenwein einer bestimmten Anbauregion oder Lage die Skala qualitativer Möglichkeiten aufzeigen und sich für gemütliche Weinproben und unterhaltsame Weinparties als Diskussionsstoff bestens eignen.

Wer seinen persönlichen Geschmack nicht zum alles beherrschenden Auswahlkriterium macht, wird schließlich einige Kontrastprogramme berücksichtigen: sehr trockene, durchgegorene und stark süße Weine; Weißweine aus Portugal (zum Beispiel Vinho verde) und Frankenweine; Rotweine von der Ahr und von den Côtes-du-Rhône, kraftvolle Weine vom Plattensee und frischfruchtige Weine vom Genfer See; Eisweine vom Rhein und kostbare Sauternes. Die Möglichkeiten für ein internationales Weinsortiment sind einfach unbegrenzt.

Buchseite:_____ Lfd. Nr.:_____

Weinart:_____ Jahrgang:_____
Anbaugebiet:_____
Region/Bereich:_____
Weinbauort:_____
Lage:_____
Weingut:_____
Abfüller/Händler:_____
Gesamte Flaschenanzahl:____ Datum des Erwerb:_____

Die Verkostung

Datum, Fl.-Anzahl, Bestand, Anlaß_____ Gäste:_____

Lagerfach:_____

Güteklasse:_____
Rebsorte:_____
Leseart/Prädikat:_____
Besondere Angaben:_____
Sonstige Auszeichnungen:_____
Charakterisierung laut Angebot:_____

Preis:_____ Verkäufer:_____

Bewertungen:_____

Das perfekte Servieren

Um einen einfachen Konsumwein zu bechern, bedarf es keines weihevollen Zeremoniells. Zum Genuß eines wirklich guten Tropfens gehört hingegen eine fachlich korrekte Behandlung. Sie beginnt mit dem rechtzeitigen Einkauf des Weines, den man sich und seinen Gästen kredenzen möchte. Denn vor allem ältere und kostbare Weine benötigen nach dem Transport etwa acht bis zehn Tage Lagerruhe, damit sich die Harmonie ihrer Inhaltsstoffe, durch vieles Schütteln möglicherweise ein wenig aus den Fugen geraten, wieder sammeln kann. Besonders wichtig ist das für Rotweine oder Portweine mit einem Depot sowie Weißweine mit Weinstein. Diese Teilchen setzen sich während des Lagerns am Flaschenboden ab, so daß sie beim Einschenken des Weines nicht sofort ins Glas gelangen.

Die Trinktemperatur
Im untersten Temperaturbereich zwischen 4 und 5°C werden trockene Schaumweine (Champagner) serviert. Ein Sektkühler garantiert die konstante Temperatur während des Trinkens. Um 6°C können süße Schaumweine am besten schmecken. Zwischen 6 und 8°C liegt die ideale Temperatur für Roséweine. Vollmundige Weißherbste vertragen eine etwas höhere Temperatur (8 bis 10°C), während sehr trockene Rosés um 6°C erfrischend und anregend schmecken.
Weißweine umspannen generell einen Temperaturbereich zwischen 5 und 11°C. Je einfacher und jünger ein Weißwein ist, desto niedriger kann seine Trinktemperatur sein. Bei herben Weißweinen ist eine Temperatur von etwa 6°C angebracht. Spritzigfruchtige Weine, wie zum Beispiel Riesling oder Muscadet, vertragen Temperaturen um 8°C gut. Körperreiche und schwere Weißweine entfalten sich am besten bei 10°C.
Junge Rotweine schmecken am besten bei einer Trinktemperatur zwischen 12 (Beaujolais) und 14°C (Portugieser). Mittelschwere Rotweine im Alter von zwei bis vier Jahren serviert man bei 14 bis 16°C und füllige, gerbstoffreiche, vollreife Rotweine werden „chambriert", bei Zimmertemperatur, mindestens aber um 17°C kredenzt. Mit gleicher Temperatur werden auch alte Portweine getrunken, weißen Port genießt man etwas kühler. Der Sherry verträgt Trinktemperaturen zwischen 14 und 20°C.
Falls die Weine nicht die erforderliche Trinktemperatur besitzen, sollte man nicht mit einer Gewaltkur (heißes Wasserbad für Rotweine oder Tiefkühltruhe für Weißweine) nachhelfen. Zum Chambrieren stellt man den Rotwein frühzeitig in einen geheizten Raum, den Weißwein kühlt man etwa eine halbe Stunde im Flaschenfach des Kühlschrankes.

Vom Dekantieren, Öffnen und Einschenken
Gerade ältere, reife Rotweine benötigen zur gelungenen Präsentation ihrer Aromastoffe ausreichende Berührung mit der Luft. Die Flaschen sollten daher mindestens eine Stunde vor dem Einschenken geöffnet und alter Rotwein eventuell zuvor in eine saubere, trockene Karaffe vorsichtig umgefüllt werden. Dieses Dekantieren war früher, als viele Rotweine und Portweine über ein Depot, einen Niederschlag am Flaschenboden, verfügten, eine Notwendigkeit. Es erfolgt an einer Lampe oder brennenden Kerze, so daß man leicht die ersten Trubteilchen erkennt, wenn man den Wein durch ein Musselintuch in die Karaffe umgießt. Gleichzeitig vermag der Rotwein besonders intensiv zu „atmen", so daß sich sein Bukett deutlich entwickeln kann. Verzichtet man bei Rotweinen mit Depot auf das Dekantieren, so lege man die Flaschen zumindest in ein Dekantierkörbchen, so daß durch die fast liegende Position beim Einschenken das Aufwirbeln des Bodensatzes vermieden wird.
Beim Öffnen der Flasche ist darauf zu achten, daß die Stanniolkapsel mindestens etwa 5 Millimeter unterhalb der Flaschenöffnung abgeschnitten wird, damit der Wein beim Einschenken nicht mit dem Kapselrand in Berührung kommt. Zum Herausziehen des Korkens benutzt man am besten einen Korkenzieher mit einem Hohlraum im (möglichst langen) Gewinde („Seelen-

Linke Seite: Eine kleine Auswahl verschiedener Korkenzieher-Modelle. Besonders empfehlenswert: der zweite von rechts.
Rechte Seite, von links oben nach rechts unten: Nützliches Zubehör für eine Weinbar: Weinflaschenthermometer als Bimetall-Thermometer, das in die Flasche gehängt wird, oder als Digital-Thermometer, das als Spange um die Flasche gelegt wird. Eine Draht-„Spinne" mit der man in die Flasche gerutschte Korken wieder herausziehen kann; ein spezieller Korkenzieher für festsitzende Schaumweinkorken; Körbchen für Rotweinflaschen mit Depot. – Kein Grund zur Reklamation: Beim Ausschenken zeigte sich, daß der Wein Weinstein enthielt, die weißen Kristalle an der Flaschenöffnung beweisen es.

achse"), die ein Abbrechen des Korkens verhindert. Ein behutsames Öffnen der Flasche ermöglichen Korkenzieher mit Drehspiralen oder Doppelhebeln. Brüchige Korken lassen sich mittels moderner Gas- oder Preßluftkorkenzieher sicher herausholen.
Nach dem Öffnen wird die Flaschenöffnung mit einem sauberen Tuch gereinigt. Ein erster Schluck zum Verkosten für den Hausherrn und Gastgeber läßt den Gütezustand des Weines, eventuellen Korkgeschmack oder Fehler feststellen. Man vermeidet damit auch, daß kleinere Korkenreste in die Gläser der Gäste gelangen. Beim Einschenken ist zu beachten, daß Bocksbeutel nur über ihre flache Seite ausgeschenkt werden, um so ein starkes „Gluckern" des Weines zu vermeiden.
Einige Anmerkungen zum korrekten Einschenken: Bei offiziellen Anlässen wird rechtsherum eingeschenkt und den Damen zuerst. Rotweingläser nimmt man beim Einschenken in die Hand. Man füllt sie bis gut zur Hälfte. Die Gläser werden am Fuß oder unten am Stiel angefaßt. Weißweingläser bleiben beim Einschenken auf dem Tisch stehen und werden zu etwa drei Viertel gefüllt. Möglichst für jede neue Sorte das Glas wechseln. Die Gläser sollten zuvor nicht mit chemischen Spülmitteln gereinigt und möglichst mit der Hand gewaschen worden sein. (Spülmaschinen ergeben beim Glasreinigen Ringe am Glasrand oder die Gläser werden „blind".) Viele dünnwandige Gläser sind nicht für Spülmaschinen geeignet.
Zum Öffnen einer Schaumweinflasche ohne Knalleffekt gehören etwas Geschick, Behutsamkeit und vor allem eine ruhige Hand. Zuerst die Stanniolkappe abnehmen und den Drahtverschluß lockern. Die Flasche am Hals mit einer Serviette umwickeln und dabei den Daumen auf den Metallverschluß des Korkens legen. Durch Drehen den Verschluß vorsichtig lockern und dann entfernen. Den Korken durch behutsames Drehen so weit lockern, daß mit leisem Zischen etwas Kohlensäure aus der Flasche entweicht. Die Flasche leicht schräg halten und den Korken vorsichtig und gleichmäßig herausdrehen. Stark festsitzende Korken mit einer Sektzange drehen.
Mit dem Tuch die Flaschenöffnung sauber abwischen. Beim Einschenken die Gläser etwas schräg halten, so daß der Schaumwein die Glaswand hinunterfließt. Damit vermeidet man ein Überschäumen. Die Gläser werden zu drei Viertel gefüllt. Zum Anstoßen faßt man sie am Stiel an. Nicht völlig geleerte Flaschen lassen sich mit einem Spezialverschluß in Art einer Spange so dicht verschließen, daß keine weitere Kohlensäure entweicht.

Die Beurteilung des Weingeschmacks

Zwischen den Alternativen der völligen Ablehnung eines Weines und der Verherrlichung eines edlen Tropfens gibt es unzählige Varianten positiver und negativer Beurteilungsaspekte, die sich auf die speziellen Eigenarten eines Weines beziehen. Bekanntlich kann und sollte man über pesönlichen Geschmack nicht diskutieren, da er zu sehr von individuellen Merkmalen geprägt wird. Dieser Alltagsweisheit zum Trotz tauschen jeden Tag Tausende von Menschen anläßlich offizieller Degustationen und Weinproben in privater Atmosphäre ihre Ansichten über die geschmacklichen Qualitäten von Weinen aus.

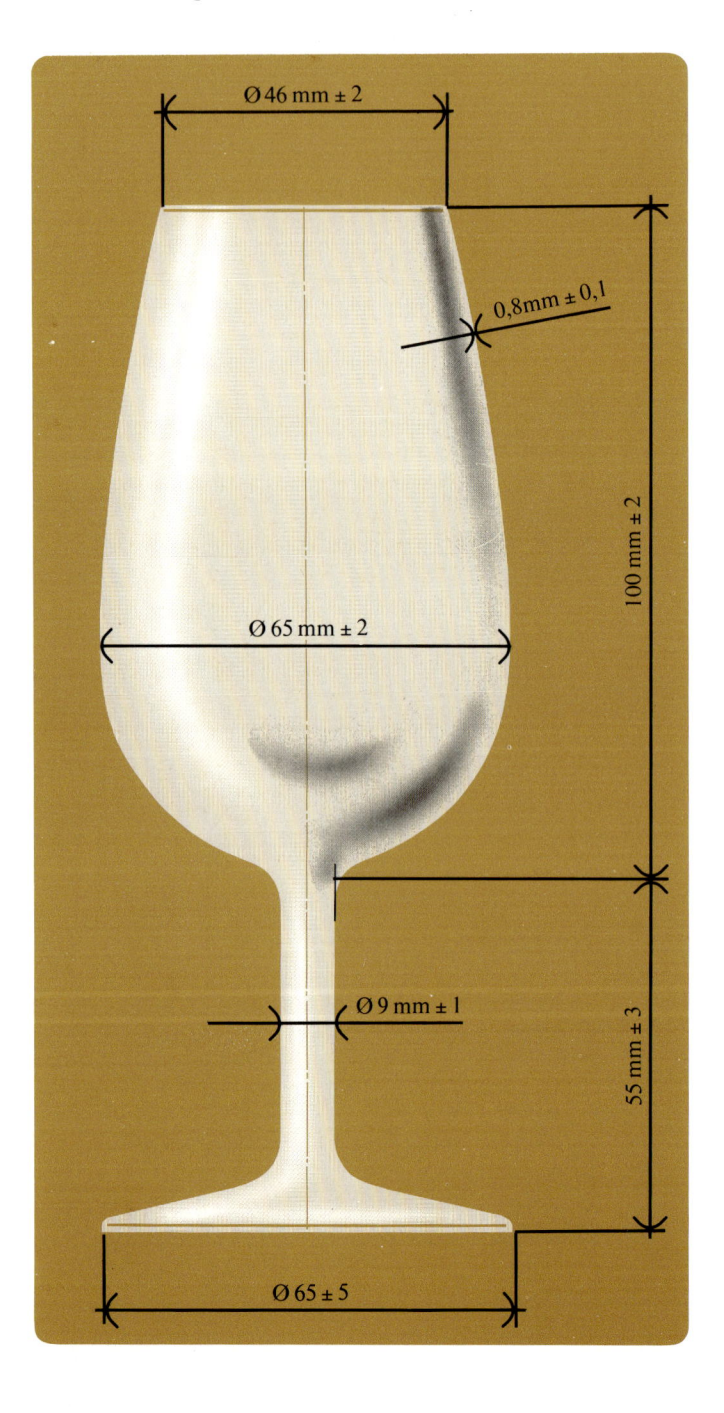

Voraussetzung dazu ist zunächst einmal eine möglichst einheitliche Technik des Weinschmeckens. Beim Weintrinken vermittelt im wesentlichen nur die Zungenschleimhaut Geschmackseindrücke. Die Lippen, die Wangenschleimhaut, das Zahnfleisch und der harte Gaumen können zwar fühlen und tasten, sind aber geschmacksunempfindlich.

Richtiges Schmecken auf der Zunge
Die Geschmacksintensität ist auf der Zunge und im Mund nicht überall gleich stark. Auf dem „hinteren" Teil der Zunge lassen sich Geschmackseindrücke besser und länger registrieren als an der Zungenspitze. Die Ursache sind die pilzförmigen, freistehenden Geschmackspapillen an der Zungenspitze, deren Geschmackssignale kürzer und flüchtiger sind als die der wall- und blattförmigen Papillen, die sich auf dem hinteren Teil der Zunge befinden. Ein Probeschluck des Weines sollte daher gleichmäßig auf der Zunge verteilt werden. Indem man den Wein in nicht zu kleinem Schluck auf der Zunge gleiten läßt, wird ein gleichmäßiger und gleichzeitiger Reiz aller Geschmacksknospen erreicht.

Ein Test mit einer bitter schmeckenden Pille zeigt, daß die Arten der Geschmacksempfindungen auf der Zunge verschieden verteilt sind. Während sie an der Zungenspitze kaum bitter schmeckt, spürt man etwa 5 Zentimeter weiter hinten auf der Zunge sehr deutlich die Bitterstoffe. In der Mitte des vorderen Drittels der Zunge befindet sich ein geschmacksunempfindlicher Teil. An der Zungenspitze wird süß geschmeckt, am vorderen Zungenrand sauer empfunden, am mittleren Zungenrand schmeckt man salzig und auf dem hinteren Drittel bitter. Dementsprechend läßt sich zum Beispiel die Herbe eines Rotweines nicht auf der Zungenspitze feststellen. Je weiter der Rotwein auf der Zunge nach rückwärts rollt, desto herber wirkt er.

Weinexperten saugen den Wein als Probeschluck mit etwas Luft ein. Damit entbinden sich die Duft- und Aromastoffe besser als bei zaghaftem Nippen. Indem man auf diese Weise den Wein „schlürft", kann man in Ruhe die einzelnen Geschmackseindrücke feststellen und davon die dominierenden Eindrücke registrieren, um somit den Charakter des Weines beurteilen zu können. Bei professionellen Weinproben, die sich über eine größere Anzahl von Weinen erstrecken, wird der Probeschluck schließlich wieder ausgespuckt. Im leeren Mund verbleibt ein Nachgeschmack, den man durch kauendes Schmatzen noch verstärken kann. Auch dieser Nachgeschmack kann über den Weincharakter Auskunft geben. Wird der Wein hintergeschluckt, so hinterläßt er am Gaumen einen Abgang, der wie der Nachgeschmack flüchtig und wenig intensiv oder aber anhaltend sein kann. Der Fachmann spricht bei Weinen mit einem intensiven Abgang von einem „langen Schwanz".

Auch das Riechen will gelernt sein
Der Abgang eines Weines wird nicht nur durch seinen Geschmack, sondern auch durch den Geruch, das Aroma, geprägt. Der Geruchssinn trägt zum Erkennen der Weinqualität und des Weincharakters ebenfalls mit bei. In ihrer Vielfalt stehen die Duftstoffe den geschmacklichen Eigenarten im Wein kaum nach. Das eigentliche Weinaroma macht zwar analytisch nur 0,2 % aller Bestandteile des Weines aus. Die Chemie hat jedoch bislang

Linke Seite: Das Weindegustationsglas für internationale Weinproben, dessen Form und Maße genormt sind.
Rechte Seite, oben: Für die Weinverkostung gerüstet – ein runder Tisch mit Degustationsgläsern und Flaschen.
Rechte Seite, unten: Der Duft des Weines verrät dem Fachmann schon etwas von der Güte eines edlen Tropfens.

über 400 verschiedene Aromastoffe im Wein gefunden, unter denen Amylalkohol und Rosenduft 80 bis 90 % ausmachen.
Die Duftstoffe werden beim Einatmen und beim Ausatmen (!) wahrgenommen. Beim Einatmen gelangen die Duftstoffe durch die Nasenlöcher an die Riechschleimhaut. Da die Geruchsempfindung jedoch nicht im eigentlichen Luftstrom liegt, muß man die Duftstoffe von unten nach oben in die Nase bringen, indem man mit der Nase „schnüffelt". Die dadurch entstehenden Luftwirbel führen die Duftstoffe rascher an die Riechschleimhaut.
Die Aufnahme der Duft- und Bukettstoffe erleichtert ein Weinglas, das zu etwas mehr als der Hälfte gefüllt ist. Im oberen Teil des Glases, das sich zur Öffnung hin ein wenig verengen sollte, bilden sich über der Weinoberfläche Duftmoleküle, deren Diffusion mit dem leichten Schwenken und Kreisen des Glases beschleunigt wird.
Beim Ausatmen werden Riechstoffe wahrgenommen, indem sie mit dem Luftstrom von der Rachenhöhle in die Nase gelangen. Dies geschieht nach dem Schlucken, wenn der durch das Gaumensegel hergestellte Nasen-Rachen-Verschluß wieder geöffnet wird. Aus diesem Grunde riecht man manches, was man eigentlich zu schmecken glaubt.
Ein gutes und sicheres Geschmacksvermögen ist meist eine Begabung, die sich nicht vollkommen durch Training ersetzen läßt. Aber selbst bei weniger ausgeprägtem Geschmacksempfinden lassen sich die einzelnen Geschmackserlebnisse und ihre Beurteilung durch eine gewisse Übung objektivieren, so daß man letztlich doch zu einer gleichmäßigen Bewertung der Weine gelangen kann. So können Vergleichsproben zwischen verschiedenen und fast gleichen Weinen eine Steigerung und Verfeinerung des Geschmacksempfindens erzielen. Auf diese Weise gelangt man vom Beliebtheitstest des Weines zur Interpretation einer möglichst objektiven Wahrnehmung.

Die Weinprobe

Die Verkostung des Weines dient dem Erkennen seiner speziellen Eigenschaften und Eigenarten. Sie ergänzt die Analyse, kann sie aber nicht ersetzen. Eine umfassende Beurteilung des Weines ist nur mit der sensorischen und der analytischen Prüfung des Weines möglich. Analyse und organoleptische (Sinnen-)Prüfung können bis zu einem gewissen Grade als einzelne Prüfverfahren für Wein benutzt werden. Ihre Ergebnisse zusammengefaßt ergeben indes erst eine optimal sichere und objektive Qualitätsbeurteilung.

Für den privaten Weinliebhaber scheidet die Analyse zur Weinbewertung meist aus. Er bedient sich vorwiegend der Degustation. Die Weinverkostung und ihre Resultate sind zunächst eine persönliche Gefühlssache. Entweder schmeckt einem ein Wein oder er schmeckt einem nicht. Über ein solches Pauschalurteil hinaus können Weinproben Auskunft über den Weintypus, über Reife, Jahrgangs-, Sorten- und Gebietscharakter geben.

Bedingungen für genaue Weinproben
Die Zuverlässigkeit eines Ergebnisses der Weinverkostung hängt von verschiedenen Einflüssen auf den Weinverkoster und den Wein ab. Da ist zunächst die persönliche Disposition des Weinprüfers. Sie kann beeinflußt sein durch Unwohlsein, Erkältung und damit verbundenen vorübergehenden Ausfall eines Sinnesorganes, verdorbenen Magen, Schmerzzustände. Eine weitere geschmackliche Beeinflussung erfolgt durch die vor der Weinprobe eingenommenen Speisen und Getränke. Scharf gewürzte oder süße Speisen beeinträchtigen die Objektivität des Schmeckens erheblich. Ebenso gefährdet das Rauchen die möglichst neutrale Weinprobe. Auch der Zeitpunkt der Weinverkostung spielt eine erhebliche Rolle. Fachlich versierte Weinprüfer haben festgestellt, daß Aufmerksamkeit und Konzentration in den Morgenstunden und den frühen Nachmittagsstunden für Weinproben am besten gegeben sind. Zu diesen Tageszeiten ist bei den meisten Menschen auch das Geschmacksvermögen besonders gut ausgeprägt.

Einflüsse auf den Wein, die sich bei einer Sinnenprobe unmittelbar bemerkbar machen, sind vor allem in der Reihenfolge gegeben, in der die Weine verkostet werden. Zweckmäßig ist eine qualitativ aufsteigende Reihenfolge etwa nach dem Schema Tafelwein – einfacher Qualitätswein – Kabinett – Spätlese – Auslese. Außerdem sind folgende Regeln zu berücksichtigen: Weißwein vor Rotwein verkosten, da die Herbe des Rotweines eine Weißweinverkostung beeinträchtigt. Junge, frisch abgefüllte Weine trinkt man vor den älteren Jahrgängen. Die leichten Weine kommen vor den schwe-

Linke/rechte Seite: Weinprobe für einen größeren Kreis von Weininteressenten, bei der die einzelnen Weine fachlich kommentiert und beschrieben werden.
Rechte Seite: Der Genuß einer Flasche Wein im Freundeskreis fördert das Gespräch und hebt die Sympathie.
(Beide Fotos entstanden auf Kloster Eberbach im Rheingau.)

ren, die zartblumigen vor den bukettreichen, die trockenen vor den süßen und die säurereichen vor den milden Weinen.

Bei einer größeren Weinprobe gewährleistet die Neutralisation des Geschmacks mit dunklem Brot eine weitgehend objektive geschmackliche Beurteilung jedes einzelnen Weines. Während geselliger Weinproben in gemütlicher Runde reicht man zwischendurch auch milden Käse oder nicht zu salziges Käsegebäck.

Gläser und notwendiges Zubehör

In Burgund und einigen anderen Weinregionen verkosten die Winzer den Wein mit dem Tastevin, einem flachen Schälchen aus Silber, in dem vor allem der Rotwein Glanz und Farbe entfalten kann. Fachliche Weinverkostungen bedienen sich häufig spezieller kleiner Weinprobiergläser (siehe Abbildung Seite 68), die zur Öffnung hin stark verengt sind, so daß sich in ihnen die Bukettstoffe gut sammeln können. Auf jeden Fall sollten die Gläser für eine Weinprobe klar und farblos sein, damit Farbe und Klarheit des Weines gut zu erkennen sind. Großvolumige Gläser sollten zu etwa einem Fünftel gefüllt werden, was für eine Weinprobe meistens ausreicht. So kann man mit einer 0,7-Liter-Flasche mindestens 10 bis 15 Weinproben bestreiten.

Bei umfangreichen Verkostungen sollten Gefäße zum Ausschütten der nicht getrunkenen Proben für jeden Teilnehmer vorhanden sein. Schließlich sollte bei ernsthaften Proben für jeden Teilnehmer die Möglichkeit für schriftliche Notizen über das jeweilige Probeergebnis gegeben sein.

Zur objektiven Beurteilung der Farbe des Weines sollten ausreichend helle und neutrale Lichtquellen vorhanden sein. Kerzenlicht gibt den Weinproben zwar eine etwas romantische Atmosphäre, läßt jedoch keine neutrale Farbbeurteilung zu. Raucherdunst, schlecht gelüftete Räumlichkeiten und zuviel Turbulenz wirken sich auf eine genaue Weinverkostung negativ aus.

Weinproben nach System

Zu einer fachlichen Weinverkostung gehört ein Bewertungssystem, das sich aus einem bestimmten Punkteschema zusammensetzt. Für die einzelnen Güteeigenschaften der Weine werden unterschiedliche Punktzahlen bei der Verkostung durch die Prüfer vergeben. Zur Erreichung bestimmter Qualitätsansprüche müssen die Weine jeweils eine vorgeschriebene Mindestpunktzahl erlangen, zum Beispiel für die Qualität ihrer Farbe 2 Punkte, für ihren Duft 4 Punkte und für ihren Geschmack 8 Punkte. Ähnlich wie die Punktbewertungen bei gewissen Sportarten können auch die Weine bei qualitativen Höchstleistungen ein Maximum an Punkten erreichen. Je nach Weinerfahrung und Kenntnissen der Weinverkoster können den Weinproben mit privatem Charakter differenziert ausgearbeitete Prüf- und Punktbewertungssysteme zugrunde gelegt werden (siehe Seite 45).

Besonders interessant ist die „blinde" Verkostung von Weinen. Das Flaschenetikett wird zuvor mit einer Serviette zugedeckt, so daß die Weintester über Sorte und Herkunft des Weines nicht informiert sind. Bei dieser Form der Proben, wie sie in der Fachpraxis vielfach durchgeführt werden, zeigen sich nicht nur durch die richtigen „Lösungen" echte Weinkenner, zugleich wird auch jede Voreingenommenheit des Prüfers angesichts bestimmter Lieblingsweine oder großer Namen vermieden.

Kochen mit Wein

In einem kritischen Vergleich behauptete ein großer Gastronom, daß die wirklich bedeutenden Küchen der Welt nur aus den Ländern kämen, in denen der Wein beheimatet ist. Frankreich und Italien, aber auch Spanien oder die Balkanstaaten sind dafür überzeugende Beispiele. Was nicht jedes Rezeptbuch mit den Spezialitäten aus diesen Ländern sagt, zeigt ein Blick in die Praxis vieler professioneller oder passionierter Küchenchefs: Erst ein Schuß Wein rundet die kulinarische Kreation zur vollendeten Gaumenfreude ab.

Wein als Zutat zu zahlreichen Speisen ist niemals das Privileg nur luxuriöser Eßvergnügen gewesen. Manche Hausfrau und tüchtige Köchin, die von den Erfolgen der Weinverfeinerung vieler Gerichte weiß, bemüht sich stets, einen ordentlichen Kochwein oder zumindest einige (noch nicht verdorbene) Reste vom letzten Weinabend in der Küche vorrätig zu haben.

Die zum Kochen geeigneten Weine
Grundsätzlich sind alle Weine, die sich in einwandfreiem Zustand befinden, als Zutat in der Küche geeignet. Weine mit einem „Stich" (zum Beispiel Essigstich) sollte man nicht verwenden, da auch nach dem Kochen der Fehler des Weines noch herauszuschmecken ist. Eine Regel besagt: Je besser das Gericht werden soll, desto besser sollte auch der Wein sein, den man als Zutat wählt. Doch niemand würde wohl ernsthaft dabei an eine Trockenbeerenauslese oder einen alten Bordeaux denken. Aber aromatisch, gehaltvoll und extraktreich sollte der Wein schon sein. Dementsprechend ergiebig erweist er sich auch als Zutat zu den Speisen.

Im allgemeinen reicht ein vollmundiger Tafelwein, der – in Literflaschen gefüllt – meist einen preiswerten und prachtvollen Kochwein hergibt. In einigen Geschäften kann man auch speziell als Kochwein abgefüllte maderisierte Likörweine günstig kaufen. Das sind meist kräftige, markige und halbtrockene Weine, bei denen oft schon ein guter Spritzer zum Würzen mit Wein genügt. Feinschmecker, die auch etwas vom Wein verstehen, bemühen sich bei ihren Kochkünsten um eine harmonische Ergänzung zwischen dem Wein als Zutat und der Art des Gerichts. So wählen sie zum Beispiel für eine Weinsauce einen elsässischen Riesling, da dieser Wein am besten auch den Fisch bei Tisch begleitet. Zu einem Coq au vin paßt gut ein nicht zu alter Burgunderwein, denn dieses Gericht ist burgundischen Ursprungs wie viele andere delikate Speisen, die mit Wein verfeinert werden.

Die Verwendung des Weines
Es gehört schon etwas Fingerspitzengefühl dazu, den „Schuß" Wein richtig zu bemessen. Er sollte geschmacklich nicht zu sehr dominieren, aber auch nicht zu gering bemessen sein. Die jeweilige Ergiebigkeit eines Weines bestimmt dabei die zu verwendende Menge. Von Gewürztraminer oder Ruländer kann man zum Beispiel etwas weniger nehmen als von Müller-Thurgau oder Silvaner.

Bei fast allen Gerichten wird der Wein mit verkocht und nicht erst zum Schluß hineingegeben. Oft empfiehlt es sich, separat eine Weinsauce herzustellen, die je nach Geschmack mit anderen Gewürzen versehen wird. In den üblichen Saucen sollte der Spritzer Wein nicht zu reichlich bemessen sein, da eine Sauce den Geschmack des Gerichtes nur betonen und unterstreichen soll.

Da der Wein als Zutat jeweils verkocht, enthält die Speise nach ihrer Fertigstellung keinen Alkohol mehr. Die Würzstoffe des Weines bleiben jedoch erhalten.

Einige Möglichkeiten zur Anregung
Vorspeisen als leichte, kleine Köstlichkeiten kann man mit einem Schuß Wein oder Weinbrand abrunden. Einige pikante Vorspeisen lassen sich gut mit Wein bereiten, wie zum Beispiel mit Scampi gefüllte Grapefruits (dazu ein rassiger Weißwein) oder ein Krabbencocktail (mit Cognac) oder ein Schneckenragout (mit einem Glas Rotwein). Durch einen kräftigen, bukettreichen Wein werden süße Suppen viel voller. Für Fruchtsuppen verwendet man am besten einen leichten, blumigen Rotwein oder Weißwein. Fleisch- und Gemüsesuppen benötigen keinen Wein. Fisch- und Wildsuppen sind für einen Schuß Wein geradezu prädestiniert. Auch Ochsenschwanz- und Schildkrötensuppe gewinnen geschmacklich sehr, wenn sie mit Wein (vor allem Sherry) gewürzt werden. In die Zwiebelsuppe gehört unbedingt Weißwein. Pikant schmeckt auch eine italienische Tomatensuppe, die mit Weißwein abgeschmeckt wurde.

Neben dem bereits erwähnten Hähnchen in Wein gibt es eine Reihe von anderen Geflügel-Gerichten, die mit Wein angerei-

Linke Seite: Wer raffinierte Gaumenfreuden komponiert, verwendet auch in der Küche gute Weine zum Kochen.
Rechte Seite: Ein berühmter französischer Gastronom, Léon Daudet, meinte einmal, im Trinkglas würde Wasser einen traurigen Anblick bieten, in einem Gericht sei es hingegen katastrophal. Zum Kochen sollte man nicht zu alte oder gar zu Essig gewordene Weine verwenden. Am besten gibt man den Wein beim Kochen erst zum Schluß hinzu. Beim Einkochen (möglichst in einer separaten Pfanne gemeinsam mit Gewürzen und Schalotten) verdampft der Alkohol, doch die Aromastoffe bleiben erhalten. Das Arrangement auf dieser Seite zeigt einige rote Bordeaux-Weine in einem kulinarischen Stilleben.

chert vorzüglich schmecken: Rotwein zum Beispiel zu Gans und Ente, Weißwein zu Geflügelfrikassee oder Gänseklein.
Unter den Fischgerichten gibt es ebensoviele Möglichkeiten, Wein zu verwenden, wie unter den Fleischspeisen. Forelle blau oder Forelle au gratin sind nur zwei klassische Beispiele. Kalb-, Rind- und Schweinefleisch sowie Wildbret in den verschiedensten Variationen – oft kombiniert mit einer Beize – kommen zur Geschmacksverfeinerung mit Wein in Betracht. Einige berühmte Spezialitäten wie das elsässiche Weinsauerkraut oder das serbische Reisfleisch sind ohne Wein nicht denkbar.

Die Weincreme in diversen Abwandlungen hat den Wein auch als Zutat für Desserts bekannt gemacht. Andere Nachspeisen wie gebackene Bananen, gefüllte Äpfel oder Zitronenreis gewinnen ebenfalls durch Wein.
Bei einer Speisenfolge über mehrere Gänge sollte man darauf achten, daß nicht jeder Gang seine Würze durch den Wein erhält, was letztlich wieder etwas eintönig wäre. Eine mit Wein gewürzte Fleischspeise verträgt allerdings als Dessert eine Weincreme, denn hier sind die geschmacklichen Kontraste doch so unterschiedlich, daß keine Monotonie möglich ist.

Wein als Begleiter von Speisen

Linke Seite: Die perfekte Zusammenstellung einer Mahlzeit hängt entscheidend von der harmonischen Abstimmung zwischen dem Wein und den Speisen ab. Obwohl sich die Regeln in dieser Hinsicht gelockert haben, gibt es noch allerlei zu beachten.

Die Weine sind dazu da, um in eine Mahlzeit eingefügt zu werden wie Diamanten in einen Ring, sagt der französische Wein-Philosoph Pierre Poupon. Tatsächlich können die Weine bei keiner anderen Gelegenheit ihre wahre Größe mehr unter Beweis stellen als beim Essen. Dies gilt zumindest für alle trockenen Weine, die erst durch die rechte Speise wirklich belebt werden. Und selbst einfache Landweine erscheinen als Begleiter eines frugalen Mahles manchmal wie gastronomische Offenbarungen. Hier hat der klassische Dreiklang Brot – Käse – Wein seinen Ursprung. Wo nicht drei oder vier verschiedene Weine ein Menü mit mehreren Gängen begleiten, kann die Rolle des Geschmacksveredelers auch von einem für alle Gerichte passenden Wein übernommen werden.

Diesen Part des einen für viele übernimmt mit oft glänzendem Rollenerfolg ein fruchtiger, trockener Rosé oder ein spritziger Riesling der Qualitätsstufe Kabinett, sofern es nach den gastronomischen Grundregeln weißer Wein sein muß, oder ein einfacher Côtes-du-Rhône, Bordeaux Supérieur oder Portugieser Rotwein, wenn nur Rotwein in Betracht kommt.

Harmonie zwischen Wein und Speisen
Wer großen Wert auf eine individuelle Abstimmung zwischen den Getränken und den Mahlzeiten legt, dem bietet sich im internationalen Weinsortiment eine reiche Fülle von Auswahlmöglichkeiten. Dazu einige Beispiele:
Vorspeisen (zum Beispiel Artischocken, Pasteten, geräucherter Fisch, Wurst, Melone, Avocados): trockener Sherry oder trockener Schaumwein.
Schalentiere (zum Beispiel Austern, Muscheln und andere Meeresfrüchte): trockene, leichte Weißweine wie Muscadet, Chablis, Sancerre, Meursault, Fendant, trockener Saar- und Ruwer-Riesling, Vinho verde, Gambellara, Orvieto (secco).
Fisch (zum Beispiel Seezunge, Forelle, Heilbutt, Lachs): rassige, leicht herbe und doch gehaltvolle Weißweine wie Soave, Frascati, Sancerre, Pouilly, Graves, Entre-Deux-Mers, trockene Franken- und Rheingau-Weine. Zu zarten, in einer Sauce zubereiteten Fischgerichten (zum Beispiel Steinbutt in Sauce Mousseline, Hechtklößchen) passen auch weiße Likörweine wie die Grands Sauternes und die Weine der Coteaux du Layon. Zur Bouillabaisse und Bourride trinkt man Roséweine aus dem Midi, wie die der Provence, aus Bandol und die der Côtes-du-Rhône.
Schnecken harmonieren mit schweren, füllen Rotweinen wie großen Burgundern und feurigen spanischen und jugoslawischen Weinen. Sofern Weißwein bevorzugt wird, wähle man gleichfalls ausdrucksvolle Weine.
Gänseleber wird mit eleganten Weißweinen ergänzt. Ideal sind elsässischer Gewürztraminer, Montrachet, weißer Burgunder und auch Champagner brut.
Zum Omelett kann man einen leichten Rotwein oder Rosé trinken, zu Eierspeisen – falls Wein gewünscht – liebliche, nicht zu schwere Weißweine wie rheinische Silvaner, Müller-Thurgau, Johannisberg oder Grüner Veltliner.
Nudelgerichte und gemischte Reisgerichte (zum Beispiel Paella, Pasta Asciutta, Pizza) vertragen sich natürlich am besten mit italienischen oder spanischen Rotweinen wie Rioja, Barbera, Chianti (in den einfacheren Qualitäten), Gattinara, Valpolicella.

Die Zwiebeltorte verlangt nach gehaltvollen Weißweinen wie Ruländer oder Traminer.
Geflügel (zum Beispiel Huhn): vollmundige Weißweine aus Baden oder der Rheinpfalz. Ente, Gans, Puter dagegen erfordern kräftige Rotweine wie Barolo, Cabernet-Weine, bulgarische oder rumänische Rotweine.
Wild (mit feinem Wildgeschmack, zum Beispiel Wachtel, Rebhuhn): Samtiger Rotwein wie Médoc, Saint-Estèphe, Saint-Julien, Chinon, Côte-Rôtie, Hermitage. Wild (mit stärkerem Wildgeschmack): rassige volle wuchtige Rotweine wie Chambertin, Châteauneuf-du-Pape, Erlauer Stierblut.
Zu weißem Fleisch gehören leichte, rassige Rotweine wie Pauillac, Margaux, Pomerol, Saint-Emilion, gute Chiantis. Zu rotem Fleisch (zum Beispiel Hammel, Rind) passen edle, farbkräftige und feurige Rotweine wie die großen Bordeaux, Côtes de Nuits, Côtes de Beaune, sizilianische Rotweine von Format (Corvo, Etna Rosso) oder der Brunello di Montalcino.
Zu „Canard à l'Orange" (Ente mit Orangen) reicht man einen leicht süßlichen Weißwein. Zum Kalbfleisch passen auch gut würzige Weißweine wie ein Malvoisie oder Ermitage aus dem Wallis oder ein Welschriesling (Riesling italico).
Käse und Wein sollten sich in ihren Eigenschaften gegenseitig ergänzen. Der Geschmack des einen soll das Bukett des anderen respektieren. Zu Frisch- und Schmelzkäsen trinkt man leichte, milde Weiß- und Roséweine. Hart- und Kochkäse vertragen kernige Weißweine, Ziegenkäse herbe Weißweine und süffige, fruchtige Rotweine, Edelpilzkäse ergänzen sich mit füllingen Rotweinen.
Dessert (Kuchen, Fruchtsalat, Eis, Patisserien): süße Likörweine, süße Schaumweine, gehaltvolle süße Weißweine. Schokolade verträgt sich nicht mit Wein.
Die Qualität der gereichten Weine sollte sich von Gang zu Gang steigern. Zu besonders deftigen, stark gewürzten Speisen schmeckt oft Bier besser als Wein. Wer trotzdem beim Wein bleiben möchte, sollte einen herben Wein wählen. Dieser muß nicht besonders ausdrucksvoll sein, da er zum Beispiel gegen scharfe Saucen sich kaum geschmacklich durchsetzen kann.
Ebenso verträgt sich Salat, der mit Essig oder Zitrone angemacht ist, ziemlich schlecht mit feinen Tropfen. Zur Suppe trinkt man gewöhnlich keinen Wein. Als Ausnahmen sind üblich: zu Schildkrötensuppe Sherry, Port oder Madeira, zum Consommé ebenfalls Sherry. Nach dem Motto „Bier auf Wein – das laß sein" trinkt man nach dem Essen einen Digestif (einen „Verdauungsschnaps"), zum Beispiel einen Marc oder aber auch einen Cognac oder Armagnac. Möchten die Gäste später noch etwas „knabbern", so bieten sich zu Mandeln, Käsegebäck, Kastanien, Nüssen oder Oliven mittelschwere Weiß- und Rotweine, aber auch gute Dessertweine (zum Beispiel Port) an.
Ähnlich wie bei der zuvor beschriebenen Weinprobe sollte man sich auch bei den zu Tisch gereichten Weinen um eine harmonische Folge in aufsteigender Qualitätslinie bemühen. Beachten Sie außerdem, daß Weißweine vor Rotweinen kredenzt werden, die trockenen natürlicherweise vor den süßen, die ja erst beim Dessert gereicht werden. Berücksichtigen Sie auch, daß Menschen mit empfindlichen Mägen bestimmte (zu trockene) Weine nicht vertragen können. Ein wirklich gutes Tafelwasser sollte daher stets bereitstehen.

Bowle, Punsch und Mixgetränke

Nicht genug, daß uns die freundliche Natur eine Fülle von Weinarten, -sorten und -typen schenkt. Phantasie und Erfindungsreichtum der auf noch mehr Abwechslung für Geschmacksnerven und Sinnenfreuden bedachten Menschen haben uns eine bemerkenswerte Vielfalt von mit Wein gemischten Getränken beschert. Die Bowle als die populärste und wohl auch älteste Vertreterin dieses Genres ist mit ihren unzähligen Varianten nur die verführerische Vorreiterin unter den weinigen Mischgetränken. Punsch, Glühwein, Flip und viele andere Stimmungsmacher folgten. Sie eroberten ganze Länder im Sturm – wie der Punsch England – und nahmen Epochen für sich ein.

Manche der alten Rezepte sind längst in Vergessenheit geraten, neue dazugekommen. Geblieben ist eine Auswahl, von der hier nur einige – vielleicht animierende – Beispiele genannt werden.

Die Zubereitung einer Bowle

Das Wichtigste ist der Wein: Er sollte gut, muß aber nicht Spitzenqualität sein. Am besten sind frische, fruchtige Weißweine der Güteklasse Qualitätswein oder Kabinett. Wer auf bekömmliche Bowlen besonderen Wert legt, wird nicht allzu unterschiedliche Weine zur Herstellung verwenden. Vor dem Einschenken in das Bowlengefäß den Wein auf seinen Geschmack prüfen, da ein starker Korkgeschmack eventuell die gesamte Bowle beeinflussen kann.

Einige Stunden vor Beginn des Genusses wird die Bowle „angesetzt". Man bereitet mit einer Flasche Wein und den jeweiligen Früchten, Gemüsen oder Blüten einen Extrakt. Bowlenfreunde, die am folgenden Morgen ohne Kopfschmerzen erwachen möchten, verzichten beim Ansetzen auf die Zugabe von Zucker. Wer etwas großzügiger denkt, wird zumindest einige Stückchen Würfelzucker hineingeben, denn zweifellos wird dadurch die Bowle süffiger (aber auch „gefährlicher").

Kurz vor Auftakt des geselligen Bowlenspaßes gibt man dem Extrakt zwei weitere Flaschen Wein und eine Flasche Sekt zu. Ist die Bowle an warmen Sommerabenden für durstige Gäste gedacht, so kann anstelle des Sekts einmal Mineralwasser verwendet werden. Die richtige Trinktemperatur liegt um 6°C. Wird eine Bowle, fast zur Neige getrunken, wieder mit ein bis zwei Flaschen Wein verlängert, verliert sie entsprechend an Gehalt. Bowlenexperten unterziehen sich daher lieber der Mühe, nochmals eine neue Bowle anzusetzen.

Bowlen je nach Saison

Beinahe jeder Monat des Jahres hat seine bestimmte Bowle. Im April beginnt es mit dem Waldmeister, einem Bowlengewürz par excellence. Wenn er zu intensiv verwendet wird, kann er am nächsten Tag Kopfschmerzen verursachen. Im Juni wird er abgelöst durch die Erdbeeren, gewiß eine der schönsten und beliebtesten Bowlenfrüchte. Ab August gibt es dann Pfirsiche, die mit Weißwein oder Rotwein und etwas Süßwein zur schmackhaften Bowle bereitet werden können. Himbeeren, Johannisbeeren und Kirschen füllen die anderen, dazwischenliegenden Monate mit ihren Bowlenfreuden aus. Zwischen Oktober und März ist die frische Ananas mehr als ein Lückenfüller, sie gehört ebenfalls zu den köstlichen Bowlenfrüchten. Nicht ganz so bekannt sind die Apfelsinenbowle sowie die Pomeranzenbowle.

Einen geradezu legendären Ruf dank der unvergeßlichen gleichnamigen Geschichte von Heinrich Spoerl genießt die Feuerzangenbowle, ein Seelenwärmer mit Niveau. Sie verwöhnt Geschmack, Nase und Augen gleichermaßen.

Eigentlich keine Bowle, aber nicht minder berühmt als sie ist die Kalte Ente, ein erfrischender, leicht zuzubereitender Trank, den man, um ein erfrischendes Zitronenaroma zu erreichen, nicht lange ziehen lassen muß.

Bowlen aus Rosen-, Veilchen-, Akazien- oder Weinblüten sind etwas für Spezialisten. Zu einer Bowle mit drei bis vier Flaschen Wein und Sekt braucht man etwa 125 Gramm Blütenblätter. So ist gewährleistet, daß die Bowle wirklich nur duftet und nicht zu stark nach den Blüten riecht.

Wie bei den Früchtebowlen gehören auch zu den Gemüsebowlen nur völlig ausgereifte, frische und saubere Produkte ins Glas. Es kommen dafür in Betracht: Sellerie oder Gurken (jeweils mit Weiß- oder Rotwein) und Melonen (mit Weiß- oder Rotwein).

Punsch, Glühwein, Flips und Cocktails

Zu den einfachsten Erfrischungsgetränken mit Wein gehört die Schorle, in Österreich G'spritzter genannt. Ein frischer trockener Weißwein oder ein roter Landwein wird mit kühlem Mineralwasser im Verhältnis 1:1 gemischt.

Linke Seite: Ein erfrischender und schmackhafter Sommerdrink ist der Zitronenflip. Als Zutaten benötigt man 1 Ei, 1½ Eßlöffel Zucker, Saft und Schale von 2 Zitronen, 1 Flasche Weißwein und etwas Eis. Ei, Zucker, Zitronensaft und die abgeriebene Zitronenschale werden mit dem Eis verquirlt, der Wein hinzugefügt und das Ganze nochmals durchgequirlt. Rechte Seite: Wie alles, was wohlschmeckend und bekömmlich sein soll, ist auch die Bowle ein Kind der Harmonie. Das Ansetzen einer Bowle ist eine der liebenswürdigsten Künste – und gar nicht schwer, denn die Zahl ihrer Möglichkeiten ist praktisch unbegrenzt. Man sollte jedoch stets nur gute Zutaten verwenden. Zu den klassischen Sommerbowlen gehört die auf dem Foto gezeigte Erdbeerbowle.

Freunde des Mixbechers und der Bargetränke sollten gelegentlich einmal Wein für ihre Cocktails verwenden. Zum Zitronenflip schmeckt etwas trockener Weißwein gut. Sherry-Flip, Aprikosen-Cocktail oder Früchte-Wein-Cocktail mit Ananas sind gleichfalls pikante Köstlichkeiten, die noch nicht bei jedermann bekannt sind. Lange und kalte Winterabende erhalten Kurzweil und Gemütlichkeit durch den Punsch, zu dem zunächst einmal Zucker, Zitrone und ein oder mehrere Gewürze gehören. Das Ganze lebt von Wein, Rum oder Arrak, in milderen Versionen auch von Wasser oder Tee. Der Punsch benötigt ebenso wie der Glühwein kräftige Weine. In den Gläsern für den Punsch muß beim Einschenken des heißen Wohltäters ein Silberlöffel stecken, damit diese nicht platzen. Das Gefäß, in dem Punsch serviert wird, sollte die Hitze gut halten.

Der etwas „bravere" Bruder des Punschs, der Glühwein, verzichtet als Zutat auf die Hochprozentigen, wie Rum oder Arrak. Die Weine dürfen – wie beim Punsch – beim Erhitzen niemals kochen. Der „Seehund" ist ein Glühwein aus Weißwein, der „Admiral" dagegen wird aus Rotwein bereitet. Doch bei allen Mixgetränken gilt: Nie an der Qualität der Weine sparen!

Sammeln und trinken, was gefällt

Wein – seit Eva die reizvollste Verführung, heißt es in einem gelungenen Werbespruch. Wann und wie man sich vom Wein verführen läßt, das können der Kalender mit seinen Festtagen, die ganz persönliche Stimmung oder auch die Einladungen von Freunden und Bekannten bestimmen. Weingenießen kann ein spontanes oder ein sorgsam vorbereitetes Erlebnis sein. Wer sich dazu die richtigen Sorten mit einigen Flaschen auf Lager hält, ist auf jeden Fall gut vorbereitet.

Spontane und improvisierte Weinfreuden lassen sich nicht im voraus disponieren. Anlässe, die der Kalender, die Jahreszeiten oder persönliche Erlebnisse mit dem Genuß einer Flasche Wein vorschreiben oder doch zumindest empfehlen, gibt es im Verlaufe eines Jahres genug. Dementsprechend sollte auch der private Weinkeller für jede Gelegenheit etwas Gutes bereithalten. Dazu einige praktische Vorschläge.

Gelegenheiten, Wein zu genießen
Die Familie feiert (zum Beispiel Geburtstag, Verlobung, Hochzeit): Als Begrüßungsschluck ein Glas Sekt, das auf Wunsch mit etwas Orangensaft gemischt wird. Das gemeinsame Essen wird mit einigen Weinen verschönert, wie bereits beschrieben. Zum gemütlichen Beisammensein nach dem Essen für die Herren eine

Linke Seite: Raritäten und Spezialitäten vereinigen sich zu einem Stilleben mit alten Gumpoldskirchener Weinen.
Rechte Seite: Wein schenkt Entspannung, Freude, er fördert die Gemütlichkeit und Gemeinsamkeit.

Riesling-Spätlese und für die Damen einen gehaltvollen Traminer oder einen etwas leichteren Silvaner. Falls man nur einen Wein gemeinsam trinken möchte, eignet sich eine Müller-Thurgau-Spätlese.

Ein offizieller Anlaß (zum Beispiel ein Empfang oder die festliche Bewirtung von Bekannten und Geschäftsfreunden): Zur Begrüßung Champagner (brut) oder ein trockener Weißwein (Graves, Fendant, Montrachet). Als Aperitif ein Sherry, zu den Speisen individuell ausgewählte Rot- und Weißweine (siehe Seite 75). Nach dem Essen Kaffee, Port oder Cognac. Möchte man seinen Gästen ein kaltes oder warmes Buffet bieten, sollten je nach Umfang des Gebotenen und der Anzahl der Gäste zwei bis vier verschiedene Weine als Auswahlmöglichkeit vorhanden sein: ein trockener Weißwein, ein milder Weißwein, ein roter Landwein und ein gehobener roter Qualitätswein aus Burgund oder Bordeaux. Auf keinen Fall muß ein Spitzenwein darunter sein, denn erfahrungsgemäß werden beim Buffet die Weine nicht so stark beachtet wie bei einem Menü. Als allgemeiner Hinweis für die eventuell benötigte Flaschenanzahl kann man davon ausgehen, daß bei einem Menü oder einem Buffet im Durchschnitt pro Person etwa 0,4 Liter Wein getrunken werden. Zurückhaltende Weinliebhaber bringen es hingegen nur auf 0,2 bis 0,3 Liter, Gäste mit durstigen Kehlen auf 0,5 Liter und mehr.

Zur Party mit Schlemmervergnügen: Wo sich Freunde kulinarischer Spezialitäten treffen, geht es meist ziemlich unkonventionell zu. Entsprechend zwanglos kann auch das Weinangebot für die Gäste sein. Bemühen Sie sich einmal um Weine, die noch nicht jeder kennt und die besonders gut zu Ihren vorbereiteten Speisen passen. So zum Beispiel Fendant zur Raclette und zur Käsefondue, ungarischer Szürkebarát zur kräftigen Balkanspezialität, chilenischer Cabernet oder argentinischer Rotwein zu südamerikanischen Gerichten.

Zum sommerlichen Garten- oder Balkonfest: Wenn noch warme Temperaturen herrschen, zur Begrüßung eine Schorle. Ein ideales sommerliches Getränk ist der Kir aus Burgund: Ein Fünftel Cassislikör (aus schwarzen Johannisbeeren) und vier Fünftel kühler, trockener, frischer Weißwein (zum Beispiel Aligoté, Dorin, Johannisberg). Wenn gegrillt wird, paßt dazu ein leichter kühler Rosé oder ein leichter Weißwein. Sofern Rotwein bevorzugt wird, nehme man gleichfalls eine nicht zu schwere Sorte.

Der Früh- und der Dämmerschoppen können die gemütliche Zweisamkeit fördern, können dem ruhigen Ausspannen und Weinphilosophieren dienen, aber auch Anlaß für ein fröhliches Beisammensein sein. „Strunzweine", also Weine zum Angeben, sind hier fehl am Platze. Zum Frühschoppen eignen sich süffige, herzhafte Tropfen, die anregen und nicht sättigen (also keine Ruländer oder Gewürztraminer). Der Dämmerschoppen kann je nach Gusto mit einem gehaltvollen Wein begangen werden, der das Entspannen nach einem hektischen Tag angenehm fördert.

Zum Fernsehen, zur Radio- und Lesestunde kommen Weine in Betracht, die geschmacklich nicht zu aufdringlich sind und sich dennoch mit Bedacht genießen lassen. Je nach individueller Verträglichkeit, sollte man die Weine auch als Schlaftrunk auswählen, demnach vielleicht einen nicht zu alkoholreichen Rotwein oder einen nicht zu säurereichen Weißwein.

Die beste Gelegenheit, Glanzlichter aus der eigenen Weinschatzkammer vorzustellen oder aber seinen Weinverstand durch die sachkundige und rechtzeitige Auswahl einiger interessanter und kostbarer Weine unter Beweis zu stellen, ist die Weinprobe.

Grenzenloses Weinvergnügen

Angesichts der Vielzahl von Weinsorten und -typen können diese Tips nur als unverbindliche Anregungen verstanden werden. Die folgenden Kapitel stellen das internationale Weinsortiment detailliert vor, so daß danach eine gezielte und konkrete Auswahl für jeden Bedarf möglich ist. Schließlich läßt sich das Weinvergnügen nicht reglementieren. Hier ist jeder sein eigener König und kann seinen geheimen Vorlieben auch unabhängig vom Wein-Knigge in unorthodoxer Weise frönen. Nach dem Motto „Wie es Euch gefällt" sollten den Sammlerleidenschaften und den Wein-Präsentationsmöglichkeiten keine Grenzen gesetzt werden. Gerade der persönliche Ermessensspielraum, was man sich leisten und was man seinen Gästen daheim oder seinen Bekannten als Geschenk gönnen mag, macht die Beschäftigung mit dem Wein so interessant.

Bei alledem sollte man immer bedenken, daß auch aus dem Himmel der Weinseligkeit noch kein Meister gefallen ist.

DIE WEINBAULÄNDER DER WELT

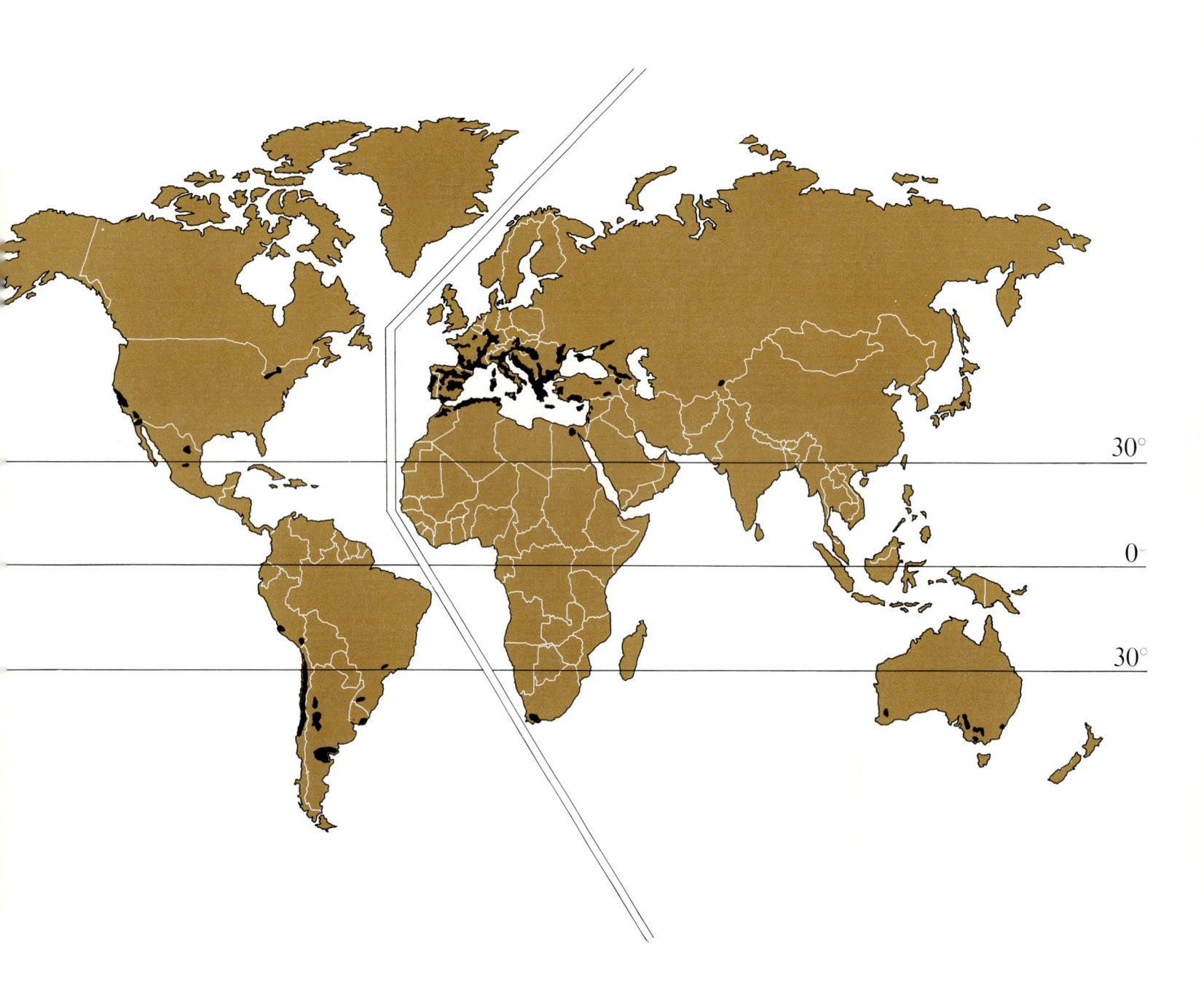

In 43 Ländern der Welt stehen Rebkulturen. Sie befinden sich auf fünf Kontinenten, der Großteil davon in Europa. Die 19 europäischen Weinbauländer verfügen über 72% der Weltrebfläche. Darauf werden über 80% der Weltweinerzeugung gewonnen. In den letzten 60 Jahren hat sich die Weltweinernte fast verdoppelt. Sie beläuft sich auf über 350 Millionen Hektoliter. Eine Ausdehnung der Rebflächen erfolgt vor allem in den asiatischen und amerikanischen Weinbauländern. Südamerika verfügt über 5,5% der Weltrebfläche (im Jahre 1910 nur 1,9%), Nord- und Zentralamerika über 3,3% (1910 nur 0,1%) und Asien über 13% (1910 nur 0,2%). Obgleich in Europa die Rebfläche in den letzten 60 Jahren um fast 1,74 Millionen Hektar zurückging, konnte die Weinproduktion von 137 Millionen Hektoliter (1910) auf 239 Millionen Hektoliter gesteigert werden.

Über die Hälfte der europäischen Weinerzeugung ist in Frankreich und Italien beheimatet. Beträchtliche Anstrengungen zur Ausdehnung ihrer Weinerzeugung unternehmen die UdSSR und einige südosteuropäische Staaten. Um eine höhere Eigenversorgung mit Wein bemühen sich auch die USA, Kanada und Mexiko. Die prozentual höchsten Steigerungen in der Weinproduktion der letzten 25 Jahre verzeichnen Japan (fast 200%, doch nur 170 000 hl), USA (100%, 11,22 Millionen hl), Argentinien (68%, 19,75 Millionen hl) und Südafrika (92%, 4,9 Millionen hl). Rückläufig hingegen ist die Weinproduktion in Algerien, Marokko und Tunesien (seit den 60er Jahren um 6 bis 7 Millionen hl).

Gemessen an dem Weinkonsum in der Welt von 277 Millionen Hektoliter (1974) besteht eine Überproduktion von etwa 60 Millionen Hektoliter Wein. Die fleißigsten Weintrinker sind weiterhin die Europäer, die einen Durchschnittsverbrauch von mehr als 100 Liter pro Kopf der Bevölkerung erreichen. Außerhalb Europas hat nur noch Argentinien einen hohen Weinverbrauch (77 Liter pro Einwohner) zu verzeichnen.

*Linke Seite: Die schwarzen Felder kennzeichnen die wichtigsten Weinbauländer und Weinanbaugebiete der Welt. Hauptverbreitungsgebiet der Reben sind die gemäßigten Klimazonen zwischen dem 40. und 50. nördlichen Breitengrad und zwischen dem 30. und 40. südlichen Breitengrad.
Rechte Seite: Das Foto zeigt einen Weinberg am Schloß Thurnstein in Südtirol mit dem traditionellen Pergolabau, wie er schon vor über tausend Jahren praktiziert wurde.*

Frankreich

Tradition – Herkunft – Qualität. Durch diesen Dreiklang wurden französische Weine weltberühmt. Der Reichtum an guten Weinen ist in Frankreich einmalig, und fast jede Landschaft südlich des 49. Breitengrades verfügt über ihre Weinspezialitäten, deren sichere Erkennungsmerkmale nicht nur der Verkaufspreis, sondern auch die Einstufung nach dem differenzierten französischen Klassifizierungssystem sind.

Allerdings wachsen auf etwa 68% der Rebfläche einfache Konsumweine oder Tafelweine. Ein großer Anteil dieser Weine gelangt nicht als Trinkwein in den Handel, sondern wird als Verarbeitungswein für die Schaumwein- und Branntweinherstellung verwendet. Noch mehr als die schlichte, aber zuverlässige Qualität bescheidener Landweine haben die Güteeigenschaften der Weine mit kontrollierter Herkunftsbezeichnung (Appellation d'Origine Contrôlée, A.C.) sowie die Weine höherer Qualität aus begrenzten Anbaugebieten (Vins Délimités de Qualité Supérieure, V.D.Q.S.) den Ruf der französischen Weine begründet. Genau betrachtet sind es wohl nur etwa die Hälfte der 251 A.C.-Herkünfte mit ihren 12% der gesamten Rebfläche, die das hohe Renommee französischer Weinerzeugung in alle Welt getragen haben. Die nicht gerade billigen Spitzenweine, vornehmlich aus Bordeaux und Burgund, sowie Champagner und Cognac sorgten für eine verbreitete Verbrauchervorstellung, nach der französische Weinerzeugnisse qualitativ exzellent, aber auch ziemlich teuer sind. Da trotz der gesetzlich erlaubten Möglichkeit für die Winzer, ihre Moste mit Zuckerzusatz zu verbessern, an dem Güteniveau französischer Weine niemals Zweifel bestanden, besitzt dieser Wein mehr als jeder andere für den Weinfreund einen das persönliche Prestige aufwertenden Charakter.

Beinahe die gesamte passionierten Weinliebhabern gewidmete Literatur über französische Weine befaßt sich fast ausschließlich mit diesen huldvoll gepriesenen Weinen. Eine derartige Vergötterung muß wohl ihre nachweisbaren Gründe haben. Es waren gewiß nicht nur strenge gesetzliche Regelungen oder das kaufmännische Geschick französischer Weinerzeuger und einiger vornehmlich angelsächsischer Weinhändler, welche die Weine zu den begehrten Tropfen erlauchter Gesellschaften werden ließen. Tatsächlich haben diese Weine einige objektive Vorzüge, die sonst nirgendwo vorhanden sind.

Die Überlegenheit französischer Weine
In den meisten A.C.-Gebieten gehen Boden, Klima und Rebsorten eine einzigartige erfolgreiche Verbindung ein, die sich seit Jahrhunderten bewährt hat. Das Ergebnis ist eine ungewöhnliche geschmackliche Fülle, Eleganz und Rasse, welche diese Weine als Prunkstücke jeder Tafel erscheinen lassen. Ihre Fähigkeit, sich harmonisch den Speisen anzupassen, hat vielen französischen Weinen einen sicheren Platz auf den Weinkarten der Gastronomie und in den Kellern der Weinliebhaber gesichert.

Dazu kommt ihre besondere Fähigkeit, mit Würde zu altern. Nicht alle A.C.-Weine, aber doch eine beträchtliche Anzahl, vertragen eine Lagerung über zehn bis fünfzehn und manchmal mehr Jahre, so daß sie zu kostbaren Erinnerungsstücken für den Weinsammler und zu wunderbar gereiften Edelweinen für den Gourmet werden. Der oft überhöht erscheinende Verkaufspreis einiger dieser Weine übt einen bedeutenden psychologischen Effekt aus. Denn: Was gut ist, darf auch teuer sein, oder (für den Laien): Was teuer ist, muß ja gut sein. Gottlob gibt es genügend französische Weine zu sehr maßvollen und erschwinglichen Preisen, die einen anspruchsvollen Weinfreund voll zufriedenstellen. Auch sie können über eine ausreichende Haltbarkeit von einigen Jahren verfügen, und ihre Anpassungsfähigkeit an die Speisen bei Tisch ist gleichfalls optimal. Was ihnen oft fehlt, ist der ganz große Name, vor dem sich der Experte ehrfurchtsvoll verneigt. Dem Schwärmer wie dem Realisten, dem Feinschmecker wie dem braven Zecher, allen hat das französische Weinparadies etwas zu bieten.

Linke Seite: Die französischen Weinbauregionen bringen nicht nur einmalige Tropfen hervor, sie präsentieren sich oft auch in seltener landschaftlicher Schönheit. Das Foto zeigt Weinfelder im herbstlichen Burgund.

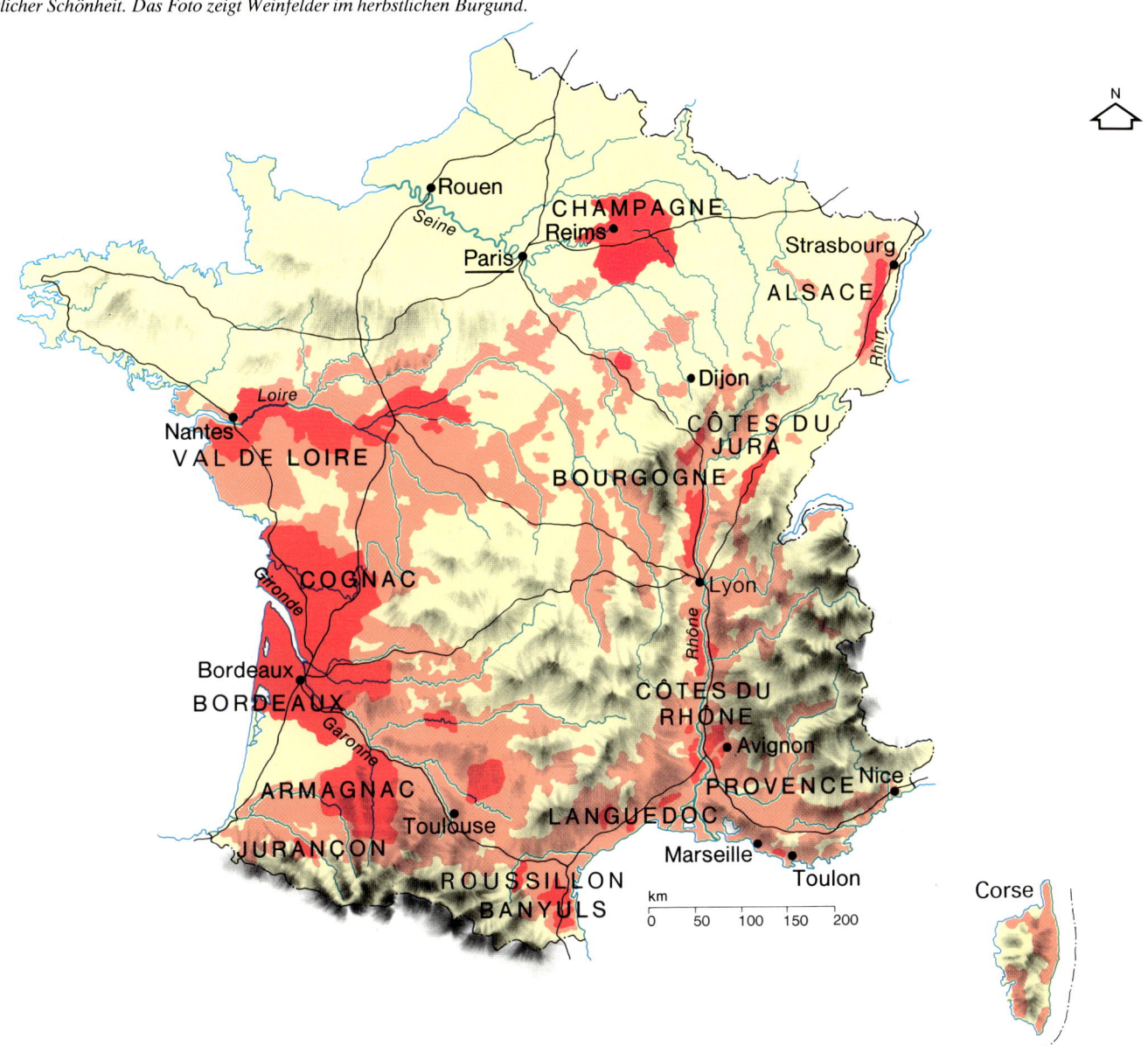

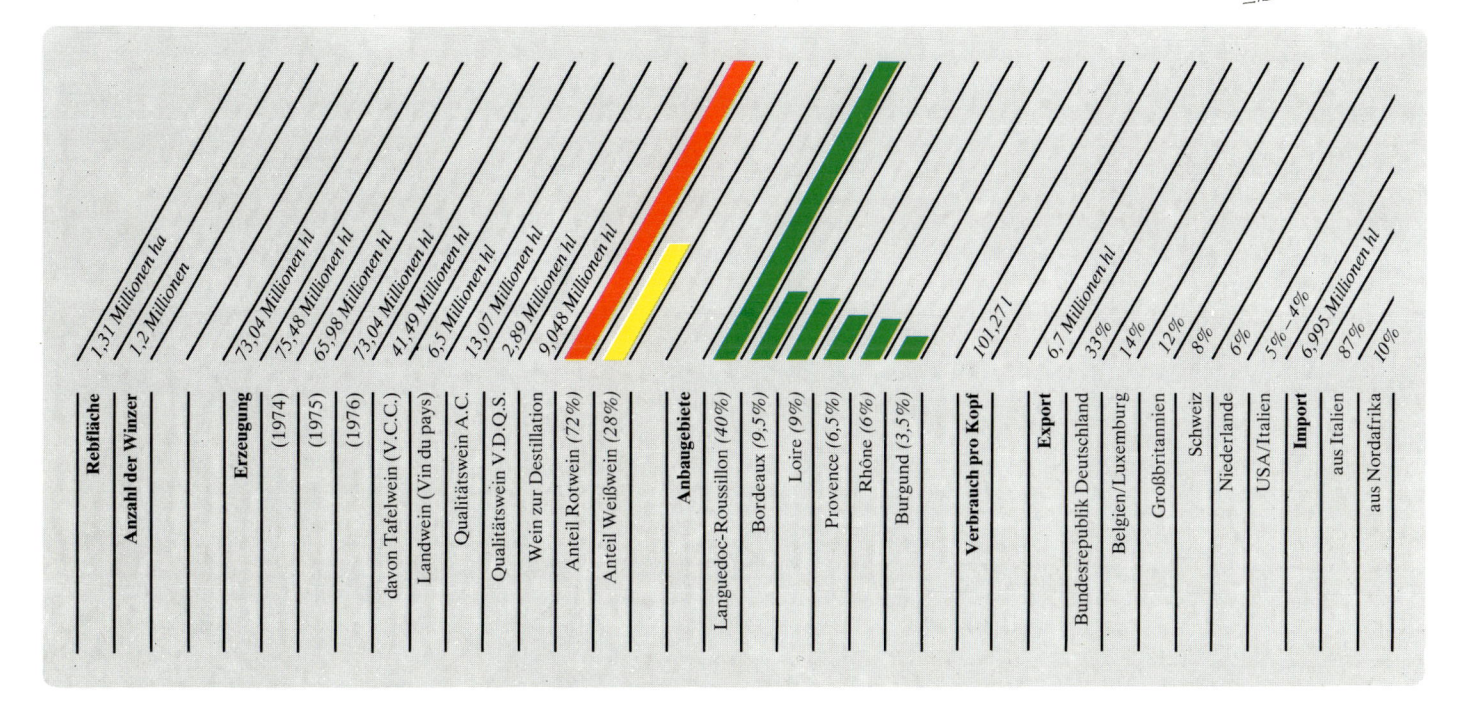

Rebfläche	1,31 Millionen ha
Anzahl der Winzer	1,2 Millionen
Erzeugung	
(1974)	73,04 Millionen hl
(1975)	75,48 Millionen hl
(1976)	65,98 Millionen hl
davon Tafelwein (V.C.C.)	73,04 Millionen hl
Landwein (Vin du pays)	41,49 Millionen hl
Qualitätswein A.C.	6,5 Millionen hl
Qualitätswein V.D.Q.S.	13,07 Millionen hl
Wein zur Destillation	2,89 Millionen hl
Anteil Rotwein (72%)	9,048 Millionen hl
Anteil Weißwein (28%)	
Anbaugebiete	
Languedoc-Roussillon (40%)	
Bordeaux (9,5%)	
Loire (9%)	
Provence (6,5%)	
Rhône (6%)	
Burgund (3,5%)	
Verbrauch pro Kopf	101,27 l
Export	6,7 Millionen hl
Bundesrepublik Deutschland	33%
Belgien/Luxemburg	14%
Großbritannien	12%
Schweiz	8%
Niederlande	6%
USA/Italien	5% – 4%
Import	6,995 Millionen hl
aus Italien	87%
aus Nordafrika	10%

Burgund

1 CÔTE DE NUITS
2 HAUTES CÔTES DE NUITS
3 CÔTE DE BAUNE
4 HAUTES CÔTES DE BAUNE
5 CHALONNAIS
6 MÂCONNAIS
7 BEAUJOLAIS

Als Anfang des 18. Jahrhunderts in Beaune die ersten burgundischen Weinhandelshäuser gegründet wurden, begann der Burgunderwein allmählich seinen Siegeszug um die Welt. Einige Jahrhunderte zuvor war er bereits hoffähig geworden. Im 12. Jahrhundert waren es die Mönche, vor allem die Zisterzienser von Citeaux, welche den Weinbau in Burgund belebten. Die großen Festlichkeiten am Hofe der Herzöge von Burgund erweiterten das Ansehen dieser Weine, die der Leibarzt von König Ludwig XIV. seinem Patienten verschrieb.

Die für Burgund typische Zerstückelung der Rebfläche begann gegen Ende des 18. Jahrhunderts, als durch die Französische

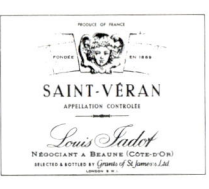

Weinlese in Burgund: Sorgfalt und Sauberkeit bei der Lese sind die wichtigsten Voraussetzungen für die Reinheit und Qualität des späteren Weines. In jeder Zeile ist ein Lesehelfer tätig, je acht bis zehn Leserinnen werden von einem Aufseher beobachtet, der dafür sorgt, daß keine guten Trauben hängen oder auf dem Boden liegen bleiben und daß minderwertige Trauben nicht geerntet werden. Weinernten, die bei Regen durchgeführt werden, ergeben zwar 5 bis 10% mehr Most, vermindern jedoch dessen Qualität.

Revolution die Weinberge des Adels und der Kirche aufgeteilt wurden. Durch das Prinzip der Realteilung in den Familien wurden die Besitzungen noch weiter aufgesplittert, so daß es heute eine Vielzahl kleiner Weinerzeuger gibt.

Aufgrund verbesserter weltweiter Transportmöglichkeiten nahm der Export von Burgunderweinen im 19. Jahrhundert einen beachtlichen Aufschwung. England, die Benelux-Staaten, Deutschland, die Schweiz und Skandinavien zählen neben den USA und Kanada zu den bedeutenden Importländern.

Auf den mehr als 50 000 Hektar Rebfläche werden im Durchschnitt 1,3 Millionen Hektoliter A.C.-Weine und 400 000 Hektoliter Konsumweine geerntet. Die großen Rotweine von Burgund liefert die Rebsorte Pinot noir (Blauburgunder). Die Weine des Mâconnais und Beaujolais verdanken der Rebsorte Gamay ihren Ruf. Diese fruchtbare Sorte ergibt angenehme, duftige Rotweine, auf den kalkhaltigen Böden der Côte d'Or nur einfache Rotweine. Die Sorte Chardonnay liefert die großen Weißweine von Burgund. Qualitativ darunter liegt die Sorte Aligoté, die zwar große Mengen, aber weniger an Güte hergibt. Aus den Rebsorten Pinot Chardonnay und Aligoté wird seit etwa 1820 nach der Méthode champenoise auch ein Burgunder-Schaumwein erzeugt.

Burgunderweine werden unter regionalen und lokalen Benennungen verkauft. Als regionale Herkunftsbezeichnungen sind zugelassen: Bourgogne (jährlich etwa 11 500 hl Weißweine und 44 000 hl Rotweine), die über einen Mindestalkoholgehalt von 10° (Rot und Rosé) oder 10,5° (Weißwein) verfügen. Sie müssen wie alle A.C.-Weine aus vorgeschriebenen Rebsorten stammen. Überschreitet ihr Ernteertrag 50 hl/ha, werden sie zu Bourgogne Grand Ordinaire deklassiert.

Weine, die innerhalb eines festgelegten Gebietes aus jeweils mehreren Gemeinden stammen, können die Herkunftsbezeichnung Bourgogne Hautes Côtes de Beaune oder Bourgogne Hautes Côte de Nuits tragen. Die Bezeichnung Bourgogne Passe-Tout-Grain deutet auf einen Rot- oder Roséwein hin, bei dessen Herstellung zwei Drittel der Sorte Gamay mit einem Drittel der Sorte Pinot noir gemischt wurden (Mindestalkoholgehalt 9,5°). Die Bezeichnung Bourgogne Aligoté betrifft nur Weißweine aus der Rebsorte Aligoté, die mit der Sorte Chardonnay vermischt werden kann.

Chablis und die Côte d'Or
Nördlicher Ausläufer der Côte d'Or und zugleich die hochgeschätzte „Weininsel" Burgunds ist das Chablis, Heimat fruchtiger, leichter Weißweine voller Charme und mit einem zarten Bukett. Auf dem kalkhaltigen Boden wachsen Chardonnay-Reben, deren Weine durch ihre Feinheit und Haltbarkeit hervorstechen. Entsprechend ihrer Herkunft werden die angenehm trockenen Weine in drei Stufen klassifiziert: 1. Chablis Grand Cru (Mindestalkoholgehalt 11°, jährlich etwa 1240 hl). 2. Premier Cru (10,5° Alkohol, jährlich etwa 9200 hl) oder Chablis (10° Alkohol, 9700 hl) und 3. Petit Chablis (9,5° Alkohol, 3900 hl). Letztere können an Güte die Grands Crus und Premiers Crus nicht heranreichen.
Die Côte d'Or besteht aus zwei der angesehensten Weinregionen der Welt: im Norden der Côte de Nuits mit berühmten Rotwein-

Linke Seite, links: Das schöne schmiedeeiserne Gartentor von Château Corton-André in dem Dorf Aloxe-Corton.
Linke Seite, rechts: In diesen Körben werden die Trauben bei der Weinlese in Burgund gesammelt.
Rechte Seite, links: Ein rebenbekränzter Bacchus begrüßt die Besucher in der Eingangshalle einer burgundischen Weinkellerei (Reine Pedauque) in Beaune.
Rechte Seite, rechts: Die Schönheit eines großen Burgunderweines findet allein schon in seiner Farbe ihren Audruck.

lagen und im Süden der Côte de Beaune, wo neben hervorragenden Rotweinen die besten Weißweine Burgunds wachsen.

Die Côte de Nuits
Von der 50 Kilometer langen Côte d'Or entfallen etwa 20 Kilometer auf die Côte de Nuits, deren Weinberge etwa 1500 Hektar umfassen und sich in einer Breite von maximal 800 Metern zwischen Fixin und Corgoloin jeweils in östlicher Ausrichtung erstrecken. Von Norden nach Süden reihen sich in fast lückenloser Folge klangvolle Namen von Weinbaugemeinden und Lagen aneinander.

Nach Fixin (128 ha mit entwicklungsfähigen Rotweinen) folgt die Gemeinde Gevrey-Chambertin mit delikaten Rotweinen, samtig und feurig zugleich. Ihre wichtigsten Appellations contrôlées sind Chambertin (28 ha), Charmes-Chambertin (31 ha), Mazis-Chambertin (12 ha) und Gevrey-Chambertin (430 ha). Die Rotweine von Morey-Saint-Denis (140 ha) zeichnen sich durch ihr Bukett und ihre gute Haltbarkeit aus. Die perfektesten Rotweine der Côte de Nuits kommen aus der Gemeinde Chambolle-Musigny (195 ha), die sich mit dem benachbarten Morey-Saint-Denis den berühmten Weinberg Bonnes-Mares teilt. Der größte Teil davon gehört allerdings zu Chambolle-Musigny (13 ha).

Zur absoluten Spitze unter den Weinen der Côte d'Or zählen die Rotweine von Vougeot, insbesondere die vom weltbekannten Clos de Vougeot (50 ha), wo bereits im 12. Jahrhundert von Zisterziensermönchen Wein angebaut wurde. Die herausragenden Qualitäten stammen vom oberen Teil des Weinberges. Mittelpunkt ist das Schloß, Sitz der Confrérie des Chevaliers du Tastevin, der berühmten Weinbruderschaft Burgunds.

Herrliche Rotweine von rubinroter Farbe wachsen in der Gemeinde Vosne-Romanée (300 ha) mit einer Vielzahl großartiger Appellations contrôlées: Romanée-Conti (1 ha), der Primus inter pares, Richebourg (7 ha), ein prächtiger Burgunder mit unvergleichlicher Blume, Romanée (83 ha), La Tâche (6 ha), gleichfalls ein prachtvoller Burgunder, Grands-Echézeaux (9 ha), Echézeaux (30 ha) und Romanée-Saint-Vivant (9 ha). Der Weinbauort Nuits-Saint-Georges (375 ha) hat dem nördlichen Teil der Côte d'Or seinen Namen gegeben. In ihrem Körper und ihrer Farbe sind die Rotweine von Nuits-Saint-Georges denen von Chambolle-Musigny überlegen. Sie sind relativ früh trinkfertig und verfügen über eine weniger ausgeprägte Herbe.

Weine unter der Bezeichnung Côte de Nuits-Villages können aus den fünf Randgemeinden der Côte de Nuits stammen: Fixin, Brochon, Prissey, Comblanchien und Corgoloin.

PRODUCE OF FRANCE
Grands Vins des Hospices de Beaune
Volnay
APPELLATION CONTROLÉE
Cuvée Général Muteau
A. Bichot & Cie
Négociants à Beaune (France)

Les Vins de France
SANTENAY Clos de Malte
APPELLATION CONTROLÉE
RÉSERVE DES CAVES DE LA REINE PÉDAUQUE
NÉGOCIANT A ALOXE-CORTON (COTE-D'OR)

BOUTEILLE
001046
RÉCOLTE
1969
BEAUNE
DES
CHEVALIERS DE L'ARQUEBUSE
APPELLATION BEAUNE CONTROLÉE
Chancellerie des Chevaliers de l'Arquebuse
à Beaune, en Côte-d'Or.

Domaines du Chateau de Beaune
CORTON-CHARLEMAGNE
1972
APPELLATION CORTON-CHARLEMAGNE CONTROLÉE
0,75 L

GRAND VIN DE BEAUNE-GRÈVES
VIGNE DE L'ENFANT JESUS
1972

Linke Seite: Innenhof der berühmten Hospices de Beaune, wo jährlich am dritten Sonntag im November weltweit beachtete Weinversteigerungen stattfinden. Als Hôtel-Dieu wurde es 1443 von Nicolas Rolin, damals Kanzler von Burgund, gegründet.
Rechte Seite: Die in der architektonischen Gestaltung recht ungewöhnliche Weinkellerei Henri de Villamont in Savigny-lès-Beaune.

Die Côte de Beaune und Mercurey

Fast doppelt so groß wie die Côte de Nuits präsentiert sich die Côte de Beaune in einer lieblicheren, freundlicheren Landschaft. Die Weinberge reichen bis zu den Gipfeln der Hügel und erstrecken sich in östlicher Ausrichtung, in den Tallagen und Mulden bevorzugen sie südöstliche Lagen, die sie vor Kälte und Frost schützen. An der Côte de Meursault mit ihren alten Steinbrüchen wachsen ausschließlich Chardonnay-Reben und damit erstklassige Weißweine. In den übrigen Gemeinden herrscht der Pinot noir vor. Seine Rotweine reifen in der Regel schneller als die Weine von der Côte de Nuits.

Nach Ladoix-Serrigny (135 ha) beginnt die glanzvolle Reihe großer Burgundernamen mit Aloxe-Corton (etwa 300 ha) und seinen unvergleichlichen Rot- und Weißweinen: Corton, Corton-Charlemagne und Charlemagne. Die Lagennamen erinnern daran, daß hier bereits Karl der Große Weinberge besaß. Corton-Charlemagne ist ein wirklich großer Weißwein, ziemlich alkoholreich (mindestens 12°), goldfarben und mit ausdrucksvollem Geschmack. Pernand-Vergelesses produziert überwiegend Rotweine mit Körper und Feuer.

Die Weine von Savigny-lès-Beaune (378 ha) unterscheiden sich von denen der nördlichen Nachbargemeinden durch eine gewisse Leichtigkeit, sie sind zarter, in der Blume jedoch intensiver. Beaune, die Weinmetropole Burgunds, ist zugleich auch bedeutende Weinbaugemeinde (538 ha). Es dominieren die Rotweine von teilweise überragender Güte. Neben der Appellation contrôlée Beaune werden Rot- und Weißweine unter der A.C. Côte de Beaune angeboten. Dabei handelt es sich um Weine aus der gesetzlich festgelegten Anbaufläche „Beaune" plus 8 ha. Sie ist nicht zu verwechseln mit der Appellation Côte de Beaune-Villages, die für Rotweine aus insgesamt 16 Weinbaugemeinden (mit einem Mindestalkoholgehalt von 10,5°) zulässig ist.

Die an historischen und kulturellen Attraktionen nicht arme Weinhandelsstadt Beaune mit ihren riesigen Weinkellern und angesehenen Weinhandelshäusern ist besonders stolz auf ihre Hospices, ein prachtvolles Krankenhaus aus dem 15. Jahrhundert. Für den Weinfreund üben die Hospices de Beaune mit der am 3. Sonntag im November jährlich stattfindenden Versteigerung von Spitzenweinen aus den 29 Stiftungen eine besondere Faszination aus. Die traditionsreiche Veranstaltung ist Treffpunkt passionierter Burgunderexperten aus aller Welt.

Pommard (339 ha) liefert gut haltbare, ehrliche Weine von schöner Farbe. Die Volnay-Weine (214 ha) sind elegant, von delikater Blume und angenehm zart. Monthélie (93 ha), Auxey-Duresses (150 ha) und Saint-Romain (140 ha) produzieren ziemlich robuste Weine, denen es jedoch bislang an Popularität mangelt.

Die Weißweine von Meursault (416 ha) sind trocken und doch sehr mild, sie verfügen über mindestens 11° Alkohol, sind kräftig und von guter Konstitution für die Lagerung. Ihr Aroma erinnert an Haselnüsse, dazu kommt eine verlockende goldgelbe Farbe. Einige der Weißweine von Puligny-Montrachet (240 ha), vor allem der Montrachet (7 ha) zählen zu den besten Burgunds. Sie bringen es im Alter zu seltener Vollkommenheit.

Chassagne-Montrachet verdankt seinen Ruf seinen großen Weiß- und Rotweinen. Die roten Weine werden gerne mit Spitzenweinen der Côte de Nuits verglichen. Santenay, südlicher Abschluß der Côte d'Or, erzeugt einen angenehm milden Rotwein.

Nach der nahegelegenen Stadt Chalon-sur-Saône werden die Weine der 25 Kilometer langen Mercurey-Gegend als an der Côte Chalonnaise wachsend bezeichnet. Die Rebflächen haben hier nicht mehr einen so einheitlichen Charakter wie im Norden, und nach der Verschiedenartigkeit der Böden unterscheidet man als Hauptanbaugebiete: Rully mit fruchtigen, leichten Weißweinen, Mercurey und Givry mit qualitativ denen der Côte de Beaune vergleichbaren Rotweinen sowie Montagny mit blumigem Weißwein. In Bouzeron wächst der beste Aligoté Burgunds.

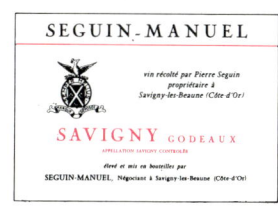

Mâconnais

Die Monokultur mit Rebanbau, wie sie an der Côte d'Or üblich ist, weicht im südlich-heiteren Mâconnais einer gemischten Anbauweise. Zwischen Wiesen und Feldern suchen sich die Rebgärten die geeigneten Böden aus. Das Ergebnis ist ein frischer, fruchtiger und nicht so kostbarer Rotwein wie an der Côte d'Or und ein herrlicher Weißwein, kräftig und beinahe rustikal, der Pouilly-Fuissé. Ihm fehlt ein wenig das Spielerische und der Charme der weißen Weine der Côte de Beaune, dafür ist er rassig, gehaltvoll und bukettreich. Sein Mindestalkoholgehalt beträgt 11°, bei den Premiers Crus 12°. Für den Kenner gibt es noch einen feinen Unterschied: Die Weißweine von Pouilly-Vinzelles und Pouilly-Loché reichen nicht ganz an die Qualitäten des Pouilly-Fuissé heran, obwohl sie ebenfalls aus der Chardonnay-Rebe gewonnen werden.

Die übrigen Weißweine des Mâconnais können als Mâcon-Villages oder Mâcon Supérieur verkauft werden. Häufig werden sie aber auch als Bourgogne blanc bezeichnet. Weißweine, die aus den Rebsorten Pinot blanc und Chardonnay erzeugt werden, können auch mit Pinot-Chardonnay-Mâcon tituliert werden.

Die beachtlichen Mengen an Rot- und Roséweinen, die aus der Gamay und dem Pinot noir erzeugt werden, gelangen entweder unter dem Namen Mâcon in den Handel oder unter Mâcon mit dem

*Linke Seite: Das Beaujolais hat sich den urwüchsigen Charme eines bäuerlichen Weinlandes bis heute bewahrt. Viele Winzer mit kleinen Rebparzellen haben sich hier zu Genossenschaften zusammengeschlossen.
Rechte Seite: In der hügeligen, pittoresken Landschaft des Beaujolais beherrscht die Gamay-Rebe viele der Hügel um die alten Dörfer.*

Namen der Weinbaugemeinde. Diese körperreichen Weine schmecken am besten, wenn sie jung getrunken werden. Sie vertragen zwar eine längere Lagerung, verbessern sich dabei jedoch nicht mehr.

Beaujolais

Verwaltungsmäßig gehört das Beaujolais nicht mehr zu den „burgundischen" Departements Côte d'Or und Saône-et-Loire (mit Mercurey und Mâcon), sondern zum Departement Rhône. Die Frage ist daher berechtigt, ob das Beaujolais eigentlich eine burgundische Weinregion sei. Als Provinz hat es immer schon zu Lyon gehört, doch geographisch stellt es einen natürlichen Ausläufer Burgunds dar. Seine Weinberge, mit denen des Mâconnais vergleichbar, sind mit der Rebsorte Gamay ebenfalls für Burgund typisch, und seine Ernten werden seit vielen Jahrhunderten durch die Weinhandelshäuser in Mâcon und Beaune in den Handel gebracht.

Dieser riesige Weingarten ist mit 16 000 Hektar wesentlich größer und geschlossener als die Weinberge des Mâconnais. Die Gamay-Rebe ist die alles beherrschende Pflanze. Im Norden des Beaujolais ergibt sie auf Granitböden wachsend in neun Bezirken die besten Beaujolais-Weine, die zu ihren Namen den Qualitätsvermerk Grand Cru tragen: Brouilly (800 ha) ist ein fruchtiger Wein, zart und mit reichem Bukett, Côte de Brouilly (200 ha) ein kerniger Wein von dunkler Purpurfarbe. Die Weine von Chiroubles (250 ha) erinnern im Duft an Veilchen. Besonders typisch ist der Fleurie (700 ha), ein leichter, duftiger Wein, die Gewächse von Morgon (550 ha) erinnern im Aroma an Aprikosen, Johannisbeeren und Kirschen und unterscheiden sich somit völlig von den Nachbarn, da sie auch auf gänzlich anderem Weinbergsboden wachsen. Chénas (185 ha) erinnert im Duft an Pfingstrosen, der Juliénas (531 ha) ist der volkstümlichste Beaujolais in Paris, ein fruchtiger und duftiger Wein, der seinen Namen Julius Cäsar verdankt, denn der Ort Juliénas ist eine Römergründung. Moulin-à-Vent (700 ha) ist ein rubinroter, kräftiger Wein und Saint-Amour (215 ha) besticht durch sein ausdrucksvolles, reiches Bukett. Sie alle zeichnen sich durch Körper und Frucht aus, sind relativ früh reif und schmecken jung getrunken am besten. Zwischen ihnen gibt es detaillierte Güteunterschiede, so reift der Morgon später als die übrigen und gleicht im Charakter mehr den Weinen der Côte d'Or. Der Moulin-à-Vent gilt als einer der besten Beaujolais aufgrund seines hohen Alkoholgehaltes und seiner tiefroten Farbe.

35 ausgewählte Weinorte mit einer Rebfläche von zusammen 1700 Hektar dürfen ihren Weinen die Bezeichnung Beaujolais-Villages oder Beaujolais mit dem Namen der Herkunftsgemeinde geben. In ihrer Farbe und ihrem vollmundigen Geschmack rangieren diese Weine meist über den Beaujolais Supérieurs, deren Mindestalkoholgehalt mit 10° für Rotweine und 10,5° für Weißweine immer noch 0,5° über dem der einfachen Beaujolais liegt. Sie gelten in der französischen Gastronomie – vor allem in Paris und Lyon – als die delikatesten „offenen" Weine Frankreichs. Leicht, saftig und bukettreich, finden sie rasch Sympathie, ohne den Spitzenweinen ihren Rang streitig zu machen.

Die gesamte Weinbauregion trägt ihren Namen nach der Kleinstadt Beaujeu, die früher das Weinzentrum des Gebietes war, diesen Rang heute jedoch Villefranche-sur-Saône abtreten muß. Ähnlich wie Beaune verfügt auch Beaujeu über eine Krankenhausstiftung mit eigenen Weingärten in Fleurie und anderen Weinorten. Ihre Weine werden unter der Bezeichnung Hospice de Beaujeu und dem Herkunftsort verkauft.

Das etwa 55 Kilometer lange Weinbaugebiet des Beaujolais, westlich der vor allem zur Ferienzeit stark frequentierten Autobahn Dijon–Lyon gelegen, konnte bis heute seinen Reiz als bäuerliches Weinparadies bewahren, dessen zauberhafter Landschaft und liebenswürdig provinziell denkenden Bewohnern mit den berühmten Geschichten von „Clochemerle" durch Gabriel Chevalier ein literarisches Denkmal gesetzt wurde.

Bordeaux

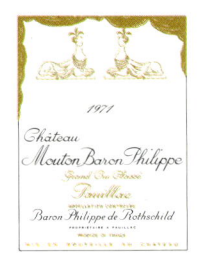

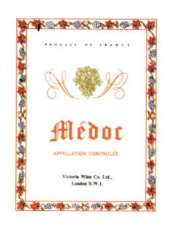

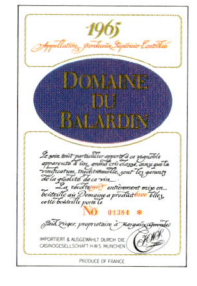

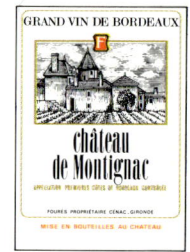

Linke Seite, links: Michael Patarin, einer der Mitarbeiter, die im Keller von Château Cantemerle tätig sind.
Linke Seite, rechts: Weingarten in Bordeaux, bei dem der Abstand zwischen den Rebzeilen deutlich zu sehen ist.
Rechte Seite: Die Trauben werden noch nach der alten Methode in den „Egrappoir" geschaufelt. Auf vielen Gütern werden die Trauben heutzutage mit einer riesigen Spirale direkt in einen Trichter gegeben und auf diese Weise automatisch der Entrappungsmühle zugeführt.

Die alte Hafenstadt Bordeaux gab dem größten Qualitätsweinanbaugebiet Frankreichs und seinen Weinen den Namen. Das Bordelais, wie das Weinanbaugebiet im Departement Gironde auch genannt wird, verfügt über 105 000 Hektar Weinberge, von denen 70 000 Hektar in Appellation-contrôlée-Gebieten liegen. Im Durchschnitt wird hier jährlich die beträchtliche Menge von 1,5 Millionen Hektoliter A.C.-Rotweine und 1,2 Millionen Hektoliter A.C.-Weißweine produziert.

Trotz des hohen Anteils an Weißweinen ist Bordeaux in der Meinung vieler Konsumenten zunächst einmal ein berühmtes Rotweingebiet. Diese Vorstellung basiert auf dem überragenden Renommee der roten Weine aus dem Médoc und Haut-Médoc, links der Gironde, sowie Saint-Emilion und Pomerol, rechts der Gironde. Die trockenen Weißweine von Graves und Entre-Deux-Mers konnten diesen Ruf niemals erreichen. Bestenfalls gelang es den edelsüßen Weißweinen von Sauternes, insbesondere vom Château d'Yquem.

Der Grund dafür mag zunächst in der Bodenbeschaffenheit liegen, die sich vielerorts mit ihrem Reichtum an reiner Kieselerde, Ton und Sand für die roten Rebsorten Cabernet Sauvignon, Cabernet franc, Merlot und Malbec besser eignen. Auch die kalkhaltigen Hügel am rechten Dordogne-Ufer kommen gut für rote Sorten in Betracht. Der Kalkboden gibt ihnen ihre Festigkeit, Tonerde ihre Milde, Humusboden Farbe und Feuer sowie die Mischung mit Kieselerde und Sand ihr spezifisches Aroma und ihre Haltbarkeit. Eine wichtige Rolle für die qualitative Entwicklung des Bordeaux-Weins übernimmt der Négociant-Eleveur, Weinhändler und Kellermeister zugleich, der die Weine bald nach ihrer Ernte kauft und für ihre Entwicklung und ihren Verschnitt verantwortlich ist. Denn Bordeauxwein ist stets das Produkt mehrerer Sorten, das erst in einer gelungenen „assemblage" (Vereinigung) vollkommen wird.

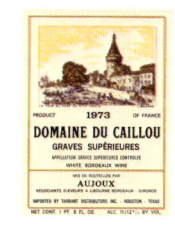

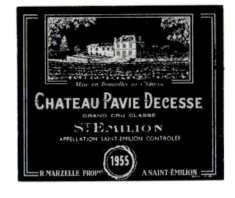

Die Châteaux

In einem Gebiet, in dem ein Drittel aller französischen A.C.-Weine erzeugt wird, begegnet der Weinkonsument einem verwirrenden Phänomen: der Château-Bezeichnung. Obgleich im Bordelais etwa 3000 Châteaux gezählt wurden, von denen nicht wenige ein schlichtes Haus mit Weinkellerei darstellen und mit dem deutschen Begriff von „Schloß" keineswegs identisch sind, bedeuten die Namen der Châteaux dem Fachmann doch oft mehr als die traditionelle Klassifizierung der Bordeaux-Weine aus dem Jahre 1855, deren Bewertung mehr nach dem individuellen Leistungsprinzip und nicht – wie bei der A.C. – nach objektiven Maßstäben (wie Bodenbeschaffenheit, Rebsorte) durchgeführt wurde. So ist es möglich, daß ein ehemals als Grand Cru classé eingestuftes Château heute nicht mehr auf dem Boden der höchsten A.C.-Stufe steht.

Mehr als in allen übrigen Weinregionen muß also in Bordeaux zwischen den tausenden Château-Etiketten differenziert werden. Zwar streben kleinere Châteaux, vor allem in der Nachbarschaft berühmter Anwesen, ebenfalls nach den Meriten höchster Qualität und damit guten Verkaufserlösen, doch haben auch die weltberühmten Châteaux im Zeichen heftiger Kursbewegungen für die Preise großer Bordeaux-Weine ihren Ruf zu verteidigen. Durch Wechsel der Besitzer und des Fachpersonals kam es in den letzten Jahren bei einigen Châteaux in dieser Beziehung zu auffallenden Veränderungen im Güteniveau, gelegentlich in positiver, aber auch in negativer Hinsicht. Nicht jedes große Château kann es sich heute wirtschaftlich leisten, eine schlechte Ernte einmal nicht unter seinem Etikett zu verkaufen, sondern sie statt dessen zu deklassieren.

Moderne Vinifikation

Schließlich haben sich in den letzten zwei Jahrzehnten die Methoden der Weinherstellung in Bordeaux gewandelt. Die Rotweine werden heute weich und weniger säurehaltig mit mittlerem Tanningehalt und spürbarem, sauberem Sortencharakter bereitet. Die Weißweine, früher likörartig und eher süß, werden vorwiegend ohne Restsüße, mit viel Aromastoffen, frisch und jung trinkbar ausgebaut. Die Verbesserung der Gärmethoden, bei denen zunehmend auf das Holzfaß verzichtet wird, dient der Verhinderung der Oxydation. Heute bemüht man sich durch die Önologie, bei der Bereitung guter Weine den Zufall mit wissenschaftlichen Methoden so weit wie irgend möglich auszuschalten.

Die klimatischen Vorteile

Bordeaux verfügt über nicht weniger als 42 Herkunftsbezeichnungen. Eine bessere Übersicht ermöglicht die regionale Aufteilung in neun Gebiete, denen noch einige Unterregionen zugeordnet werden können. Ihr Weinanbau profitiert gleichermaßen von dem gemäßigten Klima durch die Nähe des Atlantischen Ozeans, der zwei großen Flüsse und der hohen Kiefernwälder, die eine schützende Wand gegen West- und Südwinde bilden. Dieser großräumigen Wetterverhältnisse ungeachtet, gibt es gewisse kleinklimatische Besonderheiten, ebenso wie auch die Bodenarten vielfach variieren. So gibt es im Süden der Regionen Bourg und Blaye viel Niederschlag, zum anderen verzeichnet das Gebiet Sauternes verhältnismäßig wenig Regen. Auch die Flüsse wirken sich positiv auf das Kleinklima aus. Sie sorgen für einen guten Ausgleich zwischen den Tages- und Nachttemperaturen. Schließlich dürfte sich auch der häufigere Nebel im Süden für die Weißweinerzeugung vorteilhaft auswirken, während sie beim Rotwein in bestimmtem Maße Fäulnis an den Trauben auslöst, so daß sich der Anbau von roten Sorten in den Norden des Bordelais verlagert hat.

Bordeaux und Bordeaux Supérieur

Die fortschrittlichen Verfahren der Vinifikation kommen zunehmend auch den „bürgerlichen" Weinen außerhalb der bekannten Spitzengruppen zugute. Die Herkunftsbezeichnungen Bordeaux und Bordeaux Supérieur gelten für Rot- und Weißweine, die aus den gesamten A.C.-Gebieten des Bordelais stammen. Meist sind es leichte, fruchtige, ausgeglichene Weine, die aus den gleichen Rebsorten und von den gleichen Böden gewonnen wurden wie ihre berühmteren regionalen und lokalen A.C.-Schwestern. Ihr Nachteil und damit ihr Charakteristikum ist ihre weiträumige Verschnittmöglichkeit, während sich die wirklich noblen Bordeaux-Weine durch genau festgelegte, eng gezogene Herkunftsbezeichnungen erkennen lassen.

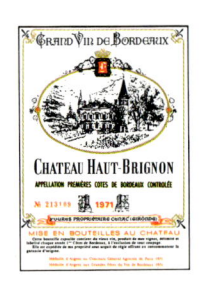

Linke Seite: Unter freiem Himmel läßt sich der Wein objektiver verkosten als in Kelleratmosphäre, da sich hier Farbe und Duft des Weines neutraler zeigen können.
Rechte Seite: Wegen seiner chinesisch anmutenden Architektur gehört Château Cos-d'Estournel zu den ausgefallensten Weinschlössern im Médoc.

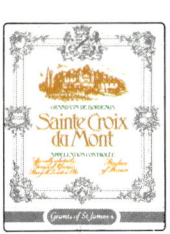

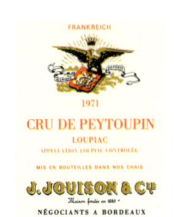

Médoc
Seit dem 18. Jahrhundert Heimat großer Weine, ist der Médoc heute mit 75 Millionen Rebstöcken bepflanzt, die 25 bis 30 Millionen Flaschen Rotwein ergeben. Die Reben wachsen auf einem schmalen, 5 bis 10 Kilometer breiten Landstreifen, auf dem früher Kies und Sand angeschwemmt wurde. Darunter befindet sich ein ton- und kalkhaltiger Untergrund. Auf diesem sehr kargen Boden, der vor einigen Jahrhunderten für keinerlei landwirtschaftliche Kultur geeignet erschien, erzeugen etwa 1800 Weinbauern rassige, geschmeidige, bukettreiche Weine von prachtvoller Farbe. Wegen ihrer Fähigkeit, durch zunehmende Alterung vielfach noch an Feinheit zu gewinnen und sich somit würdevoll zu veredeln, werden diese Kreszenzen als „Kapitalanlage" und wertvolle Lagerweine von Weinliebhabern und Sammlern in aller Welt überaus geschätzt.

Es wird zunächst zwischen folgenden Herkunftsbezeichnungen unterschieden: Médoc (durchschnittliche Jahresproduktion 45 000 hl) und Haut-Médoc (55 000 hl). Fast ausnahmslos kommen die erlesenen Spitzenweine aus dem Haut-Médoc, dem südlichen Teil dieses bedeutsamen Anbaugebietes. Lokale Herkunftsbezeichnungen finden hier unter Kennern ihre besondere Beachtung, allen voran Margaux mit seinen weltbekannten

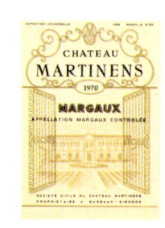

Linke Seite: Ein typischer „Chai", ein meist ebenerdiges Weinfaßlager, in dem die Bordeauxweine reifen.
Rechte Seite: Qualitativ hochwertige Weine verlangen bereits bei der Lese eine sorgfältige Behandlung. Kranke und faule Trauben werden aus dem Lesegut ausgesondert.

Châteaux, die auf den folgenden Seiten ausführlicher vorgestellt werden.

Moulis oder Moulis en Médoc ist ein kleineres A.C.-Gebiet mit einer durchschnittlichen Jahresernte von 7000 Hektolitern. Auch Listrac (10 000 hl) zählt nicht unbedingt zu den Spitzenweingebieten. Seine soliden Rotweine zeichnen sich durch ein sehr schönes Rubinrot, eine gewisse Leichtigkeit, Frucht und angenehme Wärme aus.

Neben den Châteaux von Margaux geben die Weingüter von Pauillac (27 000 hl) in der Weinhierarchie den Ton an. In seinen Gemeindegrenzen findet man fast noch mehr erlauchte Weinnamen als in Margaux. Seine berühmtesten Repräsentanten werden auf den folgenden Seiten beschrieben. Saint-Estèphe, an Pauillac angrenzend, erzeugt im Jahresdurchschnitt 35 000 Hektoliter vorwiegend kräftiger, robuster und kerniger Rotweine, die Rasse und eine gute Kondition besitzen, aber nicht über eine so ausgeprägte Feinheit und Finesse wie die Weine aus Margaux und Pauillac verfügen. Die meisten der eindrucksvollen Weinchâteaux des Médoc sind zu wahren Pilgerstätten der Weinexperten geworden. In ihnen manifestiert sich die Wohlhabenheit der Weinwirtschaft des Médoc, zugleich aber auch Tradition und Beständigkeit, wie sie die Weine von Bordeaux geprägt haben.

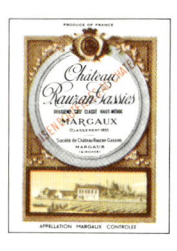

Graves und Sauternes

Die Region Graves ist eine Fortsetzung des Médoc über etwa 20 Kilometer südwestlich von Bordeaux der Garonne entlang. Doch welch erhebliche Unterschiede gibt es in der Geschmacksart der Weine!

Die Rotweine aus den nördlich gelegenen Weinbergen ähneln noch am ehesten denen des Médoc. Sie besitzen eine sehr schöne Farbe, haben Feuer und altern sehr gut. Nur wenige Kilometer von Bordeaux entfernt kommen die berühmtesten Graves-Rotweine aus den Gemeinden Pessac, Léognan, Martillac sowie Talence. Noch bemerkenswerter als die meisten roten sind die weißen Weine des Graves aus den Rebsorten Sauvignon blanc und Sémillon. Sie sind trocken, fein, pikant und von schönem Bukett.

Für Weißwein gibt es die Herkunftsbezeichnung Graves (10 000 hl) und Graves Supérieures (36 000 hl), für Rotwein nur Graves (32 000 hl).

Als Enklave inmitten des südlichen Graves liegt die Region von Sauternes, die Heimat der edelsüßen Weißweine des Bordelais. Mit einem fast parfümierten Duft, strohgelb schon in der Jugend, wechselt ihre Farbe mit zunehmendem Alter allmählich in eine altgoldene Tönung. Die Weine mit ihrem ziemlich hohen Alkoholgehalt (meist über 13°) kommen aus fünf Gemeinden, in denen wiederum nur einige wenige Châteaux Spitzenerzeuger dieser kostbaren Tropfen aus edelfaulen Beeren sind: Sauternes, Bommes, Preignac, Fargues und Barsac.

In der nördlich von Barsac gelegenen Gemeinde Cérons wird ein dem Sauternes gleichender edelsüßer Weißwein gewonnen, der sich durch Frucht und Rasse auszeichnet. Auf dem gegenüberliegenden Garonne-Ufer erzeugen die Orte Loupiac einen sehr schweren süßen Weißwein und Saint-Croix-du-Mont den wohl süßesten Weißwein des Bordelais, körperreich, fruchtig und mit hohem Alkoholgehalt, aber weniger elegant als die großen Sauternes.

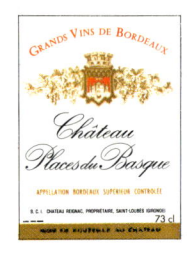

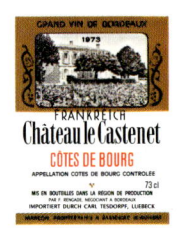

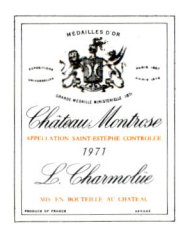

Linke Seite: Stimmungsvoller alter Weinkeller, in den die Sonne nur wenige Minuten am Tag hineinschaut.
Rechte Seite: Château La Gaffelière inmitten seiner Weinberge. Schon die Römer haben hier, unweit von Bordeaux, gesiedelt, wie einige archäologische Funde beweisen.

Saint-Emilion

In Saint-Emilion, an den Hängen des rechten Ufers der Dordogne, wachsen auf etwa 6500 Hektar fruchtige, würzige und farbkräftige Rotweine, die schon im frühen Mittelalter Ansehen besaßen. Quantitativ rangiert Saint-Emilion in Bordeaux an erster Stelle. Die besten Qualitäten gedeihen direkt am Kalksteinufer oder auf dem Kieselboden des daran anschließenden Hochplateaus (Graves-Saint-Emilion). In diesen Bezirken liegen die berühmtesten Weinschlösser von Saint-Emilion.

In Saint-Emilion wächst viel einfacher, vollmundiger, angenehmer Rotwein, den man gerne als den Burgunder des Bordelais bezeichnet. Folgende Herkunftsbezeichnungen sind gesetzlich geschützt: Saint-Emilion (19 000 hl), Montagne-Saint-Emilion (32 000 hl), Saint-Georges (7000 hl), Lussac (28 000 hl), Parsac (6000 hl), Puisseguin (18 000 hl), Sables (6000 hl), Bordeaux Côtes de Castillon (45 000 hl) und Bordeaux Côtes de France (2000 hl).

Pomerol und die übrigen Produktionsgebiete

An Saint-Emilion schließt sich das kleine Gebiet von Pomerol (600 ha) nordöstlich der Hafenstadt Libourne an, dessen Weine die Qualitäten der ganz großen Burgunder mit denen der hervorragendsten Bordeaux-Weine verbinden. Sie sind im besten Sinne des Wortes edel und saftig und verfügen über die Feinheiten des Médoc, das Feuer des Saint-Emilion und haben ein auffallendes dunkles Rubinrot. Château Pétrus (nur 36 hl) ist der ungekrönte König unter den großen Pomerol-Weinerzeugern.

Es gibt zwei regionale Herkunftsbezeichnungen: Pomerol (26 000 hl) und Lalande-de-Pomerol (23 000 hl). Letztere erreicht nicht immer die Qualitäten des Pomerol.

Ähnlichkeiten mit den Pomerolweinen besitzen die Rotweine aus Fronsac. Sie sind fest und kräftig, aber nicht so delikat wie die etwas teureren Weine aus Pomerol. Die Herkunftsbezeichnungen lauten Côtes-de-Fronsac (21 000 hl) und Côtes-de-Canon-Fronsac (10 000 hl).

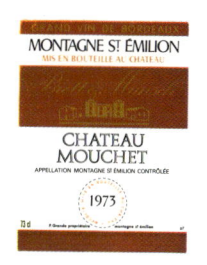

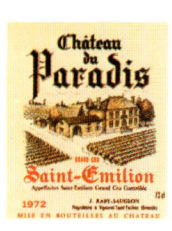

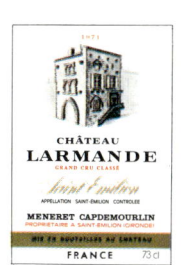

Als die Preise für große Bordeaux-Weine in schwindelnde Höhen kletterten, gingen manche Weintrinker zu den preiswerteren Rotweinen von Bourg und den preisgünstigen Weißweinen von Blaye über. Seitdem sind die ordentlichen, bislang ziemlich unbekannten Weine stärker gefragt. Die Weine dieser strahlenden Landschaft besitzen den Vorzug, daß sie auch jung getrunken gut schmecken.

Trockene und kräftige Weißweine wachsen im Gebiet von Entre-Deux-Mers auf angeschwemmtem Boden zwischen den Flüssen Garonne und Dordogne. Vor allem zu den Austern der nahegelegenen Austernbänke sind sie eine Delikatesse. Bei den Weißweinen unterscheidet man die Herkünfte Entre-Deux-Mers (60 000 hl), Graves-de-Vayres (20 000 hl), Sainte-Foy-Bordeaux (6000 hl) und Côtes-de-Bordeaux-Saint-Macaire (11 000 hl). Rotweine und Weißweine, gut und preiswert, gibt es in Graves de Vayres (2000 hl) und Sainte-Foy-Bordeaux (200 hl).

Mit einem Publikumsgeschmack für saftige Rotweine und milde oder likörige Weißweine kokettieren die Weine mit der Herkunft Premières-Côtes-de-Bordeaux (70 000 hl rot und 24 000 hl weiß). Sie gedeihen am Rande des Gebietes Entre-Deux-Mers,

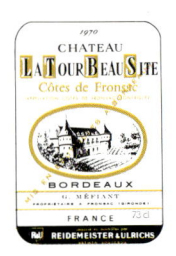

Linke Seite: Das Bordelais verfügt als weitflächiges Weinbaugebiet im Südwesten Frankreichs über reizvolle landschaftliche Partien.
Rechte Seite: Als ein Relikt alter Weinbautradition zeugt diese heute nicht mehr gebräuchliche Holzspindelkelter von den früheren Traubenpreßmethoden in Bordeaux.

längs des rechten Ufers der Garonne, in zahlreichen Weinbergen. Sie bilden gleichsam den soliden Unterbau eines reichhaltigen Bordeaux-Sortimentes.

Die großen Namen von Bordeaux
Wer sich heute über den Qualitätsstand und damit auch über die Weinpreise der Médoc-Châteaux informieren will, dem mag die (auf Seite 228 wiedergegebene) Klassifizierung von 1855 trotz mancher berechtigter Kritik eine zum größten Teil verläßliche Richtschnur sein. Bis auf die Tatsache, daß Château Mouton Rothschild 1973 von der zweiten zur ersten Kategorie der Premiers Crus classés aufrückte, blieb bis heute die Klassifikation unverändert. Da sich manche Veränderungen innerhalb und außerhalb der Güter auch auf die Weinqualität – im guten wie im schlechten Sinne – ausgewirkt haben, gibt es inzwischen einige inoffizielle Listen (zum Beispiel aufgrund eines Testes von Gault et Millaut), die in manchen Einstufungen und Namen nicht mehr mit den über 120 Jahre alten Festlegungen übereinstimmen.

In der Gruppe der 1. Hochgewächse (Premiers Crus classés) stehen fünf Châteaux, wobei die Diskussion über deren wertmäßige Reihenfolge – was ihre Weine betrifft – niemals aufgehört hat. Ihre Weine mit wenigen Worten zu beschreiben, ist ebenso schwer wie eine kurze Schilderung der Schönheit eines großartigen Edelsteines zu geben. Da ist Château Lafite-Rothschild in Pauillac, über dessen Weine gewöhnlich nur in Superlativen gesprochen wird. „In guten Jahren", stellte ein englischer Weinexperte fest, „ist der Lafite-Rothschild das Vollkommenste, was es an schönen Rotweinen gibt – ausgeglichen, elegant und schmiegsam, mit einem köstlichen Aroma." Château Margaux, eines der prachtvollsten Weinschlösser des Médoc, gibt seinen Weinen eine seltene Vollkommenheit an Eleganz; ihr besonderer Reiz entfaltet sich vollends erst nach einigen Jahren der Reife. Château Latour, ebenfalls ein Weinschloß mit besonderer Ausstrahlung, hat wohl die optimale Symbiose zwischen Tradition und Fortschritt bei seiner Weingewinnung gefunden. Seine Kreszenzen gelten als die männlichsten unter den großen Bordeauxweinen aufgrund ihrer kernigen, komplexen und in der Jugend oft ein wenig harten Art.

Andererseits können sie aber auch die mächtigsten unter den 1. Hochgewächsen des Médoc sein, so daß sie im Test von Gault et Millaut bezeichnenderweise auf den ersten Platz rückten. Mouton Rothschild, dem zweifelsfrei einer der ersten Plätze gebührt, gehört heute zu den wohl am meisten besuchten und sehenswertesten Weingütern des Gebietes. Seine Weine fallen durch ihre pointierte Fruchtigkeit, ihre Fülle und ihr unverkennbares Aroma auf. Es sind wahrhaftig ganz große Kreszenzen. Haut-Brion ist das einzige Château im Graves-Gebiet, das bei der 1855er Klassifizierung in die 1. Kategorie kam. Diese einzigartige Vorrangstellung verdankt es seinen kraftvollen Weinen, die mit ihrem edlen Aroma, ihrer stattlichen Harmonie und ihrem samtigen Charme gleichberechtigt neben den führenden Weinen des Médoc stehen.

Wenn von den hervorragenden Weinen des Bordelais gesprochen wird, müssen in einem Atemzug als gleichwertig mit den 1. Hochgewächsen des Médoc unter den offiziell nicht klassifizierten Gewächsen von Pomerol der Château Pétrus als einer der vornehmsten Weine sowie aus dem Gebiet von Saint-Emilion die beiden Premiers Grands Crus classés der Kategorie A, Château Cheval Blanc und Château Ausone, erwähnt werden. Es sind wundervolle Tropfen, die in guten Jahrgängen gewonnen werden, wobei die Weine von Cheval Blanc manchmal denen von Ausone in ihrem delikaten Fruchtaroma überlegen sind.

Seltsamerweise standen die Weißweine in Bordeaux wegen ihrer qualitativen Einstufung niemals so stark zur Diskussion wie die Rotweine. Allerdings hat die Klassifizierung von 1855 als Weißweingebiet lediglich Sauternes berücksichtigt, wo die Vorrangstellung von Château d'Yquem mit seinem edelsüßen, göttlichen Trank immer unumstritten war.

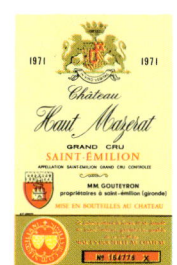

Südfrankreich

Ihre erste offizielle Aufwertung erfuhren viele Weine aus den südlichen Anbaugebieten während des Zweiten Weltkrieges, als die Qualitätsbezeichnung V.D.Q.S. eingeführt wurde. Von den bisher über 60 bestimmten Herkunftsregionen, die mit dieser Kennzeichnung aus der Anonymität der Tafelweinerzeugung gelöst wurde, befinden sich über zwei Drittel im Süden Frankreichs. In den Departements Bouches-du-Rhône, Hérault, Aude, Haute-Garonne, Basses-Pyrénées und Hautes-Pyrénées mit ihren Weinregionen Provence, Languedoc und Roussillon werden schmackhafte Rot-, Weiß- und Roséweine gewonnen, die mit ihrem V.D.Q.S.-Gütezeichen eine steigende Exportbedeutung errungen haben.

Das Languedoc ist aber auch der größte Konsumweinlieferant Frankreichs. Hier werden fast 50% der französischen Tafelweine produziert, meist einfache Verschnittweine mit geringem Alkoholgehalt. Die besseren Qualitäten gelangen als Markenweine oder als Landweine (Vins de pays) in den Handel. Die preiswerten und angenehm zu trinkenden Tischweine sind das Alltagsgetränk der Franzosen, das fast zu jeder Mahlzeit gehört.

Vor allem der Südwesten beherbergt einige A.C.-Weinbaugebiete, die in den letzten Jahren auch außerhalb Frankreichs bekannter geworden sind: Gaillac, an den Grenzen von Aquitanien und Languedoc, mit meist süßen, likörigen oder milden, selten trockenen Weißweinen und Schaumweinen, Cahors in der Provinz Quercy mit dunkelroten, bukettreichen und festen Rotweinen sowie die größeren A.C.-Gebiete von Bergerac und Monbazillac. In diesem weiten Anbaugebiet mit einer Rebfläche von etwa 30 000 Hektar werden jährlich immerhin fast 1 Million Hektoliter aller Weinarten erzeugt. Es schließt 25 Kilometer östlich von der alten Weinhandelsstadt Libourne an das große Bordeaux-Weingebiet an. Mehr als die Hälfte der erzeugten Weine besitzen den A.C.-Qualitätsstatus. Man sagt ihnen nach, daß sie im Charakter den Bordeaux-Gewächsen ähnlich sind, was nicht selten dazu geführt hat, daß sie einfach dem Bordeaux-Gebiet zugeordnet wurden. Freilich ist die Grenze zwischen beiden scheinbar recht willkürlich, sie wurde während der großen Religionskriege gesetzt. Der größte Teil der Bergerac-Weine sind Weißweine, die sich durch ihre Verschiedenartigkeit auszeichnen. So zum Beispiel der Bergerac sec, die milden und halbtrockenen Montravel-Weine, der liebliche Côtes-de-Bergerac oder der geschmeidige, halbtrockene Rosette, die auf den nördlich der Stadt Bergerac ansteigenden Hügeln reifen. Die Rotweine heißen Bergerac, Côtes-de-Bergerac und Pécharmant. Es sind kräftige Weine, die besonders nach einigen Jahren der Reife ihre volle Qualität entwickeln. Der Monbazillac aus den Traubensorten Sémillon, Muscadelle und Sauvignon ist ein Wein bester Qualität.

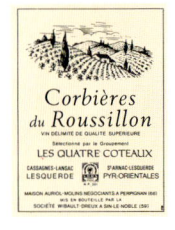

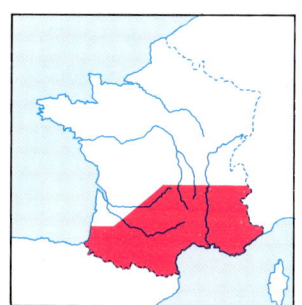

Linke Seite: Mit stolzem Lächeln präsentiert Monsieur Rousset die besten Erzeugnisse seiner Heimat, der Côtes de Provence: Trauben und Wein. Rechte Seite: Im Gebiet von Monbazillac werden likörige Weißweine erzeugt. Die Weinlandschaften hier im Südwesten Frankreichs haben vor allem im Herbst ihren eigenen Zauber.

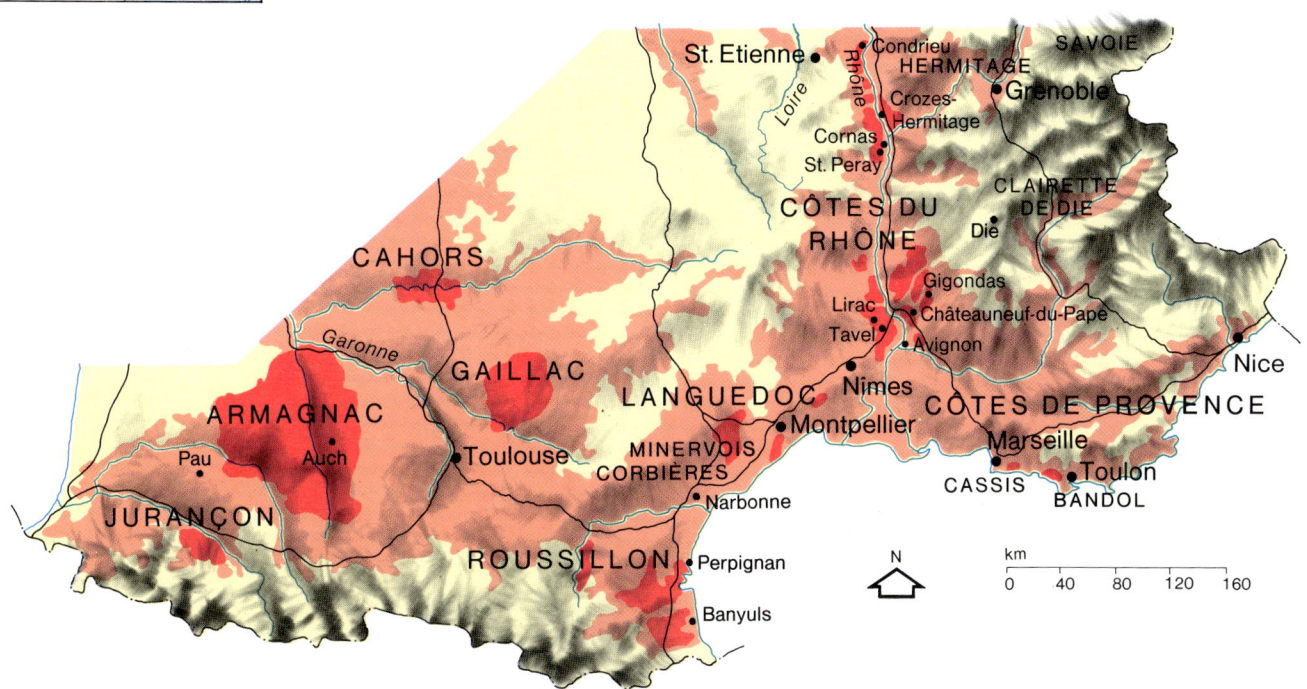

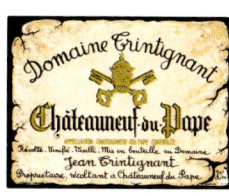

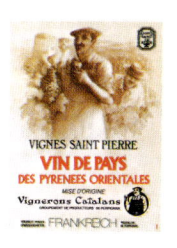

A.C.-Enklaven und V.D.Q.S.

Die qualitative Verschiedenartigkeit französischer Weinerzeugung dokumentiert sich wohl nirgendwo deutlicher als in den südlichen Anbaubezirken. Aus einem Meer anspruchsloser Konsumweine ragen immer wieder Inseln mit bemerkenswerten Produktionsergebnissen heraus. Oft unterscheidet sie bereits die Anbautechnik von jener der umliegenden Gebiete. So zum Beispiel mit der hohen Rebenerziehung an den steilen Hängen im Jurançon in der Provinz Béarn südwestlich von Pau, wo aus seltenen Rebsorten (Manseng und Courbu) likörige Weißweine mit eigenartigem Bukett und Bernsteinfarbe sowie ein trockener Jurançon erzeugt werden.

Eine andere A.C.-Enklave ist das Gebiet von Vic-Bilh nördlich von Pau an der Grenze des Departements Gers. Sein Spitzenprodukt ist der Pacherenc mit goldbräunlicher Farbe, ein fruchtiger, würziger Weißwein. Sein Gegenstück ist der Madiran, ein kräftiger, körperreicher Rotwein.

Unter den A.C.-Weinen des Languedoc ist der Fitou gewiß der solideste. Kräftig und saftig in seiner Art, wächst er im Süden bis an die Ufer des Mittelmeeres. Etwas nördlicher ist die Heimat des Clairette du Languedoc, eines frischen, bukettreichen, goldgelben Weißweines, der nach einigen Jahren der Flaschenreife seine anfängliche Rauheit verliert. Im Departement Gard gibt es unter dem Namen Clairette de Bellegarde einen feinen, frischen Weißwein. Die Weißweine von Limoux, fein und duftig, sind vor allem als Schaumweine bekannt. Man unterscheidet: Blanquette de Limoux als Schaumwein und Vin de Blanquette als nicht durchgegorenen Wein und Wein, der in der Flasche vergoren und nicht dégorgiert wurde (ohne Hefeentfernung).

Die Côte d'Azur verfügt über drei A.C.-Gebiete: Bandol mit

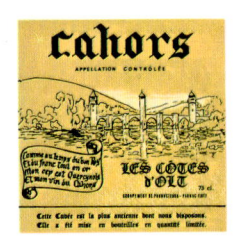

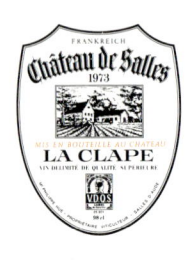

Linke Seite: Weinlese bei La Bégude an den Côtes de Provence – ein Bild voll herber Schönheit.
Rechte Seite, oben: Eine provenzalische Mahlzeit erfährt durch eine regionale Weinspezialität erst ihre harmonische Abrundung.
Rechte Seite, Mitte: Weinstraße bei Gigondas mit den Dentelles de Montmirail.
Rechte Seite, unten: Das Verlesen der Trauben erfordert eine besondere Geschicklichkeit, weil zerquetschte und ungesunde Trauben die spätere Weinqualität beeinflussen.

einem überaus fruchtigen, hervorragenden Rosé, einem würzigen, kräftigen Rotwein und einem feinen Weißwein, Cassis mit alkoholreichen, trockenen Weinen, die denen von Bandol gleichen und Bellet mit Weiß- und Roséweinen von leichter, feiner Art.

Die große Spezialität der Côtes de Provence sind ihre Roséweine: fruchtig, meist trocken, frisch. Sie sollten jung getrunken werden. Die bemerkenswertesten Rotweine kommen aus Puget-Ville, Taradeau und Pierrefeu, da sie durch ihren würzigen Geschmack auffallen. Etwas geschmeidiger sind die Rotweine von Saint-Tropez und Gonfaron. Auch die Weißweine der Côtes de Provence sind fast alle durchgegoren, gelegentlich etwas säurearm.

Fast ausschließlich Rotweine wachsen auf 33 000 Hektar Rebfläche in den Departements Aude und Pyrénées-Orientales. Die kraftvollen, warmen und geschmeidigen Weine profitieren von meist kalkhaltigen Böden in einem trockenen Klima. Unter der V.D.Q.S.-Bezeichnung Corbières werden hier jährlich etwa 700 000 Hektoliter Wein geerntet, vorwiegend aus Grenache- und Cinsault-Reben. Weiter südlich wachsen auf noch dürrerem Boden die Corbières du Roussillon, die sich durch ihre besondere Farbintensität auszeichnen.

Nördlich vom Anbaugebiet der Corbières auf den Ausläufern des Montagne Noire werden die roten Weine des Minervois geerntet. Jährlich sind es etwa 650 000 Hektoliter, überwiegend fruchtige und körperreiche Weine mit dem V.D.Q.S.-Zeichen.

Alkoholreiche, dunkelrote und würzige Weine mit der V.D.Q.S.-Bezeichnung Costières du Gard wachsen südöstlich von Nîmes. Südöstlich von Bordeaux liegt ein weiteres V.D.Q.S.-Gebiet, das Beachtung verdient: die Côtes de Buzet. Die früher als Bordeaux-Weine verkauften gehaltvollen Tropfen haben im Anbau manche Ähnlichkeit mit ihren berühmten Nachbarn: Sie werden aus den Sorten Malbec, Cabernet und Merlot gewonnen, bei den Weißweinen führen Sémillon und Sauvignon.

Weine von besonderer Eigenart, kräftig und fruchtig mit einem ausdrucksvollen Bukett, in denen sich das Mittelmeerklima und ein steiniger Boden im Wachstum verbinden, gedeihen auf der Insel Korsika. Die wichtigsten Weine mit der A.C.-Bezeichnung Vin de Corse stammen von den Coteaux d'Ajaccio auf der Westseite und im mittleren Teil sowie aus Sartène im Südwesten der Insel. Die Weinberge in der rauhen Gebirgswelt geben mit ihrem Verwitterungsgestein den Weinen ihr charakteristisches Gepräge. Lediglich in Patrimonio, im Nordosten Korsikas, wachsen die Reben auf schiefrigem, sand- und tonhaltigem Boden unter einem strahlenden Sonnenhimmel.

Côtes du Rhône

Das drittgrößte Weinbaugebiet Frankreichs teilt sich mit seinen 120 Weinbaugemeinden in zwei weitläufige Anbauregionen auf. Ihre Grenzen bestimmen jeweils individuelle Klima- und Bodenverhältnisse. Die nördlichen Côtes du Rhône weisen das typische Lyonnaiser Klima auf mit relativ hoher Luftfeuchtigkeit und starker Sommerhitze, die von den steilen Hängen der Weinberge absorbiert wird. In dieser eindrucksvollen Weinlandschaft mit ihren durch Mauern befestigten Weinbergen stehen die Rebstöcke in lockeren, granithaltigen Böden.

Die Anbauregion Südliche Côtes du Rhône, die sich in die Bezirke rechtes und linkes Rhône-Ufer unterteilt, kennzeichnet ein Übergangsklima zwischen kontinentalem und nordafrikanischem Klima. Strahlend blauer Himmel und klare Luft bestimmen meist das Sommerwetter. Frühjahr und Herbst sind hingegen reich an Regen, und an etwa 200 Tagen im Jahr weht der Mistral, gegen den die Reben mit Hilfe von Zypressenreihen geschützt werden. Die Rhône schwemmt mit ihren Nebenflüssen Quarzitgestein an, das sich besonders um Châteauneuf-du-Pape als Kieselgeröll ablagert. Am rechten Südufer der Rhône besteht der magere Boden aus Sand oder kalkhaltigem Sandstein. Die Vins du Soleil der

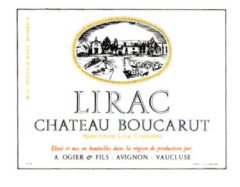

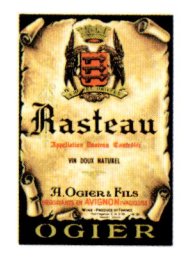

Linke Seite: Weinstraße bei Châteauneuf-du-Pape, im Hintergrund das Schloß von Châteauneuf.
Rechte Seite: Nach traditioneller Art werden die gelesenen Trauben in einem großen Bottich gestampft.

Côtes du Rhône tendieren immer mehr zur leichten, duftigen, frischen Art. Die einstmals schweren, tanninhaltigen Rotweine und die mächtigen Weißweine werden heute immer seltener. Die 30 000 Hektar Rebfläche sind in 14 A.C.-Gebiete aufgeteilt.

Vom Schankwein zum Spitzenwein
Im Norden besitzen die farbstoffintensiven, bukettreichen, feinen Rotweine der Côte-Rôtie (Durchschnittserzeugung 1300 hl) und die trockenen, goldenen Weißweine von Condrieu (100 hl) Bedeutung. Beide Weine bezaubern durch ihre ausgefallenen Duftnoten. Der Condrieu kann schon jung getrunken werden, der Côte-Rôtie entwickelt sich durch langjährige Lagerung zu einem echten Spitzenwein.

Eine weitere Köstlichkeit und Rarität ist der Wein von Château Grillet (60 hl), ein feuriger, goldfarbener Weißwein, der nach Veilchen duftet. Jung getrunken ist er ebenso wie die Weißweine von Crozes-Hermitage (15 000 hl) ein wahrer Genuß. Auch die ziemlich leichten Rotweine schmecken jung besonders angenehm. Der Hermitage (3700 hl) gehört zu den besten Weinen Frankreichs, besonders der Rotwein, der sich als vollmundiger, eleganter, feiner Wein für eine lange Lagerung eignet. Ein Drittel der Erzeugung entfällt auf Weißweine trockener, körperreicher Art. Außerdem wird ein süßer, alkoholreicher Strohwein (Vin de Paille) aus weißen Trauben gewonnen.

Gleichfalls von guter Qualität sind die Rotweine von Saint-Joseph (2100 hl) und Cornas (1200 hl), die allerdings denen von Hermitage qualitativ nicht ebenbürtig sind. Der Saint-Joseph ist zart und leicht und duftet nach Waldhimbeeren, der Cornas dagegen ist kräftig und delikat. Seine besten Gütemerkmale entfaltet er nach drei Jahren. Einen trockenen, spritzigen Weißwein liefert Saint-Péray (1300 hl), dessen Schaumweine, meist nach der Champagnermethode hergestellt, zu den exquisiten Sorten außerhalb der Champagne zählen.

Der Châteauneuf-du-Pape (90 000 hl), einer der berühmtesten Rotweine Frankreichs, wird aus 13 Rebsorten gewonnen. Ebenso wie der benachbarte Gigondas (26 000 hl) eignet sich der tiefrote, kräftige Wein mit dem höchsten vorgeschriebenen Mindestalkoholgehalt (12,5°) sehr gut zur langen Lagerung. Da diese Weine schneller reifen als der Hermitage, zeigen sie sich schon nach wenigen Jahren vollmundig und vollendet.

Einer der populärsten Roséweine kommt aus Tavel (22 000 hl), ein trockener Wein von hellrosa Farbe, der durch sein delikates Bukett bezaubert. Man sollte ihn im zweiten oder dritten Jahr nach der Ernte trinken. Ein etwas leichterer Rosé als der Tavel wächst in Lirac (12 000 hl), der jedoch nicht ganz so exquisit ist wie der Tavel.

13 Gemeinden sind berechtigt, ihre Weine Côtes-du-Rhône-Villages (60 000 hl) zu nennen. Aus dem Departement Vaucluse (7 Gemeinden) kommen herzhafte, kräftige Rotweine und süffige Roséweine, aus dem Departement Drôme (5 Gemeinden) frische, fruchtige Rosé- und Rotweine und aus dem Departement Gard (Chusclan und Laudon) geschmeidige Weiß- und Roséweine. Die A.C.-Bezeichnung Côtes-du-Rhône umfaßt neben jährlich 1 Million Hektoliter unterschiedlichster Rot-, Rosé- und Weißweine als Spezialitäten zwei natürliche Süßweine: den bernsteinfarbenen Rasteau und den Muscat de Beaumes de Venise aus dem Departement Vaucluse.

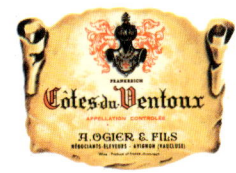

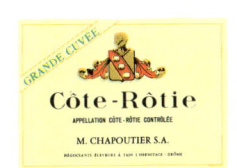

Loire-Tal

Heiter, leicht, frisch, delikat – in den Weinen des Loiretals spiegelt sich etwas von der Lieblichkeit und Weite der Landschaft, der Schönheit seiner Schlösser, dem Reichtum seiner Geschichte. Selten bringen sie eine belastende Schwere, selten aber auch eine einzigartige Größe, die sich noch nach Jahrzehnten aufrechterhält. Etwa 15 mittelfranzösische Departements teilen sich diesen lebensfrohen Wein im Anbau beiderseits der Loire, von denen ein halbes Dutzend Weinbaugegenden die Reichhaltigkeit der Loire-Weine nach allen Richtungen abrunden.

Nördlich von Nevers, ehe die Loire ihren Lauf allmählich in westliche Richtung ändert, liegt das erste A.C.-Gebiet: Pouilly. Auf 400 Hektar wachsen der Pouilly fumé und der Blanc fumé de Pouilly, würzige, kräftige Weißweine mit etwa 13° Alkohol, die aus der Sauvignon-Rebe erzeugt werden. Sie sind meist trocken, manchmal etwas lieblich. Ihr Name Fumé leitet sich von dem zarten rauchfarbenen Beschlag der Beeren zur Reifezeit ab.

Auf dem gegenüberliegenden Loire-Ufer erzeugen 13 Gemeinden im Sancerre-Gebiet auf 400 Hektar vorwiegend Hanglagen einen trockenen Weißwein, der etwas lieblicher und leichter als der Pouilly ist.

Nordwestlich der Stadt Bourges, am linken Ufer des Cher, gedeiht der würzige Quincy auf 200 Hektar und der trockene Reuilly auf 25 Hektar. Gleichfalls eine Weininsel außerhalb der dicht aneinanderliegenden Weinbezirke an der Loire sind die Coteaux du Loir nördlich von Tours, wo etwa 700 Hektar Weinberge mit Pineau-Reben bedeckt sind. Das Spitzenprodukt dieser gefälligen Weine ist der ziemlich seltene goldgelbe, fruchtige Jasnières aus dem Pineau de la Loire.

In der Touraine gedeihen die Reben in einem gemäßigten Seeklima, der Nordwind wird durch die Coteaux du Loir abgehalten. Der meist niederschlagsarme Oktober begünstigt vielerorts die Weinlese.

In der nördlichen Touraine stehen in den Weingärten Rebsorten des Bordelais, wie Cabernet und Malbec. Der Süden weist burgundische Sorten, Gamay und Pinot noir, hier Noble Joue genannt, auf. Die Weißweine bestechen durch Feinheit und Eleganz, die Rotweine durch anregendes Tannin, einen Duft, der an Veilchen erinnert, Frische und Festigkeit, von der einige Weine noch im späteren Reifeprozeß profitieren.

Die mit Recht berühmtesten Weißweine der Touraine, der trockene, anregend fruchtige Vouvray und der angenehm herbe Montlouis, repräsentieren einen Weintyp, der jung getrunken ebenso gut gefällt wie nach einigen Jahren der Reife. Die führenden Rotweine, der süffig-gefällige Chinon, der leichte, fruchtige Bourgueil und der gehaltvolle Saint-Nicolas-de-Bourgueil schmecken jung getrunken vorzüglich. Die perlenden Vouvray-Weine, nach der Méthode champenoise durch Flaschengärung gewonnen, werden in der Geschmacksrichtung brut und für den Export auch demi-sec hergestellt. Die lieblichen Weißweine der Touraine enthalten meist einen Restzuckergehalt zwischen 10 und 20 g/l.

Eines der bekanntesten Produkte von Anjou wird aus den Rebsorten Groslot, Cot und Gamay gewonnen: der meist halbtrockene, frische und fruchtige Rosé d'Anjou. Roséweine aus der Sorte Cabernet gefallen durch ihre Eleganz, Feinheit und ihren Duft. Sie werden als Cabernet d'Anjou oder Cabernet de Saumur – je nach Herkunft – bezeichnet. Die Sorte Cabernet ergibt in Anjou

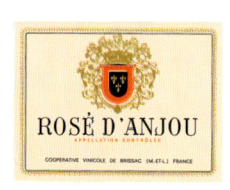

Mit ihren großartigen Schlössern zählt die Weinbauregion an der Loire zu den kulturell interessantesten Weinlandschaften Frankreichs.

und in Saumur leichte bis kräftige Rotweine. Aus der Chenin-Traube erzeugt man in Anjou trockene und halbtrockene Weißweine, in Saumur trockene Weißweine. Zu den größten Weißweinen des Anjou zählen der Coteaux du Layon, halbtrocken bis sehr süß, kräftig und extraktreich, der Coteaux de la Loire, fest und rassig, trocken oder halbtrocken, der Coteaux de l'Aubance, halbtrocken, elegant und fein sowie der Coteaux de Saumur mit einem charakteristischen Erdgeschmack, trocken oder halbtrocken.

Fast an der Mündung der Loire, in einem Rebenareal von beinahe 10 000 Hektar, ist der Muscadet beheimatet. Gemäß ihren verschiedenen klimatischen und geologischen Gegebenheiten unterscheidet man drei Produktionszonen: Muscadet de Sèvre-et-Maine (80% der Gesamtproduktion) mit sehr trockenen, leichten und frischen Weißweinen, die als die besten Muscadets anzusprechen sind, Muscadet des Coteaux de la Loire (10% der Gesamterzeugung) mit hellen, frühreifen Weißweinen und Muscadet (im westlichen Teil des Gebietes außerhalb der geschlossenen Weinbauregion) mit preiswerten, trockenen Weißweinen. Alle Muscadet-Weine sollten jung und kühl getrunken werden, ebenso wie der Gros Plant (V.D.Q.S.) aus der Gegend von Nantes und die trockenen, leichten Roséweine der Coteaux d'Ancenis.

Champagne

Die nördlichste französische Weinbauregion gibt der Weinproduktion des Landes mit dem Champagner ihr deutlichstes Profil: Ein international führender Bekanntheitsgrad, verbunden mit einer allgemein sehr hohen Wertvorstellung und einem damit akzeptierten beträchtlichen Preisniveau verleihen dem Champagner eine einzigartige Sonderstellung unter den schäumenden Weinen der Welt.

Auf knapp 20 000 Hektar werden von etwa 16 000 Winzern im Champagner-Anbaugebiet östlich von Paris drei Rebsorten gepflanzt: Pinot noir und Pinot Meunier in zwei Dritteln der Weinberge und Chardonnay. Die „weiße" Chardonnay schenkt dem Champagner Feinheit und Eleganz, der „rote" Pinot gibt ihm Körper, Kraft und Feuer. Der Champagner, überwiegend ein weißer Schaumwein, wird also zum größten Teil aus Rotweinreben erzeugt, deren Most beim Pressen rasch abläuft, so daß er nicht die roten Farbkörper der Beerenhülsen annimmt.

Der eigentliche Ausbau des Champagners beginnt nach Beendigung der ersten, meist stürmischen Gärung. Der erste entscheidende Abschnitt ist die Zusammenstellung der Cuvée, einer Mischung der Weine verschiedener Lagen. Die klimatischen Gegebenheiten (Durchschnittstemperatur der Champagne im Jahr nur 10° C, also nur 1° C über dem Minimum für ausreichende Traubenreife) lassen nicht in jedem Jahr überall in der Champagne befriedigende Qualitäten reifen. Um für das spätere Endprodukt eine gleichmäßige Geschmacksgattung zu erreichen, werden bei der Cuvée Weine unterschiedlicher Sorten, Lagen und Jahrgänge gemischt. In außergewöhnlich guten Jahrgängen kann sich eine Cuvée nur aus Weinen dieses einen Jahrganges zusammensetzen, so daß der Champagner auf dem Etikett entsprechend mit Jahrgangsangabe gekennzeichnet wird (Jahrgangs-Champagner).

Ende März ist die Zusammenstellung der Cuvée abgeschlossen, der Wein wird gefiltert und geschönt. Bevor er in Flaschen gefüllt wird, erhält er den Tiragelikör (Liqueur), in Wein gelösten Zukker, der die für die Herstellung von Schaumwein notwendige zweite Gärung in der Flasche auslöst.

Die Méthode champenoise
Die zweite Gärung in der Flasche, das Kernstück der Méthode champenoise, macht sich durch eine allmähliche Trübung des Weines bemerkbar. An den Flaschenwandungen setzen sich Fermente und überschüssige Salze ab, und die Kohlensäure erreicht einen Druck von 5 oder 6 Atmosphären. In bestimmten Zeitabständen werden die auf Holzlatten lagernden Flaschen bewegt, um den Bodensatz in der Flasche umzuschichten. Nach Beendigung der Schaumbildung muß der Wein mindestens noch ein Jahr (bei Jahrgangs-Champagner mindestens drei Jahre) im Keller bleiben, damit er durch langsames Altern Feinheit, Blume und Eleganz bekommt.

Der während dieses Lagerprozesses sich in den Flaschen ansammelnde Satz wird durch Rütteln und Abschlämmen aus der Flasche entfernt. Zum Rütteln steckt man die Flaschen mit den Hälsen nach unten in schräggestellte Pulte, deren Neigung mit dem Rüttelvorgang verändert werden kann. Dadurch kann der Satz allmählich zum Korken gelangen. Bei dieser Remuage werden die Flaschen täglich in einer bestimmten Rüttelbewegung gleichzeitig um ein Achtel gedreht. Versierte „Rüttler" schaffen über 30 000 Flaschen pro Tag. Nach 6 Wochen bis 3 Monaten ist die Remuage abgeschlossen, und man beginnt mit dem Degorgieren. Dabei wird der Flaschenhals in eine Gefriersalzlösung getaucht, so daß sich bei −20° C am Korken und dem sich daran angesammelten Satz ein Eispfropfen bildet. Beim Öffnen der Flasche werden Satz und Trubteilchen herausgeschleudert, zur Kontrolle wird die Flasche auf Klarheit des Weines durchleuchtet, sein Duft geprüft und der durch das Abschlämmen verlorene Anteil mit etwas Dosagelikör (einer Mischung aus Champagner und Rohrzucker) nachgefüllt. Diese 5 bis 6 ccm Versanddosage (Liqueur d'expédition) bestimmen das jeweilige Geschmacksbild des Champagners von brut (sehr trocken) bis doux (süß).

150 Champagner-Häuser in Reims und Epernay oder Umgebung, die allerdings nur etwa 20% der Rebanbaufläche besitzen, füllen jährlich etwa 100 Millionen Flaschen Champagner, von denen etwa 25 bis 30% in alle Welt exportiert werden. Die nicht schäumenden Trinkweine der Champagne werden unter der Bezeichnung Coteaux Champenois A.C. angeboten. Eine immer mehr geschätzte Rarität davon ist der stille rote Champagnerwein aus guten Lagen (die bekannteste ist Bouzy). Als Crémant werden Schaumweine bezeichnet, die außerhalb der Champagne nach der Méthode champenoise hergestellt werden (zum Beispiel Crémant de Loire oder Crémant de Bourgogne).

Linke Seite: Während der „Remuage" wird die Flasche jeden Tag mit einer Achteldrehung bewegt, eine Arbeit, die etwa acht Wochen bis drei Monate dauert und viel Geschick erfordert.
Rechte Seite: Blick auf die endlosen Weingärten der Champagne; im Hintergrund die malerische Windmühle von Verzenay.

Ostfrankreich

Elsaß

Im Schutze der Vogesen zwischen Straßburg und Mülhausen sowie auf einigen kleineren Flächen um Wissembourg an der Landesgrenze zum deutschen Weinbaugebiet Rheinpfalz sind auf einer Länge von fast 110 Kilometern 12 000 Hektar Weinberge vornehmlich mit Weißweinreben bepflanzt. 1945 wurden sie unter A.C.-Schutz gestellt. Für das Elsaß gibt es keine lokalen oder regionalen Herkunftsbezeichnungen, obwohl einige bekannte Lagennamen auf den Etiketten erscheinen. Die Kennzeichnung „Vin d'Alsace" als A.C.-Hinweis bezieht sich jeweils auf Weine bestimmter Rebsorten, die einen Mindestalkoholgehalt von 8,5°, bei Weinen mit dem Attribut „Grand Vin", „Grand Cru" oder „Réserve exceptionnelle" von mindestens 11° aufweisen. Eine Mostanreicherung darf nur um höchstens 2,5° Alkohol erfolgen. Elsässische Weine entwickeln sich unter idealen klimatischen Bedingungen für rassige, fruchtige und elegante Weißweine auf geologisch sehr unterschiedlichen Böden. Vorherrschend sind Kalk, Kieselerde und fruchtbarer Lehm, also gute Weinbergsböden für Weißweine. Die Weinberge sind nach Südosten und Süden ausgerichtet, jährlich empfangen sie zwischen 1900 und 2000 Stunden Sonnenschein, die jährliche Regenmenge liegt unter 900 mm. In der Flûte d'Alsace (der elsässischen „Flöte"), der langhalsigen Spezialflasche, werden angeboten: Als Tischweine der Sylvaner (trocken, mild, neutral), der Chasselas (leicht, frisch) und der Zwicker, ein Verschnitt aus Chasselas und Sylvaner. Feine Tischweine sind der Pinot blanc (Clevner), ein ausgeglichener, geschmeidiger, trockener Weißwein und der Edelzwicker (Gentil), ein Verschnitt aus Weinen guter Rebsorten. Spitzenweine des Elsaß sind der Riesling (sehr trocken, fruchtig, spritzig, anregend), der Gewürztraminer (körperreich, trocken, würzig, mit feinem Bukett), der Tokay d'Alsace (Pinot gris/Ruländer), ein voller, ausdrucksstarker und oft wuchtiger Wein, sowie der Muscat d'Alsace, ein trockener, fruchtiger Wein mit Muskatgeschmack. Eine elsässische Spezialität ist der Knipperlé, ein einfacher Tischwein aus der Sorte Räuschling oder Ortlieber, der meist im Weinbaugebiet getrunken wird. Hervorragende Qualitäten unter den Spitzenweinen werden von der Confrérie Saint-Etienne, der Weinbruderschaft, mit einem Siegel ausgezeichnet.

Arbois und Jura

Zwischen dem Saône-Tal und der Schweizer Grenze werden auf 820 Hektar in einer Länge von 80 Kilometern und auf 8 bis 12 Kilometern Breite altberühmte Weine angebaut, unter denen der „korallenfarben" getönte Rosé aus der Rebsorte Poulsard der populärste ist. Den trockenen, spritzigen Wein trinkt man kühl, wenn er jung ist, und leicht chambriert nach fünf oder mehr Jahren. Außer den V.D.Q.S. sind die wichtigsten A.C.-Bezeichnungen der Côtes du Jura das 600 Hektar umfassende Gebiet von Arbois (21 000 hl) mit 13 Weinbaugemeinden. Vin jaune, der berühmte „gelbe" Wein, ist ein bernsteinfarbener Wein aus der Savagnin-Rebe, voll, stark aromatisch und alterungsfähig (bis zu 100 Jahren). Etoile ist ein Schaumwein, der nach verschiedenen Verfahren gewonnen wird.

Schon im 17. Jahrhundert erfreuten sich die Weine von Arbois in Frankreich großen Ansehens, und sie waren mit die ersten, denen der A.C.-Schutz zuteil wurde. Pasteur entdeckte die Geheimnisse

Linke Seite, links: Zentrum der reizvollen Altstadt von Colmar, Hochburg der elsässischen Weinerzeugung. Die Gebäude aus dem 16. Jahrhundert sind in ihrem ursprünglichen Zustand erhalten geblieben.
Linke Seite, rechts: Keller im Château Chalon im Jura, Herkunftsort des berühmten gelben Weines, der mehr als hundert Jahre alt werden kann. In den Körben befinden sich leere Flaschen, die zum Spülen und Reinigen bereitstehen.
Rechte Seite: Eine sehenswerte Kirche und schöne alte Häuser schmücken den elsässischen Weinort Gueberschwihr.

der alkoholischen Gärung in Arbois. Der Weinberg, in dem er seine Versuche unternahm, ist heute noch zu besichtigen. Auch Strohweine werden in Arbois erzeugt sowie rubin- und granatrote Weine aus den Sorten Pineau und Trousseau. Die Chardonnay-Rebe ergibt einen trockenen Weißwein.

Savoyen
Am Südufer des Genfer Sees wachsen einige leichte, oft vorzügliche trockene Weißweine mit A.C.-Bezeichnungen. Sie kommen von den Hängen von Crépy und aus der Region um die Kleinstadt Seyssel. Außerdem verfügt Savoyen über eine beachtliche Anzahl von V.D.Q.S.-Weinen, die ebenso wie die A.C.-Qualitäten eine gewisse Verwandtschaft mit den Schweizer Weinen nicht verleugnen können. In Ripaille, am Ufer des Genfer Sees, wird ein schöner Fendant erzeugt, in Marignan ein trockener Chasselas. An den Coteaux Rhodaniens, in den Weinbergen des oberen Rhônetales, wachsen goldfarbene Weißweine, trockene, goldgrüne Weine und körperreiche, tiefrote Weine mit Würze und Tannin. In den Weinbergen im Tal der Isère (Vallée de l'Isère) wachsen bukettreiche, feine Rotweine und duftige, köstliche, klare Weißweine. Einen zarten, duftigen Weißwein gibt es am Mont Granier, ein exquisiter Schaumwein kommt aus Ayse im Tal der Arve.

Cognac und Armagnac

Bei aller Verschiedenheit der Produkte besitzen die Champagne und Cognac einige bemerkenswerte Ähnlichkeiten. Ihre Weine wachsen vornehmlich auf Kalkgestein, und in ihrer „Urform" vor einigen Jahrhunderten genossen sie keineswegs die Berühmtheit, die sie später als veredeltes Produkt erlangten. Und beide Erzeugnisse vermochten den Ruf Frankreichs als qualitativ führendes Weinland der Welt unerschütterlich zu manifestieren.

Ebenso wie echter Champagner nur aus der Champagne kommt, kann echter Cognac nur aus Cognac kommen, genauer gesagt aus den Weinbaugebieten des Departements Charente, Charente-Maritime und kleineren Teilen der benachbarten Departements Dordogne und Deux-Sèvres. Die gesetzlich abgegrenzte Anbaufläche von etwa 82 000 Hektar teilt sich in Lagen auf, die sich konzentrisch um die Spitzenlage „Grande Champagne" anordnen und nach dem Kalkgehalt ihres Bodens eingestuft werden. Die edelsten und rassigsten Cognacs, bukettreich, feurig-mild, stammen von der Grande Champagne, die etwa 11% der gesamten Anbaufläche ausmacht. Ihr fast ebenbürtig ist die Petite Champagne (10,3%). Ein Verschnitt aus Weinen beider Lagen heißt Fine Champagne, wenn er mindestens zur Hälfte Weine der Grande Champagne enthält. Die körperreichsten Cognacs kommen aus den Borderies (3,9%), die meisten Drei-Sterne-Cognacs aus den Fins Bois (33%). Über ein nachhaltiges Feuer verfügen die Cognacs aus den Bons Bois (29%), die einfachen Qualitäten liefert der Bereich Bois ordinaires (13%), der auch geographisch vom Herzen der Charente, der Grande Champagne, am weitesten entfernt ist.

Angebaut wird vor allem die Rebsorte Ugni blanc, die hier Saint-Emilion des Charentes heißt. Das Mahlen und Pressen der Trauben wird nach modernsten technischen Erkenntnissen durchgeführt. Ihre Destillation erfolgt nach traditionellen Methoden. Die „Brouillis" (das Trübe) wird beim ersten Erhitzen des Weines im Destilliergerät gewonnen. Die 28° starke Flüssigkeit wird nun durch die Bonne Chauffe (gute Erhitzung) ein zweites Mal destilliert. Dieser Prozeß ist für Art und Qualität des Cognacs entscheidend. Der Tête (Kopf, also die ersten Liter) und Queue (der Schwanz, der Rest) werden dabei abgeleitet und nur das Herz (Cœur), das Mittelstück der Destillation, ergibt schließlich die Feinheit und Reinheit des Cognacs.

Der jetzt gewonnene Feinbrand mit etwa 60° Alkohol wird zur Reife mehrere Jahre in 250- bis 300-Liter-Fässern aus Limousin-Eichenholz in weitläufigen Hallen, den Chais, gelagert. Um die gewünschte Trinkstärke von 40° zu erhalten, verdünnt man den Cognac mit einem Destillat faible oder Petite Eau, einem sehr schwachen Cognac. Es gibt eine Fülle von zum Teil Pseudo-Altersangaben, von denen nur zwei offiziellen Charakter besitzen. Der V.S.O.P. (very superior old product) muß mindestens fünf Jahre alt sein, der Trois-Etoiles (drei Sterne) muß mindestens zwölf Monate gelagert haben.

Große Bedeutung wird dem Holz geschenkt, aus dem die Fässer für die Cognac-Lagerung hergestellt werden. Dafür geeignet hält man ein spezielles Eichenholz, das aus nur zwei bestimmten französischen Gegenden stammen darf.

„Das Feuer der Gascogne"

Inmitten des von Bordeaux – Toulouse – Bayonne gebildeten Dreiecks liegen etwa 18 000 Hektar Rebfläche, auf denen Weißweinreben für die Armagnac-Erzeugung wachsen. Armagnac, der ältere unter den berühmten französischen Weinbränden, wird in einer kontinuierlichen Destillation ohne zweiten Nachlauf gewonnen. Das Ergebnis ist ein Weindestillat mit 55 bis 63° Alkohol, reich an Düften und weinigen Substanzen.

Gelagert wird der Armagnac in Fässern aus der schwarzen Eiche der Gascogne, fünf Jahre bei V.O. und V.S.O.P., mindestens ein Jahr mehr bei Extra Napoléon, Vieille Réserve. Jahrgangs-Armagnac ist nicht verschnitten und stellt für Kenner eine kostbare Spezialität dar, denn seinen Reifehöhepunkt erzielt der Armagnac meist erst nach zwanzig Jahren.

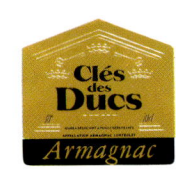

Linke Seite: Ein imposantes Bild bieten die bei der Cognac-Firma Hennessy aufgereihten Korbflaschen.
Rechte Seite, oben: Das Verfahren der Cognacdestillation wurde fast unverändert aus dem 16. Jahrhundert übernommen. Gebrannt wird im „Alambic", der in der Form einer Zwiebel gleicht. Seine Spitze geht in einen Schwanenhals, den „Col de Cygne" über, durch den eine Schlange („Serpentin") weiter durch das Kühlgefäß („Pipe") führt. Diese Anlage steht im Hause Hennessy.
Rechte Seite, unten: Das Cognacbrennen erfordert viel Feingefühl. Die einzelnen Teilergebnisse des Destillates werden vom Experten auf ihre Qualität sorgfältig geprüft.

Die besten Armagnacs stammen aus dem Bereich um Eauze in Bas-Armagnac. Gute Qualitäten werden aus Weinen der Gebiete Ténarèze und Haut-Armagnac gewonnen. Im Gegensatz zur Charente liefert der Kreideboden von Haut-Armagnac die minderen Qualitäten. Die feinsten Sorten wachsen auf den Sandböden von Bas-Armagnac. Bei ihnen gelangen Wärme, Feuer und rustikale Gediegenheit mit einem wunderbaren Bukett am schönsten zur Geltung. Sie stellen den deutlichsten Gegenpol zur Weichheit und Eleganz des Cognacs dar.

Luxemburg

Linke Seite: Die besten luxemburgischen Weinberge sind nach Südosten ausgerichtet und profitieren somit von der Morgen- und Mittagssonne sowie von den kleinklimatischen Vorzügen der Mosel, die trotz ihres Ausbaues als Schiffahrtsstraße den reizvollen und idyllischen Charakter wahren konnte. Das Foto zeigt einen Blick von den Weinbergen bei Remerschen über das Flußtal hinüber zu den benachbarten deutschen Weinbergen.

Eines der nördlichsten Weinbauländer der Welt ist zugleich eines der kleinsten. Mit einer Jahresernte von durchschnittlich 140 000 Hektolitern hat es an der EG-Weinerzeugung einen Anteil von nur 0,1 %! Es wäre leichtfertig, aufgrund dieser geringen Mengen den Luxemburger Weinbau völlig im Schatten der großen benachbarten Weinländer zu vermuten. Im Gegenteil: Was auf 1260 Hektar an der Mosel zwischen Wasserbillig und Schengen von etwa 1500 Winzerbetrieben erzeugt wird, kann durchaus als ein ganz und gar eigenständiger Wein angesehen werden, der gegenüber den deutschen Moselweinen des anderen Flußufers und den Weinen der französischen Weinbaugebiete sein unverwechselbares Profil besitzt. Zu etwa 70 % werden in den sehr produktionsintensiven Weinbergen (mit den höchsten Hektar-Erträgen in der EG) Konsumweine angebaut. Es sind kräftige, kernige und sehr säurebetonte Elbling-Weine und duftige, zarte, aromatische Weine aus der Rebsorte Müller-Thurgau, die in Luxemburg als Rivaner bezeichnet wird. Etwa ein Viertel der Weinerzeugung entfällt auf Qualitätsweine, bei denen der Riesling mit rassigen, fruchtigen, frischen und eleganten Weinen führend ist. Aus dem Auxerrois werden sehr harmonische, gefällige Weißweine gewonnen, aus dem Pinot blanc (Weißburgunder) neutrale, frische und ziemlich fruchtige Weine, aus dem Ruländer relativ alkoholreiche Weine ebenso wie aus dem Traminer, der sich zudem durch eine reiche Blume auszeichnet. Die meisten Weine werden durchgegoren oder mit einem sehr geringen Restzuckergehalt angeboten. Qualitätsweine werden mit der „Marque nationale" ausgezeichnet, Prädikatsweine werden als Vin classé, Premier Cru und Grand Premier Cru klassifiziert.

Luxemburg	
Rebfläche	*1.260 ha*
Erzeugung	*140.000 hl*
Export	*79.000 hl*
Import	*70.000 hl*
Verbrauch pro Kopf	*41,25 l*

Deutschland

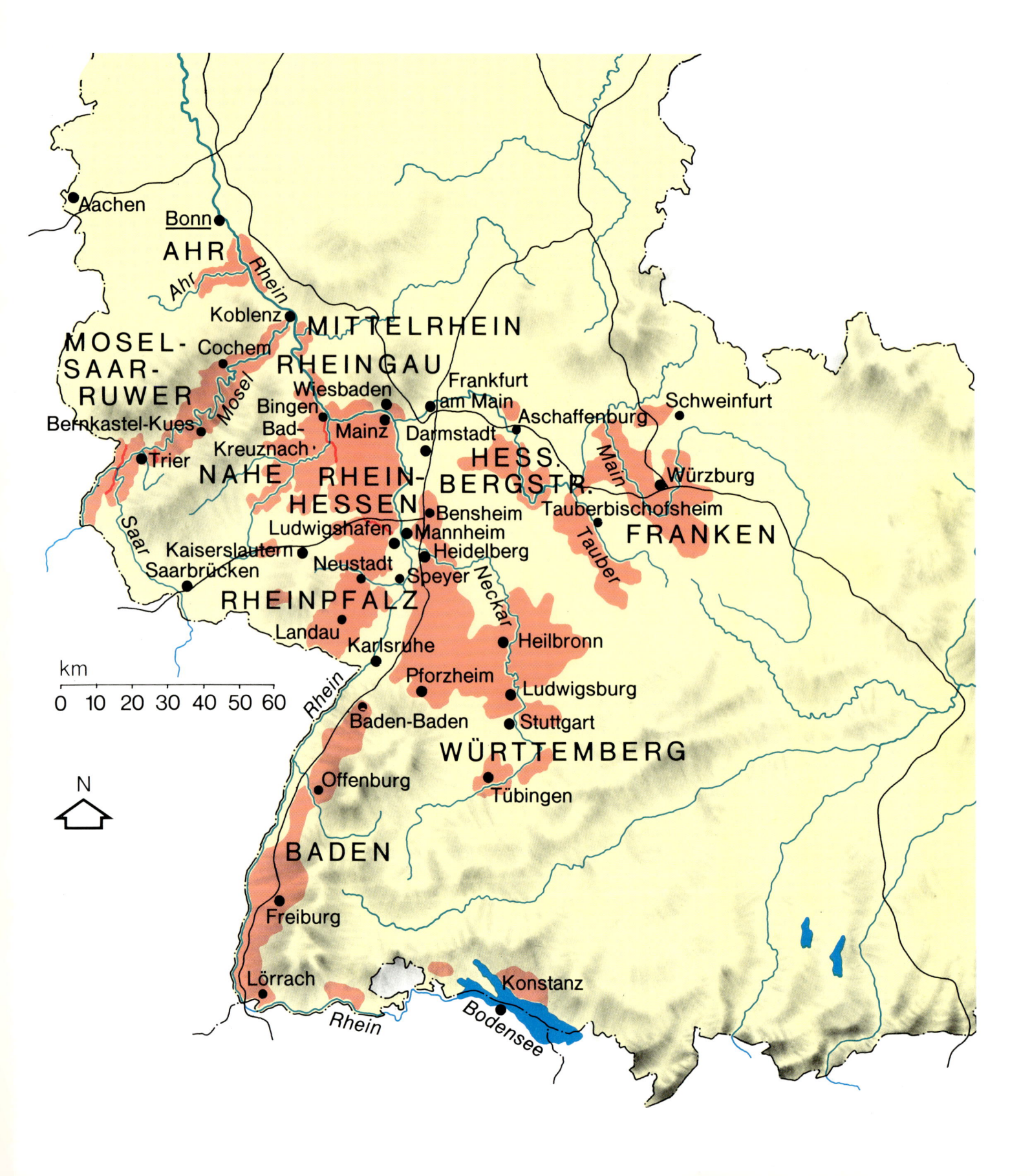

Weinanbaugebiete in Deutschland

AHR
MOSEL-SAAR-RUWER
MITTELRHEIN
RHEINGAU
NAHE
RHEINHESSEN
HESS. BERGSTR.
FRANKEN
RHEINPFALZ
WÜRTTEMBERG
BADEN

Städte: Aachen, Bonn, Koblenz, Cochem, Bernkastel-Kues, Trier, Bingen, Bad-Kreuznach, Mainz, Wiesbaden, Frankfurt am Main, Darmstadt, Aschaffenburg, Schweinfurt, Würzburg, Tauberbischofsheim, Bensheim, Ludwigshafen, Mannheim, Heidelberg, Kaiserslautern, Neustadt, Speyer, Saarbrücken, Landau, Karlsruhe, Heilbronn, Pforzheim, Ludwigsburg, Baden-Baden, Stuttgart, Offenburg, Tübingen, Freiburg, Lörrach, Konstanz

Flüsse: Ahr, Rhein, Mosel, Saar, Main, Tauber, Neckar

Bodensee

Maßstab: km 0 10 20 30 40 50 60

N

Weltweite Bedeutung haben Deutschlands Weißweine durch ihre Qualität, speziell durch den fruchtigen Charakter ihrer Rieslingweine gewonnen. Mengenmäßig ist die deutsche Weinerzeugung international ziemlich unbedeutend, obgleich in den letzten zwanzig Jahren die Durchschnittserträge pro Hektar verdoppelt werden konnten. Diese auf Ertragszuwachs ausgerichteten Erzeugungsmethoden gehen allerdings nicht selten vor allem bei bestimmten Rebsorten und in gewissen Lagen auf Kosten qualitativer Ergiebigkeit. Die Folge ist eine oft beträchtliche Anzahl von Weinen mit relativ niedrigen Mostgewichten, die erst durch eine Anreicherung den für Qualitätsweine erforderlichen Alkoholgehalt erzielen.

Da die Mehrzahl der deutschen Weine, sogar auch die Rotweine, im Geschmack lieblich, mild und oft von betonter Süße sind, steht diese Verbesserung nicht unbedingt im Widerspruch zum typischen deutschen Weincharakter. Trockene Weine, die nur einen Anteil von etwa 3% an der gesamten Produktion haben, sind oft mit dem gelben Weinsiegel ausgestattet. In den meisten Fällen läßt die deutliche Fruchtsäure deutscher Weißweine auch bei höherem Restzuckergehalt die Weine rassig und frisch schmecken. Trotz des großzügigen Umgangs mit Restsüße verfügen deutsche Weißweine über eine breite Geschmackspalette. Eine qualitative Sonderstellung nehmen die hochwertigen Prädikatsweine ein, die bei ihrem hohen Anteil an natürlicher Edelsüße oft von einzigartiger Eleganz sind.

Weißwein vom Rhein – ein Begriff

Die Weißweinerzeugung nimmt mit etwa 87% der Gesamtproduktion in Deutschland eine überragende Stellung ein. Damit in enger Verbindung steht die international verbreitete Vorstellung vom klassischen deutschen Weintyp, dem Rheinwein, der vor allem in den angelsächsischen Staaten unter der Bezeichnung Hock zum festen Begriff wurde. In seinem Image verbinden sich die Elemente einer wohl nur dem Rheintal eigenen Weinromantik mit steilen, von Burgen gekrönten Weinbergsterrassen, alten geschichtsträchtigen Orten und malerischen Weindörfern sowie dem majestätischen Fluß, der dieser unsterblichen Idylle von Wein, Weib und Gesang den Namen gibt. Genaugenommen trifft jedoch dieses Bild rheinischer Weinromantik nur für einen geringen Teil der deutschen Weinanbaugebiete zu, obgleich auch die anderen Weinregionen über ihre landschaftlich sehenswerten und kulturell bedeutsamen Anziehungspunkte verfügen.

So gehört es zu den lohnenden Beschäftigungen für den Weinfreund, nicht nur zwischen den touristischen Eigenarten der elf bestimmten deutschen Weinanbaugebiete zu differenzieren, sondern auch ihren Weinunterschieden nachzuspüren.

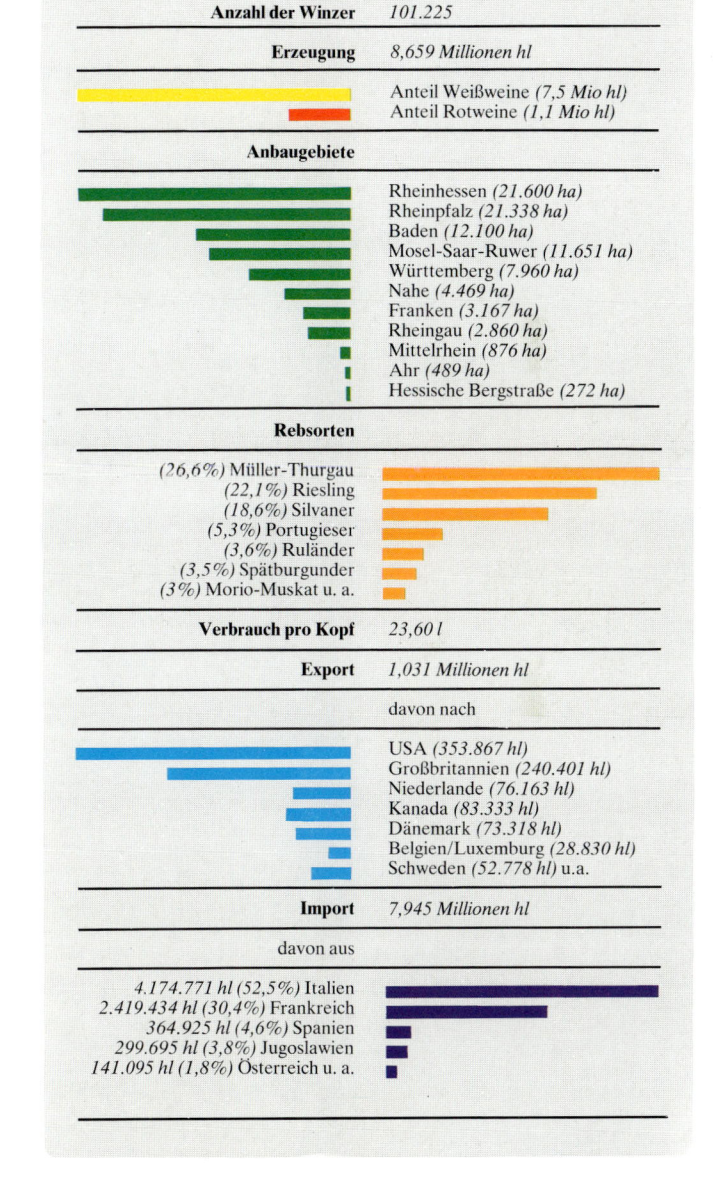

Rebfläche	89.398 ha
Anzahl der Winzer	101.225
Erzeugung	8,659 Millionen hl
	Anteil Weißweine *(7,5 Mio hl)*
	Anteil Rotweine *(1,1 Mio hl)*

Anbaugebiete

- Rheinhessen *(21.600 ha)*
- Rheinpfalz *(21.338 ha)*
- Baden *(12.100 ha)*
- Mosel-Saar-Ruwer *(11.651 ha)*
- Württemberg *(7.960 ha)*
- Nahe *(4.469 ha)*
- Franken *(3.167 ha)*
- Rheingau *(2.860 ha)*
- Mittelrhein *(876 ha)*
- Ahr *(489 ha)*
- Hessische Bergstraße *(272 ha)*

Rebsorten

- *(26,6%)* Müller-Thurgau
- *(22,1%)* Riesling
- *(18,6%)* Silvaner
- *(5,3%)* Portugieser
- *(3,6%)* Ruländer
- *(3,5%)* Spätburgunder
- *(3%)* Morio-Muskat u. a.

Verbrauch pro Kopf	23,60 l
Export	1,031 Millionen hl

davon nach

- USA *(353.867 hl)*
- Großbritannien *(240.401 hl)*
- Niederlande *(76.163 hl)*
- Kanada *(83.333 hl)*
- Dänemark *(73.318 hl)*
- Belgien/Luxemburg *(28.830 hl)*
- Schweden *(52.778 hl)* u.a.

Import	7,945 Millionen hl

davon aus

- *4.174.771 hl (52,5%)* Italien
- *2.419.434 hl (30,4%)* Frankreich
- *364.925 hl (4,6%)* Spanien
- *299.695 hl (3,8%)* Jugoslawien
- *141.095 hl (1,8%)* Österreich u. a.

Rheinhessen

Flächenmäßig das größte deutsche Weinbaugebiet, ist Rheinhessen das Erzeugungsgebiet jener Weine, die international als die deutschesten unter den deutschen Weinen angesehen werden. Zu ihrer weltweiten Popularität trug im vorigen Jahrhundert die Liebfrauenmilch bei, die ursprünglich nur aus dem Liebfrauenstift und dem Liebfrauengut in Worms (heute mehrheitlich im Besitz des Hauses P. J. Valckenberg) kamen und inzwischen zu einer Art Typenwein von lieblich-milder Art wurden, der auch außerhalb Rheinhessens in rheinischen Weinbaugebieten hergestellt wird.
Von den etwa 160 Weinbauorten Rheinhessens liegen die meisten im rheinhessischen Hügelland, einer fruchtbaren, waldlosen,

*Linke Seite, oben: Der „Haustrunk" rheinhessischer Winzer ist meist ein recht einfacher Wein, der in Literflaschen ohne Etikett abgefüllt wird.
Linke/rechte Seite: Von den Weinbergen am rheinhessischen Rheinufer reicht der Blick über den Weinort Gau-Algesheim weit über das Rheintal bis zum Rüdesheimer Berg im Rheingau und den Taunushängen.*

bäuerlichen Landschaft, wo auf unterschiedlichen Bodenarten das in Deutschland wohl mannigfaltigste Rebensortiment angebaut wird. In den letzten Jahrzehnten erlangte die Weinerzeugung im rheinhessischen Hügelland über die immer schon zufriedenstellende Mengenerzeugung hinaus eine neue Position im Güteniveau. Damit konnte ein gewisses Gleichgewicht zu den Weinen vom rheinhessischen Rheinufer, der „Rheinfront", erzielt werden, die mit ihren renommierten Weinorten wie Nierstein, Oppenheim, Bingen, Ingelheim und der Weinmetropole Mainz den Ruf rheinhessischer Weine begründet hat.

Die kleinklimatischen Vorzüge vermitteln den am Rhein gelegenen Lagen indes bestimmte Wachstumsvorteile, die sich nachhaltig in ihren Weinen, vor allem in den spät gelesenen Sorten, zeigen. Sie dürfen sich uneingeschränkt zu den edelsten Tropfen deutscher Weinerzeugung zählen.

Vielseitiges Rebensortiment

Rheinhessen ist fast ausschließlich ein Weißweinerzeugungsgebiet. Nur 5% der Rebsorten werden für Rotweingewinnung angebaut, die allerdings – wie die berühmten Ingelheimer – ihr traditionelles Renommee besitzen. Unter den Weißweinsorten dominieren mit 35% der Müller-Thurgau und mit 26% der Silvaner, die mit ihrer Milde, Vollmundigkeit und ihrem relativ neutralen Aroma den größten Beitrag zur Typologie des Rheinhessenweines leisten. Der Riesling – im benachbarten Rheingau und an der Mosel führende Rebsorte – steht in der rheinhessischen Rebstatistik erst an fünfter Stelle. Selbst die sonst herzhaftfruchtigen, spritzigen und rassigen Rieslingweine fallen in Rheinhessen fast immer einige Nuancen sanfter aus, was gerade von säureempfindlichen Weintrinkern mit Befriedigung registriert wird.

Eigentlich könnte man Rheinhessen als das Land der Neuzüchtungen bezeichnen, nehmen doch die in den letzten Jahrzehnten vor allem von der in Alzey beheimateten Landesanstalt für Rebenzüchtung geschaffenen Kreuzungen inzwischen in der Weinbaupraxis einen beträchtlichen Raum ein (21% der gesamten Rebfläche, im Bundesdurchschnitt jedoch lediglich 12%). Die dominierende Neuzüchtung weist mit ihrem Namen zugleich auch auf den „Vater" der neuen rheinhessischen Rebsorten hin: Die Scheurebe (6,48% der Rebfläche) wurde 1916 von dem rheinhessischen Rebenzüchter Georg Scheu aus der Kreuzung Riesling × Silvaner geschaffen. Weitere in Rheinhessen erfolgreiche Neuzüchtungen sind Morio-Muskat aus Silvaner × Weißburgunder, Faber aus Weißburgunder × Müller-Thurgau, Bacchus aus (Silvaner × Riesling) × Müller-Thurgau, Kerner aus Trollinger × Riesling und Huxelrebe aus Weißer Gutedel × Courtiller musqué.

Die ungewöhnliche Vielseitigkeit des rheinhessischen Rebensortiments wird ergänzt durch weitere Neuzüchtungen, die jedoch im Anbau bislang kaum über einen Anteil von 1,5% kommen, wie Perle, Siegerrebe, Ortega, Optima und Reichensteiner. Die klassischen Rebsorten Ruländer (3%), Gewürztraminer, Weißburgunder und Traminer kommen jeweils nur auf geringe Anteile. Bezeichnend für die rheinhessische Weinerzeugung ist, daß diese Rebsorten gerne miteinander verschnitten werden, so daß damit die Mannigfaltigkeit des Weingeschmacks nochmals eine Bereicherung erfährt.

Zwischen Bingen, Mainz, Worms und Alzey

Von römischen Legionären begründet, erlebte der Weinbau an der „Rheinfront" im 8. und 9. Jahrhundert seine erste Blütezeit. Die erste geschichtlich erwähnte Weinbergslage Deutschlands befindet sich in Nierstein, an der Sonnenseite der Kilianskirche: Die Lage Glöck ging gemäß einer Urkunde aus dem Jahre 742 von dem Frankenherzog Karlmann, einem Onkel Karls des Großen, als Geschenk an das Bistum Würzburg. (Sie ist heute im Besitz der Staatlichen Weinbaudomänen Oppenheim, deren Weine von dem Weingut Jakob Gerhardt vertrieben werden.)

Ihre exponierte, verkehrsgünstige Lage verschaffte den rheinischen Weinstädten Mainz, Bingen und Worms die Möglichkeit, nicht nur auf den umliegenden Weinbergen kostbare Gewächse anzubauen, sondern ihren Weinen schon früh einen verbreiteten Absatz zu sichern. Bingen, am Schnittpunkt von vier Weinbaugebieten gelegen (an Rheinhessen grenzen hier Nahe, Mittelrhein und Rheingau), liefert Weine unterschiedlicher Qualität. Die besten kommen vom Scharlachberg. Rosengarten sowie Schloßberg-Schwätzerchen bringen gleichfalls gute Qualitäten.

Die meist flachen Lagen und leichten Hanglagen von Ockenheim und Gau-Algesheim mit teilweise recht guten Weinen bilden den Übergang zu den Ingelheimer Lagen, wo auf kalkhaltigen Böden, vor allem Löß, Flugsand und Mergel, Spätburgunder und Portugieser samtige, milde Rotweine ergeben. Ausgezeichnete Qualitäten wachsen auf den südwestlich ausgerichteten Lagen, die als „Ober-Ingelheimer" seit langem einen guten Ruf genießen. Südlich von Mainz werden auf wasserdurchlässigen Böden bei Laubenheim sowie auf Mergelböden bei Bodenheim vollmundige, saftige Weißweine angebaut. In Nackenheim beginnen die geröllführenden, tonigen Sandsteinböden, die wegen ihrer markanten Farbe das „Rotliegende" genannt werden. Auf ihnen werden vor allem um Nierstein Weine von feiner, geschliffener Art mit hervorragender Blume und viel Körper erzeugt.

Zwischen Oppenheim, der 1200 Jahre alten berühmten Weinstadt, und Dienheim wachsen kräftige Weine von feiner Fruchtsüße. Die weiter südlich liegenden Weinberge von Guntersblum, Alsheim und Osthofen bis Worms zeigen in geologischer Hinsicht ein fast übereinstimmendes Gepräge. In den leichten Hanglagen und Flachlagen dominieren Lößböden, dementsprechend sind die Weine zart bis vollmundig, harmonisch und mild. Besonders deutlich ausgeprägt ist diese Geschmacksrichtung bei den Weinen aus dem Wonnegau mit seinen größeren Weinbauorten Dittelsheim-Heßloch, Bechtheim und Westhofen sowie den Weinen aus Alzey und den umliegenden Weinorten. Der Wonnegau bildet den südlichen Übergang zum Hügelland, auf dessen kalkhaltigen Böden Weine mit Saft, Fülle und Körper wachsen.

Analog zum breitgefächerten Rebensortiment bieten die rheinhessischen Weinerzeuger, darunter viele Genossenschaften – die größte unter ihnen ist die Zentralkellerei Rheinischer Winzergenossenschaften in Gau-Bickelheim – ein abwechslungsreiches Sortiment, in dem zwar die Weine mit deutlicher Restsüße führen, die unterschiedlichen Rebsorten jedoch interessante Akzente geben. Elf Spitzenweinerzeuger, vornehmlich von der Rheinfront, haben sich zur Vereinigung Rheinhessischer Rieslinggüter zusammengeschlossen und möchten damit für die Weinerzeugung des Gebietes spezielle Maßstäbe setzen. (Unter ihnen befinden sich so renommierte Weingüter wie Freiherr Heyl zu Herrnsheim

Linke Seite, oben: An der Liebfrauenkirche in Worms befindet sich die Urheimat eines der berühmtesten deutschen Weine, der „Liebfrauenmilch".
Linke Seite, unten: In einer typischen Mainzer Weinstube wird der Wein in den traditionellen Stangengläsern ausgeschenkt.
Rechte Seite: Bingen, eine der Weinmetropolen Rheinhessens, liegt am Schnittpunkt mehrerer deutscher Weinbaugebiete: Nahe, Mittelrhein und auf dem gegenüberliegenden Rheinufer der Rheingau.

in Nierstein, Rappenhof/Dr. R. Muth in Alsheim und Oberstleutnant Liebrecht in Bodenheim.) Andere namhafte Weingüter der Rheinfront sind Villa Sachsen in Bingen (zur Weinkellerei St. Ursula gehörend), Bungert-Mauer und Karl Wilhelm Müller in Ockenheim, Dr. Motzel und Helmut Weber in Gau-Algesheim, J. Neus, Julius Wasem, Johann Saalwächter, Paul Christian Saalwächter sowie Georg Niedecken in Ingelheim, Hans-Willi Fleischer in Mainz-Hechtsheim, Linus Haub in Bodenheim, Gunderloch-Usinger und Sans-Lorch in Nackenheim, Jakob Gerhardt/Niersteiner Schloßkellereien, Gustav Adolf Schmitt, Karl Georg Schmitt, Anton Balbach, Louis Guntrum, G. Harth in Nierstein, Dr. Dahlem, die Staatliche Weinbaudomäne Staatsweingut Landeslehranstalt und Carl Sittmann in Oppenheim, Schloßgut Schmitt in Guntersblum, Brenner, Johann Geil, Richard Beyer und Kurt Erbeldinger in Bechtheim, Karl Ludwig Schäfer in Mettenheim, Alfred Müller, Hermann Müller Erben und Otto Glaser in Osthofen.

Im Hügelland gibt es eine Vielzahl rühriger Weinbaubetriebe wie Koehler-Weidmann in Bornheim, Schätzel Erben in Selzen, Krebs-Grode und Geil in Eimsheim, Roll-Bootz in Dittelsheim, Dr. Becker und Schales in Flörsheim-Dalsheim, Karl Kissel, Heinz Walldorf und Wilhelm Betz in Saulheim.

Rheinpfalz

Linke Seite: Die Weinabteilung im Historischen Museum der Pfalz zu Speyer verfügt unter anderem über eine einzigartige Sammlung kunstvoll geschnitzter Weinfässer. Dieses Bild zeigt eine „Mostlotte" mit gefaßten Böden, eine prächtige Handwerksarbeit aus Landau (Rheinpfalz), die etwa Mitte des 19. Jahrhunderts entstand.
Rechte Seite: Entlang der Deutschen Weinstraße laden zahlreiche gepflegte Weinstuben zu Rast und genußvollem Probieren ein.

Die bedeutenden deutschen Weinbauregionen sind eingebettet in Flußtäler, ihre Reben stehen auf steilen Hängen beiderseits der Flußufer und spiegeln sich im Wasser. Gänzlich anders zeigt sich hingegen das Landschaftsbild des größten deutschen Weinanbaugebietes: Die 150 Millionen Rebstöcke der Rheinpfalz bilden ein Rebenmeer, das sich im Schutze des Haardtgebirges auf sanft geneigten Ausläufern bewaldeter Hügel bis in ein weiträumiges Flachland erstreckt, in dem die Winzerdörfer inmitten der endlos scheinenden Rebgärten dem Auge einige bunte abwechslungsreiche Tupfer bieten. Die Rheinpfalz kommt ohne den obligaten Flußlauf und ohne steile Weinberge aus, ihre Trümpfe sind eine klimatisch überaus begünstigte Vegetationsdauer, die ein sonnigsüdliches Kleinklima mit den für Deutschland ungewöhnlichen Daten von jährlich 1800 Sonnenstunden und 11° C Durchschnittstemperatur ermöglicht.

Seit Anfang der 30er Jahre wird das 150 Quadratkilometer große Rebenland von der Deutschen Weinstraße durchzogen. Die Straßenverbindung von 80 Kilometern Länge gab es natürlich schon wesentlich früher, doch der anspruchsvolle Name, mit dem eine Weinregion und viele Weinorte sich im Zusatz schmücken, erhielt 1934 offiziellen Charakter. „Südliche Weinstraße" und „Mittelhaardt – Deutsche Weinstraße" heißen die beiden Bereiche des Anbaugebietes Rheinpfalz, in denen der Weißwein mit etwa 85% der Gesamterzeugung weit über dem Rotwein liegt und so das Sortenbild bestimmt.

Mit Vorliebe nennt man unter den Weißweinsorten der Rheinpfalz den Riesling (14%) an erster Stelle. In der Tat sind seine Weine hier besonders herzhaft, körperreich, edel und elegant, an der Mittelhaardt sogar oft von einmaliger Größe. Sein Rebenareal ist mit 2919 Hektar beachtlich, doch die eigentlichen Weinpfälzer Sorten sind der Silvaner (20%, 4272 ha), dessen Weine duftig und saftig ausfallen, sowie der Müller-Thurgau (24,5%, 5227 ha), der die besonders süffigen, einschmeichelnden Kreszenzen aller Qualitätsstufen ergibt.

Reichhaltige Geschmackspalette

Den Pfälzer Weinen wird gerne nachgesagt, sie seien etwas breit und voluminös als Auslesen und nur weinig und wenig mitreißend als Tischweine. Ein Gebiet, das in guten wie in schlechten Weinjahren über 2 Millionen Hektoliter Wein erzeugt, vermag freilich nicht nur Spitzenqualitäten anzubieten. So sind die ehrlichen, zünftigen Schoppenweine ebenso eine Domäne der Pfalz wie ihre höchstprämierten Edelweine. Dazwischen liegt eine weite Skala von interessanten Gewächsen: viel Morio-Muskat-Weine zum Beispiel – aus einer in der Pfalz durchgeführten Rebenzüchtung – oder würzig-wuchtige Ruländer, duftende Traminer, harmonisch ansprechende Weißburgunder und die beliebten Weine der Scheurebe.

In dem 3 bis 4 Kilometer breiten Rebland, das sich von Nord nach Süd zwischen Pfälzer Wald und Oberrheinischer Tiefebene entlangzieht, geben unterschiedliche Bodenarten vor allem den kernigen, reintönigen Weinen oft einen markanten „Bodengeschmack". An der Oberhaardt zwischen Schweigen und Neustadt sind es vorherrschend Lehm- und Lößböden. Im Gebiet zwischen Neustadt und Herxheim wechseln sich die Weinbergsböden häufig ab, mal ist es kiesiger Lehm, mal kalkiger Buntsandstein oder vulkanischer Basalt und Glimmer. Der eine verleiht den Weinen Rasse und Würze, der andere Blume und Duft. Zwischen Herxheim und Bockenheim stehen die Reben wieder auf Lehm- und Tonböden, ihre Weine – vor allem Silvaner – gedeihen zu milden, bukettreichen und gehaltvollen Tropfen.

Etliche Weine aus dem ehemaligen „Weinkeller des Heiligen Römischen Reiches", der weingesegneten Pfalz, gelangen neben rheinhessischen Gewächsen vielfach besonders preiswert zum Angebot. Sie wollen jung getrunken werden und ohne Umschweife den Konsumenten erreichen. Andererseits erzielte eine 1960er Annaberg Scheurebe Beerenauslese mit 150° Oechsle des Stumpf-Fitz'schen Weingutes 1975 auf einer Frankfurter Weinversteigerung den Preis von 160 DM pro Flasche. Und für eine 1953er Dürkheimer Michelsberg Riesling Trockenbeerenauslese mit 225° Oechsle des Weingutes K. Fitz-Ritter wurden auf einer Weinversteigerung 1972 sogar 210 DM pro Flasche gezahlt. Man sieht: auch die Pfalzweine können nicht mit nur einer Elle gemessen werden.

Einen wirklich unbezahlbaren Wein bewahrt das Weinmuseum in Speyer auf: Als eines der Glanzstücke seiner eindrucksvollen Sammlungen zeigt es eine bei Speyer gefundene römische Glasamphore mit einem 1600 Jahre alten Wein, dem wohl ältesten Fund dieser Art in Mitteleuropa.

Entlang der Deutschen Weinstraße
Das Deutsche Weintor in Schweigen, wo die Deutsche Weinstraße ihren südlichen Ausgangspunkt hat, besitzt architektonisch einen gewissen Festungscharakter. Doch es ist weit geöffnet – auch zum benachbarten Elsaß hin – und lädt ein zu ersten Weinproben, denen sich zahlreiche weitere Degustationsmöglichkeiten entlang der Weinstraße anschließen. Im Ausschank befinden sich brave wie recht bemerkenswerte Weine der Winzergenossenschaft „Deutsches Weintor", einer der großen Gebietswinzergenossenschaften der Pfalz. Seit einigen Jahren verfügt Schweigen über eine Sehenswürdigkeit, die sich kein rechter Weinfreund entgehen lassen sollte. Nur wenige Schritte vom Weintor entfernt wurde der erste Weinlehrpfad Deutschlands eingerichtet, an dem die Sortenvielfalt und der Werdegang der Kulturrebe an praktischen Beispielen dargestellt sind.

Die Weine der Südlichen Weinstraße lassen sich nicht mit wenigen Worten charakterisieren und in ihrem Geschmack von denen der Mittelhaardt abgrenzen. Man muß die Besonderheiten der jeweiligen lokalen Weinerzeugung betrachten. Zum Beispiel die Muskateller von Gleiszellen, die Traminer von Bad Bergzabern, die eleganten Rieslinge von Rechtenbach und die herzhaften Silvaner von Dörrenbach. Nördlich schließen sich Weinbaugemeinden an, deren Rebflächen die 100-Hektar-Größe oft weit überschreiten: Klingenmünster, Heuchelheim, Göcklingen, Impflingen, Eschbach, Wollmesheim, Mörzheim und Ilbesheim. Die letzteren verfügen sogar über mehr als 200 Hektar Rebland, doch ihre Namen scheinen nur eingeweihten Weinkennern geläufig zu sein. Nicht anders ergeht es Arzheim oder Albersweiler, lediglich Birkweiler, Siebeldingen mit der Bundesforschungsanstalt für Rebenzüchtung und auch Godramstein machen hier eine gewisse Ausnahme. Eigentlich sind es nur die Winzerorte, die unmittelbar an der Weinstraße oder an den Hängen der Oberhaardt liegen, deren Namen einen besonderen „Wein-Klang" haben. So das romantische Rhodt unter Rietburg, auch das idyllische St. Martin und vor allem das renommierte Edenkoben (ebenfalls mit Weinlehrpfad). Die vielen Weindörfer in der Ebene zwischen Queich und Speyerbach müssen sich hingegen mit einem eher stillen, wenig populären Dasein begnügen. Ungerechtfertigterweise auch Nußdorf, Edesheim und Kirrweiler mit sehr ausgeglichenen Weinen.

Zwischen Mittelhaardt und Unterhaardt
Seit der Eingemeindung von acht umliegenden Winzerdörfern ist Neustadt die größte Weinbaugemeinde Deutschlands. Fast 2000

Linke Seite: Weinsprüche, Wappen und mancherlei Bauschmuck zieren viele Pfälzer Weingüter.
Rechte Seite: Ernte von Müller-Thurgau-Trauben in der Rheinpfalz. Die Müller-Thurgau-Rebe ist wie in Rheinhessen und an der Nahe auch in der Pfalz die am meisten angebaute Rebe. Das gesunde, gut aussehende Traubengut auf unserem Bild verspricht einen wohlschmeckenden, süffigen Weißwein, der in der Rheinpfalz besonders saftig und vollmundig ist.

Hektar erstklassiges Rebgelände befinden sich in seinen Gemarkungen. Die Kette der namhaften Pfälzer Weinorte nimmt schon südlich der Kalmit ihren Anfang: Maikammer mit einer reizvollen Sortenvielfalt, Diedesfeld und Hambach, Mußbach, Gimmeldingen und Ruppertsberg sind gewichtige Stationen auf dem Weg nach Deidesheim, Sitz der größten Pfälzer Weingüter (Dr. Bürklin-Wolf, Reichsrat von Buhl und von Bassermann-Jordan). Neben diesen drei berühmten B's hat die Rheinpfalz nicht gerade wenige renommierte Weingüter aufzuweisen. Stellvertretend für verschiedene Richtungen seien erwähnt: das Weingut Ökonomierat Rebholz in Siebeldingen für mustergültig trockene Weine, Weingut Pfeffingen in Bad Dürkheim für reintönige, sortentypische Weine mit viel Extrakt und höchster Qualität, Eduard Schuster in Kallstadt für markante Pfalzweine sowie das Weingut Dr. Deinhard in Deidesheim, das über ansehnliche Spitzenweine aus den pfälzischen Spitzenlagen verfügt. Eine Reihe von Winzergenossenschaften, namentlich „Vier Jahreszeiten" in Bad Dürkheim oder die Edenkobener Winzergenossenschaft stehen diesen Höchstleistungen nicht nach.

Doch zurück zur Weinstraße, die ihren vinologischen Höhepunkt zweifellos um die berühmten Orte Forst, Wachenheim, Bad Dürkheim und Kallstadt erreicht. Hier ist der beste Rieslingwein der Pfalz beheimatet, bei Ungstein werden süße, vollmundige Weine, in Bad Dürkheim neben kräftigen Weißweinen auch milde bis feurige Rotweine erzeugt. In vielen Weinbauorten der Unterhaardt ist der typische Pfälzer Rotwein beheimatet. Mild und süffig, wird er aus der Portugieserrebe gewonnen. Nördlich von Grünstadt durchquert die Weinstraße nur noch wenige Weinbauorte mit durchaus charaktervollen Gewächsen, bis sie in Bockenheim, östlich der nordpfälzischen Weinenklave Zellertal, ihren Abschluß findet.

Die Rheinpfalz gehört übrigens zu den besonders volkstümlichen Weinregionen, deren touristischer Veranstaltungskalender jedes Jahr mit einigen Höhepunkten aufwartet. Da findet in Bad Dürkheim Deutschlands größtes Weinfest, der „Wurstmarkt", im September unweit des „Dürkheimer Fasses" (es beherbergt ein Restaurant) statt. Einen Monat später schließt sich in Neustadt das Deutsche Weinlesefest an, auf dem traditionsgemäß die Deutsche Weinkönigin sowie die pfälzische Weinkönigin gewählt und gekrönt werden – erstere im Rahmen eines folkloristischen „Weihespiels". Gleichzeitig werden die Besucher des Festes aufgefordert, den originellsten Namen für den neuen Weinjahrgang zu finden. So erhielt zum Beispiel der 1976er den charakteristischen Titel „Sonnenschlucker".

Rheingau und Hessische Bergstraße

Würde man die deutschen Weinbergslagen einer ähnlichen Klassifizierung wie in Bordeaux oder Burgund unterziehen, die meisten „Grands Crus" für Riesling-Weißweine hätte zweifellos der Rheingau aufzubieten. Was in der angelsächsischen Welt auch heute noch mit dem Begriff Hock (abgeleitet von *Hoch*heimer Wein) belegt wird, hat seinen Ursprung in einem flächenmäßig kleinen Anbaugebiet, das allerdings eine unwahrscheinliche Konzentration von Spitzenlagen und damit Spitzenweinerzeugern aufweist.

Die außergewöhnliche Eignung dieses Fleckchens Erde am Fuße der Taunushänge für die Gewinnung von guten Weinen erkannte bereits Karl der Große, der vom gegenüberliegenden Rheinufer in seiner Pfalz in Ingelheim die frühe Schneeschmelze auf dem Johannisberg als sicheres Indiz für ein ideales Weinklima und gute Bodenbeschaffenheit gewertet haben soll. Auch hier waren es – ähnlich wie in Burgund – Mönche, die im Mittelalter als entscheidende Förderer der Weinkultur aktiv wurden. Die Klöster Johannisberg und Eberbach übernahmen die Funktion des beispielgebenden Weinbaus am Rhein. In Johannisberg (um 1100 gegründet) entdeckten die dortigen Benediktiner – durch einen Zufall, da die Genehmigung zur Weinlese des Fürstabtes aus Fulda zu spät bei ihnen eintraf – im Jahre 1775 die Spätlese. In Kloster Eberbach, ursprünglich eine Ansiedlung von Augustiner-Chorherren und Benediktinern, zogen 1135, von dem burgundischen Clairvaux kommend, weinerfahrene Zisterzienser ein, die während des Mittelalters ein beachtliches Weinbau- und Weinhandelsunternehmen mit über 200 Außenstellen errichteten.

Angebaut wurde allerdings bis ins 18. Jahrhundert Rotwein, vornehmlich Spätburgunder, wie ihn wahrscheinlich die Zisterzienser aus Burgund mitgebracht hatten. Erst ab 1700 gingen die Rheingauer Winzer allmählich zum Rieslinganbau (heute 2159 ha, 76,7%) über. Aus dem Jahre 1736 berichtet die Chronik erstmals von der Einrichtung eines Cabinet-Kellers auf Kloster Eberbach, in dem die besonders noblen Tropfen gelagert wurden. Einige Jahre später gab Schloß Johannisberg seinen erstklassigen Kreszenzen die Bezeichnung Cabinetwein. In der eingedeutschten Schreibweise wurde schließlich das Prädikat Kabinett daraus.

Lange Vegetationsperiode

In seinen kleinklimatischen Vorzügen ist der Rheingau den angrenzenden Gebieten jeweils um eine Nasenlänge voraus. Der Taunus schützt die Reben gegen kalte Nordwinde, der hier bis zu 1 Kilometer breite Rhein intensiviert auf der Wasseroberfläche die Sonnenreflexion, seine Verdunstung spendet vor allem in den Spätsommerwochen und Herbstmonaten Feuchtigkeit, die der spät reifende Riesling benötigt, um seine typische Frische und Eleganz im Wein entfalten zu können. Erst ein mildes Herbstklima ermöglicht dem Riesling ein volles Ausreifen, so daß die Weinlese im Rheingau oft erst in der zweiten Oktoberhälfte und sogar noch im November in vollem Umfang durchgeführt wird, wenn in anderen Gebieten die Lese bereits abgeschlossen wurde. Das Ergebnis dieser spätgelesenen, oft edelfaulen Trauben findet in einer harmonischen Ergänzung zwischen fruchtiger Säure und pikanter Süße, vielfach mit einem deutlichen Botrytis-Ton (hervorgerufen durch die Edelfäule der Beeren), ihren Ausdruck.

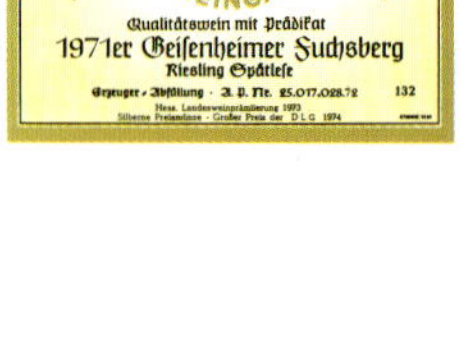

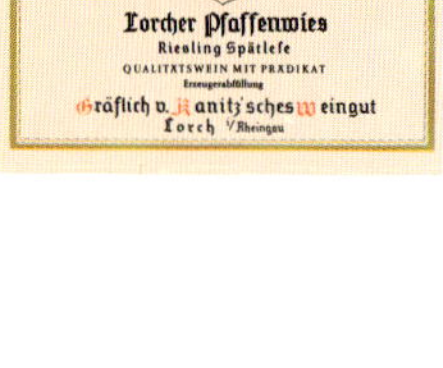

*Linke Seite: Weinprobe im Keller der Staatsweingüter in Eltville.
Rechte Seite: Das Zisterzienserkloster Eberbach gilt als Begründer
rheinischer Weinbaukultur. Auch heute noch verfügt es über sehenswürdige
Weinkeller. Jährlich werden hier bedeutende Weinversteigerungen mit
Rheingauer Spitzenweinen durchgeführt.*

Interessante Geschmacksnuancen unter den Rheingauer Rieslingweinen ergeben sich durch die ziemlich komplexe geologische Struktur der Weinberge. Sie befinden sich zwar alle in beinahe konsequenter Südexposition, in der sie von einem Optimum an Sonneneinstrahlung profitieren, doch vor allem die Mergelböden des oberen Rheingaus bieten in regenreichen Jahren beträchtliche Chlorosegefahr. In niederschlagsarmen Jahren hingegen sind diese wasserhaltenden Böden geradezu ideal für die Gewinnung körperreicher, fruchtiger Weine, wie zum Beispiel in den Lagen Erbacher Marcobrunn oder Kiedricher Sandgrub. Die warmen, tiefgrundigen und kalkhaltigen Löß- und Lehmböden des oberen Rheingaus, wie Oestricher Lenchen, Eltviller Sonnenberg, Geisenheimer Kläuserweg oder Winkeler Hasensprung und Winkeler Schloßberg, gestatten die Erzeugung gehaltvoller, duftiger Weine. Die warmen Schieferböden des unteren Rheingaus vermitteln den Weinen selbst in schlechten Jahren noch ausreichende spritzige und rassige Nuancen.

Die 1973 geschaffene Rheingauer Rieslingroute verbindet die 24 Rheingauer Weinorte von Hochheim bis Lorchhausen. Sie gehört zu den schönsten deutschen Weinstraßen.

Weinkultur und große Namen

Etwa 1000 Betriebe befassen sich im Rheingau mit Weinerzeugung. Dazu kommen etwa 1500 Winzer, die den Weinbau als Nebenerwerb betreiben. Außer einem guten Dutzend Winzergenossenschaften sind es etwa 50 führende Weingüter, die mit ihrer Qualitätsweinpolitik, Tradition und einem speziellen weinkulturellen Ambiente die Voraussetzungen dafür schufen, daß der Rheingauer Riesling in aller Welt zum Begriff wurde.

Der knapp 40 Kilometer lange Streifen Rheingauer Weinlagen wird an seinem westlichen und östlichen Ende von Weinorten begrenzt, die geographisch eigentlich nicht mehr direkt zum Rheingau gehören. Die Weinberge Hochheims liegen nach Süden ausgerichtet dem Main zu. Der Königin-Victoria-Berg erhielt seinen Namen 1850 anläßlich eines Besuches der englischen Königin, die eine Vorliebe für Rheingauer Weine hegte. Hölle, Domdechaney und Kirchenstück sind weitere vorzügliche Hochheimer Lagen für elegante, feinfruchtige Rieslingweine. An der westlichen Grenze des Rheingaus befinden sich im Anschluß an die renommierten Assmannshäuser Rotweinlagen (Höllenberg) die Steillagen von Lorch und Lorchhausen, auf denen ein rassiger Riesling gewonnen wird, der seine Verwandtschaft zum nahen Mittelrheingebiet kaum leugnen kann.

Mit der Windung des Flußlaufes in westliche Richtung nehmen westlich von Wiesbaden (mit eigenen Lagen wie Neroberg, Herrnberg) die großen Rheingauer Rebenstandorte ihren Anfang. Das hochgelegene Rauenthal brilliert mit sechs feinen Lagen (Baiken, Gehrn, Wülfen, Rothenberg, Langenstück und Nonnenberg), Martinsthal (Wildsau, Langenberg und Rödchen) sowie Oberwalluf (Fitusberg, Langenstück) und Niederwalluf (Berg-Bildstock, Walkenberg, Oberberg) geben sich mit ihren Weinen ein wenig rustikaler.

Nicht zuletzt von der intensiven Pflege durch die großen Eltviller Weingüter, wie die Gräflich Eltz'sche Güterverwaltung, die Verwaltung der Staatsweingüter im Rheingau, die Weingutsverwaltung des Freiherrn von Knyphausen und das Freiherrlich Langwerth von Simmern'sche Rentamt haben die Eltviller Lagen (Sonnenberg, Langenstück, Taubenberg) profitiert. Ähnliches ist für Kiedrich mit seinen Weingütern Dr. R. Weil und des Reichsfreiherrn von Ritter zu Groenesteyn zu sagen. Die Kiedricher Lagen Wasseros, Sandgrub und Gräfenberg rangieren in der Güteskala des Rheingaus an vorderer Stelle. Erbach ist durch seine Lage Marcobrunn unweit des Schlosses Reinhartshausen mit seinen bukettreichen, würzigen Weinen weltbekannt geworden. Darüber sollte man jedoch nicht die anderen zuverlässigen Erbacher Lagen vergessen: zum Beispiel Honigberg und Michelmark.

Linke Seite, oben: Einen der eindrucksvollsten Weinkeller besitzt das Schloß Johannisberg, in dem 7000 Hektoliter in Gebinden und 300 000 Flaschen – unter anderem in einer einzigartigen „Bibliotheca subterranea" – gelagert werden können.
Linke Seite, unten: Das majestätisch auf einem Hügel liegende Schloß Johannisberg geht auf eine Klostergründung aus dem 11. Jahrhundert zurück. Für die rheinischen Weinbaugebiete wurde hier erstmalig vor 200 Jahren eine Spätlese geerntet. Auch der „Cabinetwein" hat in Schloß Johannisberg seinen Ursprung.

Rechte Seite, oben: Wirtshausschild in Hattenheim.
Rechte Seite, unten: Zu den gut erhaltenen Fachwerkbauten in den Rheingauer Weinorten gehört auch das Haus der Weinkellerei „Alte Schmiede" in Kiedrich, in dem sich ehemals eine fränkische Schmiede befand.

Zwischen den Hattenheimer Lagen Heiligenberg und Engelmannsberg sowie dem Hallgartener Hendelberg liegt der legendäre Steinberg, der im 12. Jahrhundert von den Eberbacher Mönchen angelegt wurde und als vollarrondierter 32 Hektar großer Weinberg nach burgundischer Sitte wie ein „Climat" ganz von einer Mauer umgeben ist. Dank der gut bestückten Eberbacher Schatzkammer, vermögen die Staatsweingüter als Attraktion der Eberbacher Weinversteigerungen alte Steinberger Weine anzustellen, die pro Flasche oft mehr als tausend Mark im Zuschlag erbringen. Gute Hattenheimer Lagen sind Mannberg, Nußbrunnen und Wisselbrunnen sowie Hassel, Pfaffenberg und Schützenhaus, die unter anderem vom Weingut Balthasar Ress und dem Domänenweingut Schloß Schönborn bewirtschaftet werden. In Hallgarten verdienen die Lagen Jungfer, Schönhell und Würzgarten eine Erwähnung.

Als Glanzstück unter den Mittelheimer Lagen gilt der Edelmann, für Winkel sind Jesuitengarten, Dachsberg, Hasensprung sowie die fruchtsäurereichen Weine von Schloß Vollrads zu nennen. Johannisberg, überragt vom imposanten Schloß und dem dazugehörenden historischen Weinberg, hat neben renommierten Weingütern (Fürst von Metternich-Winneburg'sches Domäne Rentamt Schloß Johannisberg, Landgräflich Hessisches Weingut, G. H. von Mumm'sches Weingut und Weingut Johannishof) gleichermaßen berühmte Lagen vorzuweisen: Goldatzel, Schwarzenstein und Hölle. Die angesehene Hessische Forschungsanstalt für Wein-, Obst- und Gartenbau in Geisenheim bewirtschaftet neben den Weingütern Freiherr von Zwierlein, Rebhof Soherr und dem Erblöh'schen Weingut sowie anderen Weingütern einige der besten Geisenheimer Lagen wie Geisenheimer Fuchsberg, Rothenberg, Kläuserweg und Mäuerchen. An den klangvollen Lagen des vielbesuchten Rüdesheimer Berges ist eine beträchtliche Anzahl von Weingütern beteiligt. Der äußerst mühsam zu bebauende Berg – eine Flurbereinigung sorgt seit 1974 für eine Begradigung der zahlreichen kleinen Parzellen – ergibt ohne Zweifel die größte Fülle edler Rheingauer Rieslingweine.

Die Hessische Bergstraße

Das kleinste unter den elf deutschen Weinanbaugebieten betreibt im Schutz des Odenwaldes auf meist kleineren Hanglagen zwischen zahlreichen Obstbäumen den Anbau von Riesling (55%, auf etwa 150 ha), Müller-Thurgau (20%, auf 60 ha) und Silvaner (10%, auf 30 ha) sowie Ruländer (17 ha) und etwas Portugieser-Rotwein (2 ha). Im Charakter ähneln die Rieslinge denen des Rheingaus, sie verfügen über eine geschliffene Art, Rasse und Eleganz. Die Gebietswinzergenossenschaft in Heppenheim und das Staatsweingut in Bensheim sind die wichtigsten Weinerzeuger.

Nahe

Mit einem fast poetischen Hauch bezeichnet sich der Nahegau als das „Probierstübchen" der deutschen Weinlande. Ein überaus reichhaltiges Rebensortiment und die fast zentrale Lage innerhalb der deutschen Weinbaugebiete rechtfertigen eine solche einladende Namengebung.

Mit dem südlich benachbarten Anbaugebiet Rheinhessen hegt man eine Vorliebe für die milden, lieblichen Weine aus den Rebsorten Silvaner (24%, 1087 ha) und Müller-Thurgau (31%, 1384 ha). Die Silvaner der Nahe geraten nicht nur lieblich, in besseren Lagen verfügen sie auch über Saft und Körper. Die Müller-Thurgauer gefallen mit ihrem schönen Bukett und ihrem reizvoll runden Aroma.

Der echte Stolz vieler Nahewinzer sind ihre Rieslingweine, die oft wesentlich charmanter und geschmeidiger ausfallen als in den benachbarten Weinbauregionen. Der Rieslinganbau bedeckt hier immerhin 1005 Hektar und erreicht damit fast die gleiche Ausdehnung (22,5%) wie in dem wesentlich größeren Anbaugebiet Rheinhessen. Die vielfältige Weißweinerzeugung der Nahe dokumentieren zahlreiche Spezialsorten und Neuzüchtungen. Kräftige Ruländer (112 ha), mundige Weißburgunder (56 ha), bukettreiche Morio-Muskat-Weine (59 ha) und Sorten des erfolgreichen Rebenfachmannes Scheu (210 ha Scheurebe) werden mit zahlreichen, in ihrer Qualität oft bemerkenswerten Neuzüchtungen ergänzt. Da gibt es die dem Müller-Thurgau verwandte Bacchusrebe (98 ha), die extraktreiche, fruchtige Weine liefert, die dem Riesling ähnliche Kernerrebe (113 ha), die sehr bukettreiche Siegerrebe (20 ha), die Optima (24 ha) mit eleganten, rassigen Weinen und die Faber (91 ha) mit fruchtigen, frischen Weinen. Rotweinanbau spielt an der Nahe im Vergleich zu diesem schillernden Weißweinprogramm eine fast unbedeutende Rolle. Mit Portugieser sind etwa 37 Hektar Rebland bepflanzt, Spätburgunder steht auf 11 Hektar Weinbergen.

Linke Seite, links: Blick von Ebernburg zum Rotenfels, dem markanten „Nahegebirge".
Linke Seite, rechts: Das Nahetal mit dem idyllischen Flüßchen bei den namhaften Lagen von Schloßböckelheim.
Rechte Seite: Eine Eisweinernte steht bevor. Der Traubensaft ist in den Beeren gefroren. Das Ergebnis sind extrem hohe Mostgewichte und Weine mit viel Süße und geschliffener Säure.

Die Bodengestaltung der Naheweinberge läßt mit ihren abwechslungsreichen Formationen auf der Weinkarte dieses Probierstübchens kaum Monotonie aufkommen. Besonders würzige Weine wachsen auf dem violettroten sandigen Schieferletten, dem Rotliegenden, um Laubenheim, Langenlonsheim, Bretzenheim und am linken Naheufer von Bad Kreuznach. Quarzporphyrböden bestimmen in den südlichen Weinbergen Kreuznachs das Bild, außerdem sind zu registrieren: körnige Sandstein- und vulkanische Porphyrböden, Schiefer sowie Quarzite und schwerer Lehm. In Anpassung an die recht unterschiedliche Bodengestaltung wählt man an der Nahe die jeweils geeigneten Rebsorten aus, so daß sich in diesem Gebiet das gescheckte Bild eines Wein-Probierstübchens ergibt.

Wein zwischen Wald und Feldern

Wie ein bunter Fleckerlteppich sieht die Karte aus, auf der die 323 Einzellagen des Nahegaus dargestellt sind. Immerhin betreiben 80 Gemeinden an Nahe, Glan und Alsenz Weinbau, so daß in diesem landschaftlich reizvollen Gebiet mit seinen ausgedehnten Wäldern, Ackerflächen und Wiesen die Rebgärten und Weinberge nicht allein die Landschaft prägen. Die landwirtschaftliche Vielseitigkeit der Nahe-Weinbauern unterstreicht wiederum den Charakter des Nahewein-Angebotes, dessen bedeutende Akzente allerdings von den großen Lagen Bad Kreuznachs (wie Kahlenberg, Brückes, Hinkelstein, Krötenpfuhl, Narrenkappe, Osterhöll, Kauzenberg und Gutental), Schloßböckelheim (Kupfergrube, Königsfels) und Norheim bestimmt wird.

Fünf namhafte Weingüter haben sich zum Ersten Versteigerungsring der Naheweingüter in Bad Kreuznach zusammengeschlossen. Sie zählen neben einigen wenigen anderen führenden Weinbaubetrieben zu den qualitativ wichtigsten Weinerzeugern an der Nahe, die in den letzten Jahren auch beachtliche Exporterfolge erzielten. Bad Kreuznach, größte Weinbaugemeinde an der Nahe, beherbergt auch die meisten der führenden Naheweingüter: Rudolf Anheuser (65 ha), August Anheuser (57 ha), Reichsgraf von Plettenberg (40 ha), Carl Finkenauer (35 ha) und das Staatsweingut Weinbaulehranstalt (30 ha). In Burg Layen sitzen die Weingüter Dr. Höfer (33 ha) und Schloßgut Diel (19 ha) sowie das größte deutsche Weinbau- und Weinhandelsunternehmen Ferdinand Pieroth, in Schloßböckelheim bewirtschaftet die Staatliche Weinbaudomäne exzellente Lagen.

Für touristische Entdeckungsreisen empfiehlt sich die reizvolle 130 Kilometer lange Naheweinstraße, die mit einem Weinpokal-Emblem ausgeschildert ist.

Mittelrhein und Ahr

Wenn Deutschland als das nördlichste europäische Weinbaugebiet bezeichnet wird, so bezieht sich dies vor allem auf seine beiden kleinen Anbaugebiete im romantischsten Abschnitt des Rheintales nördlich von Bingerbrück und an der Ahr. Der Weinbau reicht bis an die Stadtgrenze von Bonn heran, doch es sind eigentlich mehr bacchantische Stützpunkte, die in Form kleinerer Weinberge von einigen wenigen Idealisten unter den Winzern in Fortführung einer einst großen rheinischen Weinbautradition bearbeitet werden.

Diese Arbeit ist gottlob ihrer Mühe wert, denn um den Absatz der Weine muß man sich hier unmittelbar am großen Touristenstrom im Rheintal und im ebenso gerne besuchten Ahrtal kaum Sorgen machen. Wer im Milieu gängiger Rhein- und Burgenromantik die einheimischen Lokalgrößen in Form von Rebensaft verkostet, dem werden ehrliche Tropfen vorgesetzt, die an fruchtiger Frische und Rasse oft nichts zu wünschen übrig lassen. Mittelrheinweine, an den sonnigsten Stellen des steilen, felsigen Rheinufers gewachsen, sind zu 77% Rieslingweine, die in guten Lagen (zum Beispiel Bopparder Mandelstein, Feuerlay und Ohlenberg oder Kauber Roßstein) eine Symbiose zwischen Mosel- und Rheingau-Rieslingen darstellen. Spitzenweinen des Mittelrheines, in manchen Jahren zwar eine Rarität, mangelt es keineswegs an Eleganz. Allerdings werden sie dem amüsierfreudigen Reisenden kaum vorgesetzt, da sich für weinselige Stimmungen offenbar auch Schoppenweine aus anderen Regionen bewähren.

Obgleich der Mittelrhein im unteren Rheinabschnitt Deutschlands nördlichstes Weinanbaugebiet ist, ermöglicht das windgeschützte und von der Sonne gut gewärmte Tal die Erzielung ansprechender Weinqualitäten. In dem 135 Kilometer langen Talabschnitt des Mittelrheingebietes wird die Bearbeitung karger Tonschieferböden in extrem steilen Lagen immer häufiger aufgegeben. Die Winzer bevorzugen die weniger mühsamen Lößböden in den flacheren Lagen auf den Bergplateaus und besetzen sie mit ergiebigen Neuzüchtungen, Müller-Thurgau (13,9%, 106 ha) oder Silvaner (1,5%, 31 ha). Mit diesen milderen Sorten vermag man auch gar zu rauhe Rieslinge ein wenig zu glätten.

In der Betriebsstruktur mittelrheinischer Weinerzeugung herrschen kleinere und mittlere Weinbaubetriebe vor. Weingüter wie Heinrich Weiler in Oberwesel, August Perll, Walter Perll, J. W. Ries, Franz Nickenig in Boppard, Roland Heidrich, Toni Jost und Jochen Ratzenberger in Bacharach, Klaus Wagner in Koblenz-Ehrenbreitstein, Broel-Bloeser in Königswinter, Adolf Weingart und Heinrich Müller in Spay gelten als typische Repräsentanten dieser Betriebe, die charaktervolle, herzhafte, feinblumige Rieslinge und gelegentlich auch einige bemerkenswerte „Außenseiter" (Ruländer, Traminer) erzeugen.

Musterbeispiele deutschen Rotweines

Im zweitkleinsten deutschen Weinbaugebiet haben sich Portugieserreben (121 ha, 25%) und der Blaue Spätburgunder (128 ha, 28%) im Anbau zu einem fast geschlossenen Rotweinzentrum formiert. Wie Weißweine beläßt man auch den Rotweinen einen mehr oder weniger großen Anteil „dienender" Restsüße, so daß sich die Rotweine des Ahrtales als gefällige, süffige, mundige Tropfen (aus der Portugieserrebe) oder weiche, mollige, samtige und gehaltvolle bis feurige Weine (aus dem Spätburgunder) präsentieren.

Das tief eingeschnittene Ahrtal bietet mit dem treibhausähnlichen Klima und den im mittleren Ahrteil besonders steilen, terrassierten Weinbergen trotz seiner nördlichen Lage ideale Voraussetzungen zur Gewinnung edelfruchtiger Kreszenzen.

Um die hier üblichen Heerscharen durstiger Wochenendausflügler vollends zufriedenstellen zu können, hält man auch eigene Weißweine parat: Riesling (109 ha, 22%) und Müller-Thurgau (96 ha, 20%). Sie zeigen in ihrer feinblumigen bis herzhaften Art (als Riesling) und im geschmeidig-milden Ton (als Müller-Thurgau) Ähnlichkeiten zu den benachbarten Mittelrhein-Weinen. Doch die beachtenswerten Aushängeschilder der Ahrwinzer sind ihre Rotweine von den schiefrigen Steillagen zwischen Ahrweiler und Altenahr. Die auf Weinprämierungen stets erfolgreichen Winzergenossenschaften (Vereinigte Ahrwinzergenossenschaften in Dernau, Ahrweiler Winzer-Verein, Recher Winzergenossenschaft und der Winzer-Verein Walporzheim) bestätigen dies mit ihrem Angebot ebenso wie die namhaften Weingüter (J. J. Adeneuer, Peter Kriechel und Wilhelm Schäfer in Ahrweiler, Domherrenhof/Brogsitter in Walporzheim, Fürst von Arenberg in Mayschoß und die Staatliche Weinbaudomäne Kloster Marienthal in Marienthal). Mit ihren Sortimenten repräsentieren sie umfassend das Angebot der elf Ahrweinbaugemeinden in dem etwa 25 Kilometer langen Weinbaugebiet.

Linke Seite: Die „Bunte Kuh", eine steile Felswand mit Weinbergsterrassen im engen Ahrtal.
Rechte Seite, oben: Zur Erinnerung an die fast 2000jährige Weinbautradition am Rhein schmückt sich die Weinbaugemeinde Rheinbrohl mit einem römischen Legionär, der die Beziehung zum Weinanbau deutlich sichtbar herstellt.
Rechte Seite, unten: Rotweinlese an der Ahr.

Mosel-Saar-Ruwer

Einzigartige Hinweise auf den römischen Weinbau im Germanien des 2. bis 5. Jahrhunderts finden sich besonders zahlreich und in mannigfaltigsten Formen an der Mosel. Das eindrucksvolle Grabdenkmal eines Weinhändlers mit dem „Neumagener Weinschiff" (Original im Trierer Museum) mit seinem verschmitzt lächelnden Steuermann und der großartige Lobgesang des aus Bordeaux stammenden Gelehrten Ausonius auf die Schönheit der „Mosella" mögen Beispiele für die hohe Blüte sein, die der Weinbau in dem an Windungen und Schleifen reichen Tal mit seinen landschaftlichen Reizen und den fachwerkgeprägten Weindörfern schon vor 2000 Jahren aufwies.

Von den 11 650 Hektar Weinbergen (hier in des Wortes eigentlicher Bedeutung) sind fast 7400 Hektar mit Riesling bestockt, 2350 Hektar mit Müller-Thurgau und 1120 Hektar mit Elbling, aus dem vor allem Sektgrundwein erzeugt wird. Der Rest verteilt sich auf Neuzüchtungen, deren Weine im Charakter dem Riesling ähneln oder ihn vorteilhaft ergänzen.

In dieser eindrucksvollen Landschaft, die für das Auge in den Flußtälern und auf den Höhen stets überraschende Ausblicke und wundervolle Panorama-Aussichten bietet, bestimmt der metallisch glänzende graublaue Schieferboden das Terrain der besten und steilsten Weinberge. Seine Fähigkeit, die Sonnenwärme des Tages für die kühleren Nachtstunden zu speichern und das Austrocknen des Bodens zu verzögern, indem er die Feuchtigkeit hält, sowie seine Verwitterungseigenschaften, mit denen er dem Rebstock Nährstoffe zuleitet, ermöglichen die Erzeugung von Weißweinen mit rassiger Eleganz, delikatester Feinheit, subtilem Spiel der Fruchtsäure und einem köstlichen Duft.

Die geschützten Täler mit ihren oft unvorstellbar steilen Lagen und eindrucksvollen Hängen sind mit der Sonnenreflexion der Flüsse und dem gemäßigten Kleinklima weitere Garanten für das Gedeihen spritziger, fruchtiger, frischer bis hochedler Rieslingweine, die sich nicht zuletzt durch gewisse geophysikalische Verschiedenheiten des Gebietes und Unterschiede in der kellertechnischen Behandlung der Weine deutlich voneinander abheben.

Der über 200 Kilometer lange Flußlauf der „Weinmosel" teilt sich in drei Abschnitte. Am Oberlauf dominiert weißer Kalkboden, auf dem leichte, duftige, aber auch herzhafte Weine gedeihen. Unterhalb von Trier durchbricht die Mosel in ihrem „dramatischen" Teil das Rheinische Schiefergebirge. Von Schweich bis Cochem reihen sich die berühmten Namen aneinander. An der unteren Mosel bilden Grauwacken und Tonschiefer den Untergrund der Weinberge. Ihre Weine zeichnen sich durch betonte Frucht, zarten Duft und pikante Säure aus.

Linke Seite: Ein neuer Weinberg an der Untermosel.
Rechte Seite, oben: Fachwerkhäuser in dem berühmten Weinort Bernkastel,
Heimat renommierter Moselweinlagen wie „Doctor" und „Graben".
Rechte Seite, unten: Das Weinland an der Mosel wurde vor 1800 Jahren
bereits von dem römischen Dichter Ausonius besungen.

Der Riesling von der Saar vermag sich in guten Weinjahren so hervorragend zu entfalten, daß man seine Weine dann gerne als die besten aller Moselweine bezeichnet. Ihre rassige Säure, ihre geschliffene, feinfruchtige Art und ihren wundervoll zarten Duft verdanken sie dem steinigen Schiefergrund und den klimatisch überaus günstig beeinflußten Lagen. Über ähnliche Merkmale verfügen auch die würzigen und köstlich-frischen Ruwer-Weine, deren 15 Kilometer lange Weinberge sich bis in den Trierer Talkessel mit seinen roten Sandsteinfelsen ziehen.

In Kennerkreisen wird immer gern vom Moselweintyp gesprochen, doch es scheint, daß dieses Schlagwort zu manchem Mißverständnis Anlaß gegeben hat. Unter dem sogenannten klassischen Moseltyp versteht man den kernigen, rassigen, säurebetonten, stahligen Wein, der nicht zu deftig und schon gar nicht plump und aggressiv sein sollte. Er kann ein ungemein fruchtiger und erfrischender Kneipwein, freilich auch in besonders sonnenreichen Jahren ein fast schon voller, verführerisch schmackhafter Festtagswein sein, der zu dem Feinsten gehört, was in Deutschlands Weinbergen wachsen kann. Doch was haben diese aufrichtigen Kreszenzen gemein mit jenen häufig apostrophierten „leichten Möselchen" mit geschmeidiger Milde, verhaltener Säure und mehr als dezenter Restsüße? Die seit Beginn der „süßen Welle" gerade an der Mosel heftig diskutierte Frage, ob der Moselwein durch betonte Restsüße nicht an einen gewissen Publikumsgeschmack zuviel Konzessionen gemacht und dabei seinen eigenen urwüchsigen Charakter preisgegeben hätte, bewegt auch heute noch die Gemüter. Immerhin sollte man nicht übersehen, daß sich immer mehr Winzer und Weingüter zumindest bei einem Teil ihrer Weine zum Mosel in der Originalversion ohne „dienende" Restsüße bekennen. Einige Erzeugerbetriebe lassen sogar fast alle Weine konsequent durchgären und bieten somit die trockenen Mosel nach alter Art an (zum Beispiel Leo Kappes in Zeltingen, Eduard Bremm in Neef oder von Nell in Kasel).

Daß allerdings auch edelsüße Auslese-Weine an der Mosel eine über 400jährige Tradition haben und diese Weingewinnungsmethode damit älter ist als die ersten Spätlesen von Kloster Johannisberg, scheint aus einer Bestimmung der Trierer Abtei aus dem Jahre 1562 hervorzugehen, in der die Empfehlung ausgesprochen wird, entweder die Trauben zu lesen oder aber faulen zu lassen.

Die hochwertigen Prädikatsweine sind an der Mosel von eigenem Reiz, da sich in ihnen – wie sonst kaum in anderen deutschen Weißweinen – markante Fruchtsäure mit aparter, vom typischen Botrytiston geprägter Süße zu einer zauberhaften Harmonie vereinigen. Solchermaßen vollkommene Tropfen finden sich gerade im Angebot der renommierten und traditionsreichen Trierer Güter (Bischöfliche Weingüter, Vereinigte Hospitien, Friedrich-Wilhelm-Gymnasium, Staatliche Domäne, von Kesselstatt und von Nell) sowie in einigen anderen namhaften Häusern, wie von Landenberg in Eller, J. J. Prüm in Wehlen, H. Thanisch und Deinhard in Bernkastel, Reverchon, Egon Müller und Hausen-Mabilon an der Saar, Karthäuserhof und von Schubert an der Ruwer. Solche trotz aller Fülle und Vielfalt der Bukettstoffe leichten Weine sind auch der Stolz der zahlreichen kleineren Winzerbetriebe und der Genossenschaften, die heute aufgrund der sich an der Mosel wandelnden Erzeugerstruktur immer mehr Bedeutung erlangen.

Berühmte Weinorte an Mosel, Saar und Ruwer
Noch ein wenig zaghaft beginnt in Perl an der Obermosel der Weinanbau, während am anderen Flußufer bereits die Rebberge Luxemburgs prächtige Ausmaße annehmen. Auch Nennig, unweit des luxemburgischen Weinbaustädtchens Remich gelegen, verfügt nur über kleineren Weinbergsbesitz. Ab Palzem endlich begleiten die Rebberge lückenlos die idyllische Obermosel. Wincheringen, Nittel und Temmels sind die größeren Weinbauorte, wo Tischweine in leichter, flüchtiger und duftiger Art wachsen.

Wahrscheinlich oft ein wenig zu Unrecht stehen sie in ihrem Bekanntheitsgrad völlig im Schatten jener großen Namen, die das 30 Kilometer lange Rebengebiet an der Saar zum Begriff für die Weinliebhaber gemacht haben. Serrig besitzt nicht nur mit seiner „Klause" ein Wanderziel für Romantiker, die Weinberge am Serriger Bach wetteifern in ihren Qualitäten mit jenen von Ockfen und Wiltingen. Saarburgs Weinberge steigen oberhalb der schönen Stadt steil an, Kanzems Rebenreichtum reicht beinahe direkt bis an das Saarufer heran. Bis vor 70 Jahren hat man an der Saar auch noch Rotwein gewonnen. Diese alte Tradition wurde nun in einigen Kanzemer Lagen wieder aufgegriffen.
In der romantischen Ruwer-Landschaft wachsen bei Eitelsbach, Maximin Grünhaus, Kasel und Waldrach Rieslingweine von unnachahmlicher Eleganz.
Zwischen Saar- und Ruwermündung gelegen, wurde die an kulturhistorischen Sehenswürdigkeiten reiche Moselmetropole Trier durch die Eingemeindung mehrerer umliegender Weinorte wieder zu einer bedeutsamen Weinstadt. Rund um den Petrisberg wurde ein drei Kilometer langer „Weinlehrpfad" geschaffen. Was das Trierer Landesmuseum an Schätzen aus der Geschichte des zweitausend Jahre alten Weinlandes zeigt, findet seine lebendige Fortsetzung in den malerischen Weinorten, den schmucken Höfen

Linke Seite: Nicht selten sind an der Mosel Anblicke wie dieser: durch den an Windungen und Schleifen reichen Flußlauf kann man die Mosel zu beiden Seiten der Weinberge sehen.
Rechte Seite: Wie an einer Perlenkette reihen sich die vielen schmucken Weindörfer beiderseits der Mosel aneinander.

und Gütern und den wohlgepflegten Weinbergen, die sich dem Besucher an der Mosel darbieten.

Wer von Trier kommend moselabwärts den großen Weinnamen nachspürt, dem bietet sich eine spannende Steigerung im Renommee ehrwürdiger Lagen dar. Bei Schweich setzt sich der Devonschiefer in den Weinbergen durch, der Fluß tritt mit zahlreichen Windungen und grandiosen Schleifen ins Schiefergebirge ein, die Neigungen der Weinberge werden allmählich immer extremer. Klüsserath, Leiwen, Trittenheim, Neumagen, Dhron, Niederemmel, Piesport, Filzen, Brauneberg – mit jedem Ortsnamen verbindet sich der klangvolle Begriff eines berühmten Weines. Da sich die Exposition der Weinberge – in Anpassung an den Fluß – fast ständig ändert, zeigen auch die Weine beglückende Differenzierungen. Ein großer Teil der Lagen Klüsserather Bruderschaft, Piesporter Goldtröpfchen und Brauneberger Juffer sind beinahe reine Südlagen, wo in guten Jahrgängen die Sonnenglut das Gedeihen feuriger und kraftvoller Tropfen fördert.

Bernkastel setzt diesen Triumphmarsch des Bacchus fort mit seinem berühmten Doctorberg und dessen legendären Rieslingweinen. Zur Abwechslung stehen die Weinberge dann wieder am rechten Moselufer, wo sie über Graach bis nach Zeltingen scheinbar eine große Einheit bilden. Doch die unübersehbaren Sonnenuhren an den steilen Hängen signalisieren weitere bekannte Namen. Nach dem Graacher Josephshöfer und dem Domprobst also die Wehlener Sonnenuhr, deren beste Parzellen am unteren und mittleren Hang liegen. Der Ürziger Würzgarten auf der andern Flußseite ist nach Südosten ausgerichtet. Auch ohne viel Phantasie vermeint man die Würze seines Weines besonders prägnant zu spüren. Beim Erdener Treppchen und dem benachbarten Prälat dominiert bereits wieder die Südausrichtung der Weinbergslage, so daß beide mit Recht zu den besten Weinbergen der Mosel gezählt werden. Über die Popularität des Kröver Nacktarsch muß nicht viel gesagt werden, die Weine dieser Großlage kennen keine Absatzschwierigkeiten. Im Flußverlauf setzt die Mosel bei Traben-Trarbach ihre Kapriolen fort.

Reil, Pünderich und Briedel sind die letzten Weinbauorte des Bereichs Bernkastel (Mittelmosel), der bis nach Trier reicht. Mit Zell beginnt der Bereich Zell (Untermosel), in dem am Cochemer Krampen, dem eindrucksvollen Mäander-Bogen, die steilsten Weinberge Deutschlands ansteigen. Auch hier formieren sich Burgen, mittelalterliche Stadtbilder, der stimmungsvolle Fluß und die unzähligen Rebstöcke zu einer der schönsten deutschen Weinlandschaften.

Baden

Linke Seite: Bickensohl mit seinen Rebhängen liegt im Herzen des Kaiserstuhlgebietes, wo auf Vulkanböden füllige Ruländer, gehaltvolle Spätburgunder und feurige Silvaner gedeihen.
Rechte Seite, links: Brotzeit bei der Weinlese.
Rechte Seite, rechts: Durbach zählt zu den bedeutendsten Weinbaugemeinden der Ortenau, dessen „Klevner" (Traminer) und „Klingelberger" (Riesling) zu den besten badischen Weißweinen gehören. Wahrzeichen ist die mittelalterliche Ritterburg Staufenberg, die bereits im 11. Jahrhundert von Reben umgeben war. Von hier aus hat man einen eindrucksvollen Rundblick auf den Schwarzwald und über die Rheinebene ins Elsaß.

Es ist in hohem Maße das Verdienst badischer Genossenschaften, daß das Weinland Baden heute zu den angesehensten Weinbaugebieten Deutschlands zählt. Durch eine straffe genossenschaftliche Erfassung war es in dem durch Kriegsschäden arg verwüsteten badischen Rebland möglich, mit Beginn der fünfziger Jahre eine mustergültige Weinwirtschaft zu errichten.

Als einziges deutsches Weinbaugebiet wurde Baden in die EG-Weinerzeugungszone B eingestuft, was vor allem höhere Anforderungen an die Mindestmostgewichte beziehungsweise Alkoholgrade für die einzelnen Qualitätsgruppen bedeutet. Nach dem viel zitierten Werbeslogan „Von der Sonne verwöhnt" kann sich das badische Weinland diese Sonderstellung leisten. Durch klimatische Vorzüge und die genossenschaftlich-moderne Kellerwirtschaft erzielen badische Weine nicht nur gute Qualitäten, sondern auch gute Preise (kommerziell auf dem Weinmarkt und ideell auf Weinwettbewerben und Prämierungen).

Den individuellen Weinausbau pflegen in den Hochburgen badischer Weinerzeugung einige renommierte Weingüter, wie in Durbach das Gräflich Wolff Metternich'sche Weingut (größtes und ältestes Qualitätsweingut der Ortenau), die Gutsverwaltung Freiherr von Neveu, das Markgräflich Badische Weingut Schloß Staufenberg, in Ihringen das Versuchs- und Lehrgut Blankenhornsberg, in Salem am Bodensee die Weingüter Max Markgraf von Baden und in Meersburg das dortige Staatsweingut. Gleichsam in einem geographischen Außenposten im badischen Neckartal wird vom Freiherrl. von Gemmingen-Hornberg'schen Weingut in Neckarzimmern ein sehr ansprechender Wein angebaut.

Genossenschaften und private Erzeuger präsentieren ein breites Angebot, in dem die Rebsorten Müller-Thurgau (37%, 4755 ha), Spätburgunder (18,7%, 2390 ha), Ruländer (14%, 1815 ha), Gutedel (9,3%, 1200 ha), Silvaner (4,8%, 620 ha) und Riesling (7%, 920 ha) dominieren.

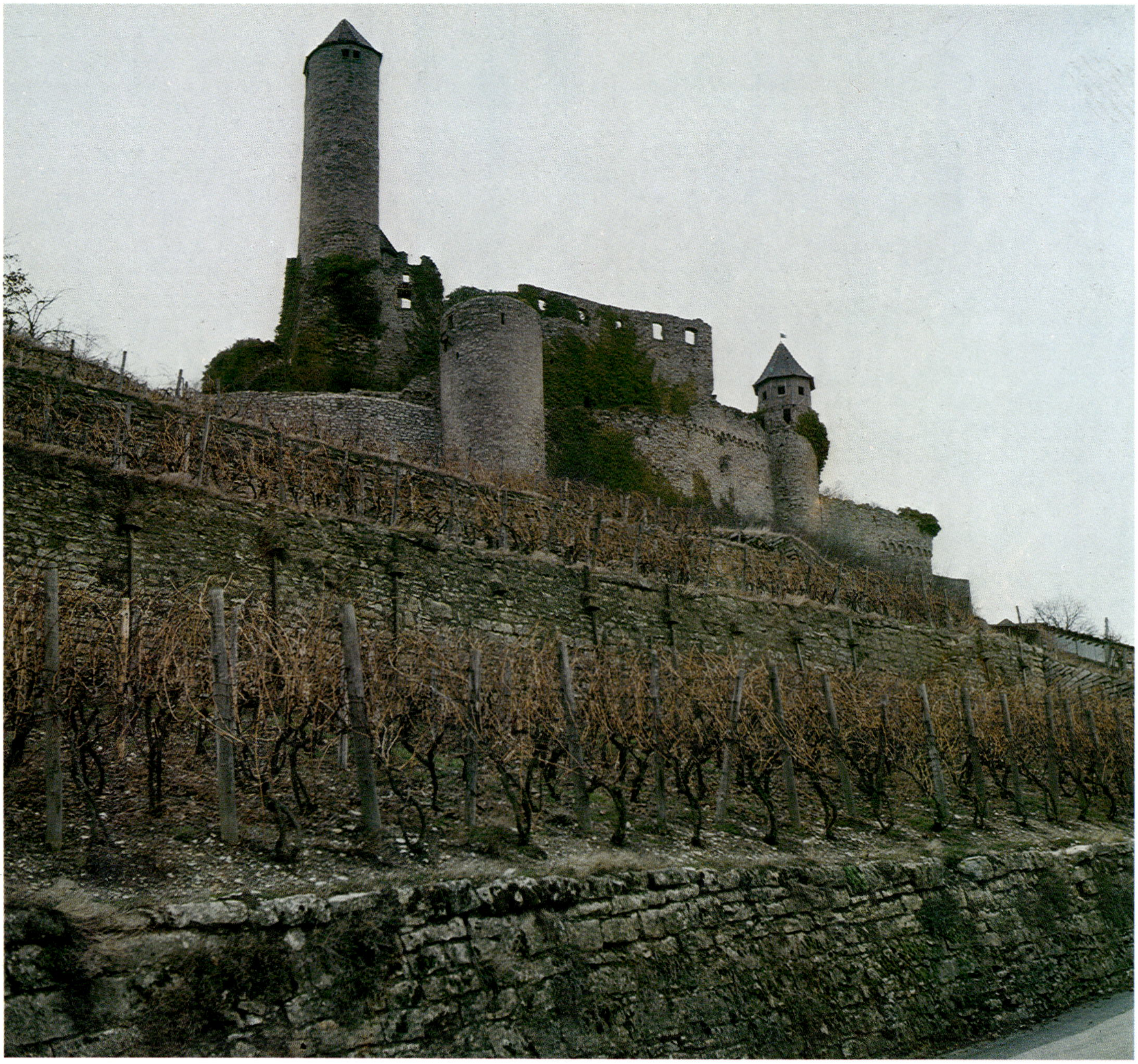

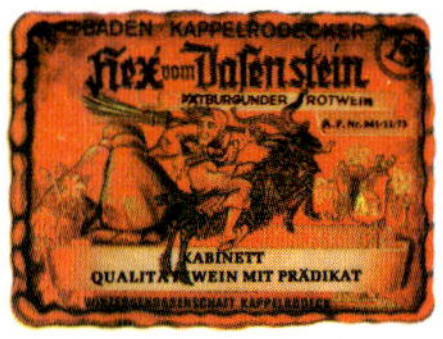

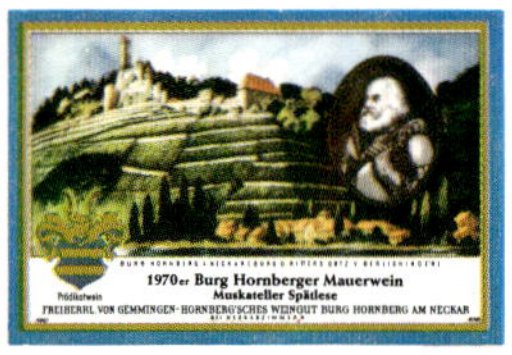

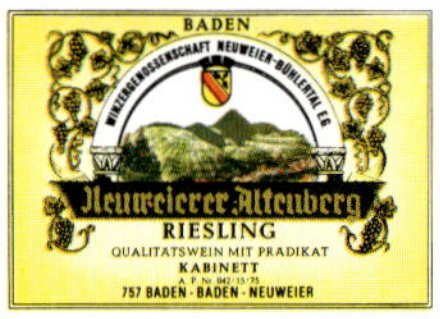

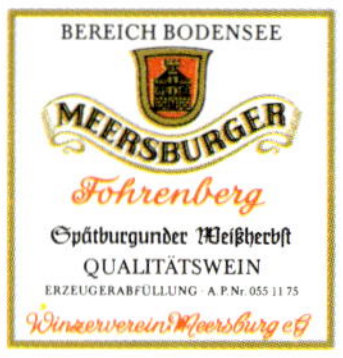

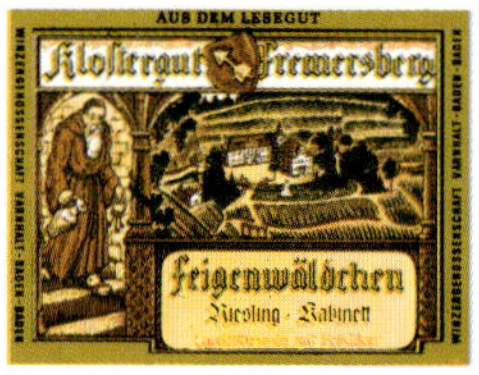

Qualitätswein A.P.Nr. 1/674-A-10-73

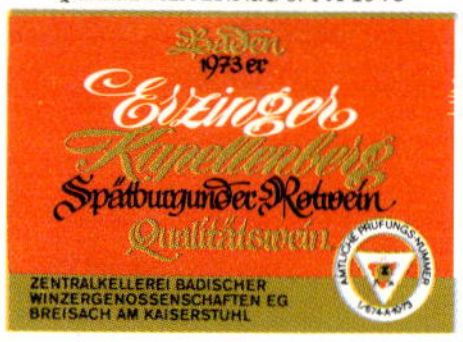

Linke Seite: Burg Hornberg, Götz von Berlichingens Alterssitz bei Neckarzimmern, beherbergt das Weingut des Freiherrn von Gemmingen-Hornberg.
Rechte Seite: Ein Kenner genießt – der Kellermeister im Weingut des Markgrafen von Baden.

Vom Bodensee zur Bergstraße

Die sieben Bereiche, in die das badische Weinland eingeteilt ist, bringen für jeden etwas: kernige Tropfen von Hochrhein und Bodensee-Ufer, süffige Gutedel aus dem Markgräflerland, kraftvoll-feurige Weine von Kaiserstuhl und Tuniberg, vorzügliche Rebensäfte aus dem Breisgau und der Ortenau und elegante Weine von der Badischen Bergstraße und aus dem Badischen Frankenland.

Meersburg (Chorherrenhalde, Bengel), Stetten, Hagnau und Salem-Kirchberg haben ihre Weinberge unmittelbar am Bodensee-Ufer nach Südwesten ausgerichtet. Konstanz mit der Sonnenhalde und die Insel Reichenau mit der Hochwart gehören zu den südlichsten deutschen Rebenstandorten. Die „Seeweine" wachsen teilweise in einer Höhe von 400 Metern auf Moränenschotterböden und schmecken rassig bis deftig.

Gänzlich anders hingegen die Gewächse des Markgräflerlandes südlich von Freiburg, in dem der Gutedel vorwiegend auf Lehmböden angebaut wird. Diese Weine zählen zu den bekömmlichsten, sie sind mild, säurearm, leicht, mit einem zarten Bukett, eignen sich aber nicht für eine lange Lagerung. Außerdem findet sich hier der Müller-Thurgau, der früher meist als Riesling × Silvaner bezeichnet wurde. Die etwa 70 Weinbauorte mit 2300 Hektar Rebfläche haben ihre Reben auf Lehmböden, vermischt mit Löß und Lößlehm gepflanzt. Das feucht-warme Klima begünstigt den Rebanbau. Jährlich im April bietet der Müllheimer Weinmarkt einen Überblick über das Gesamtangebot von Markgräfler Weinen. Dazu gehören milde Silvaner, vollmundige Weißburgunder, süffige Gutedel, feurige Ruländer, Traminer, Spätburgunder Weißherbste und Spätburgunder Rotweine.

Breisgau, Kaiserstuhl und Ortenau

Nördlich von Freiburg, zwischen Emmendingen und Lahr, erstreckt sich der Breisgau mit bekömmlichen Weinen jeglicher Couleur. Neben den fest eingebürgerten Sorten wie Müller-Thurgau, Ruländer und Spätburgunder sind auch die Freiburger Neuzüchtungen vom dortigen Staatlichen Weinbauinstitut, wie Freisamer (extraktreiche Weißweine) und Nobling (körperreiche, fruchtige Weißweine), zu finden.

Auf dickem Löß und vulkanischem Gestein wachsen am Kaiserstuhl und benachbarten Tuniberg Badens feurigste Weine. Ihringen, Achkarren, Bickensohl, Oberrotweil, Oberbergen, Bischoffingen und Jechtingen bilden einen Kranz inzwischen berühmt gewordener Weinorte, deren Namen sich mit wuchtigen Ruländerweinen, bukettreichen Traminern und samtigen, oft schweren Spätburgundern (von denen es in guten Jahren Spätlesen und Auslesen gibt) verbinden. Der Rosé aus dem Spätburgunder, der Weißherbst, gerät in diesem Gebiet ganz besonders kräftig und gehaltvoll.

Westlich, zwischen Kaiserstuhl, der „Küche Bacchus"', und dem Tuniberg, liegt Breisach am Rhein, Domizil der Zentralkellerei Badischer Winzergenossenschaften, einer der größten und modernsten Weinkellereien Europas, deren gewaltige technische Anlagen den Weinliebhaber staunen und vielleicht auch ein wenig schaudern lassen.

Die Ortenau, zwischen Offenburg und Baden-Baden, betreibt im Schutze des Schwarzwaldes erstklassigen Qualitätsweinbau. Der Riesling (früher auch Klingelberger genannt) entwickelt sich hier mit den besten Güteeigenschaften, in den Durbacher Lagen zeigt er Rasse und ein vornehmes Bukett. Der Traminer, in der Ortenau auch Clevner genannt, erbringt Weine voller Würze, mit wenig Säure, viel Körper und Alkohol sowie einem feinen, muskatartigen Bukett. Berühmt sind die Rotweine aus Bühler-, Eisen- und Affental, wie „Hex vom Dasenstein" aus Kappelrodeck. Das Rebland um Baden-Baden beherbergt in Varnhalt, Umweg, Steinbach und Neuweier vorzügliche Lagen, deren Weine traditionsgemäß in die typischen Bocksbeutelflaschen abgefüllt werden.

Badische Bergstraße und Badisches Frankenland

Die Südliche Bergstraße, Deutschlands Frühlingsstraße, der Kraichgau nördlich Bruchsal und das Badische Frankenland an der Tauber, einem Nebenfluß des Mains, und der Jagst, einem Nebenfluß des Neckars, zeigen durch verschiedene Bodenbeschaffenheit und klimatische Gegebenheiten eine abwechslungsreiche Weinproduktion. Kernig sind die Bocksbeutelweine des Badischen Frankenlandes, frisch die Rieslinge des Kraichgaus, elegant seine Ruländer und charaktervoll die Weißburgunderweine, die auch südlich Heidelbergs an der Badischen Bergstraße angebaut werden.

Württemberg

Es ist erstaunlich: Württemberg gehört zu den großen deutschen Qualitätsweinbaugebieten, doch seine Weine sind in Nord- und Westdeutschland nicht besonders bekannt, im Ausland weiß man sogar kaum etwas von den schwäbischen Rebensäften. Dabei hätten sie etwas mehr internationale Publicity längst verdient, denn mit ihren markanten, herzhaften Geschmacksnuancierungen, die ihren besonderen Reiz durch einen erdigen Nachgeschmack erhalten, sind die meisten Württemberger Weine anders als das, was man gemeinhin unter typisch deutschem Wein versteht.
Ein wichtiger Grund für das nur Weinkennern geläufige Wissen über die Weine Württembergs ist der ungewöhnlich hohe Eigenverbrauch der Landesbewohner. Die Schwaben gehören zu Deutschlands eifrigsten Weintrinkern, und sie bevorzugen traditionsgemäß und ohne viele Ausnahmen ihre eigenen Kreszenzen, bei denen sie ganz genau wissen, was sie trinken. Ihre eindeutige Vorliebe gehört dabei den Rotweinen und Rosés, die sich in Württemberg Schiller nennen, wenn sie aus verschiedenen roten und weißen Trauben gewonnen werden. Der Schiller, ein süffiger, meist preiswerter Wein, ist ein typisches Alltagsgetränk des Schwaben. Denn er schätzt nicht so sehr die schweren und starken

*Linke Seite: Im Schloßweingut des Grafen von Neipperg werden kostbare alte Traminerweine in kunstvoll geschliffenen Gläsern ausgeschenkt.
Rechte Seite, oben: Der Zweiklang Flußtal und Weinberge ist für viele deutsche Weinbaugebiete charakteristisch.
Rechte Seite, unten: Zwei Trauben tragende Putten schmücken den Marktbrunnen von Schwaigern am Heuchelberg.*

Rotweine. Sie sollten vielmehr bekömmlich sein, damit man regelmäßig seine Viertele davon „schlotzen" (genießen) kann.
Die eigentliche Spezialität Württemberger Weinerzeugung, die Rotweine, sind meist fruchtig, feinherb und anregend. Da ist der Trollinger (in Südtirol als Vernatsch angebaut), eine würzige Tafeltraube, die ziemlich kräftige Rotweine ergibt (1843 ha, 24%). Der Lemberger oder Limberger (in Österreich Blaufränkisch, 358 ha, 4,6%) schenkt ziemlich wuchtige Weine, der Schwarzriesling (Müllerrebe, Pinot Meunier) füllige, samtige und aromatische Rotweine (603 ha, 7,7%). Diese drei Rotweinsorten sind in Deutschland überwiegend nur in Württemberg anzutreffen.

In besonders guten Lagen wird zudem der Spätburgunder (289 ha, 3,7%) und der Portugieser zur Ergänzung heimischer Sorten angebaut (504 ha, 6,5%).
Zu den interessantesten deutschen Weißweinen sind auch die schwäbischen zu rechnen. Der Riesling entwickelt sich hier zu einem würzigen, rassigen Wein (1825 ha, 23%). In guten Jahren geraten die Silvaner (682 ha, 8%) zu fülligen Weinen, die Ruländer (114 ha, 1,5%) ausdrucksvoll, der Müller-Thurgau (400 ha, 5%) blumig mit angenehmem Muskatton, der nach dem schwäbischen Dichter benannte Kerner (382 ha, 4,9%) würzig und elegant.

Das schwäbische Weinland
Vor hundert Jahren standen links und rechts des Neckars und in seinen Nebentälern noch 20 000 Hektar unter Reben. Heute werden nur noch die besten Lagen bepflanzt, die in dem weitflächigen, 1200 Jahre alten Weinland in drei Bereichen zusammengefaßt sind (siehe Seite 241 ff.). In der Stuttgarter Gegend (Mönchhalde, Cannstatter Zuckerle und Halde, die Untertürkheimer und Obertürkheimer Lagen sowie Uhlbacher Götzenberg und Steingrube und Rotenberger Schloßberg) findet sich vorwiegend Trollinger, etwas Riesling und Silvaner. Im mittleren Neckartal herrscht ebenfalls Trollinger vor, im oberen Neckartal werden Silvaner und Müller-Thurgau, neuerdings auch Schwarzriesling und Ruländer angebaut.
Im Remstal gibt es Trollinger, Riesling und Silvaner, im Bottwartal vorwiegend Trollinger und Riesling, am Stromberg neben dem Trollinger auch den Lemberger, neuerdings auch Burgunderarten sowie Silvaner und Riesling. Um den Heuchelberg sind Trollinger, Lemberger und ein wenig Riesling zu Hause, in der Heilbronner Gegend pflegt man Trollinger und Riesling, aber auch Schwarzriesling und einige Burgunderarten. Im Weinsberger Tal dominieren Riesling und Trollinger, lokal auch Silvaner und einige Burgunderarten. Hohenlohe und die Öhringer Gegend weisen Silvaner und Riesling, weniger Trollinger auf. Der Taubergrund hat sich weitgehend auf die weißen Sorten Silvaner und Müller-Thurgau spezialisiert, ebenso das Kocher- und Jagsttal.
In der Weinerzeugung sind die Genossenschaften, ähnlich wie in Baden, deutlich führend. In Möglingen bei Ludwigsburg befindet sich die moderne Zentralkellerei der Württembergischen Weingärtnergenossenschaften. Sieben angesehene Weingüter haben sich zu einer Arbeitsgemeinschaft zusammengeschlossen (unter anderen die Württembergische Hofkammer-Kellerei in Stuttgart, Graf Adelmann in Steinheim, Graf von Neipperg in Schwaigern). Erwähnenswert sind ferner das Weingut der Weinsberger Lehr- und Versuchsanstalt sowie das Weingut Eisfink in Asperg.

Franken

Der Bocksbeutel ist das äußere Erkennungszeichen des Frankenweines. Seine inneren Vorzüge, mit denen er sich von den übrigen deutschen Weinen abhebt, bestehen in einer sparsameren Anwendung der Restsüße, die durch den allgemein hohen Extraktreichtum dieser Weine möglich ist. Das Resultat sind markig-männliche, rassige, fruchtige und kernige Weine, deren Bekömmlichkeit durch einen nicht zu hohen Alkoholgehalt gefördert wird.
Viele Frankenweine werden durch einen erdhaften Geschmack geprägt, der bei den verschiedenen Anbauregionen mit ihren unterschiedlichen Weinbergsböden pikante Geschmacksnuancen ergibt. Es treten fast alle für den Rebanbau wichtigen Bodenarten auf: Von West nach Ost überschichtet Urgestein (Glimmerschiefer, Gneis, Granit) Buntsandstein, Muschelkalk, Keuper, auch Löß- und Sandauflagerungen sind häufig.
Fränkische Weine gedeihen in gemischten Klimazonen. Westlich des Spessarts und am Untermain ist maritimes Klima bestimmend, östlich des Spessarts kontinental-maritimes Klima mit heißen Sommern und kalten Wintern. Meist ist der Frühling kurz, dafür der Herbst um so länger und schöner. Die Jahresmitteltemperatur erreicht kaum die 9°-C-Schwelle, die Niederschlagsmenge liegt bei 550 mm.
Unter diesen Voraussetzungen konzentriert sich im einstmals größten deutschen Weinbaugebiet der Rebanbau auf günstige Klimanischen, in denen unter Berücksichtigung der speziellen Bodenverhältnisse eine optimale Sortenauswahl zur Anpflanzung gelangt.

Die fränkischen Rebsorten
Mit 46% führt der Müller-Thurgau (1576 ha) die Sortenpalette an, gefolgt vom Silvaner (31%, 1067 ha). In Franken finden sich die eigenwilligsten Müller-Thurgau-Weine. Ihr bester Standort ist Keuperboden, so daß die Musterexemplare vom Steiger- und Frankenwald kommen. Sie zeigen ein facettenreiches Bukett, Eleganz, Würze und Harmonie. Lebhafte Müller-Thurgau-Weine wachsen auf Muschelkalkböden. Von diesen Böden werden auch die schönsten Silvanerweine geprägt. Sie weisen, wie zum Beispiel die Randersackerer Silvaner, zarte Frucht auf, sind füllig, kernig und kräftig und doch gänzlich anders als rheinhessische und rheinpfälzische oder badische Silvaner.
Unter den übrigen Weißweinsorten lohnt vor allem der fränkische Riesling das Kennenlernen. Er macht zwar nur rund 3% der Gesamterzeugung im Land aus, liefert aber hier in guten Lagen und Jahren körperreiche, fruchtige, charaktervolle und harmonische Weine mit reifer Säure. Spitzenerzeugnisse kommen von den Muschelkalkböden der Würzburger Renommierlagen Stein und Leiste. Rieslingweine von Schieferböden (zum Beispiel aus Kahlgrund, Hörstein, Wasserlos und Michelbach) benötigen eine etwas längere Entwicklungszeit als die von den Muschelkalkböden, stehen ihnen jedoch als sehr fruchtige, reintönige, rassige Weine nicht viel nach. Auffallend stahlig in ihrer Säure mit zarter Frucht und Rasse geraten die Rieslinge von Buntsandsteinböden (Untermain, Großheubach und Klingenberg).
Eine Neuzüchtung aus Silvaner und Riesling, der Rieslaner (früher auch Mainriesling genannt), erfreut sich in Franken steigender Beliebtheit. Er macht im Anbau etwa 1% von der Gesamterzeugung aus und ergibt körperreiche, saftige Weine mit einem fruchtigen Bukett.
Die Rebsorte Perle, gleichfalls eine fränkische Neuzüchtung (aus Gewürztraminer × Müller-Thurgau), die den Rieslaner im Anbau noch um fast 2% übertrifft, spendet gehaltvolle, aromatische, milde Weine, die je nach Bodenart würzig oder anprechend-verhalten geraten. Scheurebe, Ruländer und Traminer ergänzen das Weißweinsortiment.
Unter den Rotweinen bestreiten Portugieser (20 ha) und Spätburgunder (15 ha) den Hauptanteil. Feurig, warm und gelegentlich auch mit kräftiger Gerbsäure versehen sind die Spätburgunder von den Südhängen des Spessarts, von Kreuzwertheim bis Klingenberg-Erlenbach. Einige gute Frühburgunder weisen die Gemeinden Bürgstadt, Miltenberg und Großheubach auf. Sie sind temperamentvoll und samtig-mollig und werden von Kennern zu den ersten fränkischen Rotweinen gerechnet.
Die renommiertesten Weinerzeuger Frankens sind die altberühmten Würzburger Weingüter mit ihren sehenswerten historischen Kellern (in der Residenz die Bayerische Landesanstalt für Weinbau, die Weingüter des Bürgerspitals und des Juliusspitals). Ferner das Fürstlich Castell'sche Domänenamt in Castell und das Weingut Ernst Gebhardt in Sommerhausen. Die fränkischen Genossenschaften haben in den letzten Jahren sehr an Bedeutung gewonnen.

Linke Seite: Die Festung Marienberg hoch über Würzburg blickt seit dem 13. Jahrhundert auf eine wechselvolle Geschichte mit zahlreichen Belagerungen, Beschießungen und Eroberungen zurück. Heute beherbergt sie das Mainfränkische Museum, das neben zahlreichen Kunstwerken aus Franken vor allem eine einzigartige Sammlung von Originalen des berühmten Tilman Riemenschneider verfügt sowie über ein sehenswertes Weinmuseum in der sogenannten „Kelterhalle". Zu seinen Füßen erstrecken sich die Weinbergslagen „Innere Leiste" (Foto) und „Schloßberg".

Rechte Seite: Zu den Prunkstücken im Weinkeller der Fürstbischöflichen Residenz in Würzburg gehört das „660-Eimer-Faß". Der 3550 Quadratmeter große Keller ist nicht nur einer der größten, sondern auch einer der schönsten klassischen deutschen Weinkeller.

Österreich

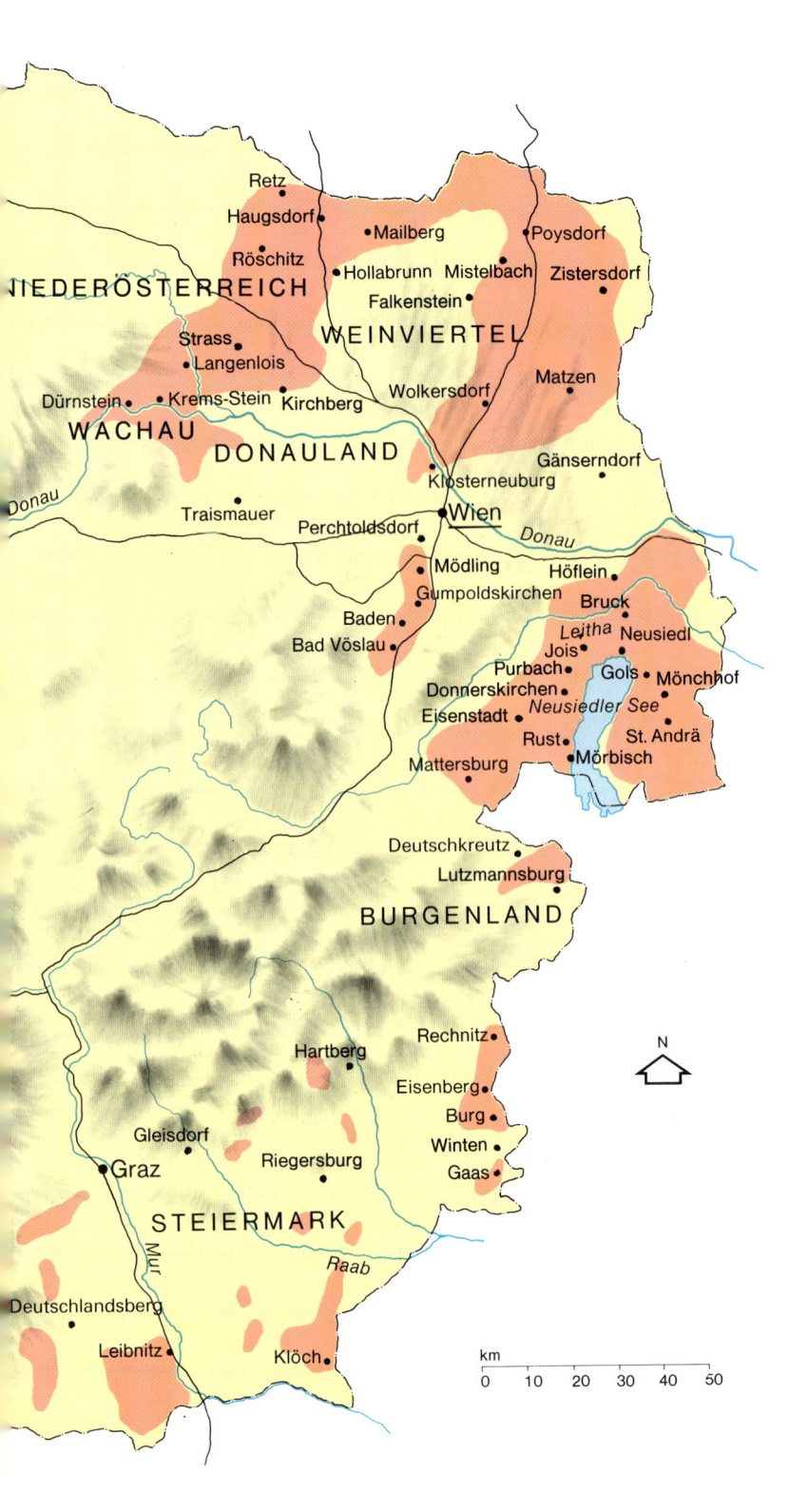

Ähnlich wie die Schweiz – und in gewisser Hinsicht auch Deutschland – nimmt der österreichische Weinanbau quantitativ in der Weltweinerzeugung einen der hinteren Ränge ein. Sein Anteil an der europäischen Weinbaufläche beträgt nur 0,7%, die Weinproduktion macht im Durchschnitt nicht mehr als 1,2% der europäischen Weinernte aus. Trotzdem ist Österreich in der Lage, sich qualitativ mit einer Reihe echter Weinspezialitäten zu behaupten. Die ausschließlich im östlichen Teil des Landes liegenden Weinbauregionen profitieren überwiegend vom Klima des mitteleuropäischen pannonischen Florengebietes mit seinen trockenen, heißen Sommern und kalten, schneearmen Wintern. Der relativ hohe Weinkonsum im Lande wird lediglich auf dem Weißweinsektor durch Eigenerzeugung gedeckt, während bei den Rotweinen umfangreiche Importe notwendig sind. Andererseits stehen den Einfuhren von etwas über 400 000 hl jährlich Exporte von rund 200 000 hl gegenüber, die sogar wertmäßig über den Importen rangieren. Unter den Exportländern nimmt die Bundesrepublik Deutschland den ersten Platz ein.

Auf den ersten Blick scheinen österreichische mit deutschen Weinen manche Gemeinsamkeiten zu haben. Zumindest das Weinetikett läßt die Vermutung zu, denn die Nomenklatur der Prädikate gleicht der deutscher Weingewinnung – mit Ausnahme

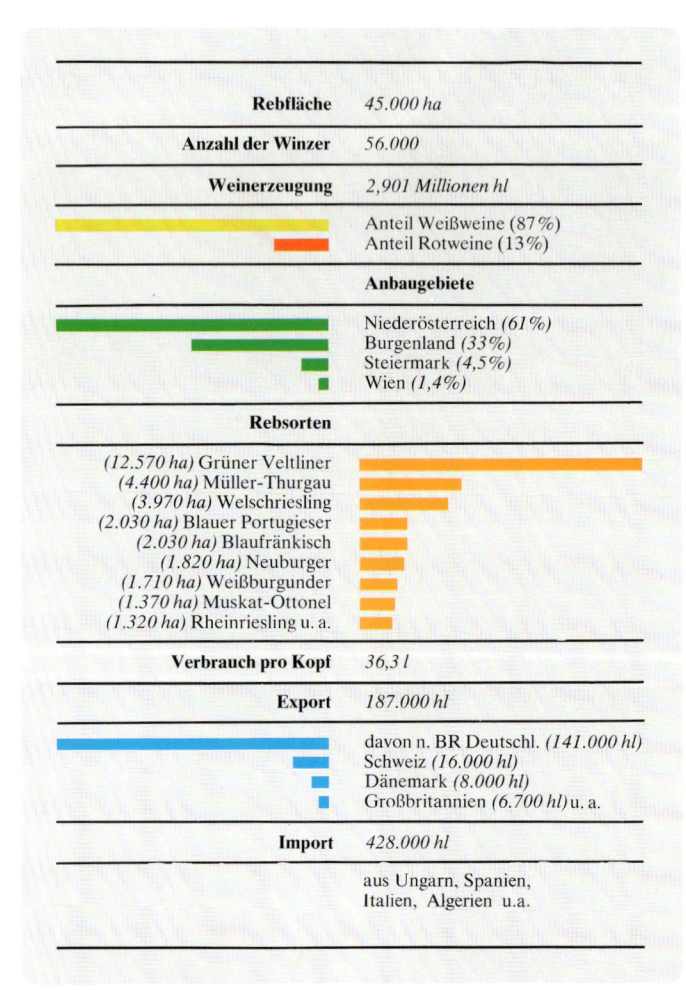

Rebfläche	45.000 ha
Anzahl der Winzer	56.000
Weinerzeugung	2,901 Millionen hl

Anteil Weißweine (87%)
Anteil Rotweine (13%)

Anbaugebiete

Niederösterreich (61%)
Burgenland (33%)
Steiermark (4,5%)
Wien (1,4%)

Rebsorten

(12.570 ha) Grüner Veltliner
(4.400 ha) Müller-Thurgau
(3.970 ha) Welschriesling
(2.030 ha) Blauer Portugieser
(2.030 ha) Blaufränkisch
(1.820 ha) Neuburger
(1.710 ha) Weißburgunder
(1.370 ha) Muskat-Ottonel
(1.320 ha) Rheinriesling u. a.

Verbrauch pro Kopf	36,3 l
Export	187.000 hl

davon n. BR Deutschl. (141.000 hl)
Schweiz (16.000 hl)
Dänemark (8.000 hl)
Großbritannien (6.700 hl) u. a.

Import	428.000 hl

aus Ungarn, Spanien, Italien, Algerien u.a.

Rechte Seite: Der burgenländische Weinort Donnerskirchen liegt an der „Neusiedler-See-Weinstraße". Die örtliche Winzergenossenschaft führt alljährlich hier Weinseminare und Weinverkostungen bei Kerzenlicht durch.

des Ausbruchweines, einer österreichischen Spezialität, die in Art und Güte zwischen Trockenbeerenauslese und Beerenauslese eingestuft wird. Österreich hat allerdings nicht das aufwendige Verfahren der amtlichen Qualitätsweinprüfung eingeführt. Dafür gibt es ein Weingütesiegel, das ähnlich dem Deutschen Weinsiegel von den Weinerzeugern fakultativ in Anspruch genommen werden kann. Auch die Verwendung von Lagebezeichnungen ist bei österreichischen Weinen nicht so ausgeprägt wie bei den deutschen Weinen.

Den deutlichsten Unterschied jedoch zeigen die Weine selbst. Werden auch die für Deutschland bestimmten Weine gerne mit dem hier geschätzten Restzucker versehen, so sind die meisten im Lande getrunkenen Weine durchgegoren. Aus der geographischen Lage im Herzen Europas ergibt sich für das Weinland Österreich, daß seine Weine über einen ziemlich hohen Extrakt- und Alkoholreichtum verfügen. Die meist körperreichen, gehaltvollen und doch fruchtigen und frischen Weine bezeugen die Stellung der österreichischen Weine zwischen nord- und südeuropäischen Weinen.

Ein weiteres Charakteristikum für dieses uralte Weinland ist sein ziemlich umfangreiches Rebensortiment mit einem guten Dutzend Weißwein- und 6 Rotweinsorten.

Niederösterreich und Burgenland

Linke Seite: In den winkligen Gassen der romantischen Weindörfer entdeckt der Besucher jene typischen und zauberhaften „Gartenrestaurants", die der Österreicher „Buschenschank" nennt. In einer oft unbeschreiblichen Idylle laden sie den Gast zum Heurigen ein, einem süffigen, spritzigen Jungwein, der meist aus der Rebsorte Grüner Veltliner stammt.

Ein ganzes Bündel vortrefflicher Weinbauregionen umfaßt das Bundesland Niederösterreich: im Donauland die strahlenden Aushängeschilder Krems, Wachau, Langenlois und Traismauer-Carnuntum; in der Thermenregion Baden (mit Gumpoldskirchen) und Vöslau. Das nördlich der Donau gelegene Weinviertel mit den Bezirken Falkenstein und Retz umspannt flächenmäßig die größte Weinerzeugung des Landes.

Erreicht der Grüne Veltliner in Niederösterreich bereits den Rang einer allseits beliebten Hausmarke, so wird er im Weinviertel zur klassischen Spezialität. Auf seinen fruchtbaren Löß- und Lehmböden entwickelt er sich zu spritzigen, würzigen und pfeffrigen Weinen, meist auf dem Niveau sauberer Tischweine, die sich gut genießen lassen. Mehr als ein Drittel der gesamten niederösterreichischen Weinbaufläche nimmt der Grüne Veltliner ein, doch gehobene und Spitzenqualitäten werden aus dem Neuburger, einer nach ihrem Ursprung unbekannten österreichischen Rebsorte, dem Traminer und dem Weißen Burgunder erzeugt.

In dem großen, nordöstlich von Wien bis an die Landesgrenzen reichenden Weinbaubezirk, der nach dem historisch bedeutsamen Weinort Falkenstein benannt wurde, gelten als wichtige Weinorte Matzen mit guten Rotweinen (sehenswert der Graf Kinsky'sche Schloßkeller), Wolkersdorf und Poysdorf. Retz mit seinen ausgedehnten Kelleranlagen ist die eigentliche niederösterreichische Kapitale des Grünen Veltliners. Sein Wein gefällt durch frische Fruchtsäure, zarte Blume und spritzigen Charakter. Der rubinrote, samtig-milde Retzer Rotwein verdient gleichfalls Beachtung. Auch Haugsdorf ist durch seine Rotweine bekannt geworden. Röschitz (sehenswert der Weberkeller) und Mailberg (Weine mit betont fruchtiger Säure, Gehalt und Stärke) gehören zu den führenden Weinbauorten.

Langenlois, die größte Weinstadt des Landes, befaßt sich neben dem Anbau von Grünem Veltliner vor allem mit der Erzeugung von blumigen, milden Müller-Thurgau- und rassig-würzigen Rheinriesling-Weinen. Strass, Hadersdorf und Gobelsburg gelten als zuverlässige Weißweinlieferanten, namentlich in Strass das Weingut Helmut Osberger, Österreichs meistprämiertes Weingut, ferner die Weingüter Kaserer und Dolle, das Weingut des Stiftes Zwettl in Schloß Gobelsburg und das Weingut J. Jurtschitsch in Langenlois.

Krems, Wachau und die Weinregionen südlich der Donau

Bereits im frühen Mittelalter österreichisches Weinbauzentrum, gilt die Doppelstadt Krems-Stein auch heute noch als einer der bedeutendsten Weinproduzenten Österreichs. Kräftige, mild-würzige Neuburger Weine, hervorragende Rheinrieslinge und Grüner Veltliner in Spitzenqualität von den sonnendurchglühten Lößböden um die Stadt krönen ihr Weinangebot. Um die Gunst anspruchsvoller Weintrinker stehen neben der Kremser Winzergenossenschaft eine Reihe renommierter Weingüter miteinander im Wettstreit: Fritz Salomon in Stein, Rudolf Kutschera in Krems, Lenz Moser, der Vater der als „Hochkultur" bezeichneten Rebenerziehungsform, in Rohrendorf, die Weingroßkellerei Otto Petermichl in Krems, das Kelleramt des Stiftes Göttweig in Furth und die Metternich'schen Weingüter in Krems und Strass.

Die jährlich im Mai durchgeführte Österreichische Weinmesse in Krems vermittelt Fachleuten und Laien einen umfassenden aktuellen Überblick über den Leistungsstand der österreichischen Weinerzeugung.

In der reizvollen, romantischen Weinlandschaft Niederösterreichs, der vielbesungenen Wachau, werden auf terrassenförmig aufgeteilten, steilen Hängen mit Urgesteinsböden hauptsächlich Rheinriesling mit ausgeprägter Rasse und einem hochfeinen Bukett sowie bemerkenswert gehaltvolle Neuburger und Veltliner angebaut, die über der üblichen Heurigen-Qualität liegen. Dürnstein (Winzergenossenschaft Wachau und Winzergenossenschaft Dinstlgut Loiben), Weissenkirchen (Weingut Prager), Joching (Weingut Jamek) und Spitz und Gut am Steg sowie auf dem rechten Donau-Ufer Mautern mit einigen kleinen Weinbauorten stehen für die Wachauer Weinerzeugung.

Westlich und östlich von Wien am Donau-Ufer liegt das Gebiet Traismauer-Carnuntum, in dem vorwiegend auf Lößböden Grüner Veltliner, Rheinriesling, Neuburger und Blaufränkisch, der feinfruchtig-herbe Rotweine ergibt, angebaut werden. Klosterneuburg, nur wenige Kilometer von der Stadtgrenze Wiens entfernt, gilt mit dem Kelleramt des Chorherrenstiftes als führender Weinerzeuger des Gebietes. In Göttelsbrunn nimmt der Winzerhof Paul mit ausgesucht guten Qualitäten eine Sonderstellung ein, ebenso das Weingut der Brüder Grill in Fels am Wagram.

Baden und Vöslau

Am sonnigen Osthang des Wienerwaldes, geschützt durch den Anninger, werden aus den Reben im Weinbezirk Baden, der zur Weinbauregion Thermenregion gehört, beinahe goldene, kräftige Weine erzeugt, die in ihrer gehaltvollen, oft wuchtigen Art für den österreichischen Weinbau typisch erscheinen.

Gumpoldskirchen, Pfaffstätten, Traiskirchen, Baden und Mödling verfügen über die besten Weinlagen, in Österreich Riede genannt. Nahezu alle großen niederösterreichischen Klöster hatten seit dem Mittelalter im Gumpoldskirchener Raum Weinbergsbesitzungen. Heute sind die Weingärten an der landwirtschaftlichen Nutzfläche um Gumpoldskirchen mit 56% beteiligt, ein Ausmaß, das sonst nirgends im Lande erreicht wird. Die Spezialitäten dieses Gebietes sind die Sorten Zierfandler (oder „Spätrot") und Rotgipfler, die im Verschnitt erst den berühmten Gumpoldskirchner ergeben. Dabei ergänzen sich der rassige, körper- und extraktreiche Rotgipfler und der würzige, ziemlich alkoholreiche Zierfandler aufs beste. Gumpolskirchner Weine, in den letzten Jahren durch Fälschungen mit Importweinen arg in Mißkredit geraten, tragen zu ihrer Identifizierung nun den Zusatz „original" auf dem Etikett.

Das Rebensortiment im Weinbaubezirk Baden wurde in den letzten Jahren verstärkt durch Ruländer, Traminer und Weißburgunder ergänzt. Bei den geologisch und klimatisch überaus günstigen Wachstumsbedingungen entwickeln sich diese Weißweinsorten zu besonders aromatischen, vollen, kräftigen und bukettreichen Weinen. Hier, in der Thermenregion, sind außer dem Neuburger auch Welschrieslingweine, würzig-rassig und kräftig, anzutreffen.

Vöslau, ebenfalls zur Thermenregion gehörig, erfreut sich unter Weinliebhabern mit seinen dunklen, samtigen Rotweinen aus der Portugieserrebe großer Sympathie. Um Vöslau, das auch Geburtsstätte des österreichischen Schaumweines ist, werden außerdem Neuburger, Müller-Thurgau und Weißburgunder gepreßt. An guten Weinadressen mangelt es in der Thermenregion nicht: in Gumpoldskirchen die Winzergenossenschaft, das Weingut des Stiftes Melk, die Deutschordens-Schloßkellerei sowie das Freigut Thallern des Stiftes Heiligenkreuz, in Traiskirchen das Weingut Stadlmann.

Das Burgenland

Mehr als 90% der burgenländischen Weine kommen aus dem Weinbaubezirk Rust-Neusiedler See, dessen beste Weine am Westufer des Steppensees wachsen. Sein Zentrum, die alte Freistadt Rust, gilt als hervorragender Lieferant berühmter Auslesen, Ausbruchweine und Trockenbeerenauslesen, die etwa 5% der gesamten burgenländischen Weinernte ausmachen (empfehlenswert die Weingüter Just und Holler sowie der Burgenländische Winzerverband). Der Muskat-Ottonel, ein würziger Weißwein mit intensivem Muskatgeschmack, vor allem aus Mörbisch gehört ebenso wie der Muskat-Sylvaner mit seinem ausgeprägten Sortengeschmack und der Welschriesling zu den besonders interessanten burgenländischen Spezialitäten.

Das heiße, pannonische Klima ermöglicht in Verbindung mit der starken Wasserverdunstung des Sees die Erzeugung voller, kräftiger Weine von ausgewogener Harmonie. Beste Musterexemplare dieser Gattung findet man zum Beispiel in St. Georgen (unter anderem beim Weingut Sepp Höld), Donnerskirchen (Winzergenossenschaft Sankt Martinus), Jois (Winzergenossenschaft Jois/Winden) und um Eisenstadt (Dr. Esterházy'sche Weingutsverwaltung). Die Klosterkellerei in Siegendorf (Schloß Falva/ C. Patzenhofer) und die führenden Weinbaubetriebe in Oggau (Wimmer, Karl Mad, Franz Mad) begeistern mit reintönigen, ausgewogenen und oftmals sehr eleganten Weinen. Zu diesem Kreis gehört auch das Weingut Unger in St. Margarethen.

Extraktreiche Weine, gelegentlich mit einem typischen Bodengeschmack („Feuersteingeschmack") wachsen auf den heißen Schotterböden der Parndorfer Hochfläche. Unter den Weinbaugemeinden am Nordufer des Sees gehört Gols mit 1500 Hektar Rebfläche zu den größten Österreichs. Hier und um Weiden, Mönchhof und Halbthurn ergeben die sandigen Böden und die Trockenheit meist milde und vollmundige Weine.

Bedeutende Weinorte im mittleren Burgenland sind Mattersburg und Pöttelsdorf, dessen feurige, gehaltvolle Rotweine aus der Sorte Blaufränkisch gewonnen werden.

Im südlichen Burgenland, im Gebiet um Eisenberg, zählt Rechnitz zu den führenden Weinorten. An den Südhängen des Geschriebensteines wachsen kraftvolle, würzige Welschriesling- und Blaufränkischweine. Um Eisenberg, nahe der ungarischen Grenze, werden auf Steilhängen Rheinriesling, Welschriesling, Spätburgunder und Blaufränkisch angebaut.

Linke Seite: Das größte österreichische Privatarchiv alter, auf Flaschen gefüllter Weinjahrgänge besitzt das Weingut Osberger in Strass.
Rechte Seite, oben: Farbenprächtiger Spätherbst bei Weissenkirchen in der Wachau.
Rechte Seite, links unten: Alte Weinpresse im Burgenland.
Rechte Seite, rechts unten: Im „Seewinkel" am Neusiedler See liegt Schloß Halbthurn, einstiges Lieblingsschloß Maria Theresias, das von einem schönen Park und gepflegten Weinbergen umgeben ist.

Steiermark und Wien

Wegen ihrer mengenmäßig begrenzten Erzeugung stehen steirische Weine als Raritäten nur bei Kennern in hohem Ansehen. Zwei Drittel der gesamten Rebfläche konzentriert sich auf das südsteirische Weinbaugebiet im Bezirk Leibnitz. Im Sausatal werden vor allem Welschriesling, Muskat-Sylvaner, Müller-Thurgau, Traminer und Weißburgunder angebaut. Das umfangreiche Weißweinsortiment ist das Ergebnis unterschiedlicher Bodenarten in den meist steilen Hanglagen. Der Welschriesling („italienischer Riesling") führt mit fast 20% im Anbau. Das sonnige, heiße Klima ermöglicht ihm in der Steiermark ein spätes Ausreifen, die Weine aus guten Südlagen schmecken anregend fruchtig. Aus mittleren Lagen kommen frische, bekömmliche Tischweine. Beachtung verdienen steirische Weißburgunderweine wegen ihres oft hohen Extraktreichtums. Eine südsteirische Spezialität ist der Morillon blanc, der mit dem Weißburgunder verwandt ist und zucker-, säure- und extraktreiche Weine ergibt.

Auf steinigen, trockenen Tonschieferböden um Kitzeck, Silberberg, Höch und St. Nikolai stehen auch Rheinrieslingreben. Um Leutschach auf den wärmespeichernden Böden der Hügellagen werden Muskat-Sylvaner (würzige Weine mit einem charakteristischen Aroma, hohem Extraktgehalt und mit einem zauberhaften Bukett) und Muskateller (körperreiche Weine mit einem zartfruchtigen Muskatbukett) geerntet. Das Weingut Tscheppe in Leutschach hat mit diesen Weinen in mustergültiger Qualität hohes Ansehen errungen.

Der aus der Wildbacherrebe im weststeirischen Anbaugebiet am Deutschlandberg erzeugte Rosé, der Schilcher, gehört als ziemlich säurereicher, spritziger Wein zu den lokalen Spezialitäten.

Die 700 Hektar des Weinbaugebietes Klöch-Oststeiermark tragen vor allem hervorragende Traminerweine (auf vulkanischen Böden). Auch Welschriesling, Müller-Thurgau, Muskat-Sylvaner und Weißer Burgunder sind stark verbreitet. Mosaikartig schließen sich kleine Weinbaugebiete zum oststeirischen Weinbaugebiet zusammen. Dort wird vorwiegend der Welschriesling kultiviert, aber daneben auch Weißer Burgunder, Ruländer und Müller-Thurgau gepflanzt.

Die Hauerorte um Wien

Von den einstmals großen Wiener Weinbaugebieten sind vorwiegend im Westen und Norden der Stadt insgesamt 722 Hektar Weingärten übriggeblieben. Zur Erhaltung der noch bestehenden Wiener Weinbaugebiete wurde ein „Weinbauschutzgesetz" erlassen, so daß der vielgerühmte Zweiklang „Wien und der Wein" durch traditionsreiche „Hauerorte" wie Grinzing, Heiligenstadt und Nußdorf Realität bleibt.

Die Ernte der Wiener Weingärten reicht aus, um die etwa 460 Wiener Heurigenlokale und Buschenschenken mit jährlich etwa 12 Millionen „Viertl" zu beliefern. Damit ist für eine wienerische Einrichtung gesorgt, die seit fast zweihundert Jahren durch kaiserlichen Erlaß patentiert ist: der Heurige im Buschenschank. Mit ihm wird nicht nur der Wein der letzten Ernte bezeichnet, sondern auch das original stimmungsvolle Weinlokal, in dem sich früher manche entscheidende Stunde im Leben des Wieners abspielte und das heute einen beträchtlichen Teil touristischen Treibens auf sich zieht. Außer derartigen „Nobel-Heurigen" gibt es für die rechten „Weinbeißer" noch genügend Buschenschänken, die mit eigenem Wein, wie Grüner Veltliner, Rheinriesling, Weißer Burgunder, Müller-Thurgau und Traminer, zur Weinkost einladen.

Fast die Hälfte dieser Sorten steht im gemischten Satz, insbesondere auf Lößböden. Die an den Wiener Hausbergen – Kahlenberg, Leopoldsberg, Kobenzl und Nußberg – sowie nördlich der Donau am Bisamberg gelegenen Weingärten werden überwiegend, ähnlich wie in der Steiermark, von einer Vielzahl von Weinbauern, den „Hauern", unterhalten, die häufig ihre Weine im eigenen Ausschank verkaufen. In den renommierteren Heurigenschenken (im 19. und 21. Wiener Bezirk) vermittelt die typische Schrammelmusik dem Gast etwas von der besonderen Atmosphäre der Wiener Weinkost.

Linke Seite: Abgesehen von Wien, ist die Steiermark das kleinste österreichische Weinbaugebiet. Seine Reben stehen in den wärmsten Landesteilen im Süden und Südosten fast ausschließlich in Berglagen in einer Höhe bis zu 650 Meter. Bei einer Fahrt auf den steirischen Weinstraßen spürt man, wie stark der Weinanbau hier von slawischen Elementen geprägt ist.

Rechte Seite: Gänzlich auf internationalen Tourismus eingestellt haben sich die Grinzinger Heurigenlokale. Seitdem Kaiser Franz Josef II. durch eine Zirkularverordnung den Wiener Weinbauern die Öffnung von Schankräumen erlaubte, hat sich ihr Bild wesentlich gewandelt. Allerdings wurden in der Stadt schon im 12. und 13. Jahrhundert in den „Lucken" Eigenbauweine angeboten. Diese Lucken waren schmale Seitendurchgänge innerhalb der Stadtmauern oder Gäßchen, die beim Türkenansturm im 17. Jahrhundert niedergerissen wurden, so daß die Weinbauern seitdem ihren Heurigen außerhalb der Stadt feilbieten.

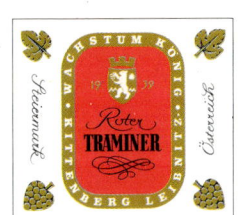

Schweiz

Klein, aber fein, könnte das Motto schweizerischer Weinerzeuger lauten. Flächenmäßig ist die Schweiz mit knapp 2 Promille am europäischen Weinbau beteiligt, ertragsmäßig mit 4 Promille. Die gute Position, die sich Schweizer Weine international erworben haben, geht also weniger auf ein mengenmäßig bedeutsames Angebot als vielmehr auf bewährte Spezialitäten zurück, meist sehr ehrliche, zuverlässige Weine, selten überwältigende Kreszenzen, die einem den Atem rauben.

Zwar findet sich praktisch in jedem Kanton Weinbau, doch nur in drei Regionen bedecken die Reben größere zusammenhängende Flächen. Sie sind der Rest eines im Mittelalter ausgedehnten Weinbaus. Die übriggebliebenen Weinberge längs der Seeufer und in einigen Alpentälern sowie an sanften Hängen in der Ostschweiz werden heute mit Stolz und viel Liebe kultiviert. Die 56 Hektar Weinberge in Basel-Land und Basel-Stadt (mit dem Riehener „Schlipf"), die 12 Hektar des einzigen Weinberges im Kanton Schwyz, des Leutschen, die etwa 7 Hektar Rebfläche im Luzernerland, sind einige Beispiele für die Bestrebungen, den traditionsreichen heimischen Weinanbau trotz hoher Bewirtschaftungskosten zu erhalten.

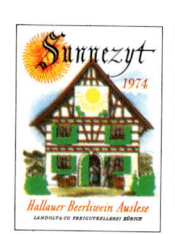

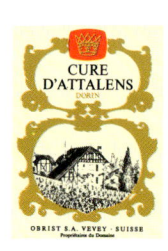

Linke Seite: Weinanbau im Wallis, einer der grandiosesten Weinlandschaften Europas.

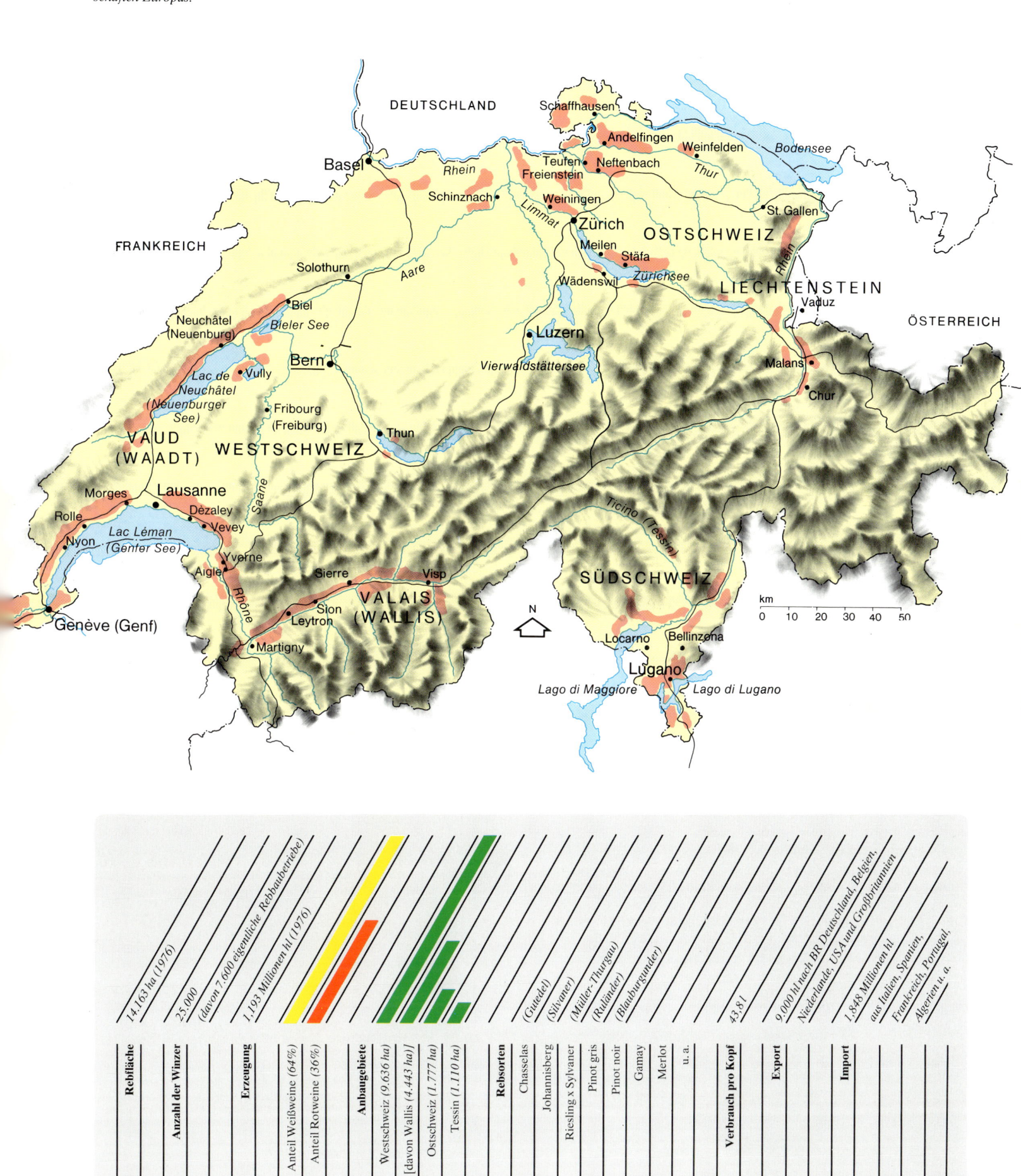

Rebfläche	14.163 ha (1976)
Anzahl der Winzer	25.000 (davon 7.600 eigentliche Rebbaubetriebe)
Erzeugung	1,193 Millionen hl (1976) — Anteil Weißweine (64%), Anteil Rotweine (36%)
Anbaugebiete	Westschweiz (9.636 ha) [davon Wallis (4.443 ha)], Ostschweiz (1.777 ha), Tessin (1.110 ha)
Rebsorten	Chasselas (Gutedel), Johannisberg (Silvaner), Riesling x Sylvaner (Müller-Thurgau), Pinot gris (Ruländer), Pinot noir (Blauburgunder), Gamay, Merlot u. a.
Verbrauch pro Kopf	43,8 l
Export	9.000 hl nach BR Deutschland, Belgien, Niederlande, USA und Großbritannien
Import	1,848 Millionen hl aus Italien, Spanien, Frankreich, Portugal, Algerien u.a.

Wallis

Während in den meisten Weinbaukantonen der Schweiz seit 1900 der Rebanbau abnimmt, ist im Wallis eine ständige Erweiterung der Rebflächen zu registrieren. Heute wird etwa ein Drittel der Schweizer Weine im Wallis erzeugt, dabei ist der Anteil der Rotweine inzwischen auf 35% gestiegen. Damit vollziehen die Weinbauern eine Anpassung an die Konsumwünsche der Schweizer, die dem Rotwein vor allem zu den Mahlzeiten immer mehr den Vorzug geben.

Gleichwohl ist im Wallis der Chasselas (Gutedel), der hier Fendant heißt und den gewiß populärsten Schweizer Weißwein ergibt, mit etwa 48% führend. Sein Anbau konzentriert sich auf die Weinberge um Sitten/Sion und die Gemeinden Saint-Léonard, Ayen, Grimisuat, Savièse, Conthey und Vétroz, deren Fendant fruchtig, leicht und süffig schmeckt. Dieser trockene Weißwein, den man kühl trinken sollte, verfügt über einen Alkoholgehalt von 10,5 bis 11,5°.

Die Rebsorte Silvaner, von den Winzern Gros Rhin oder Johannisberg genannt, macht etwa 13% der Walliser Weinerzeugung aus. Aus ihr wird ein gehaltvoller, blumiger, manchmal auch körperreicher und rassiger Weißwein mit etwa 11,5 bis 12° Alkohol gewonnen. Der Johannisberg von Ardon und Chamoson präsentiert sich besonders weich, zart und blumig, der von Sitten verfügt über mehr Körper und Kraft. Sein Anbau ist im übrigen auf das gesamte Wallis-Rebgebiet verteilt, er bevorzugt jedoch leichte, kiesige Böden, vor allem die Schuttkegel von Chamoson-Leytron. Ermitage, Malvoisie, Arvine und Amigne sind echte Weißwein-Spezialitäten des Wallis, deren Anteil etwa 2,6% ausmacht. In trockenen, sonnigen Hängen wächst die Rebsorte Marsanne blanche, aus der ein milder, vornehmer und kraftvoller Weißwein unter dem Namen Ermitage gekeltert wird. Er enthält 12 bis 13° Alkohol und wird bevorzugt als Aperitif oder Dessertwein getrunken. Der eleganteste und wohl auch stärkste Walliser Wein, der Malvoisie (12 bis 14°) wird aus dem Pinot gris (Grauburgunder/Ruländer) erzeugt und empfiehlt sich ebenfalls als Aperitif- und Dessertwein. In besten Qualitäten wächst er auf den kargen Rebbergen zwischen Siders und Leytron.

Arvine und Amigne, zwei alte einheimische Rebsorten, die möglicherweise aus Italien stammen, gehen wegen ihrer Ertragsunsicherheit im Anbau immer mehr zurück. Aus dem anspruchsvollen Amigne – die besten kommen aus Vétroz – werden harmonische, apart duftende Weißweine, aus dem Arvine ein kräftiger, nerviger Dessertwein gewonnen. Im Geschmack ähnlich ist der Humagne, eine fast ausgestorbene Sorte, deren Weine – ob rot oder weiß – ziemlich rauh und herb schmecken. Für die lange Zeit vernachlässigte Rebe Muscat zeigen einige Walliser Wein-

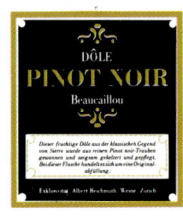

Linke Seite: Weinbauer bei Visperterminen im Oberwallis (mit den höchstgelegenen Weinbergen Europas, über 1000 Meter) bei der Reinigung der Gebinde vor der Weinernte.
Rechte Seite, oben: Der Mont d'Or bei Sitten, einer der besten und populärsten Weinberge der Schweiz.
Rechte Seite, unten: Die Walliser Kanne, traditioneller Bestandteil uralter Weinkultur der Westschweiz.

bauern nun wieder mehr Interesse. Aus ihr erzeugen sie einen duftenden köstlichen Weißwein mit 10,5 bis 12° Alkohol. Die Sorte Heida, dem Traminer ähnlich, wächst bei Visperterminen in Europas höchstgelegenen Weinbergen (um 1200 m).

Unter den roten Reben des Wallis ist der Pinot noir die Nummer eins. Die besten wachsen auf den kalkhaltigen Böden von Siders und Granges, auch in der Umgebung von Sitten hat er große Bedeutung. Unterhalb von Sitten stehen in den Weinbergen vorwiegend Gamayreben, die im Verschnitt mit dem Pinot noir den Dôle, jenen körperreichen, runden, harmonischen Rotwein ergeben, der das Wallis als Schweizer Rotweinerzeuger bekannt und beliebt gemacht hat. Für die Erzeugung von Dôle – er kann auch nur aus Pinot noir gewonnen werden – müssen die Trauben ein jährlich neu festgelegtes Mindestmostgewicht aufweisen, das meist über 86° Oechsle liegt. Trauben, welche die erforderliche Oechslegradation nicht erreichen, werden zu Goron, einem leichten, süffigen Rotwein verarbeitet. Reine Pinot-noir-Weine sind feurig und wuchtig.

Die über viele Jahre ausgeglichene Qualität wird im landschaftlich eindrucksvollen Weinwallis zwischen Varen (oberhalb von Salgesch) und Fully (bei Martigny) durch die steinigen, leichten Böden und kalkhaltigen Schutt-Terrassen sowie ein Klima „nach Maß" ermöglicht: ausgiebige Sonnenbestrahlung, spärliche Niederschläge, verhältnismäßig hohe Temperaturen bis in den Spätherbst. 4300 Weinbauern des Wallis haben sich in der führenden Schweizer Winzergenossenschaft Provins Valais mit ihrer hochmodernen Kellerei in Sitten zusammengeschlossen. Daneben gibt es im Wallis eine Reihe alteingesessener namhafter Weingüter, zum Beispiel in Salgesch (Gebr. Mathier, Mathier & Söhne, M. und B. Cina), in Siders (L. Imesch's Erben und A. Roten-Mathier), in Leuk-Stadt (Domaine de Lichten), in Salgesch (O. Mathier), in Sitten (die Domaine Mont d'Or, Gay, Bonvin) und in Martigny (Alphonse Orsat).

Waadtland

In einer grandiosen Landschaft umspannen die Rebberge die sonnigen Ufer des Genfer Sees, um im Schutze des Alpenmassivs vom milden Seeklima und dem Föhn, der vor allem dem Chablais zugute kommt, zu profitieren. Dieses scheinbar heitere Idyll wird jedoch in fast regelmäßigen Abständen unterbrochen: Gewitter mit oft verheerendem Hagel stellen die Weinbauern vor Probleme, die man mit Hagelkanonen und engmaschigen, über die Reben gespannten Nylonnetzen zu bewältigen hofft. Seit Ende der fünfziger Jahre befindet sich die Weinerzeugung im Umbruch, der sich vor allem durch die Abwendung von gewissen traditionellen, technisch überholten Maßnahmen und die Einführung neuer anbau- und kellertechnischer Verfahren bemerkbar macht.

Im Hinblick auf die bedeutsame Erzeugung von Weißweinen (etwa 80% Dorin), die dem Konsumentenwunsch entsprechend frisch, rassig, feinblumig und elegant sein sollten, kommt daher neuen Weinausbaumethoden große Bedeutung zu. Tatsächlich gibt sich der Dorin, mit dem hier alle Weißweine aus der Chasselas-Traube gemeint sind, harmonisch, ausgeglichen, leicht und natürlich. Weine mit Restsüße sind unbekannt. Man strebt ein Optimum an Bekömmlichkeit mit durchgegorenen Weinen an, bei denen man auch den Schwefelgehalt ziemlich gering halten kann.

Der Salvagnin, aus Pinot noir und Gamay erzeugt, ist ein vollmundiger, angenehm fruchtiger, lieblicher bis kräftiger Wein. Das Anbaugebiet Waadt unterteilt sich in vier Weinregionen. Im Gebiet von La Côte sind vier Fünftel der Rebberge mit Chasselas bepflanzt, die meist 80 bis 90° Oechsle in der Reife erreichen. Ausgezeichnete Lagen wie die von Mont-sur-Rolle, Tartegnin, Féchy, Luins, Vinzel, Morges und Rolle ergeben einen besonders feinen, reintönigen Dorin. Die besten Rotweine von La Côte wachsen in den Weinbergen um Nyon/Avenex.

Die Region Lavaux ist der Waadtländer Weißweinerzeuger von herausragender Bedeutung. Ihre Dorins sind nicht so weich und zart wie die von La Côte. Von den steilen, terrassierten, prachtvoll gelegenen Weinbergen von Lavaux kommen Weine, die sich durch mehr Kraft, wohltuende Herbe und einen wunderbar runden, vollmundigen Geschmack auszeichnen. Die Krone gebührt zweifellos dem Dézaley, einem auf Granitboden östlich Lausanne von Mönchen im Mittelalter begründeten Weinberg mit herrlichen Tropfen voller Rasse und Adel. Mit ihm fast auf einer Stufe stehen die auf Kalkboden gewachsenen Weine von Riex, die heiteren Gewächse von Grandvaux und vor allem der Saint-Saphorin, ein „Feuerwein", Epesses und Villette.

Aus dem Chablais kommen die haltbarsten Dorins, welche die übliche Haltbarkeit von etwa vier bis acht Jahren um viele Jahre

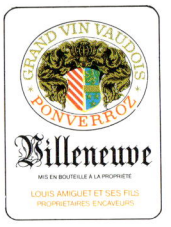

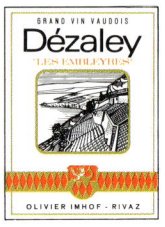

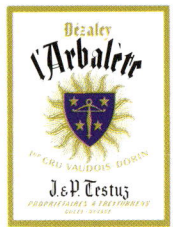

Linke Seite, links: Weinlese bei Vevey, oberhalb des Genfer Sees. Geerntet wird Chasselas, im Waadtland Dorin genannt.
Linke Seite, rechts: Verschneite Weinberge am Genfer See.
Rechte Seite: Fachdiskussion beim Wein in dem überaus malerischen Keller von Dézaley, dem renommiertesten Weinberg im Waadtland.

übertreffen können. Sie zeigen sich im Geschmack etwas breiter und würziger als ihre Nachbarn vom nordwestlichen Seeufer, mit zunehmendem Alter wechselt ihre Farbe allmählich in ein eindrucksvolles Goldgelb. Zu den großen Weinnamen des Chablais (von lat. caput lacus = Kopf des Sees) gehören Yvorne (zum Beispiel Cos du Rocher, ein „Grand 1er Cru") mit sehr kraftvollen Weißweinen sowie Aigle und Bex mit Ollon und Lavey, deren Weine einen angenehmen Feuersteingeschmack besitzen. Neuerdings werden hier auch einige glatte, harmonische Rotweine aus der Pinot-noir-Rebe angebaut.

Geographisch mehr zum Weinbaugebiet um den Neuenburger See gehörend, zählen die Weine aus dem Tal der Orbe noch zum Weinbauland des Kantons Waadt. Im Charakter gleichen die Dorins und die leichten Pinot-noir-Weine mehr denen um Neuenburg, sind trocken, leicht und mundig. In einigen Weinbergen werden nach Ostschweizer Vorbild Riesling × Sylvaner und Pinot gris angebaut.

Zahlreiche kleinere Weinerzeuger bestimmen die Struktur des waadtländischen Weinbaus. Die Ernte von 2000 Winzern wird bei der waadtländischen Weinbau-Union Uvavin in Morges zu Wein verarbeitet. Die Weinfirmen Obrist in Vevey und Badoux in Aigle gehören zu den großen waadtländischen Weinexporteuren.

Ostschweiz

Im Norden und Osten des Landes, in der deutschsprachigen Schweiz, betreiben fast 300 kleinere Gemeinden Weinbau. Favorit im Anbau ist der Blaue Spätburgunder, dessen Weine sich lokal unterschiedlich in reizvollen Variationen präsentieren, einmal leicht und frisch, dann wieder vollmundig, gehaltvoll, rassig und edel. Der Weißwein wird hauptsächlich aus Riesling × Sylvaner gewonnen, der feine, blumige, spritzige Weine mit einem angenehmen Muskat-Aroma ergibt, außerdem gibt es einige Spezialitäten wie Räuschling, aus dem rassige, säurebetonte, kräftige Weine erzeugt werden, die am besten nach einigen Jahren guter Lagerung schmecken, sowie Pinot gris, ein alkoholreicher Dessertwein, der häufig noch unter der früheren Bezeichnung „Tokayer" angeboten wird. Am Zürichsee wird der Blauburgunder gelegentlich auch noch mit seiner alten Bezeichnung „Clevner" oder „Chläfner" versehen.

Das Züricher Weinland
Der größte Weinkanton der Ostschweiz, der über 435 Hektar Rebland verfügt, kann auf eine reiche Weinbautradition zurückblicken. Seine größte Ausdehnung erreichte hier der Weinbau um 1880, als der Kanton mit 5580 Hektar nach dem Waadtland die größte Schweizer Weinregion war! Durch die fast explosionsartige Ausbreitung städtischer Ansiedlungen in den letzten Jahrzehnten zog sich der Rebanbau ins Züricher Weinland zurück, wo er die liebliche Landschaft um einige Akzente reizvoller gestaltet. Zwei Drittel des Rebensortiments bestehen aus Blauburgunder, ein Viertel nimmt der Riesling × Sylvaner ein, in guten Lagen werden Pinot gris (Tokayer) und Gewürztraminer angebaut.
Mit beachtlichem Eifer gelang es Weinbauern und Weinliebhabern in vielen Gemeinden des Kantons, in den letzten Jahren die Überbauung der noch verbliebenen Rebflächen zu verhindern. So gibt es heute in der Stadt Zürich noch 0,25 Hektar Weinberg, am Zürichsee finden sich neben vereinzelten guten Weinbergslagen in Herrliberg, Erlenbach, Meilen, Uetikon und Männedorf die Rebgärten von Stäfa, mit 34 Hektar größte Weinbaugemeinde des Kantons. Am linken Seeufer stehen Reben der berühmten Weinbauforschungsanstalt Wädenswil, in der Professor Müller seine Rebzüchtungen aus der Kreuzung Riesling × Riesling abschloß, die hier die Bezeichnung Riesling × Sylvaner trägt.
Größter rebenanbauender Bezirk im Kanton ist mit 184 Hektar Andelfingen im Thurtal mit harmonischen Weißweinen und fruchtigen Blauburgundern. Teufen-Freienstein gilt als größte Weinbaugemeinde des Unterlandes, im Limmattal zählt Weiningen zu den wichtigen Weinbauorten. Um Winterthur haben die Weinorte Neftenbach und Wiesendangen Bedeutung.

Neben dem VOLG (Verband ostschweizerischer landwirtschaftlicher Genossenschaften) gehören zu den renommiertesten Weinfirmen der Ostschweiz die Freigutkellerei Landolt, die Staatskellerei und Zweifel & Co (alle in Zürich), Regli, Rahm und Schlatter in Hallau sowie Cotinellei in Malans.

Schaffhausen und Aargau
Mit einem Anteil von 11% an der landwirtschaftlichen Nutzfläche besitzt der Weinbau hier unter allen deutschsprachigen Kantonen die größte Intensität. Die Rebfläche hat nach einem starken Rückgang inzwischen wieder 448 Hektar erreicht. Vorherrschend ist Blauburgunder (87%), es folgen Riesling × Sylvaner (12%) und einige Spezialitäten (Elbling, Räuschling, Tokayer) in kleinen Parzellen. Ähnlich wie im Kanton Zürich, zeigt sich auch im Kanton Schaffhausen eine starke Zersplitterung des örtlichen Weinbergsbesitzes. 1975 wurden 960 Rebbesitzer gezählt (im Kanton Zürich waren es sogar 1127).
Geographisch gehören sie eigentlich nicht zu den Ostschweizer Weinen, doch da sie aus dem deutschsprachigen Teil der Schweiz kommen, rechnet man die Aargauer dazu. Im übrigen gleicht ihr Rebensortiment dem der Ostschweizer Kantone. Immerhin findet sich in 55 Gemeinden Weinanbau, vielfach auf sehr unterschiedlichen Böden und mit wechselnden klimatischen Einflüssen. Die insgesamt 277 Hektar Rebland bringen harmonische, aromatische Weißweine, von denen die aus Schinznach, Thalheim und Oberflachs zu den besten zählen.

Thurgau und Sankt Gallen
Im Charakter ähneln die Weine des Kantons Thurgau den Schaffhauser und Züricher Weinen. Ihr Weißwein (Riesling × Sylvaner) gibt sich fruchtig, lieblich, mild; der Rotwein anregend, fruchtig. Die 185 Hektar Rebland breiten sich überwiegend auf den Sonnenhängen am rechten Ufer der Thur aus. Der bekannteste Rotwein, der Ottenberger, gedeiht auf 50 Hektar der Gemeinden Weinfelden und Ottoberg. Schlattingen und Eschenz an der unteren Thur bauen ebenfalls guten Rotwein an.
Die 142 Hektar Rebland des Kantons Sankt Gallen befinden sich zu einem großen Teil in Steillagen, die zur notwendigen Rationalisierung der Weinbergsarbeit in Querbau-Terrassierung angelegt sind. Es werden überwiegend selbständige Blauburgunder Weine und vereinzelt Riesling × Sylvaner gekeltert, unter denen sich dank günstiger klimatischer Bedingungen fast in jedem Jahr Spitzenweine befinden.
Die Tradition des Weinbaus im Kanton Sankt Gallen führt bis in das frühe Mittelalter zurück. Das Föhnklima im Rheintal wurde schon zu früheren Zeiten als „Rebenkocher" geschätzt, so daß der

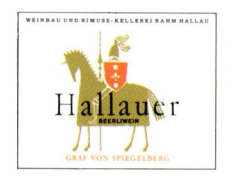

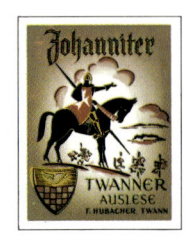

Rechte Seite: Der wehrhafte Munot schützt die Schaffhauser Weinreben vor rauhen Winden. In Schaffhausen wird, im Unterschied zur übrigen Schweiz, hauptsächlich Rotwein angebaut.

Sankt Galler Rote mit Recht als „Föhnwein" tituliert wird. Dahinter verbirgt sich ein fruchtiger Blauburgunder, der bei den üblicherweise recht frischen Trinktemperaturen von 12 bis 14° C süffig schmeckt. Doch die für Rotweine relativ niedrige Trinktemperatur dient keineswegs dazu, eventuelle Schwächen der Sankt Galler Weine zu verbergen. Im Gegenteil: Man hüte sich vor der allzu leichtfertigen Bekanntschaft mit den gehaltvollen Kreszenzen aus dem Sankt Galler Oberland oder dem „Portaser" von Pfäfers, dem höchsten Weinberg der Ostschweiz (720 m), die es in ihrer Qualität mit jedem anderen Ostschweizer ohne weiteres aufnehmen können.

Nordbünden

Die 260 Hektar Rebfläche Nordbündens sind zu 96% mit Blauburgunder bepflanzt, die in der Bündner Herrschaft eine alte Spezialität, den Beerliwein, ergeben. Der dunkelrote Wein ist besonders gehaltvoll. Im oberen Teil dieses Rebgebietes herrscht die Herstellung von Süßdruckweinen (Rosés) vor. Aus weißen und blauen Trauben wird um Chur Schillerwein erzeugt.

Neben Zisers, wo der Churer Bischof über großen Weinbergsbesitz verfügt, sind Malans, Jenins, Maienfeld und Fläsch die wichtigsten Weinbauorte, die durch eine reizvolle Weinstraße, den „Kistenpaß", miteinander verbunden sind.

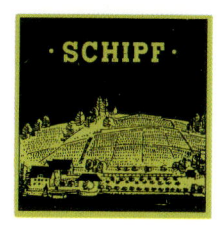

Genf und Neuenburg

Von den Römern im 1. Jahrhundert n. Chr. gegründet, erreichte der Weinbau im Genfer Rebgebiet im 19. Jahrhundert seine größte Ausdehnung. Von den damaligen etwa 2000 Hektar werden heute nur noch gut die Hälfte bewirtschaftet. Sie erstrecken sich über drei Gebiete: das Rebgelände des Mandement am östlichen Ufer des Genfer Sees und im Norden der Stadt Genf mit über 600 Hektar, das linke Rhône-Ufer und das Gebiet zwischen Arve und dem See, auf die je die Hälfte der übrigen Rebfläche entfällt.
Etwa 80% der Gesamtproduktion werden von Genossenschaftskellereien erzeugt. 1929 gründeten 46 Weinbauern aus dem Gebiet zwischen Arve und Genfer See die erste Genossenschaft von La Souche, 1933 entstand auch im Mandement eine Genossenschaftskellerei, 1953 folgten dann die Weinbauern des linken Rhône-Ufers mit einer Gründung in Lully. Diese drei Genossenschaften schlossen sich zu einem Bund, der Fédération des Caves genevoises „Vin Union", zusammen.
Sie vertreibt Weine aus fünf verschiedenen Rebsorten: Chasselas (Gutedel), der fast 50% der Gesamtproduktion ausmacht, Gamay

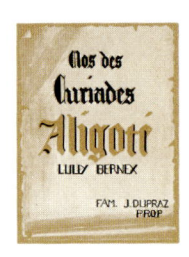

Linke Seite: Blick über die Weinberge von Satigny im Mandement auf den Salève. Satigny ist die größte Weinbaugemeinde der Schweiz. Es wird hauptsächlich Chasselas angebaut.
Rechte Seite: Auch wenn die Arbeit bei der Lese im Weinberg oft recht mühsam ist, der freundlichen Lesehelferin ist es kaum anzumerken.

und Pinot noir, die zusammen ein Drittel ergeben, Riesling × Sylvaner und Grüner Sylvaner.
Durch Beschluß des Genfer Stadtrates von 1965 haben die im Genfer Rebbaugebiet aus der Chasselas gekelterten Weine Anrecht auf die Bezeichnung Perlan. Perlan-Weine sind frisch und spritzig. Bouquet Royal heißt der Perlan aus den Weinbergen zwischen Arve und Genfer See, ein nerviger, trockener Wein mit leicht herbem Einschlag. Coteaux de Lully ist ein damenhafter Wein von angenehm frischem Bukett. Der männlichste unter den drei Chasselas-Typen, Perle du Mandement, ist fruchtig, rund und kraftvoll.
Aus der Gamay-Rebe erzeugt die Vin Union einen aromatischen, purpurroten, bukettreichen Wein unter der Bezeichnung Clefs d'Or und als Süßdruck (Rosé) von bezaubernder Finesse den Rosette de Genève. Der Pinot-noir-Wein Camérier zeigt ein helles Rubinrot, Wärme und Kraft. Außerdem gibt es einen Œil de Perdrix (Rosé), voll, schmackhaft und rund, mit dem Namen Rosé Reine.
Die Weißweinspezialität Riesling × Sylvaner zeigt sich fruchtig mit verspielter Eleganz, der Sylvaner (Clavendier) reich und saftig. Neben der Vin Union gibt es im Genfer Weinanbaugebiet einige kleinere leistungsfähige Weinkellereien und Weinbaubetriebe wie Leyvraz & Stevens und L. Crosaz in Peissy, Meylan & Fils in Cologny, Eric Ramu in Dardagny, Louis Vionnet und J. Dupraz in Bernex.

Der Neuenburger See
Benediktinermönche, denen der Weinbau viel zu verdanken hat, legten um das Jahr 1000 an den Sonnenhängen des Neuenburger Sees die ersten Weinberge an. Heute betreiben 18 Gemeinden auf einer Länge von etwa 35 Kilometern und in einer Höhe von 430 bis 600 Meter Weinbau, der in der Region fast 560 Hektar ausmacht. Im Gegensatz zum Genfer Gebiet haben Genossenschaftskellereien kaum Bedeutung, zahlreiche, meist kleinere Rebgutbesitzer pflanzen auf meist kargen, kiesigen und tonigen Kalkböden Pinot-noir- und Chasselas-Reben an. In geringen Mengen existieren noch weiße Spezialsorten wie Pinot gris, Pinot blanc, Chardonnay, Riesling × Sylvaner und Grüner Sylvaner.
Die nach ihrer Rebfläche bedeutenden Weinorte Auvernier, Colombier, Le Landeron, Boudry, Bevaix und Cressier kultivieren in überwiegendem Maße weiße Sorten, die sich durch einen besonders hohen Anteil an Kohlensäure in den süffigen, leichten Weinen auszeichnen. Diese prickelnde Kohlensäure zeigt sich am besten im Glas, wenn man hoch aus der Flasche einschenkt, so daß der Wein beinahe ins Glas spritzt. Dann bilden sich „Sterne", ein Zeichen dafür, daß dank des Kohlensäuregehaltes eine gute

Haltbarkeit des Chasselas garantiert ist. Aus dem Blauburgunder wird neben delikaten, feinen Rotweinen ein voll ausgegorener Rosé, der Œil de Perdrix, ein Süßdruck in der Augenfarbe des Perlhuhnes gewonnen.
Einige erfolgreiche Weinerzeuger am Neuenburger See sind die Domaine de Montmollin in Auvernier, Perriard Frères und A. Porret in Cortaillod, Caves de la Béroche in Saint-Aubin und Ferd. Meier-Charles in Le Coudre.

Bieler See und Thuner See
Von den insgesamt 250 Hektar Rebland des Kantons Bern befinden sich 230 Hektar an den steilen Südosthängen des Bieler Sees. Auf dem kalkreichen Boden der Weinberge von Vingelz bei Biel, Tüscherz, Ligerz und Neuenstadt werden zu 75% Chasselas, zu 20% Blauburgunder und einige Weißweinspezialitäten angebaut. Über 300 Rebgutbesitzer erzeugen die bekannten Twanner, Schafiser und Bieler-See-Weine, harmonische, leichte Weißweine und herzhafte Rotweine.
In den Rebbergen am Thuner See wachsen bei Oberhofen und Spiez Riesling × Sylvaner (65%) und Blauburgunder (35%), die von den dortigen Rebbaugenossenschaften gekeltert und verkauft werden.

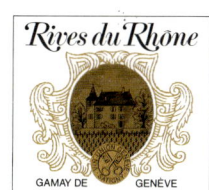

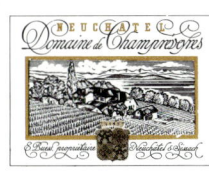

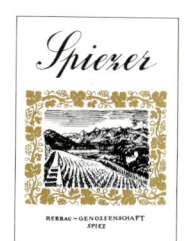

Südschweiz, Freiburg, Liechtenstein

Linke Seite: In den stillen Tessiner Seitentälern, wie hier im Valle Maggia, pflanzen die Bauern die Reben im Pergolasystem.
Rechte Seite: Weinbäuerin auf einem Winzerfest in Lugano.

Tessin und Misox
Rotweine mit kraftvoller, herber Fülle, gehaltvoll und dunkelfarben, die den Weinfreund aus dem Tessin erreichen – das können wohl nur Merlot-Weine sein, berechtigter Stolz der Tessiner Weinbauern, die ihre besten Merlot-Qualitäten, abgefüllt in der Bordeauxweinflasche, mit dem Gütezeichen VITI (Vini Ticinesi) versehen. Von den 1100 Hektar Weinbergen in dem sonnigen Weinland sind inzwischen über die Hälfte mit Merlot-Reben bepflanzt, die seit der Jahrhundertwende aus Bordeaux eingeführt werden. Unter den roten Weinen besitzt der Merlot die größte Bedeutung. Nostrano, eine alte einheimische Sorte, wird bevorzugt zu lokalen Schankweinen verarbeitet, aus den Americano-Sorten gewinnt man alkoholfreien Traubensaft. Aus Chasselas (Gutedel) und etwas Sémillon besteht das in diesem Gebiet kleine Weißweinsortiment.
Ähnlich wie am Genfer See gilt auch im Tessin der Hagel als Rebenfeind Nummer eins. Die bezüglich der Bodenarten nicht sehr wählerische Merlot-Rebe neigt allerdings leicht zur Fäulnis, so daß sie als Lesegut eine rasche Verarbeitung erfordert. Wie in anderen Gebieten werden auch im Tessin die Weinberge an den steilen Lagen mit der Zeit aufgegeben. Besonders günstige Lagen werden terrassiert, um ihre Bewirtschaftung mit Maschinen zu erleichtern.
Im Misox, das eigentlich zur Region Südbünden gehört, wird auf 52 Hektar um San Vittore und Roveredo überwiegend Merlot angebaut. (Die Weine des ehemals bündnerischen Veltlin werden in dem Abschnitt Norditalien vorgestellt. Siehe Seite 173.)

Freiburg
Die Weinberge von Wistenlach (Vully), am Mont Vully, auch heute noch die berühmteste Lage am Murtensee, wurden erstmals 961 urkundlich erwähnt. Im 19. Jahrhundert umfaßte der Weinbau im Kanton noch 200 Hektar, heute beträgt die Rebfläche knapp 100 Hektar, von denen das weitaus größte Rebgebiet mit fast 90 Hektar bei der Gemeinde Wistenlach liegt, der Rest gehört zur Gemeinde Cheyres und zu Font.
Mit beinahe 80% beherrscht der Chasselas das Bild der in zahlreichen kleinen Parzellen aufgeteilten Weinberge, die durch eine Güterzusammenlegung zu rationeller bebaubaren Rebflächen erweitert wurden. Die leicht perlenden, hellen Weißweine, auf Mergelböden gewachsen, gefallen durch ihr zartes Bukett und ihre leichte, freundliche und bekömmliche Art. Das Weißweinsortiment wird ergänzt durch etwas Riesling × Sylvaner, Pinot gris, Traminer und Freiburger. Vor allem aus dem Ausland importierte Rebsorten sollen dazu beitragen, für die geschlossenen Rebgärten bei Vully neue, gut geeignete Sorten zu finden, von denen sich eine ganze Reihe derzeit in Erprobung befindet.
Unter den roten Rebsorten war einstmals der Gamay sehr beliebt, sein Anbau ist jedoch in letzter Zeit rückläufig. Mit 3% der Rebfläche wurde er vom Blauburgunder überflügelt (10%), dessen Weine fruchtig und süffig und mit denen des benachbarten Neuenburger Sees vergleichbar sind.
Die leichten und mundigen Weine von Cheyres unterscheiden sich in ihrem Charakter hingegen deutlich von denen der Neuenburger Region. Auf Molassegrund gewachsen, stehen die Reben in einem günstigen Kleinklima, das von den großen Seeflächen beeinflußt wird. Auch hier bereiten allerdings in den letzten Jahren schwere Hagelschäden – ähnlich wie im Tessin und am Genfer See – den Weinbauern beträchtliche Sorgen.
Außerhalb seines Gebietes verfügt der Kanton Freiburg mit der Domäne Les Faverges nordöstlich von Saint-Saphorin über eine der besten Lagen des Waadtlandes. Das 15 Hektar große Gut, das 1138 von einem Freiburger Feudalherrn den Zisterziensermönchen übereignet wurde, produziert zu 90% einen ausgezeichneten Chasselas und zu 10% Rotwein.

Liechtenstein
Rebensortiment und weingesetzliche Bestimmungen des Fürstentums Liechtenstein gleichen denen der benachbarten Ostschweiz. Auf den 15 Hektar Rebfläche wächst fast ausschließlich Blauer Spätburgunder, ein Großteil davon in der Vaduzer Gegend, aus dem der Vaduzer Beerli, ein herzhafter, fruchtiger Rotwein oder der Vaduzer Süßdruck (Rosé) oder Kretzer erzeugt werden. Außerdem gibt es noch einige leichte, trockene, spritzige Weißweine aus der Sorte Riesling × Sylvaner. Bei einem jährlichen Pro-Kopf-Verbrauch von 22 Liter reicht die Eigenerzeugung bei weitem nicht aus, so daß Liechtensteins Weinimporte derzeit 4500 Hektoliter betragen.

Italien

Als Bestandteil der täglichen Nahrung ist der Wein in diesem Lande etwas Selbstverständliches, so daß es für die Italiener kaum lohnt, darüber viele Worte zu machen. Doch dem Wirtschaftsgut Wein widmet man in den letzten Jahren viel Aufmerksamkeit und Publizität, denn Italien verzeichnet nicht nur den höchsten Pro-Kopf-Verbrauch an Wein in der Welt, es rangiert auch als Weinexportland weltweit an erster Stelle.

Seine Weinreichtümer sind fast unermeßlich. Für jeden Geschmack ist das Richtige vorhanden: trockene, herbe bis süße Rot- und Weißweine, zauberhaft frische Rosés, kernige, rauhe, männliche Tropfen, herzhafte oder weiche Weine, köstlich süße Likörweine und hervorragende Schaumweine aller Geschmacksrichtungen. Dieses große Potential edler Gaumenfreuden kann sich allerdings nur schwerlich einer solchen Reputation erfreuen wie die französischen Provenienzen.

Die italienische Regierung und die Weinwirtschaft haben daraus mehrere Konsequenzen gezogen: Seit 1966 werden italienische Qualitätsweine mit einer kontrollierten Ursprungsbezeichnung (D.O.C.), ähnlich dem französischen Vorbild, versehen. Allerdings beträgt der Anteil der D.O.C.-Weine an der Gesamtproduktion erst etwa 7,8%. Am höchsten liegt er in der Toskana, Venetien, Trentino-Südtirol, Piemont, Emilia-Romagna und

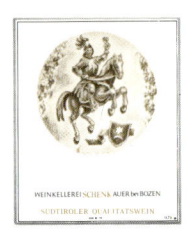

Linke Seite, oben: Mächtige Baumkelter, die heute lediglich einen interessanten historischen Wert besitzt.
Linke Seite, unten: Gegen ein Kerzenlicht prüft der Kellermeister der Cantina Grotte di Castro am Bolsena-See die Klarheit eines Faßabzuges.

Latium, die auch zu den exportintensivsten Weinregionen zählen. Etwa 40% der D.O.C.-Weine gelangen zur Ausfuhr, doch ihr Anteil wird sich in den nächsten Jahren voraussichtlich noch steigern, da in der „Gazzetta Ufficiale" weitere neue D.O.C.-Bezeichnungen veröffentlicht werden.

Trotz dieser neuen Qualitätsbezeichnungen, die letztlich eine gütemäßige Aufwertung der Weine erzielen, betreiben Teile der italienischen Weinwirtschaft eine Exportpolitik, die dem Ruf italienischer Weine oft mehr schadet als nützt. Mit Billigstpreisangeboten versucht man neue Absatzchancen zu erlangen und scheut sich dabei nicht, auch ordentliche Qualitätsweine in voluminösen Liter-Abfüllungen zu verschleudern. Ungeachtet vieler Werbemaßnahmen, wecken derartige Offerten oft das Mißtrauen des Weinliebhabers, der sich darauf beschränkt, italienische Weine bestenfalls als Tourist bei einem Besuch im Lande als lokale Spezialität zu genießen.

Quelle europäischer Weinbautradition

Wenn heute französische, deutsche, österreichische oder schweizerische Weine manchem Einheimischen dank ihres Bekanntheitsgrades mehr Begeisterung entlocken können, als Weine aus „Oinotria", wie die alten Hellenen das „Weinland" Italien bezeichneten, dann mag dies letztlich eine der mannigfachen unbeabsichtigten Folgen römischer Feldzüge in Gallien, Germanien und den Donauländern sein. Immerhin vermochten die römischen Legionäre nicht längere Zeit ohne ihren geliebten Wein auszukommen, und da sich über die weiten Distanzen zwischen dem Mutterland und dem Norden oft Nachschubprobleme ergaben, nutzte man die teilweise wahrscheinlich bereits vorhandenen Weinberge, weitete die Anlagen aus und wurde somit zum Begründer des antiken Weinbaus nördlich der Alpen.

Im römischen Reich stand zu jener Zeit der Weinbau in hoher Blüte, so daß der römische Schriftsteller Plinius bereits 91 verschiedene Weinsorten aufzählen konnte. Die über Jahrtausende während Weinbautradition hat in Italien immer wieder neue Impulse erhalten, sein Wein war mit den kulturellen Ereignissen und der gesellschaftlichen Lebensweise stets eng verbunden.

Allerdings präsentiert sich der Weinbau erst in den letzten Jahrzehnten in Form zusammenhängender, in Monokultur gestalteter Rebflächen. In einigen Bereichen des Landes herrscht jedoch weiterhin die Mischkultur im Anbau vor, bei der die Rebpflanzen zwischen Obstbäumen und Feldfrüchten stehen. Diese traditionelle Anbauweise erschwert letztlich auch eine exakte statistische Erfassung der gesamten italienischen Rebfläche, so daß für die Rangbewertung italienischer Weinerzeugung meist sehr unterschiedliche Angaben vorliegen. Künftig wird hier gewiß eine zuverlässigere Erfassung möglich sein, da der Trend zur Monokultur im Rebanbau sich deutlich abzeichnet. Zugleich vollzieht sich auch eine Wandlung in der Betriebsstruktur. Zwischen 1961 und 1970 wurde jeder 6. landwirtschaftliche Betrieb aufgegeben, das sind insgesamt 670 000 Betriebe. Gleichzeitig ergibt sich eine Ausbreitung und stärkere Konzentration im Genossenschaftswesen. Über ein Drittel der italienischen Weinernte wird inzwischen genossenschaftlich erfaßt. Von ihnen wie auch von den Kellereien des Weinhandels werden große Investitionen in modernste Herstellungsbetriebe getätigt, um damit die notwendigen qualitätssteigernden Maßnahmen zu ermöglichen.

Rebfläche	1,328 Millionen ha
	(= 18,5% der Weltweinbaufläche bzw. 25% der europäischen Weinbaufläche)
Anzahl der Winzer	1,9 Millionen
Erzeugung	
(1974)	78,86 Millionen hl
(1975)	69,81 Millionen hl
davon D.O.C.-Qualitätswein	5,464 Millionen hl
Anbaugebiete	
	Apulien (11,6 Millionen hl)
	Emilia-Romagna (10,9 Millionen hl)
	Venetien (10,26 Millionen hl)
	Sizilien (10,1 Millionen hl)
	Latium (5,1 Millionen hl)
	Piemont (4,8 Millionen hl)
	Toskana (4,6 Millionen hl)
	Kampanien (3,2 Millionen hl)
	u. a.
Verbrauch pro Kopf	107,5 l (1975)
Export	12,1 Millionen hl
	davon nach Frankreich (6,01 Millionen hl), Schweiz (300.000 hl), USA (771.000 hl), Großbritannien (800.000 hl), u. a.
Import	216.000 hl

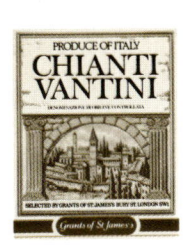

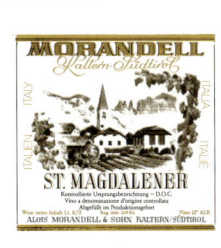

Norditalien

Obgleich sie mit etwa 30 Millionen Hektolitern ebensoviel Wein produzieren wie der Süden Italiens, gelten die acht norditalienischen Weinregionen als die bedeutendsten Qualitätsweinerzeuger des Landes. Ihre D.O.C.-Weine erreichen einen Anteil von 55% (in den sechs süditalienischen Weinregionen 12%) von der jeweiligen Gesamtproduktion. Dementsprechend besitzen vor allem Piemont, Südtirol und Venetien für die italienische Qualitätsweinausfuhr die größte Bedeutung. Neben dieser qualitativen Vorrangstellung nehmen Venetien und Emilia-Romagna die Position der ertragreichsten Anbaugebiete ein.
Das Land zwischen Alpen und Apennin bietet mit seinen zahlrei-

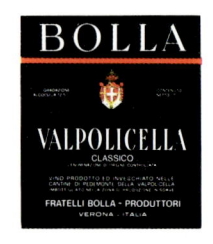

Linke Seite, oben: Ein Winzer-Original, das voller Stolz und mit der sprichwörtlichen Gastfreundschaft zum gemeinsamen Verkosten einlädt.
Linke Seite, unten: In der heiteren Gestaltung vielfältiger Weingefäße spiegelt sich etwas von italienischer Volkskunst wider.

chen Sonnenseiten und abwechslungsreichen geologischen Formationen ausgezeichnete Standorte für den Rebanbau. Im Übergang vom mitteleuropäischen zum nordmediterranen Klima gedeihen in den Südalpentälern, in den Seengebieten am Alpenrand und an der ligurischen Küste Weine, die bei mäßigem Alkoholgehalt oft von beachtlicher Leichtigkeit und Harmonie sind und denen die sprichwörtliche Schwere mancher süditalienischer Weine fehlt.

Italien verfügt über eine sonst im europäischen Weinanbau kaum wiederzufindende Vielfalt von Rebsorten, die oft entscheidend die Eigenarten regionaler Weinspezialitäten prägen. Einige davon werden in fast allen Weinprovinzen des Landes angebaut, wie Malvasier (Malvasia bianca), Trebbiano, zwei verbreitete Weißweinsorten, oder Barbera, Freisa, Merlot und Cabernet, die besten Rotweinsorten. Andere, zum Teil auch in den mitteleuropäischen Weinbauländern vorhandene Sorten, sind im Anbau nur auf die nördlichen Weinregionen beschränkt. So der Moscato bianco, aus dem im Asti-Gebiet die bekannten Schaumweine hergestellt werden, der Weißburgunder (Pinot bianco), der Ruländer (Pinot grigio), der Rheinriesling (Riesling renano), der Tocai, der Prosecco und der Vermentino sowie bei Rotweinen Marzemino, Corvino, Nebbiolo, Molinara und Schiava.

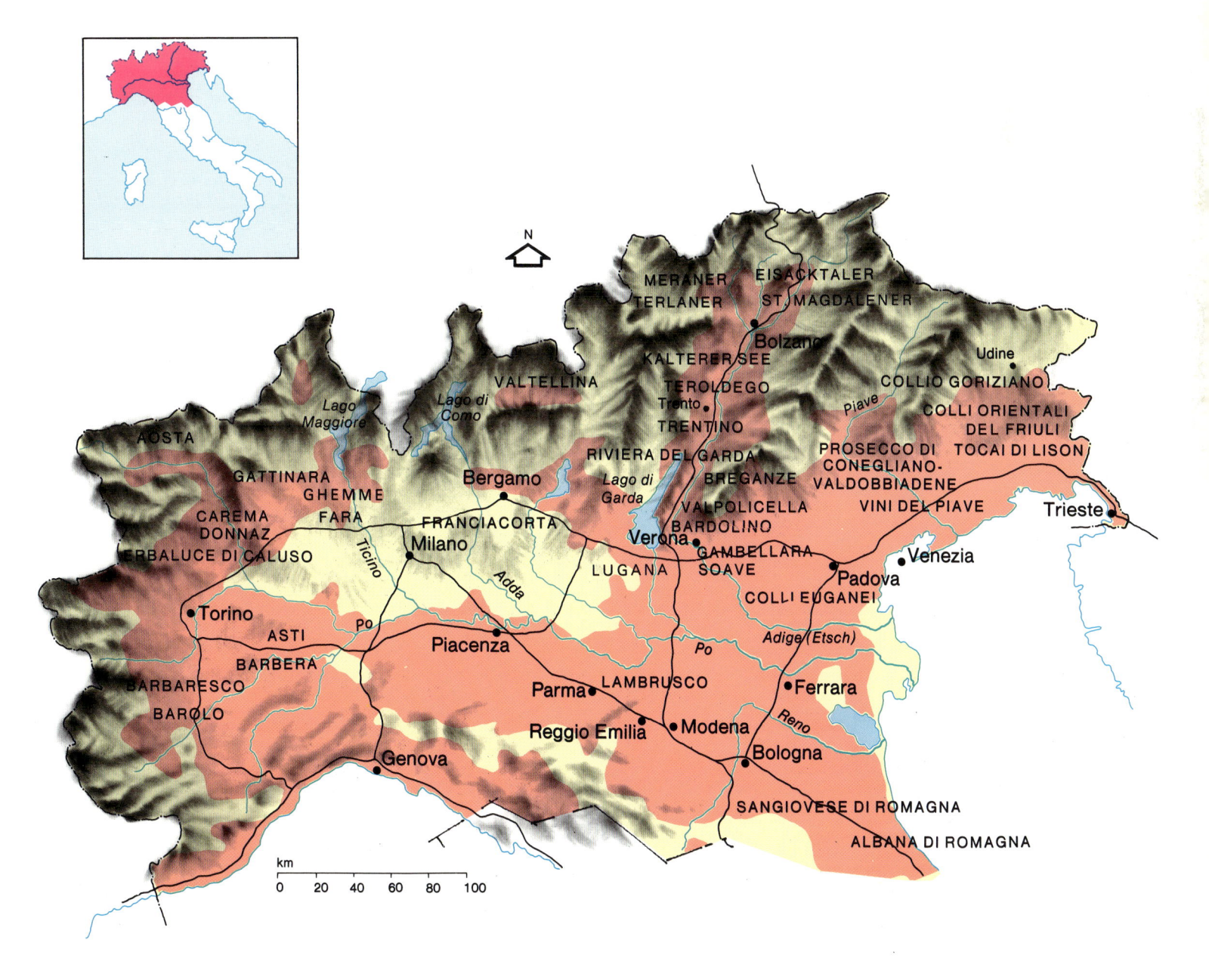

Die acht Weinregionen Norditaliens

Piemont, das Land „zu Füßen der Berge", verfügt über eine verlockende Skala unterschiedlichster Weine. Sie reicht vom hochberühmten Barolo, dem König unter den Piemonteser Rotweinen, über leichte, aber farbintensive Rotweine bis zu Spezialweinen wie Wermut oder Asti spumante.

Aus der Nebbiolo-Traube, die auf Hanglagen mit Kalkböden der Provinzen Cuneo, Asti und Alessandria wächst, wird als leuchtend granatroter, vollmundiger und kräftiger Wein der Barolo erzeugt, der mindestens drei Jahre gelagert wird, bevor er in den Handel gelangt. Nach vier Jahren Lagerzeit kann er als „Riserva", nach fünf Jahren als „Riserva speciale" bezeichnet werden. Der Barbaresco, ebenfalls aus der Nebbiolo-Traube gewonnen, hat vor dem Verkauf mindestens zwei Jahre zu lagern. Er ist milder und leichter als der Barolo.

Zwei weitere typische Nebbiolo-Weine, der Carema und der Gattinara, unterscheiden sich vor allem in ihrer Herbe. Der Carema ist weicher, samtiger als der herb-bittere Gattinara. Von kräftigem Rubinrot sind die Barbera-Weine Piemonts. Sie können ebenso wie der Barolo gut altern, wobei sie allmählich noch harmonischer werden. Etwas seltener als diese Weine sind in Piemont die auch mit D.O.C.-Schutz versehenen Sorten Fara (in

Linke Seite: Das Städtchen Soave, Heimat eines der besten Weißweine Italiens.
Rechte Seite, oben: Die imponierenden Holzfaßkeller der großen Weingüter hinterlassen beim Besucher stets einen nachhaltigen Eindruck. Gerade für die Lagerung und Reife der Rotweine höherer Qualitäten sind bestens gepflegte Holzfässer unentbehrlich.
Rechte Seite, unten: Insbesondere für den Export werden die Weine in ausgefallene Flaschenformen gefüllt.

den Typen trocken und lieblich), der körperhafte Ghemme, der sehr aromatische Brachetto d'Acqui und im Aostatal der weiche, duftige, leuchtend rote Donnaz.

In der Lombardei zählen zu den führenden Weinsorten neben dem weißen Moscato, Riesling und dem roten Barbera die berühmten Veltliner-Weine (nicht identisch mit der Rebsorte Veltliner) aus den 19 Weinbauorten der Provinz Sondrio. Die tanninhaltigen, kräftigen Rotweine aus dem Veltlin (Valtellina) zeigen nach mindestens einjähriger (als Superiore zweijähriger) Lagerzeit einen herben Geschmack und entwickeln sich im Alter (nach vier Jahren „Riserva") vorzüglich.

Köstliche Tischweine liefern die Weinberge an den Ufern des Gardasees, Franciacorta und Lugana, ein leichter Rotwein und ein frischer Weißwein verdienen Beachtung. Ein weit verbreiteter Tischwein ist der Riviera del Garda (rot und rosé), den man jung trinken sollte.

Venetien hält für den Weinfreund einige bewährte Trümpfe bereit. Hier ist eine besonders schmackhafte Küche zu Hause, und es fehlt nicht an dazu passenden Ergänzungen! Allen voran unter den Weißweinen steht der köstlich frische, trockene, belebende Soave, den es in einer leichten, bekömmlichen „Standard"-Version und als lieblich süßen, goldgelben Recioto gibt. Gemeinsam mit dem süffigen, milden Bardolino führt der körperreiche, samtige Valpolicella die venetianische Rotweinerzeugung an. Der granatrote Recioto della Valpolicella sollte auch als warmer, samtiger Wein wie der Valpolicella spätestens nach drei Jahren getrunken werden.

Zu den guten Weißweinen dieser Region gehören der herbfrische Gambellara, der aus Tokaier-Trauben erzeugte strohgelbe Breganze und der trockene, leicht süßliche Colli Euganei bianco. Aus den im westlichen Teil der Provinz Padua angebauten Merlot-Reben wird auch ein rubinroter, trockener Colli Euganci rosso erzeugt.

Nicht jeder Wein, der aus dem Tiroler Etschtal die nördlichen Konsumgebiete erreicht, ist Kalterersee-Wein, obgleich dieser weiche, harmonische D.O.C.-Wein oft in derart überwältigenden Mengen angeboten wird, daß sich für viele Weintrinker seine Herkunft im Dunkel verliert. Da gibt es außerdem den wuchtigen, vollmundigen St. Magdalener, qualitativer Superlativ unter den Südtiroler Weinen, außerdem den weinigen, prickelnden Lagreinkretzer, einem anregenden Rosé gleich, den kräftigen Cabernet, den extraktreichen Merlot, den körperreichen Bozener Leiten, den rassigen Meraner Küchelberger und den herben Teroldego. Aus dem Weißburgunder wird der frischlebendige Terlaner erzeugt, dazu kommen ein aromatischer Traminer, ein eleganter Rheinriesling und ein frischer Silvaner.

In der Emilia-Romagna, durch die kräftige, fettreiche Küche Bolognas gastronomisch geprägt, ist der Lambrusco zu Hause, ein angenehmer Tischwein, den es rot und weiß in den Geschmacksrichtungen trocken oder lieblich gibt. Sein Charakteristikum, ein leichtes Prickeln und Schäumen, verliert sich rasch im Glas. Ein herber, starker Landwein bietet sich mit dem rubinroten Sangiovese di Romagna an, gefälliger ist der Albana di Romagna.

Durch die zahlreichen „Weinstraßen" kann der weininteressierte Reisende in den vielgestaltigen Weinbauregionen Norditaliens selbst herausfinden, wie hervorragend die mannigfachen Weinsorten zu den lokalen gastronomischen Spezialitäten passen.

Mittelitalien

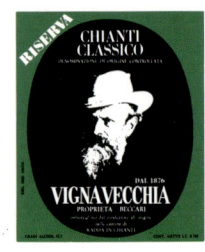

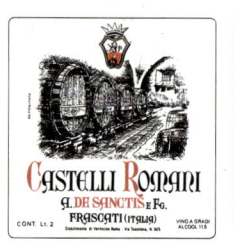

Linke Seite: Wie ein Bild aus vergangenen Zeiten mutet diese Szene vor einem Kelterhaus in der Toskana, der Heimat des Chianti, an.

Unter den sechs Weinregionen im mittleren Teil der Halbinsel genießt die Toskana traditionell die größte Popularität. Diese Berühmtheit verdankt sie gleichermaßen der einmaligen Schönheit ihrer Landschaft, der einzigartigen Historie ihrer kulturellen Stätten, dem Unternehmungsgeist ihrer Bewohner und der vollendeten Harmonie ihrer Küche und ihrer Weine, die das kulturelle Erbe des Landes auf ihre Weise vollendet abrunden.

Obgleich die Toskana mit einer Weinproduktion von etwa 4,6 Millionen Hektolitern unter den mittelitalienischen Regionen nach Latium (mit 5,1 Millionen hl) an zweiter Stelle steht, ist der Anteil an D.O.C.-Weinen überdurchschnittlich hoch. Er besteht fast ausschließlich aus dem Chianti, dessen Erzeugungszone sich über ein weites Gebiet südlich von Florenz über die Provinzen Florenz, Siena, Pisa, Pistoia und Arezzo erstreckt. Lange Zeit symbolisierte Chianti italienischen Wein schlechthin, und es gab Jahre, in denen dieser Wein auch aus anderen Regionen als der Toskana geliefert wurde.

Noch stärker als in den renommierten norditalienischen Weinbaugebieten profitiert das Qualitätsimage des toskanischen Chianti vom traditionellen Prestige einiger großer, alteingesessener Weingutsbetriebe wie Frescobaldi, Ricasoli (Brolio), Antinori, Melini und Ruffino. Kenner schätzen daneben aus der Vielzahl kleinerer Erzeugerbetriebe bestimmte Winzer, deren „Entdeckung" von den Weinfreunden als „Geheimtip" behandelt wird und der meist eine größere Bedeutung zukommt als den offiziellen Mitgliederlisten der einstmals respektablen Chianti-Konsortien.

Das gebirgige Umbrien, landwirtschaftlich intensiv genutzt, verdankt seinen Weinruhm dem blassen, klaren und manchmal auch goldgelben Orvieto. Latium mit der berühmten Campagna Romana setzt auf seine Castelli Romani, unter denen der Frascati, nördlich des Albanosees gewachsen, der in Rom beliebteste Weißwein ist. In den Abruzzen mit ihren majestätischen Gebirgszügen stehen die Reben vielfach auf karstigen und felsigen Hügeln, die den Weinen eine pikante Herbe schenken. Auf den sanften Hügeln der Marken wächst verbreitet die Rebsorte Verdicchio, aus der in Mittelitalien harmonische Weine mit einem leicht bitteren Nachgeschmack erzeugt werden.

Die Gesamtproduktion des mittelitalienischen Weinanbaus hat einen Anteil von 20% an der italienischen Weinerzeugung. Davon sind etwa 33% D.O.C.-Weine.

1 VERNACCIA DI SAN GIMIGNANO
2 CHIANTI
3 BRUNELLO DI MONTALCINO
4 TORGIANO
5 BIANCHELLO DEL METAURO
6 VERDICCHIO
7 ROSSO CONERO
8 ROSSO PICENO
9 EST! EST! EST!!! DI MONTEFIASCONE
10 ORVIETO
11 MONTEPULCIANO
12 FRASCATI
13 COLLI ALBANI
14 MARINO
15 COLLI LANUVINI
16 APRILIA

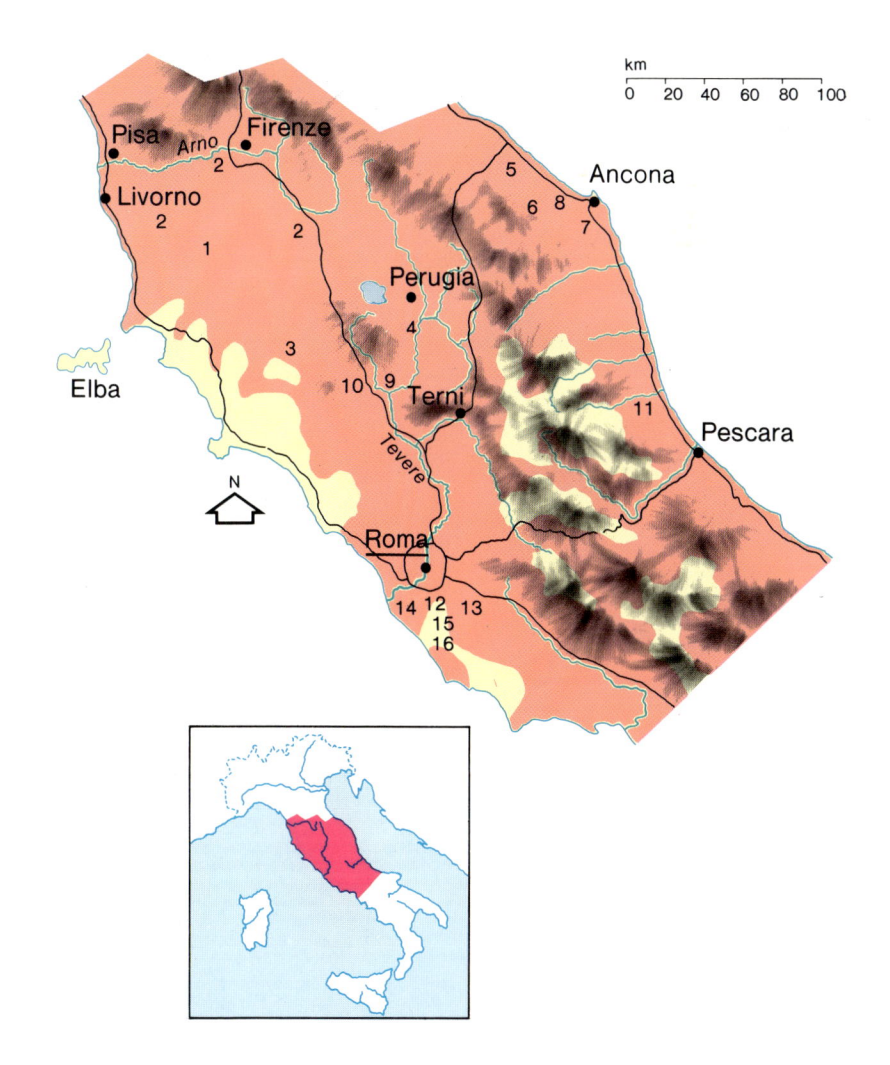

Von der Toskana bis Latium

Der Chianti, überragender toskanischer Weinerfolg, wird aus vier Rebsorten hergestellt: zu mindestens zwei Dritteln aus Sangiovese, außerdem Malvasia del Chianti, Canaiolo und Trebbiano. Die Reben wachsen an Hügelhängen, in einer Höhe bis zu 550 Metern. Weine aus der ältesten, genau umrissenen Chianti-Zone im Herzen des Erzeugungsgebietes zwischen Florenz und Siena tragen die Zusatzbezeichnung „Classico". Nach zwei Jahren Lagerung kann der Chianti als „Vecchio" bezeichnet werden, nach drei Jahren als „Riserva".

Der Wein mit dem lebhaften Rubinrot, rassig, körperreich, im Alter mächtig und gehaltvoll, verdankt einen nicht unerheblichen Teil seiner Popularität der außergewöhnlichen Flasche, dem bauchigen Fiasco, der zum Schutze gegen Bruch mit einer Basthülle versehen ist. Die in allen Größen als beliebtes Touristensouvenir hergestellten originellen Flaschen nehmen allerdings nicht den klassischen Chianti auf. Der wird in der schlichten Bordeaux-Flasche abgefüllt.

In der Provinz Siena um die vieltürmige pittoreske Stadt San Gimignano wächst auf den Hügeln ein harmonischer, trockener Weißwein mit einem aparten Bitterton, der Vernaccia di San Gimignano, der ebenfalls in Bordeaux-Flaschen abgefüllt wird. Der Brunello di Montalcino, mit einem interessanten Bodengeschmack, lebhaft granatroter Farbe und Veilchenbukett, gewinnt mit zunehmendem Alter an Harmonie und vollendeter Reife. Von dieser toskanischen Spezialität gibt es als alkoholreiche Abart einen herben, kräftigen und charaktervollen Vino nobile.

Die harmonischen, aromatischen Weiß- und Rotweine der Insel Elba passen vorzüglich zu Fischgerichten und Teigwaren. Südlich der an Sehenswürdigkeiten reichen Stadt Perugia wächst ein fruchtiger, frischer Weißwein, der Torgiano. Umbriens bekanntester Weißwein, der trockene bis leicht süßliche Orvieto, abgefüllt in der typischen Pulcianella oder in Bocksbeuteln, gedeiht um die gleichnamige, historisch bedeutsame Stadt.

Latium verfügt mit seinem Weißwein Est!Est!!Est!!! di Montefiascone über den gewiß ungewöhnlichsten Weinnamen. Er basiert der Legende entsprechend auf dem Hinweis eines bischöflichen Bediensteten, der seinem Herrn auf Reisen vorauszufahren hatte und ihm Gasthäuser mit gutem Wein durch das Wort „Est!", neben die Türe geschrieben, anzuzeigen hatte. Der vollmundige oder leicht süßliche Wein wird aus den Rebsorten Trebbiano und Malvasia rings um den Bolsena-See in der Provinz Viterbo erzeugt. Aus Malvasier- und Trebbiano-Trauben besteht der Frascati, der in unmittelbarer Nachbarschaft zur italienischen Hauptstadt wächst und in beinahe jedem Restaurant Roms zu finden ist. Der weiche, feine Wein enthält als „Cannellino" 3 bis 6 g/l Restsüße, in der „trockenen" Version beträgt die Restsüße 1 bis 3 g/l. Der Süden Roms hält für den Weinkenner zudem einige reizvolle Spezialitäten parat: den kräftig goldgelben Colli Albani, trocken oder leicht süßlich, den fruchtigen, strohgelben Marino, trocken oder mild, den trockenen Colli Lanuvini und die Weine von Aprilia, die aus den Sorten Trebbiano (strohgelb, harmonisch, delikat), Sangiovese (trockener Rosé) und Merlot (herzhaft, vollmundig, granatrot) hergestellt werden.

Die Küche der Marken und Abruzzen ist wahrhaft ländlich, bäuerlich, deftig. Entsprechend gibt es dazu rustikale, ehrliche Tropfen, wie zum Beispiel den körperreichen Rosso Conero oder

Auch ein frugales Essen mundet mit den regionalen Landweinen stets vorzüglich. Einen Teil ihrer weltweiten Popularität verdanken die mittelitalienischen Landweine sicherlich der typischen, bastumwickelten Bauchflasche.

den pikant-herben Rosso Piceno. Er stammt aus dem Hinterland der aufstrebenden Adria-Badeorte San Benedetto del Tronto und Grottammare. Mit einer Blume, die an blühende Abruzzenfelder erinnert, weich und trocken, gehört der Montepulciano aus den Abruzzen zu den reizvollsten Weinen Mittelitaliens. Nach zweijähriger Lagerung darf er sich als „Vecchio" bezeichnen. Den Zusatz „Cerasuolo" trägt er, wenn seine Gärung mit den Traubenschalen erfolgte. Seine Anbauzone liegt längs der Adriaküste nördlich und südlich von Pescara. In der Gegend von Urbino und bei Pesaro wächst ein vorzüglicher Fischwein, der zarte, frische Bianchello del Metauro. Trockene, harmonische Weißweine mit einem leichten Bitterton, denen die D.O.C.-Bezeichnung zusteht, bestimmen als Verdicchio dei Castelli di Jesi und Verdicchio di Matelica die Weinerzeugung der Marken.

Außerhalb des Chianti-Gebietes setzen sich neben einer Reihe leistungsfähiger Genossenschaften einige große Weinfirmen für den Ruf der klassischen Qualitätsweine ein und haben damit internationale Bedeutung gewonnen: de Sanctis für Frascati, Luigi Bigi für den Est! Est! Est!!! und den Orvieto classico, Tenuta „Le Velette" für Orvieto classico, di Prospero, Bove, Bosco Nestore und Dino Illuminati für den Montepulciano d'Abruzzo sowie Biondi-Santi für den Brunello di Montalcino.

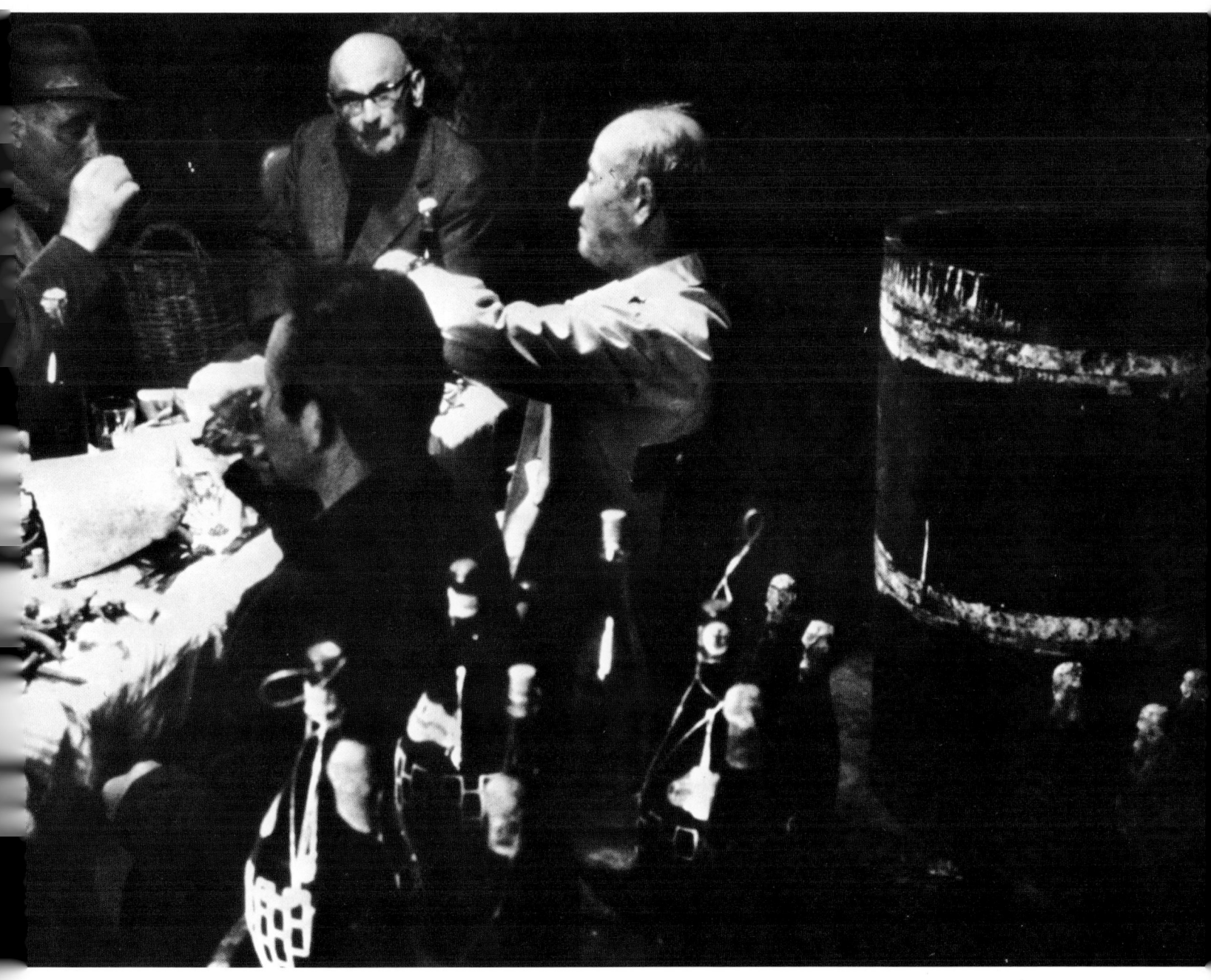

Süditalien

Bei ihren Bemühungen um eine Förderung des Weinexportes streben die süditalienischen Weinerzeuger eine Umstellung des traditionellen Geschmacksbildes und eine Reduzierung des hohen Alkoholgehaltes mancher ihrer Weine an, um vor allem den Trinkgewohnheiten nordeuropäischer Weinliebhaber gerecht zu werden. Dabei sind die Genossenschaften mit ihrem Marktanteil von 40% (in einigen Regionen jedoch bis zu 80%) ein wichtiger Faktor der italienischen Weinerzeugung und ebenso zukunftsorientiert wie einzelne größere Weingüter, die, wie beispielsweise in Sizilien, mit neuen Rebsorten im Anbau experimentieren und beachtliche Erfolge erzielen.

Gerade Sizilien, das einen Anteil von 15% an der italienischen Weinerzeugung hat, zeigt sich angesichts seines breitgefächerten Weinangebotes mit der Schaffung eines Gütesiegels „Q – Regione Siciliano" besonders aktiv. In dem 2500 Jahre alten Weinland, das eigentlich für seine schweren, gehaltvollen Tropfen bekannt ist, versucht man nun auch frische, leichte, bekömmliche Weine zu erzeugen, deren Genuß in sonst üblichen Mengen auch ohne Verdünnung mit Wasser möglich ist.

Immerhin sind annähernd 90% der sizilianischen Weine Weißweine, so daß bei fortschrittlicher anbau- und kellertechnischer Behandlung die Voraussetzungen für die Gewinnung gut verträglicher Weine nicht ungünstig sind. Zwar wird in allen Provinzen Siziliens Weinbau betrieben, doch der intensive Rebanbau konzentriert sich hauptsächlich auf die Regionen in Küstennähe, vor allem auf die Provinz Trapani im Westen der Insel, wo einschließlich des Marsala gut die Hälfte aller sizilianischen Weine wachsen.

Apulien, mengenmäßig die größte Weinregion des Landes, weist den weitaus geringsten Anteil an D.O.C.-Weinen auf. Auch Kalabrien und Sardinien verfügen erst seit wenigen Jahren über den D.O.C.-Schutz für ihre Spitzenweine. Der Reisende, der sie gekostet hat, wird sich an ihr Feuer, an ihre Kraft erinnern und begeistert ihr üppiges verschwenderisches Bukett registrieren. Doch sie überwältigen, wie schon zu Zeiten der alten Römer, den ungeübten Trinker zu schnell.

Manches hat sich hier im Süden über die Jahrtausende kaum verändert. Auch die Trauben reifen noch in der uralten Erziehungsform an niedrigen Stämmen mit großem Rebschoß, die von der Erde aus gestützt werden.

Linke Seite: Offiziell sind im italienischen Weinanbau 269 Rebsorten registriert, wobei auch eine große Zahl von Spielarten der gleichen Sorte berücksichtigt wurden. 91 Sorten sind für die Erzeugung von D.O.C.-Qualitätsweinen zugelassen. Besonders reichhaltig ist die Sortenvielfalt im süditalienischen Weinanbau, wo neben den Keltertrauben auch die Tafeltrauben eine Rolle spielen. Auf dem Foto präsentiert ein Winzer aus Apulien voller Stolz prächtig gediehene Trauben einer Ruländer-Spielart.

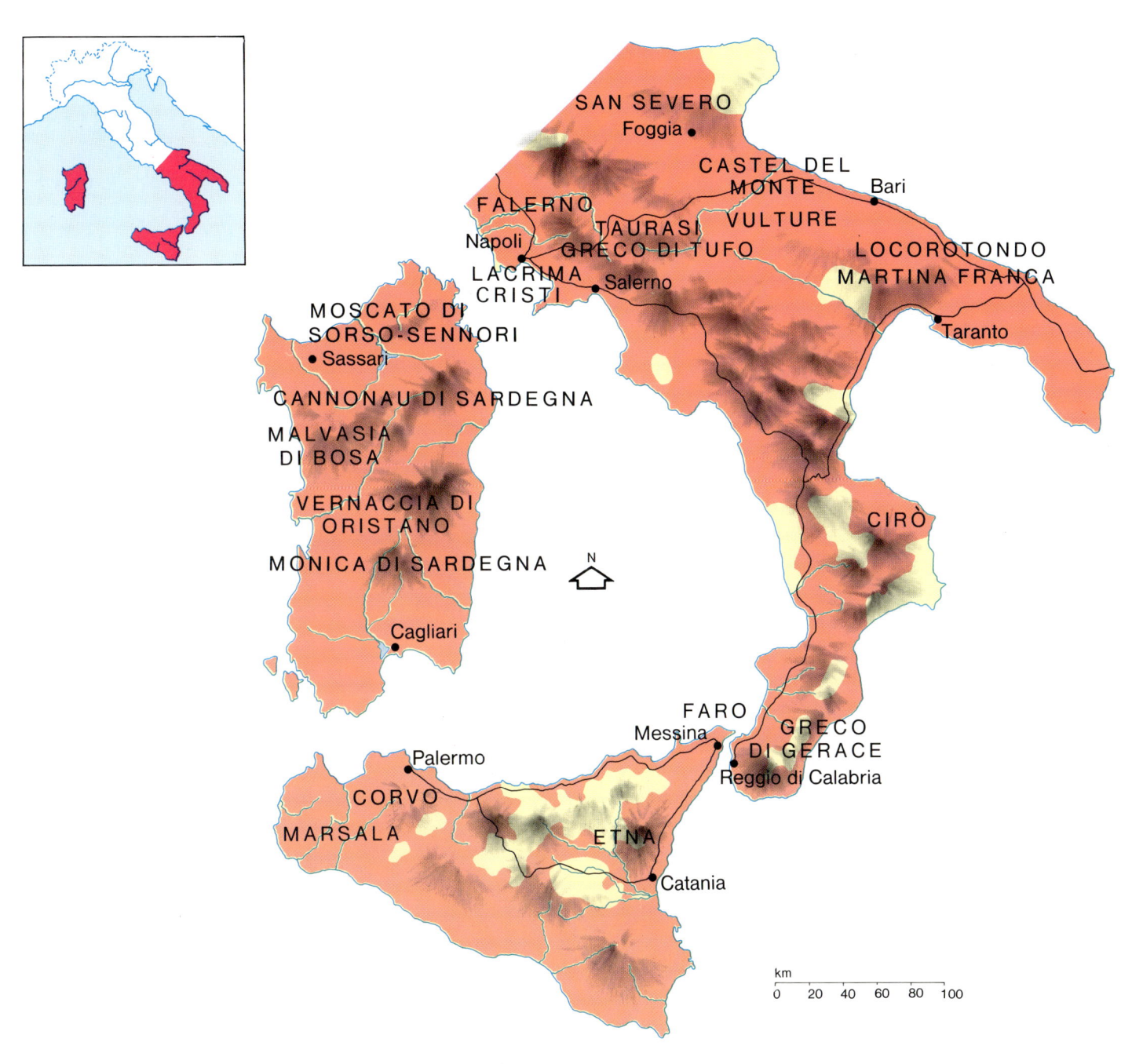

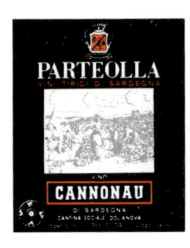

Zwischen Kampanien und Sizilien
Aus der „Campania felix", dem fröhlichen Kampanien der Antike, kamen für die römische Welt die kostbarsten Weine. Plinius stellte den Falerner von Formia, nördlich Neapel, auf den ersten Platz unter den exquisiten Weinen. Horaz bezeichnete den strohgelben, bukettreichen Wein als kräftig, kühn und feurig. Martial pries ihn als unsterblich, da er noch nach über hundert Jahren zu den höchsten Genüssen zählte. Heute genießt der Falerner nur noch einen historischen Ruf, er ist ein angenehmer Durchschnittswein. Ihm überlegen zeigt sich der herbe Taurasi, der über eine hervorragende Alterungsfähigkeit verfügt, und der frische, mundige Greco di Tufo aus der Greco-del-Vesuvio-Traube gewonnen, der in einer trockenen und einer leicht süßlichen Geschmacksrichtung bereitet wird.

Zu den bekanntesten Weinen unserer Zeit gehört der Lacrima Cristi del Vesuvio, ein gehaltvoller, goldfarbener Wein von den Hängen des Vesuvs, der als Rot- oder Weißwein (letzterer ist der bessere) angeboten wird. Auch die Weine der Insel Capri erfreuen sich aufgrund des florierenden Fremdenverkehrs hinlänglicher Bekanntheit, obwohl ihnen die D.O.C.-Auszeichnung noch nicht erteilt wurde. Daran mögen die auffallenden Qualitätsunterschiede der Capri-Weine nicht unbeteiligt sein, denn das benachbarte Ischia hat für seine vollmundigen Weiß- und Rotweine den D.O.C.-Schutz bereits erhalten.

Von San Severo bis zum Kap Santa Maria di Leuca finden sich in Apulien starke Rot- und Weißweine, die bestens zur kräftigen nahrhaften Küche des Landes passen. Nördlich von Foggia wächst ein trockener, frischer Weißwein, der San Severo Bianco. Aus der Rebsorte Montepulciano wird ein roter San Severo gekeltert. Der San Severo Rosato ist für einen Rosé auffallend dunkel. Über eine charakteristische Blume verfügt der Wein von Castel del Monte, nördlich von Bari, dessen Weinberge parallel zur Adriaküste stehen. Es gibt davon einen herben Weißwein, einen milden Rosé und einen alterungsfähigen tanninhaltigen roten Wein.

Zu den besonders angenehmen Weißweinen Apuliens gehören der Locorotondo, unweit von Fasano bei der gleichnamigen Gemeinde wachsend, und der Martina Franca, aus dem Gebiet südwestlich von Brindisi. Sie werden gut gekühlt getrunken und passen speziell zu Fischgerichten.

Im gebirgigen Basilicata wurde dem würzigen Rotwein aus dem vulkanischen Boden von Vulture die D.O.C.-Bezeichnung zuerkannt. Außerdem wachsen dort die ausgezeichneten Dessertweine Moscato del Vulture und Malvasia del Vulture. Duftende Orangenbäume, herrliche Olivenöle und feurige Weine sind der Stolz der kalabrischen Landwirtschaft. Von erster Qualität sind der herrliche Cirò, ein D.O.C.-Wein in den Arten Rot, Rosé und Weiß und der Dessertwein Greco di Gerace, eine goldgelbe Rarität mit sehr feiner Blume.

Griechische Siedler haben im 8. Jahrhundert v. Chr. den Weinbau nach Sizilien gebracht und dort kultiviert. Auf etwa 90 000 Hektar werden in der Ebene, im hügeligen Gelände und im Gebirge zahlreiche Rebsorten angebaut. Selbst an den vulkanischen Hängen des Ätna in 1200 Meter Höhe wächst noch Wein. Der Boden Siziliens ist ganz vorzüglich für den Rebanbau geeignet, so daß bei der Schaffung moderner Spezialkulturen, welche allmählich die alten Mischkulturen ablösen, eine ungewöhnliche Steigerung der Hektarerträge erreicht wurde.

Mamertino, ein bukettreicher, goldgelber Wein, den bereits Cäsar bei einem Bankett anläßlich seines dritten Konsulats servieren ließ, Faro, ein vollmundiger, rubinroter Wein und der gewichtige Corvo gehören in die Reihe der großen Weine Siziliens. Dem aus dem Rebgebiet stammenden Wein Etna (als voller und herber Bianco und als kräftiger Rosso, der am besten nach einigen Jahren der Lagerung schmeckt, sowie als Rosato) wurde die D.O.C.-Bezeichnung zugesprochen. Selbstverständlich erhielt sie auch der Marsala, der klassische Dessertwein, stärkend und kräftigend von bernsteingelber Farbe. Je nach Traubenzuckergehalt unter-

Linke Seite: Für Apulien sind die Trulli, kegelförmige, weiß gekalkte Häuser, zum unverwechselbaren Wahrzeichen geworden. Dieses Trulli-Gehöft liegt im Weinbaugebiet zwischen Alberobello und Martina Franca. Die Bauweise dieser merkwürdigen Kuppelhäuser stammt aus nicht mehr feststellbaren, fernen Zeiten.
Rechte Seite: In Sizilien wachsen die besten Weine in höheren Lagen und auf vulkanischem Boden, wie er im Osten der Insel um den Ätna verbreitet ist. Dieses Bild aus dem Anbaugebiet des D.O.C.-Qualitätsweines Etna zeigt einen typischen sizilianischen Weinberg, der in seiner Anlage noch nicht durch ein neues Erziehungssystem der Rebstöcke modernisiert wurde.

scheidet man zwischen „Fino" (17° Alkohol, 5% Zucker), „Superiore" (18° Alkohol, 10% Zucker bei süßem Marsala) und „Vergine" (18° Alkohol, ohne Zuckerzusatz).

Unter den zahlreichen guten Weinen Sardiniens erhielt zuerst der aromatische, alkoholstarke, fruchtige Weißwein Vernaccia di Oristano die D.O.C.-Bezeichnung „Superiore". Der trockene Wein, der bis zu dreißig Jahren gelagert werden kann, sollte kühl getrunken werden.

Zu den namhaften Wein-Exporthäusern Siziliens zählen die Firmen Duca di Salaparuta für den Corvo, Barone di Villagrande für den Etna, die Coop. Agricola „Aurora" für den Castelvecchio, die Cantina del Conte Tasca für den Regaleali sowie die großen Marsala-Häuser Florio, Diego Rallo und Alloro. Leone de Castris für den Salento, Rivera und Chiddo für den Castel del Monte genießen unter den Weingütern Apuliens einen exzellenten Ruf. Der kalabrische Cirò wird gleich von mehreren Erzeugern gut vertreten: Antonio Scala, Vincenzo Ippolito, Enotria und Caparra & Siciliani (sämtliche in Cirò Marina). In Kampanien ist Saviano für den Lacrima Cristi del Vesuvio die führende Adresse, in Sardinien ist Sella & Mosca tonangebend für Qualitätsweine.

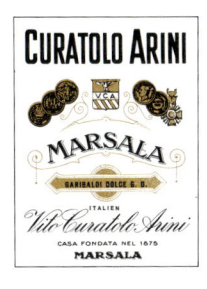

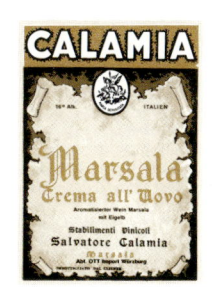

Spanien

Dieses uralte Weinland scheint voller Widersprüche zu stecken. Die Zahl der angebauten Rebsorten wurde einmal auf über 1000 geschätzt. Gleichwohl ist die Masse der spanischen Weine von einer gewissen geschmacklichen Eintönigkeit, die nur dort unterbrochen wird, wo einige der besten und zugleich bekanntesten Sorten einen unverwechselbaren, individuellen Weintyp geformt haben, wie den Rioja unter den Rotweinen oder den Sherry unter den Aperitif- oder Dessertweinen.

Die spanischen Weinbaugebiete zeichnen sich durch viele reizvolle Unterschiede im Bild ihrer Landschaften und Siedlungen aus. In einem Lied über die Weine Spaniens preist J. J. Minchón die Weine seiner Heimat als „Begleiter des Wanderers auf den staubigen Wegen im Hoch- und Tiefland Aragoniens, bei den sanften melancholischen Auen Galiciens, in der trockenen Ebene der endlosen Mancha, bei den wappengezierten Landhäusern von Rioja und Navarra, im strahlenden Katalonien und in der fruchtbaren Levante". Doch scheinen sich Klima- und Bodenunterschiede bei den Weinen nicht so deutlich bemerkbar zu machen wie in anderen Weinbauländern. Lediglich der Alkoholgehalt, die Farbtiefe und gelegentlich auch der Extraktgehalt werden als Gradmesser für die Qualität der Erzeugnisse herangezogen. Allerdings erfordert es eine geübte Zunge, um die herkunfts- und jahrgangsbedingten Unterschiede bei spanischen Weinen herausfinden zu können.

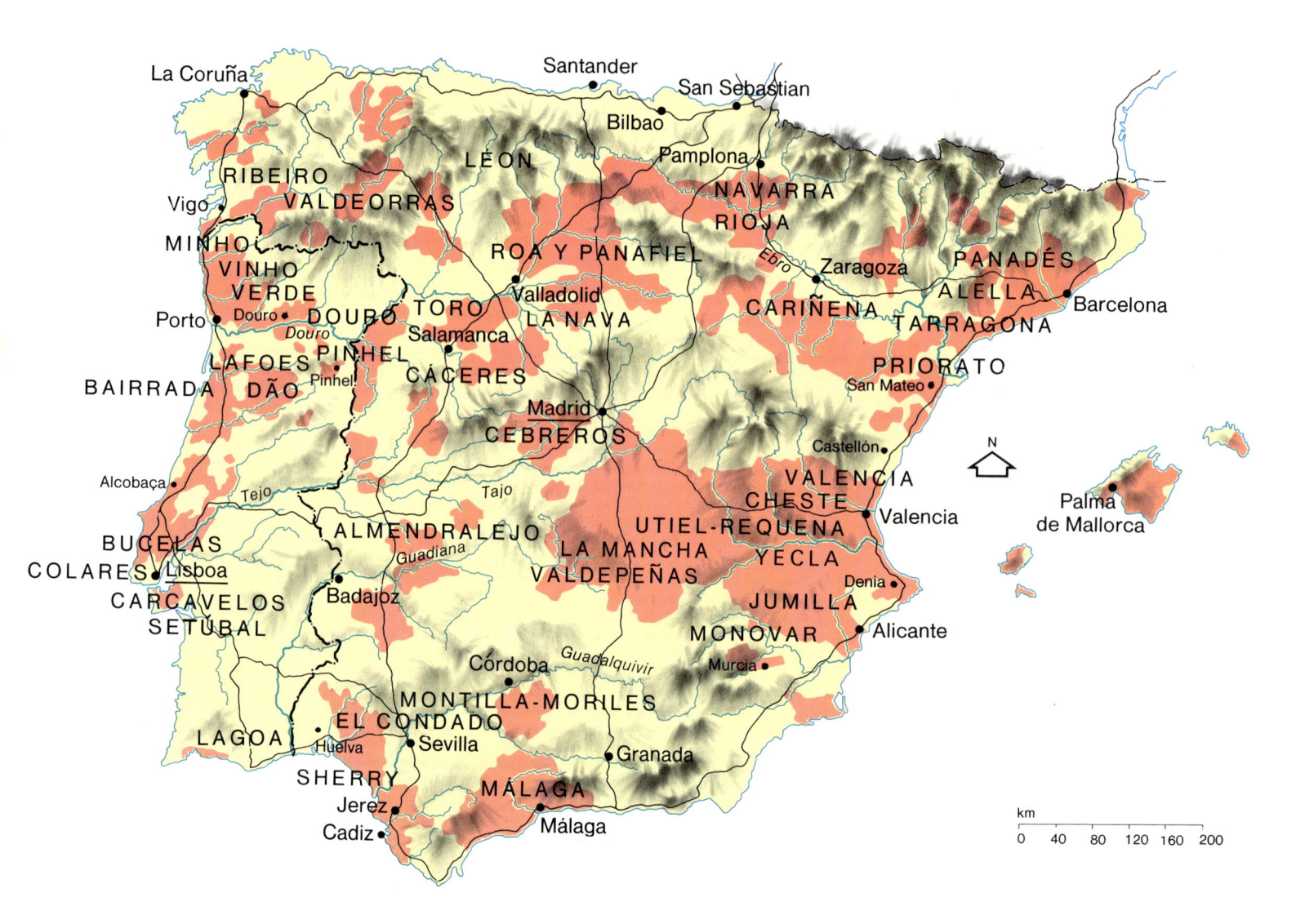

Rechte Seite: Das Land, in dem Don Quichote einstmals gegen Windmühlenflügel kämpfte, La Mancha, ist das größte geschlossene Weinbaugebiet Spaniens. In der im Sommer brütend heißen Hochebene mit einer Rebfläche von etwa 300 000 Hektar stehen die Reben in ungewöhnlich großer Standweite. Sie erreichen meist eine Höhe von nur etwa 1 Meter und werden ohne Pfahl- oder Rahmenunterstützung erzogen.

Dieses eigenartig undifferenzierte Bild des größten Teils der spanischen Weine ist nicht zuletzt auch das Ergebnis der jahrhundertealten, unbekümmerten Anbau- und Herstellungsmethoden. Diesbezüglich eignet dem spanischen Weinbauern eine besondere Art von Unschuld, die man – je nach Beurteilungsstandpunkt – als hoffnungslos rückständig oder als konsequent der Tradition verhaftet bezeichnen kann. Doch die von den Touristen besonders geschätzten Bilder mit Amphoren und Ziegenfellen als Weinbehälter oder mit Mauleseln und hageren Pferden als Transportmittel in den Rebfeldern weichen ganz allmählich und vorerst noch vereinzelt einer modernen Weinerzeugungstechnik. Der Beitritt Spaniens zur EG, der insbesondere für die französischen Winzer zum Alptraum wurde, hat mancherorts die spanische Weinwirtschaft zu neuen Investitionen beflügelt. Was man im andalusischen Sherry-Anbaugebiet bereits seit einigen Jahrzehnten registrieren konnte, vollzieht sich nun mit der Aussicht auf neue Absatzmärkte auch in anderen Weinregionen: Ältere Weingüter werden – zum Teil von Branchenfremden – aufgekauft und modernisiert; neue, fortschrittlich ausgestattete Bodegas entstehen und neue Weinberge werden angelegt. Mit dem Einzug der Vinifikationsmethoden unserer Zeit dürfte sich möglicherweise auch das Geschmacksbild einiger spanischer Weine zu ihren Gunsten ändern.

Vielleicht ist heute zum erstenmal, nachdem vor zweitausend Jahren der Römer Plinius die spanischen Weine beschrieb, eine spürbare Wandlung eingeleitet worden. Voraussetzung dafür wäre jedoch auch, daß die in Spanien bislang vorwiegend nur auf dem Papier durchgeführte Trennung zwischen Tafelweinen und Qualitätsweinen in der Praxis und damit im Weinglas wirksam wird. Zwar versichert das Staatliche Institut für Herkunftsbezeichnungen, daß die Denominaciones de Origen als eine Art Weingütesiegel für gleichmäßige Qualität und verschiedene Kontrollen garantieren, doch auch mit dieser Bezeichnung kommen die meisten Weine über den Status eines Tischweines kaum hinaus.

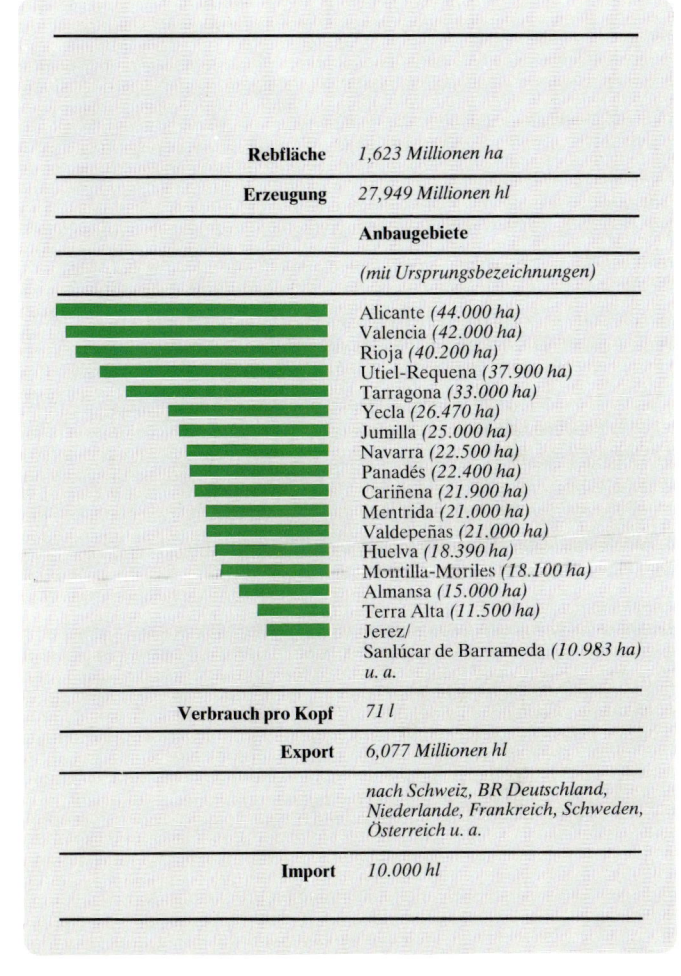

Rebfläche	*1,623 Millionen ha*
Erzeugung	*27,949 Millionen hl*
Anbaugebiete	
	(mit Ursprungsbezeichnungen)
	Alicante *(44.000 ha)*
	Valencia *(42.000 ha)*
	Rioja *(40.200 ha)*
	Utiel-Requena *(37.900 ha)*
	Tarragona *(33.000 ha)*
	Yecla *(26.470 ha)*
	Jumilla *(25.000 ha)*
	Navarra *(22.500 ha)*
	Panadés *(22.400 ha)*
	Cariñena *(21.900 ha)*
	Mentrida *(21.000 ha)*
	Valdepeñas *(21.000 ha)*
	Huelva *(18.390 ha)*
	Montilla-Moriles *(18.100 ha)*
	Almansa *(15.000 ha)*
	Terra Alta *(11.500 ha)*
	Jerez/Sanlúcar de Barrameda *(10.983 ha)* u. a.
Verbrauch pro Kopf	*71 l*
Export	*6,077 Millionen hl*
	nach Schweiz, BR Deutschland, Niederlande, Frankreich, Schweden, Österreich u. a.
Import	*10.000 hl*

Spanische Qualitätsweine

Weite Landstriche Spaniens liefern den klassischen Beweis, daß trockene, sonnenintensive Witterung noch keinen guten Wein bedingt. Überall dort, wo im flächenmäßig größten Weinbauland der Welt die Sonne erbarmungslos auf die Reben scheint, werden die geringsten Erträge verzeichnet. Nur in den küstennahen Gebieten und in den feuchten Flußtälern gelingt es, auch zu qualitativ besseren Ergebnissen im Rebanbau zu kommen.

Allgemein wird dem Rotweinanbau der Vorzug gegeben, der etwa vier Fünftel der Gesamterzeugung ausmacht. Für den spanischen – und portugiesischen – Weinbau ist charakteristisch, daß es Weinberge nach mitteleuropäischen Beispielen nicht gibt. Bevorzugt werden Flachlagen bebaut, gelegentlich auch leichte Hanglagen. Die Reben wachsen meist ohne Unterstützung, wobei sie relativ kurz gehalten und sehr weiträumig gepflanzt werden. Gerade in den trockenen Gebieten würden die Gewächse bei einer engeren Pflanzdichte nicht genügend Feuchtigkeit aus dem Boden erhalten. (Die künstlich bewässerte Rebfläche beträgt angeblich 2 Millionen Hektar.) Dieses Pflanzungssystem ist die Hauptursache für die geringen Erträge im spanischen Weinbau.

Das Weinland Spanien ist offiziell in 25 bestimmte Anbauregionen unterteilt. Doch nur vier von ihnen haben eine qualitativ überragende Bedeutung: Jerez, Rioja, Katalonien und Montilla. Jerez und Montilla sind durch ihre hervorragenden Likörweine berühmt geworden, die Sherry-Weine in aller Welt, Montilla vorerst nur in Spanien. Der Grund für diese nur unter Kennern verbreitete Popularität des Montilla mag vor allem in der Tatsache liegen, daß dieser im Gegensatz zum Sherry kaum einer zusätzlichen Alkohol-Verstärkung bedarf. Allein sein natürlicher Alkoholgehalt liegt oft über 15°, zugleich hat er eine Feinheit und Geschmeidigkeit, die ihn dem Sherry nicht nachstehen läßt.

Rioja

Riojaweine, die stets in einem Zug mit spanischen Qualitätsweinen erwähnt werden, verdanken ihr Renommee zwei äußerst günstigen Umständen: historisch zunächst dem Einfluß französischer Weinbauern, die während der Reblauskatastrophe vor etwa hundert Jahren nach Nordspanien gingen und in dem schon seit dem Mittelalter geschätzten Anbaugebiet der Provinz Logroño mit ihren hochkultivierten Methoden, ihren Rebsorten und ihren Erfahrungen dem Qualitätsweinanbau neue Impulse gaben. Zudem spielen jedoch auch natürliche Faktoren eine Rolle, wie das ausgeglichene Klima und verschiedene Bodenarten – Schieferböden, Kreideböden und Tonböden –, die auf ihre Weise das Geschmacksbild der Rioja-Weine beeinflussen.

Auch heute noch orientieren sich die Rioja-Weinerzeuger nach den Qualitätsmaßstäben für Bordeaux-Weine. Sie bevorzugen das langjährige Reifen in Holzfässern, wobei eine Lagerzeit von zehn Jahren keine Seltenheit ist. Tatsächlich vermögen leistungsfähige Weinkellereien auf diese Weise ein so hohes Güteniveau zu erzielen, daß sie mit den Weinen des Bordelais durchaus konkurrieren können. Andererseits haben jedoch gerade die jungen roten Rioja-Weine ihren besonderen Reiz, was die Traditionalisten allerdings bestreiten. Sie besitzen nämlich oft so viele Duft- und Geschmacksfeinheiten, daß es eigentlich zu bedauern ist, wenn man sie häufig erst nach langer Zeit des Lagerns bekommt.

In dem etwa 40 000 Hektar umfassenden Rioja-Anbaugebiet werden zu 20% trockene und lieblich-süße Weißweine erzeugt. Die Weine mit Restzucker sind indessen den trockenen geschmacklich unterlegen, da sie – im Gegensatz zu den Bordeaux-Weinen – keine wirkliche Edelsüße aufweisen. Wo noch keine modernen Kellertechniken eingesetzt werden, macht sich auch der deutliche oxydative Geschmack der Weine nachteilig bemerkbar.

Galicien und Kanarische Inseln

Meist nur regionale Bedeutung besitzen die frischen, säurereichen Weißweine aus Galicien im Nordwesten des Landes, die im Alkoholgehalt und im Geschmack den benachbarten portugiesischen Vinhos verdes gleichen. Nicht zuletzt aus Gründen der relativ schwierigen Transportmöglichkeiten sind auch die Weine von Léon (mit Ausnahme des dunkelroten alkoholreichen Toro) und Cariñena südlich von Zaragoza außerhalb Spaniens kaum bekannt. Die einstmals berühmten Weine der Kanarischen Inseln erleben in jüngster Zeit durch den lebhaften Tourismus eine neue Nachfrage. Ihre Qualität ist sehr unterschiedlich, so daß sie in die Liste der geschützten Herkunftsbezeichnungen nicht aufgenommen wurden.

So wie die neuen Fremdenverkehrszentren auf den Kanarischen Inseln das Bild dieses Gebietes umwandeln, ebenso befinden sich auch andere Bereiche des heutigen Spaniens in einem bemerkenswerten Umbruch.

Linke Seite: In Spanien werden bei der Weinernte noch verbreitet Körbe zur Aufnahme der Trauben eingesetzt. Für den Traubentransport besitzen diese „Cestas" oder „Talegas" den Vorteil, daß sie ein geringes Eigenwicht haben und damit leichter sind als die in den nördlichen Weinbauländern verwendeten Bütten aus Holz oder Kunststoff.
Rechte Seite: Mallorca hat wesentlich mehr Bedeutung als beliebtes Feriengebiet denn als Weinbauland. Doch zur Versorgung der zahlreichen Touristen lohnt sich auch hier der Weinbau.

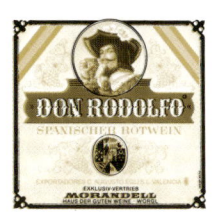

Spanische Aperitif- und Dessertweine

Linke Seite: Beinahe wie ein lebendes Denkmal präsentiert sich der Inhaber einer großen Sherry-Kellerei in seiner Bodega.

Sherry

Wahrscheinlich waren es Phönizier, die vor 3000 Jahren die südandalusische Stadt Jerez gründeten. Sie oder die Griechen, welche die Stadt Xera nannten, führten die Reben ein, die aus dem Orient stammten und einen in der Antike geschätzten Wein ergaben. „Ceretenes" nannten ihn die Römer und schufen damit die erste „Sherrymarke".

Seitdem lebt die Stadt und die sie umgebende Sherry-Anbauregion für diesen Wein. Das Gebiet hat die Form eines ausgedehnten Dreiecks, das im Südosten und Norden durch die Flüsse Guadalete und Guadalquivir begrenzt wird. Im Westen stoßen die ausgedehnten Anbauflächen an die Atlantikküste. An der Küste herrscht Sand- und Lehmboden vor, auf dem nicht gerade die besten Sorten wachsen. Die vorzüglichen Sherry-Weine werden auf reinen Kreideböden angebaut, die sich bei durchschnittlich nur 70 Regentagen im Jahr mit sehr wenig Feuchtigkeit begnügen müssen.

Nur zwei Rebsorten vertragen diese extremen Boden- und Witterungsverhältnisse: die Palomino de Jerez und die Pedro Ximénez, aus der die schweren und süßen Sorten gewonnen werden. Damit die gepflückten Trauben in der warmen Witterung nicht angären, werden sie rasch zu den Keltern gebracht. Wenn man ihren Zuckergehalt noch erhöhen möchte, breitet man sie vor der Kelterung auf Matten in der Sonne aus – für ein paar Stunden oder sogar eine Woche.

In den Bodegas, den haushohen Weinkellern, ist bis Anfang des Jahres aus dem Most der Vino geworden. Die Jungweine werden kritisch verkostet, wobei ihre spätere Verwendung durch den Capataz, den Kellermeister, bereits festgelegt wird. Nachdem der Wein zwei Jahre in der Criadera, der Kinderstube, gelagert hat, wird er durch das Solera-System zum Sherry. Dazu sind die Fässer in drei, gelegentlich auch vier Reihen übereinandergelagert, wobei der Wein aus der letzten Ernte jeweils in der obersten Faßreihe lagert und in bestimmten Abständen in die darunter liegenden Fässer gefüllt wird. Die unteren Fässer werden also immer wieder mit Wein der über ihnen liegenden Fässer nachgefüllt, so daß eine Jahrgangsbezeichnung für Sherry nicht möglich ist. Im Gegenteil: Die Kunst der Sherryherstellung besteht gerade darin, über einen langen Zeitraum jeweils gleiche Qualität und Geschmacksrichtung für die einzelnen Typen zu gewinnen.

Man unterscheidet zwischen fünf Sherry-Typen: Manzanilla, ein feiner, sehr heller und aromatischer Wein mit einem Alkoholgehalt von 15,5 bis 17°. Er stammt aus der Gegend von Sanlúcar de Barrameda an der Atlantikküste, so daß Kenner meinen, in ihm eine Spur von „Meeresgeschmack" zu spüren.

Der Fino ist ein Wein von strohgelber Farbe, blaß und von prickelndem Aroma, leicht, trocken, relativ säurearm, mit einem Alkoholgehalt von 15,5 bis 17°. Während der Reifeentwicklung bildet sich im Faß an der Oberfläche des Weines im Frühjahr und Herbst ein Schleier von Florhefe. Sie verleiht dem Wein einen lebhaften, frischen Duft.

Der Amontillado tendiert in der Farbe nach Ambra, oft auch nach Elfenbein. Er ist mild, von prickelndem, an Haselnüsse erinnerndem Aroma, voll und trocken. Mit zunehmendem Alter verstärken sich sein Aroma, sein Duft und sein Geschmack. Sein Alkoholgehalt beträgt zwischen 16 und 18°.

Der Oloroso hat ein sehr ausgeprägtes Aroma, wie schon sein Name (Olor = Geruch, Aroma) andeutet. In der Farbe liegt er zwischen Altgold und Rauchtopas. Er verfügt über viel Körper, ist leicht süß, aber noch relativ trocken, und hat einen Alkoholgehalt zwischen 18 und 20°.

Die trockenen und süßen Sherry-Typen bieten die Möglichkeit unendlich vieler Kombinationen unter sich. Ein Ergebnis ist der Jerez Amoroso, der Cream Sherry. Er wird aus dem Oloroso und Weinen der Pedro-Ximénez-Traube gewonnen. Dieser süßeste Sherry verfügt über den geringsten Alkoholgehalt: 10 bis 15°.

Da Sherryweine restlos vergären, ihr Restzuckergehalt also minimal ist, werden ihnen nach Abschluß des Solera-Verfahrens Dosagen aus süßen Traubenmostkonzentraten zugeführt sowie ein geringer Branntweinzusatz, der sie auch bei geöffneter Flasche praktisch unbegrenzt haltbar macht.

Málaga

Obgleich die Kellereien im Málaga-Gebiet scheinbar keine Absatzschwierigkeiten haben, ist ihr Wein bei vielen Dessertweintrinkern ziemlich aus der Mode gekommen. Die Gründe dafür liegen zum einen in der einseitigen, geschmacklich etwas langweiligen Süße der aus den Sorten Pedro Ximénez und Moscatel erzeugten Weine, andererseits aber auch in ihrem manchmal hohen Furfurolanteil, der den weingesetzlichen Bestimmungen einiger wichtiger Einfuhrländer (zum Beispiel der Bundesrepublik) nicht entspricht. Da wegen fehlender Feuchtigkeit die reifen Trauben nicht vom Botrytis-Pilz befallen werden und daher keine Edelfäule erzielen, läßt man sie nach der Lese auf Strohmatten eintrocknen. Ihrem Most fügt man Konzentrate und eine karamelisierte Zuckerlösung hinzu, um den beim Dessertwein gewünschten dunklen Farbton zu erhalten. Verzichtet man auf diese Zuckerzugabe, so erhält man einen trockenen sherryartigen Málaga-Wein. Durch Verschnitt mit alten, lange in Holzfässern gelagerten Weinen und durch Zusatz von Alkohol erhalten Málaga-Weine oft ihr typisches Aroma. Ihr Vorzug besteht in einer guten Transportfähigkeit und langer Haltbarkeit.

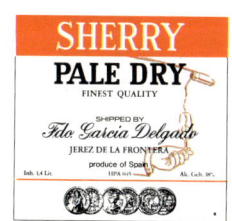

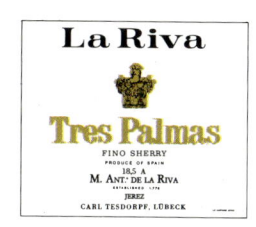

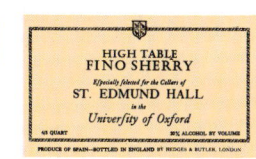

Spanische Tischweine

Katalonien

Nachdem wir Jerez, Montilla und Rioja bereits vorgestellt haben, bezieht sich der Hinweis auf die bedeutenden Weinbauregionen mehr auf ihre Größe als auf die Qualität ihrer Weine. Eine Ausnahme macht allerdings Katalonien, das nicht nur zu den ältesten Weinanbauzonen des Landes gehört, sondern zugleich auch einige beachtliche Qualitäten erzeugt. Seine beiden wichtigsten Weinbaudistrikte, Tarragona und Panadés, üben ihre Funktion als zuverlässige Weinlieferanten in zweifacher Weise aus: Seit vielen Jahrzehnten versorgen sie die nördlich gelegenen europäischen Weinbauländer mit roten Verschnittweinen in großen Mengen, die entweder als Tarragona-Weine in den Importländern abgefüllt werden oder aber den dortigen Kreszenzen im Verschnitt zu mehr Farbe und Gehalt verhelfen. Um dieser Aufgabe gerecht zu werden, besitzt die Hafenstadt Tarragona moderne Weinverladestationen, an denen die Tankschiffe direkt mit den dunkelroten Rebensäften gefüllt werden. Große Weinkellereien und einige traditionsreiche Weingüter Kataloniens versprechen sich darüber hinaus viel von der Direktausfuhr eigener Flaschenabfüllungen, die angesichts der guten Qualitäten gerechtfertigt und dem Prestige dieser Weinbauregion förderlich ist.

Sieht man einmal von der rebenreichen La-Mancha-Hochebene ab, so ist Katalonien immerhin das mengenmäßig wichtigste Anbaugebiet. Neben den beiden großen Distrikten Tarragona (33 000 ha) und Panadés (22 500 ha) besitzt das kleine Gebiet von Priorato (3100 ha) wegen seiner kräftigen, alkoholreichen Rotweine und Dessertweine Bedeutung. Um Barcelona wird im Alella-Gebiet (1300 ha) vor allem ein oft erstaunlich hellfarbener Weißwein und Roséwein erzeugt. Der Roséwein, der in dem sich nördlich daran anschließenden Gebiet Ampudan-Costa Brava (6800 ha) erzeugt wird, ist vor allem vielen deutschen und englischen Touristen geläufig, die hier in großer Zahl ihren Sommerurlaub verbringen.

Navarra

Im Norden Spaniens haben die Weine von Navarra im letzten Jahrhundert ihre einstmalige Popularität an die Kreszenzen der benachbarten Rioja-Region abtreten müssen. Sehr zu Unrecht übrigens, denn es sind wahrhaft historische Weine, die in ihrer Geschichte namhafte Fürsprecher hatten. Besonders delikat präsentieren sich auch heute noch vor allem die Roséweine von Navarra.

Linke Seite: Mit Staunen verfolgt ein Junge die Trinkkünste eines Besuchers beim Volksfest Romeria in El Rocio in der Provinz Huelva.
Rechte Seite: Fast grotesk muten die windgeschützten Weinfelder im Lavaboden von Lanzarote auf den Kanarischen Inseln an.

Valencia und Yecla

Noch stärker als Tarragona ist der Weinumschlagplatz Valencia unter industriellen Gesichtspunkten zu betrachten. In den zahlreichen Großkellereien der Stadt läuft die Produktion der großen Weinbaugebiete Alicante (44 000 ha), Utiel-Requena (37 900 ha) und Valencia (42 000 ha) zusammen. Das sind nicht nur kraftvolle, feurige Rotweine, süße oder trockene Weißweine und Roséweine, sondern auch größere Mengen von Tafeltrauben. Ein kleines Gebiet verdient hier im Südosten des Landes besondere Erwähnung: Yecla, das auf einer Fläche von 26 470 Hektar über einen besonders intensiven Rebanbau verfügt und das sich seit Jahrhunderten um eine deutliche Abgrenzung gegenüber den umliegenden Massenweinproduzenten bemüht und somit um eine klare Profilierung für seine Rot-, Rosé- und Weißweine.

Valdepeñas

Eine ähnliche Sonderposition möchte auch Valdepeñas (21 000 ha), südlich des Mancha-Gebietes für seine Weine erringen, das überwiegend sehr gute Konsumweine (Weiß- und Rotweine) erzeugt. Noch vor einigen Jahrzehnten standen sie bei den Kennern mit den Rioja-Weinen im Wettbewerb, inzwischen hat sich jedoch deren Vorliebe offenbar für die nördlicheren Rioja-Gewächse entschieden. Gerechterweise muß man den Valdepeñas-Weinen zubilligen, daß sie in ihrer Qualität den meisten anderen Weinen Neukastiliens überlegen sind.

Huelva

Auf ähnlich kalkhaltigen Böden wie im Sherryanbaugebiet wachsen in der Grafschaft Huelva (18 390 ha) im Südwesten Spaniens gelbfarbige Weine („Palido" und „Viejo") mit einem natürlichen Alkoholgehalt zwischen 12 und 13°. Der Weinanbau, der sich hier in Niederandalusien bis ins 7. Jahrhundert v. Chr. zurückverfolgen läßt, erfreut sich bereits seit dem 19. Jahrhundert eines zunehmenden Exports.

Portugal

Das erste gesetzlich abgegrenzte Weinbaugebiet, dessen Weine einen amtlichen Schutz erhielten, war das für Portwein, dessen Grenzen 1765 festgelegt wurden. Andere Qualitätswein-Anbaubezirke wurden erst wesentlich später als Regiãos demarcadas festgelegt.

Etwa 20% der gesamten portugiesischen Rebfläche wurden bisher in sieben Herkunftsgebiete für Weine mit Ursprungsbezeichnung (Vinho de origem) eingeteilt, die ähnlich den französischen oder italienischen Bestimmungen bestimmten Anbauvorschriften und Kontrollen unterliegen.

In Portugal sind die Voraussetzungen zur Erzeugung guter Trinkweine im allgemeinen besser als in vielen spanischen Bezirken. Einen deutlichen Beweis liefert die Statistik. Spaniens Weinernte ist etwa dreimal so groß wie die Portugals, seine Rebfläche beträgt jedoch gegenüber der Portugals mehr als das Vierfache. Wirft man einen Blick auf die historische Verbreitung des Weinbaus, erkennt man, daß die Portugiesen als die eifrigsten Missionare der Weinkultur zu bezeichnen sind. Zwar stellt der Wein in ihrem Leben heute ein beinahe alltägliches Produkt dar, doch der Rebanbau selbst nimmt schon seit dem frühen Mittelalter eine wichtige Position ein. Bereits damals hieß es in einem Edikt, daß jeder, der absichtlich einen Weinstock zerstört, gerichtet werden solle wie für den Tod eines Menschen.

Zuerst dehnten sich die Weinberge an den Ufern der Flüsse aus, eroberten dann das von Mönchen urbar gemachte Land, um sich schließlich bis in die eigentlich unfruchtbarsten Gegenden zu erstrecken: die steinige Erde des oberen Douro oder den Sand von Colares. In Madeira pflanzten die Portugiesen aus Cypern stammende Reben, deren Weine in England überaus geschätzt waren. Nach Flandern und Deutschland lieferten sie ganze Schiffsladungen der Weine von Estremadura, und endlich eroberte sich der Portwein, zuerst mit britischer Unterstützung, alle Kontinente.

Die Vinhos verdes

Fälschlicherweise werden sie oft (wörtlich) als „grüne" Weine bezeichnet. Doch die Portugiesen verstehen dieses „grün" als „jung" im Sinne eines besonders frischen, spritzigen, fruchtigen Weingeschmacks. In der reizvollen Landschaft zwischen Douro und Minho wächst dieser prickelnde, leichte, helle Weißwein, der über eine für südeuropäische Weine erstaunlich anregende Säure verfügt. Die trockenen, belebenden Weine, die gekühlt getrunken werden, sind das Ergebnis eines einfachen anbautechnischen Tricks: Man sorgt dafür, daß die Trauben nicht wie in anderen Gebieten während der Reife der großen Hitze ausgesetzt sind und läßt sie daher an Bäumen und Sträuchern ranken. So empfangen sie nicht die glühende Hitze des Bodens, und das Laub der Bäume schützt die Trauben. Diese Methode der Rebenerziehung, wie sie bereits im Mittelalter üblich war, hat jedoch noch einen anderen Vorteil: Der Boden kann außerdem noch für andere landwirtschaftliche Kulturen mitgenutzt werden.

Vinho verde gibt es als Weiß-, Rot- und Rosé-Wein. Roten Vinho verde (etwa 25%) kann man rasch vergessen, zweifellos sind die weißen Weine und vor allem die aus Monçao die besten. Ihre Echtheit garantiert ein numeriertes Ursprungssiegel (Selo de Garantia) auf den oft recht ausgefallen geformten Flaschen. Ihr Korkverschluß ist für den Transport besonders gesichert, damit sich die im Wein reichlich vorhandene Kohlensäure hält, die das leichte Moussieren (das die Italiener als frizzante, die Franzosen als pétillant bezeichnen) bewirkt.

Über ähnliche Eigenschaften verfügt auch der in Nordportugal gewonnene Rosé, ein ungemein delikater, weiniger, fruchtig-lieblicher Tropfen. Zu den bekanntesten Rosados zählt der Mateus (Weltumsatz über 40 Millionen Flaschen) aus Mateus in der Nähe der Stadt Vila Real. In seiner frischen, belebenden Art spiegelt der Rosé ebenso wie der weiße Vinho verde etwas von dieser eigentlich ungewöhnlichen südeuropäischen Region wider, die mit ihren

Portugal	
Rebfläche	352.000 ha
Erzeugung	9,418 Millionen hl
Export	1,901 Millionen hl
Import	1000 hl
Verbrauch pro Kopf	97,8 l

Linke Seite: Viele der zahlreichen, in Mitteleuropa völlig unbekannten Rebsorten Portugals haben extrem große, längliche Traubenbüschel, deren Beeren eine oft eigenartige Färbung zwischen Blau und Rosa aufweisen. Bei einem für den Weinanbau idealen Klima und fruchtbaren Böden können sich derart ansehnliche Trauben entwickeln wie die hier abgebildete Sorte Fernas Pires, aus der in der Region Cartaxo kräftige, volle, aber nicht zu alkoholreiche Rotweine erzeugt werden.

Rechte Seite: Ein Bild, das an die romantische Seite der Portweingewinnung erinnert. Es zeigt eines der früher häufig benutzten Barcos reblos (Weinboote) im Hafen von Oporto, das im Frühling den jungen Wein in Fässern den Duorofluß hinunter zu den Portweinkellereien bringt. Eisenbahn und Lastkraftwagen haben inzwischen dieses an die römischen Lastkähne erinnernde Transportmittel ersetzt.

alten, romantischen Städten und ihrer fast immergrünen hügeligen Landschaft auf den Besucher einen überaus freundlichen Eindruck macht.

Dão

Mehr abgerundet, voll und aromatisch schmecken die Rotweine aus den Weinbergen am Dão und der ihn umgebenden Schiefer- und Granitberge. Die kraftvollen Weine mit deutlichem Tanningeschmack erinnern an die der südlichen Côtes du Rhône; sie verfügen über etwa 12° Alkohol. Die gleich starken bukettreichen Weißweine sind herb und frisch, aber nicht immer so rund wie die roten Weine. Das etwa 2000 Quadratkilometer große Anbaugebiet Dão wurde schon 1912 amtlich abgegrenzt, 1929 folgte das Gebiet für Vinho verde. Weinkulturen im heute verbreiteten Stil finden sich in der waldreichen eindrucksvollen Landschaft kaum. Die etwa 35 000 Weinbauern ziehen die Reben (vor allem Tourigo) entweder an Stangen und Säulen bis zu einer Höhe von 1,20 Meter oder pflanzen sie gleich Hecken um ihre Gemüsefelder. Genossenschaftliche Zusammenschlüsse haben heute eine Verbesserung der Weinanbau- und Kellertechnik erreicht.

Portugiesische Qualitäts- und Tischweine

Im heutigen Portugal stellt der Weinanbau einen der solidesten Zweige der Landwirtschaft dar. Ein portugiesisches Sprichwort sagt: „Der Wein gibt einer Million Portugiesen zu essen." Da Portugal einen relativ hohen Eigenverbrauch an Wein verzeichnet und einen zunehmend erfolgreichen Weinexport betreibt, ist an der Wahrheit dieses Spruches nicht zu zweifeln.

Günstige natürliche Voraussetzungen für die Weinerzeugung finden sich in einer sehr abwechslungsreichen Bodenstruktur der Weinberge und einem vorteilhaften Klima mit einer mittleren Jahrestemperatur von 16,7° C und einer durchschnittlichen Niederschlagsmenge von 740 mm. Sein unverwechselbares Aroma erhält der portugiesische Wein jedoch erst dort, wo Atlantik und Gebirge gleichsam Würze, Kraft und jenes gewisse Etwas in den Wein hineinlegen, das man nicht – was leider häufig geschieht – als typisch für Bordeaux- oder Burgunder- oder Orvietoweine bezeichnen kann.

Bucelas und Colares

So wird der strohgelbe, trockene, duftende Wein von Bucelas immer wieder mit Rheinwein verglichen, wobei man sich gerne darauf beruft, daß seine Reben rheinischen Ursprungs sind. Kenner bezweifeln indes, daß die Arinto-Rebe, die an den Ufern des

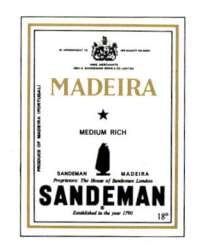

Linke Seite: In den ländlichen Gebieten wird das Ochsengespann noch keineswegs vom Traktor abgelöst, die Karren haben teilweise noch Scheibenräder.
Rechte Seite: Bei der Weinernte im Dourogebiet werden die Trauben in geflochtenen Kiepen getragen.

Sacavém, eines Nebenflusses des Tajo, wächst und einen vor allem auch in England sehr geschätzten köstlichen Tischwein ergibt, aus dem Rheinland eingeführt wurde. Ein anderer ebenso renommierter Qualitätswein aus der weiteren Umgebung Lissabons, der dunkelrubinfarbige Colares, leidet allzu häufig unter dem Mißverständnis, der „Bordeaux-Wein Portugals" zu sein. Unbestritten wirkt sich das Atlantikklima auf ihn ebenso vorteilhaft aus wie auf die Bordeaux-Weine. Seine unverwechselbaren typischen Eigenarten erhält er jedoch durch die Ramisco-Sorte, die offenbar schon im 13. Jahrhundert bekannt war, und durch den Umstand, daß die Reben in Lehmboden unter einer sehr tiefen Sandschicht wurzeln. Ihre jungen Zweige wachsen sehr niedrig – fast wie Efeu – über dem Boden und sind gegen die allzu rauhen Meereswinde durch kleine Mauern geschützt. Der reine, milde und feine Colares gehört zu den kostbarsten und seltensten Tischweinen des Landes.

Carcavelos
Der dritte im Bunde der namhaften Qualitätsweine um die portugiesische Hauptstadt ist der feurige, gehaltvolle Carcavelos, der schon im 17. Jahrhundert sehr beliebt war. Seine „generosos" (Dessertweine) zeichnen sich durch eigenartigen Mandelgeschmack, oft auch durch nußartiges Aroma aus. Einen wirklich angenehmen Geschmack erreichen die Weine erst nach mehrjähriger Lagerung, wenn sie ihre vordergründige Süße ein wenig verloren haben und somit den Likörweinen von Madeira oder Setúbal ähneln.

Moscatel de Setúbal
Süße Muskateller-Weine sind heute kaum mehr gefragt, da sie wegen ihres hohen Alkoholgehaltes und ihres oft langweilig süßlich-muskierten Geschmackes nicht unbedingt zu den delikaten Kreszenzen gehören. Eine Ausnahme macht der Moscatel de Setúbal, der auch heute noch als der exquisiteste Wein seiner Art zu bezeichnen ist. Dieser aus einem Verschnitt verschiedener Muskatellerreben gewonnene verstärkte Wein kommt von der gleichnamigen Halbinsel im Süden Lissabons, wo er auf Lehm-Kalk-Böden der „Serra d'Arrabida" wächst. Der starke Wein mit bis zu 18° Alkoholgehalt zeichnet sich gegenüber anderen Dessertweinen durch seine vollkommene Harmonie zwischen Süße, Fruchtaroma und Extraktreichtum aus. Diese Vorteile erreicht man durch ein besonderes Herstellungsverfahren, nach dem die Gärung durch den Zusatz von Branntwein gestoppt wird und dem Jungwein anschließend Traubenschalen zugefügt werden, so daß Bukett und Aroma einen ganz spezifischen Muskatcharakter erhalten.

Tischweine
Unter den Tischweinen nehmen die Lafões eine Vorrangstellung ein. Sie gleichen den Vinhos verdes. Südöstlich davon werden im Gebiet von Pinhel leichte, angenehme Roséweine erzeugt. In der Region von Bairrada, westlich vom Dão-Gebiet, werden kräftige Rot-, Weiß- und Schaumweine produziert. Ziemlich leicht und aromatisch sind die Rotweine von Alcobaça, dem Küstenstreifen von Estremadura. Im Süden grenzt das Anbaugebiet von Torres Vedras an, in dem starke, tanninhaltige Rotweine produziert werden. Almeirim und Cartaxo sind die Anbauzentren für die milden, alkoholreichen Weine von Ribatejo.

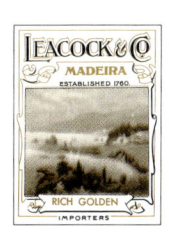

Portwein und Madeira

Pais do Vinho – Weinland – heißt das karge und rauhe Bergland am oberen Douro. Seine eigenartige Schönheit hat der Mensch geprägt. Denn von Regua bis zur spanischen Grenze begleiten unzählige schmale Terrassen den Fluß, auf deren Schiefer- und Granitböden rote und weiße Reben für Portwein stehen. Es werden mehr als zwanzig verschiedene Sorten angepflanzt. Maschinelle Pflege ist nur selten möglich. Ende September oder Anfang Oktober beginnt die Weinernte. Um die Trauben vor einer frühzeitigen Gärung bei den noch hohen Temperaturen zu schützen, müssen sie schnell zu den Keltern gebracht werden. Neben den verbreitet arbeitenden mechanischen Pressen wird das Lesegut auch noch nach traditionellen Methoden wie in einem folkloristischen Schauspiel gepreßt: Unter Gesang, Musik und Fröhlichkeit werden die Trauben in großen Bottichen nach einem stark rhythmischen Takt mit den Füßen zertreten. Bevor der Wein seine Gärung beendet hat, erhält er eine Branntweinzugabe. Je nach dem Zeitpunkt der Gärunterbrechung gewinnt man einen süßen – mit viel Restzucker versehenen – oder einen trockenen Portwein. Aus weißen Trauben gibt es einen weißen Port, eine Rarität, die sich durchgegoren und völlig trocken hervorragend als Aperitif eignet.

Im Frühjahr werden die jungen Weine zu ihrer zweiten entscheidenden Station gebracht: in die Lager von Vila Nova de Gaia, der zweitgrößten Stadt des Landes, gegenüber von Porto, die dem Wein seinen Namen gab. Früher brachte man den Wein auf floßähnlichen Booten mit Segeln den Douro hinunter – eine romantische, aber nicht ganz ungefährliche Reise. Heute bedient man sich der Bahn oder Lastkraftwagen. Die eintreffenden Weine werden zuerst mit viel Sachkenntnis zu bestimmten Geschmacksrichtungen verschnitten und anschließend in den Wine Lodges, ebenerdigen, hohen Lagerhallen, für viele Jahre gelagert. Traubendestillate ersetzen den sich dabei verflüchtigenden Alkohol.

Im Durchschnitt lagert ein guter Port etwa acht Jahre in Eichenfässern, zwei Jahre sind Vorschrift, doch auch fünfzehn Jahre sind keine ungewöhnliche Lagerzeit. Nach zwei Jahren Faßlagerung wird der Jahrgangs-Port, der als Vintage Port nur aus Weinen eines dafür besonders geeigneten Jahrganges stammt, auf Flaschen gefüllt. Unter Luftabschluß reift er weiter und verliert so kaum an Farbe. Bei den Weinen im Faß bewirkt die Oxydation einen natürlichen Wandel der Farben. Tawny Port, der feinste unter den alten Ports, verfügt nach einigen Jahrzehnten über eine gelbbraune Farbe. Der Crusted Port, ebenfalls ein guter, alter Portwein, erreicht jedoch nur selten die Qualität eines in seiner Milde und seinem Aroma vielfach dem Vintage Port noch überlegenen Tawny.

Diese alten Ports, die fünfzig oder hundert Jahre erreichen können, stellen ein Muster an Vollkommenheit dar. Zum Trinkgenuß bedarf es unbedingt des Dekantierens, einer zeremoniellen schönen Geste, die fast jeder gute alte Wein mit Depot verlangt.

Rote Ports zeigen je nach Alter und Geschmacksrichtung eine reizvolle Farbskala von Dunkelrot (full/retinto) über Rot (red oder medium full/tinto), Rubinrot (ruby oder medium/tinto aloirado), Lohfarben (tawny/aloirado) bis zu Hell-lohfarben (light tawny/aloirado claro). Bei weißem Port ändert sich die Farbe mit zunehmendem Alter von Mattweiß über Strohfarben bis Goldfarben. Die Portweinerzeugung unterliegt außergewöhnlich strengen Kontrollen. Original Port gibt es nur in mit einer Banderole versehenen Flaschenabfüllung, die eine Kontrollnummer des Portwein-Institutes trägt.

Wie der Port ist auch der Madeira praktisch unbegrenzt haltbar. Auch nach sechzig, siebzig und mehr Jahren zeigt er Vitalität mit einem Höchstmaß an Aroma und Temperament. Es scheint, als ob der große Dessertwein von den fast 700 Meter hohen vulkanischen Hängen der Atlantikinsel in der Publikumsgunst seine große Zeit überschritten hat. Ähnlich wie beim Málaga hatten skrupellose Manipulanten in der Vergangenheit das Vertrauen der Käufer gebrochen. Wer wie Falstaff, „für ein Glas Madeira seine Seele verkaufen" würde, dürfte jedoch stets noch den rechten Tropfen dieses honigsüßen, schwerflüssigen Weines finden, dessen Herstellung und Bezeichnung nun amtlich kontrolliert werden.

Unter den verschiedenen Sorten ist der Sercial der trockenste. Seine Rebe, sagt man, stamme vom rheinischen Riesling ab, was zumindest in bezug auf die kleinen Beeren zutreffen könnte. Sercial-Madeira sollte mindestens acht Jahre alt sein, bevor man ihn trinkt. Verdelho und Bual bewegen sich in der Mitte zwischen trocken (im Sinne eines Madeiraweines, bestenfalls vergleichbar mit dem Fino des Sherry) und süß. Ist der Bual schon beachtlich süß und schwer, so wird er noch übertroffen vom Malmsey, einem duftigen und fruchtigen Wein, der durch das Solera-System gewonnen wird, so daß Jahrgangs-Madeira sehr rar ist.

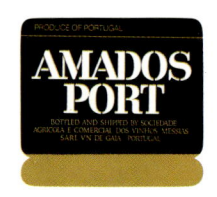

Linke Seite: Allein durch seine schöne Farbe gewinnt der Portwein im feinen Dessertglas an Reiz. Weißer und roter Port verfügen über eine jeweils schillernde Farbskala.
Rechte Seite: Bei Funchal auf Madeira werden die Trauben nicht selten nach uralten Methoden gekeltert.

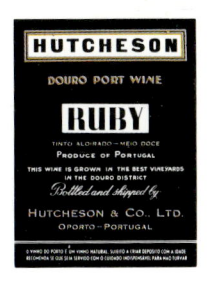

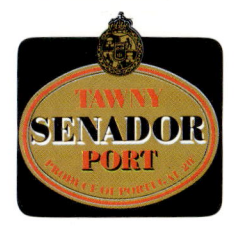

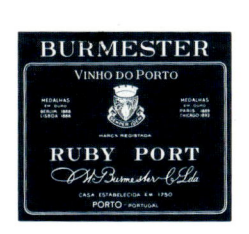

Jugoslawien

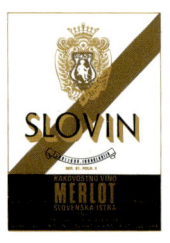

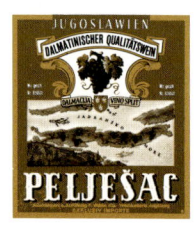

*Linke Seite: Buschartig wachsende Rebpflanzen – hier auf der Insel Hvar.
Rechte Seite: Die Qualität eines Weines wird bereits durch die Sorgfalt und Intensität der Weinbergsarbeit bestimmt.*

Das Weinbauland Jugoslawien läßt sich nicht mit einigen wenigen Begriffen beschreiben. Dafür sind seine Anbauregionen in geologischer und klimatischer Hinsicht zu unterschiedlich. Spiegelbild dieser landschaftlichen Mannigfaltigkeit ist ein ebenfalls sehr unterschiedliches Weinsortiment, das von den fruchtigen, leichten, milden Weißweinen des Nordens bis zu den schweren, dunklen, herb-kräftigen Rotweinen des Südens reicht.

Die Anbauregionen reihen sich um den dinarischen Gebirgsblock. Einige von ihnen, wie Slowenien und die Regionen der dalmatinischen Küste, blicken auf eine über 2000jährige Weinkultur zurück. Auch heute noch gehören sie zu den weinbauintensivsten Zonen des Landes, die einen besonders hohen Anteil an dem beachtlichen jugoslawischen Weinexport haben.

Ein gewichtiges Gegenstück zu dem etwa 130 000 Hektar großen serbischen Anbaugebiet bilden im Norden die Weinbauregionen von Kroatien (90 000 ha) und Slowenien (22 500 ha). Auf den hier vorherrschenden Lehm- und Mergelböden dominieren Weißweine wie Riesling (Renski Rizling), Welschriesling (Laški Rizling), Sauvignon, Traminer (Traminec) und Muskat. Die Weine sind vollmundig, fruchtig, kräftig und oft sehr aromatisch. Ähnlich ist auch die kroatische Weinpalette zusammengesetzt, wobei noch der Weiße Burgunder eine Rolle spielt.

Jugoslawien	
Rebfläche	229.000 ha
Erzeugung	6,38 Millionen hl
Export	746.000 hl
Import	3.000 hl
Verbrauch pro Kopf	28,6 l (1975)

An der dalmatinischen Küste herrschen vielfach Kalkgestein und sehr kalkhaltige Weinbergsböden vor. In dem ausgeglichenen Adriaklima wird der Weinanbau bis zu einer Höhe von 500 Meter betrieben. An der Küste Dalmatiens kommt ihm als Wirtschaftszweig größte Bedeutung zu. Auf den zahlreichen Inseln und an den Küstenstreifen werden feurige, oft schwere und süße Rotweine sowie gehaltvolle Weißweine angebaut. Bekannte Namen sind der rubinrote, feinherbe Plavac, der süße und starke rote Dingač und der Likörwein Prošek, die zwischen Split und Dubrovnik hergestellt werden. Der Prošek, der über einen Alkoholgehalt von 15,5° verfügt, wird aus überreifen an der Luft getrockneten Trauben hergestellt, die dem Dessertwein seinen Bernsteinfarbton und sein charakteristisches Aroma verleihen.

Die Weine aus der Provinz Kosovo (7000 ha) verdanken ihrer erfolgreichen Vermarktung als „Amselfelder" in der Bundesrepublik einen großen Bekanntheitsgrad. Es sind milde, körperreiche Rotweine aus Spätburgunder, Merlot, Cabernet franc und Gamay, die für den Export nach Deutschland mit Restsüße ausgebaut werden. Auch Roséwein und Weißwein besitzen in der Exportversion eine Restsüße von über 20 g/l.

Mazedonien (12000 ha) konzentriert sich überwiegend auf die Rotweinherstellung. Unter den würzigen und wuchtigen Weinen sind Krater und Prokupac über die Landesgrenzen hinaus bekannt. In Serbien werden die Reben auf Verwitterungsböden verschiedenster Art und teilweise auch auf Flugsandböden gepflanzt. Das überwiegend kontinentale Klima mit Sommertemperaturen bis zu 40° C und sehr kalten Wintern beeinflußt die Weinqualität spürbar. Unter den Weinen, denen es manchmal ein wenig an Harmonie und Säure fehlt, ist der Prokupac ein wichtiger Repräsentant.

In der Woiwodina schließlich wird die Weißweinerzeugung durch ein umfangreiches Rebensortiment geprägt.

In den letzten Jahrzehnten wurde in der Weinwirtschaft Jugoslawiens mit der Schaffung modernster Kellereien, rationell zu bebauender Weinberge und mehrerer Forschungs- und Ausbildungsstätten für Weinfachleute ein vielbeachteter Umschwung eingeleitet. Damit konnte das Land seinen Export auf über 10% der Gesamtproduktion steigern. Heute werden die Weine in 50 Länder der Welt geliefert, der größte Anteil mit jährlich etwa 300 000 Hektolitern in die Bundesrepublik. Dabei nehmen die Weine mit international bekannten Rebsortenbezeichnungen neben den schon immer gut vertretenen Dessertweinen einen stets größeren Platz ein. Dazu gehören zum Beispiel die tiefroten, vollen Cabernetweine und die rubinroten, aromatischen und milden Merlotweine aus Istrien, der trockene, gelbfarbige Muskat-Silvaner (Muškatni Silvanac), der üppige Traminer aus Slowenien und der gefällige Malvasier (Malvazija) aus Istrien.

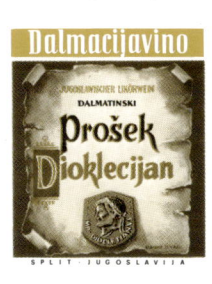

Ungarn

Ungarn	
Rebfläche	*183.000 ha*
Erzeugung	*4,677 Millionen hl*
Export	*1,794 Millionen hl*
Import	*297.000 hl*
Verbrauch pro Kopf	*34 l*

Linke Seite, oben: Bei der Weinlese in Badacsony am Balaton (Plattensee) wird der Inhalt jeder einzelnen Bütte genau verwogen und registriert.
Linke Seite, unten: Die bunten Kopftücher der Lesehelferinnen unterstreichen noch das farbenfrohe Bild einer Weinlese in Ungarn.
Rechte Seite: Die weißgetünchten Häuser bieten in dieser Kellergasse ein reizvolles Bild. Sie bilden die Eingänge zu den kleinen Weinkellern und sind zugleich auch die Arbeitsräume der Küfer.

Ein französisches Buch über die Kunst der Weinverkostung zählt nicht weniger als 227 Eigenschaftswörter zur Bezeichnung verschiedener Weinsorten auf, vom „ambrafarbigen" bis zum „Liebeswein" – eine Benennung, die nach Camille Rodier für einen „aromatischen, feurigen und berauschenden Wein von großem Feuer" angebracht ist.

Beinahe alle derartigen Beschreibungen lassen sich auf ungarische Weine anwenden. Vom „vollmundigen, schönfarbenen, resedenduftenden" Badacsonyer Riesling mit „Körper" bis zum „dunkelroten, granatfarbenen, vollschmeckenden, samtenen" Erlauer Stierblut, vom „süßen und dennoch harten, etwas herben, gehaltvoll feurigen" Mórer Tausendgut bis zum „würzigen, glatten, süßlichen und nicht zu herben" Szekszárder Rotwein.

Der Vergleich guter Weine mit dem Begriff von „flüssigem Gold" scheint in Ungarn seine spezielle Berechtigung zu haben. Denn der Spitzenwein des Landes, einer der besten Weißweine der Welt, der Tokajer, entfaltet im Glas seine ganze Pracht tatsächlich wie flüssiges Gold. Ganz nüchtern betrachtet, hat die Weinerzeugung für die ungarische Volkswirtschaft eine ähnliche Bedeutung wie flüssiges Gold, denn nahezu ein Drittel der Gesamtproduktion geht in den Export, zum überwiegenden Teil in die sozialistischen Länder sowie in die Bundesrepublik, die USA und Kanada.

Dabei sorgt eine spezielle Vertriebsmethode der staatlichen Außenhandelsgesellschaft Monimpex dafür, daß einzelne Herkünfte und Lagen jeweils geschlossen an einen Importeur vergeben werden. Je nach Marktbedeutung dieses Importeurs erlangen dann die eingeführten Lagenweine einen unterschiedlichen Bekanntheitsgrad. Die noch nicht an bestimmte Vertriebsfirmen vergebenen Weine hingegen werden – mit wechselnden Absatzerfolgen – von der Monimpex selbst eingeführt und in den Handel gebracht.

Entsprechend diesem Verteilersystem nehmen die ohnehin seit Jahrhunderten berühmten Weine wie Tokajer, Erlauer Stierblut und die Ödenburger Spätburgunder eine Art Paradestellung ein. Vor allem für den Liebhaber gehaltvoller Weißweine lohnt es sich darüber hinaus, den im Ausland zwangsläufig unbekannteren ungarischen Kreszenzen volle Aufmerksamkeit zu schenken.

Da sind zum Beispiel die Weißweine vom Nordufer des Balaton (Plattensees): aus dem Badacsony-Distrikt der trockene, harmonische und duftige Kéknyelü (Blaustengler), der volle Welschriesling (Olasz-Rizling) und der Szürkebarát (Graumönch), ein bukettreicher, schwerer und vollmundiger Wein, der sein Feuer dem Vulkanboden der angrenzenden Hügel verdankt. Das sich nordöstlich anschließende Gebiet von Balatonfüred-Csopak produziert zu 70% Welschriesling in unterschiedlichen Qualitäten, der Rest verteilt sich auf Muskateller, Furmint, Sauvignon und Riesling × Silvaner.

Somló, ein nur 500 Hektar großes Weinbaugebiet, baut vorwiegend Furmint an, dessen Wein mindestens 3 Jahre reifen muß, bevor er in den Handel kommt. Das Weinbaugebiet Mór ist durch seinen Tausendgut (oder Tausendgulden) bekannt geworden, einen rassigen spritzigen, säurereichen Weißwein. Sopron (Ödenburg), dessen Weinberge am Südufer des Neusiedler Sees liegen, ist für seinen „männlichen", würzigen Kékfrankos-Rotwein (Blaufränkisch) bekannt.

Etwa 65% der ungarischen Weinproduktion kommen aus der sandigen Tiefebene zwischen Donau und Theiß. Hier im Gebiet von Alföld ist mit den zu Beginn der 60er Jahre einsetzenden gründlichen anbautechnischen und wirtschaftlichen Verbesserungen der ungarischen Weinerzeugung wahrlich Bemerkenswertes geleistet worden. Staatsbetriebe und Landwirtschaftliche Produktions-Genossenschaften haben mit Hilfe von fortschrittlichen Technologien und rationellen Anbaumethoden aus den früher unbedeutenden Weinen ein reichhaltiges Sortiment interessanter Tischweine gemacht, das vom diskret herben Nemes Kadarka über den frischen Cabernet und den körperreichen Burgunder bis zum lieblichen Hárslevelü (Lindenblättriger) reicht.

Außerhalb der Landesgrenzen relativ unbekannt sind die Weine aus Südungarn, wo bereits die Römer vor 1700 Jahren Weinberge angelegt haben. Klimatisch besonders begünstigt ist die Weinbauregion von Mecsek, wo der Welschriesling dominiert. Im Gebiet von Villány hat das Staatsweingut beachtliche Pionierleistungen vollbracht, nachdem der einstmals renommierte Wein im letzten Jahrhundert nur eine Außenseiterrolle spielte. Von den Rotweinsorten sind Médoc noir, Oportó (Portugieser), Cabernet, Kadarka und Blauburgunder im Anbau, unter den Weißweinsorten finden sich Welschriesling, Lindenblättriger und Traminer.

Ähnlich ist auch das Rebsortiment der Anbauregion von Szekszárd zusammengesetzt, wo neben den staatlichen Großbetrieben in geringem Umfang noch kleinere Weinbauern in ihren Rebgärten arbeiten.

Tokajer und Erlauer Stierblut

Linke Seite: Weinkeller in Tocsva inmitten der Tokaj-Region. Die Kellerwände sind dicht bedeckt mit Cladiosporium cellare, einem Pilz, der von der weingeschwängerten Feuchtigkeit in alten Weinkellern lebt.
Rechte Seite: Eine traditionelle Form der Weinentnahme aus dem Faß ist vor allem in den südosteuropäischen Weinbauländern das Abziehen des Weines mit einem gläsernen Weinheber, wie hier in einem Keller in Tokaj.

Viel Rühmendes ist über den Tokajer gesagt und geschrieben worden. Den gewiß majestätischsten Ausspruch tat der Sonnenkönig Ludwig XIV.: „Vinum regum, rex vinorum" (Wein der Könige, König der Weine). Die Heimat des Tokajers liegt in Nordungarn, am Rande der Tiefebene, wo die südlichen Hänge einer ausgedehnten Berglandschaft mit etwa 6000 Hektar Rebfläche bewachsen sind. Die erste Erhebung dieser Bergkette, der etwa 350 Meter hohe Tokajer-Berg, gab – nahe dem Städtchen Tokaj gelegen – dem Wein seinen Namen.

Zur Tokajerherstellung wachsen in genau festgelegten 28 Gemeinden des Anbaubezirkes die Rebsorten Furmint, Lindenblättriger und Gelber Muskateller auf verwittertem Lavaboden, bedeckt mit einer Lößschicht, die der Wind in Jahrtausenden herangetragen hat. In langen heißen Sommern reifen die Trauben sonnenbegünstigt bis zu höchsten Oechsle-Graden.

Jahreszeitlich spät, selten vor dem 28. Oktober und oft noch Anfang Dezember, werden die Trauben gelesen. Die eingeschrumpften, voll- bis überreifen und traubenzuckerreichen Beeren werden zu Maische verarbeitet und in zwei Phasen der Gärung unterzogen. Am Anfang laugt der angärende Saft den Traubenzucker aus dem Fruchtfleisch heraus, und erst nach sechs bis zwölf Stunden erfolgt die Abpressung auf der Kelter.

Der abfließende, leicht angegorene Most kommt in die traditionellen Gönczerfässer (136 l) der Tokajerkeller. In diesen Kellern gibt es eine spezielle Mikroflora, durch die sich ein schwarzer Pilz, der Cladiosporium cellare, bildet, der die Kellerwände mit einem watteähnlichen Bezug überzieht. Das Vorhandensein des Pilzes beweist ein gutes Kellerklima zum Reifen des Weines.

Nach der Gärung braucht der Tokajer fünf Jahre bis zu seiner Vollendung. Erst bei höchster Reife (Alkoholgehalt 13,8°) wird der Szamorodni (zu deutsch „ursprünglich gewachsen") – mit der Ursprungsgarantie des ungarischen Staatsgutes Tokaji-Hegyalja – in die typische weiße 0,5-Liter-Tokajer-Flasche abgefüllt: entweder als Edes (süß) oder Szaraz (trocken).

Zu den Raritäten des berühmtesten ungarischen Weines zählt der Tokaji Aszù (Ausbruch, Auslese). Seine Trauben werden einzeln gelesen, wobei die besten eingeschrumpften Beeren aus jeder Traube ausgebrochen und für sich in Puttonyos (15 kg fassenden Bütten) gesammelt. Dieses Verfahren bringt in der Ausbeute geringe Mengen, dafür in der Qualität einen nektarartigen Wein mit einzigartigem Duft und unvergleichlichem Geschmack (etwa 15,5° Alkohol).

Die gesammelten Trockenbeeren knetet man behutsam zu einer teigartigen Masse, ohne die Trauben dabei ganz zu zerstören. Je nachdem, wie viele Bütten Trockenbeeren man einem Gönczerfaß zumißt und anschließend mit naturbelassenem Traubenmost der Art Szamorodni auffüllt, spricht man von einem 2-, 3- oder 4-büttigen Tokajer-Ausbruch oder Tokaji Aszù 2-, 3- oder 4-Puttonyos.

Ausbruchwein benötigt bis zur vollen Faßreife zwischen vier und acht Jahren. Im Zustand höchster Reife auf Flaschen gefüllt, läßt er sich mit großer Zukunft und hervorragender Entwicklung über einen langen Zeitraum lagern.

Wie dem Tokajer wird auch dem granatroten Wein aus Eger (Erlau) in jeder Darstellung über Ungarns Weine ein eigenes Kapitel gewidmet. Da ist zunächst sein klangvoller Name, der bereits im Mittelalter erfunden wurde. Wie die Legenden berichten, soll er den Bewohnern von Erlau bei der Verteidigung ihrer Festung gegen den Türkenansturm 1552 so viel Kraft gespendet haben, daß sie wie die Stiere kämpften und die Angreifer abwehren konnten. Vielleicht erinnert die dunkle Farbe des Egri Bikavér auch ohne viel Phantasie an Stierblut.

Gehaltvollen Rotwein hat es an den Hängen des Mátra-Gebirges westlich der sehenswerten Stadt Eger schon seit dem 13. Jahrhundert gegeben. Das Tuffgestein, das mit braunem Tonboden bedeckt ist, trägt heute verschiedene Rotweinsorten, die im Verschnitt den bekannten feurigen, vollmundigen Wein ergeben. Sein Gerüst verdankt er der Kadarka, die Blaufränkisch gibt ihm das spezielle, würzige Bukett, seinen Tanningehalt erhält er vom Médoc noir und vom Cabernet.

Dieser Verschnitt allein ist jedoch nicht das Geheimnis für den großen internationalen Erfolg dieses Weines. Nachdem der Weinanbau um Eger durch die Türkenherrschaft und drei Jahrhunderte später durch die Reblausseuche praktisch völlig zum Erliegen gekommen war, konnten die Ungarn im Rahmen großzügiger Aufbaumaßnahmen die Weinkulturen in den letzten Jahrzehnten auf den modernsten Stand bringen, wobei die Staatskellerei Eger mit 22 Zweigbetrieben eine mustergültige Technologie in der Weinbereitung pflegt. Das einzigartige „Kellerklima" der historischen Weinkeller der Stadt – der Pilz Cladiosporium cellare schafft für die Rotweinlagerung in Holzfässern hier beste Voraussetzungen – trägt auf ihre Weise zur harmonischen Reifung und zur Abrundung des vollen Aromas im Wein bei.

An den Hängen des Mátra- und Bükkgebirges wird außerdem aus Médoc noir ein duftiger, tiefgranatroter, samtiger Rotwein erzeugt, aus der Erlauer Mädchentraube (Egri Leányka) ein lieblicher, weicher Weißwein sowie ein körperreicher, halbsüßer, harmonischer Weißwein mit dem Namen Debröi Hárslevelü (Debröer Lindenblättriger).

Rumänien

In der Weltweinerzeugung belegt das traditionsreiche Weinland Rumänien den 7. Platz. Die modernen kellertechnischen Einrichtungen der staatlichen Weingüter und der zu Kombinaten zusammengefaßten Genossenschaften haben in den letzten Jahren zu einer beachtlichen Steigerung der Weinproduktion und des rumänischen Weinexportes geführt, dem mit über 11 % (davon 7 bis 8 % in die Bundesrepublik) eine große Bedeutung zukommt. Das Land verfügt über mehrere Hauptweingebiete, deren Weinqualitäten von den sie umgebenden Gebirgszügen der Karpaten und den kontinentalen Klimaeinflüssen mit trockenen, sehr heißen Sommern geprägt werden. Das Gebiet westlich von Constanta an der Küste des Schwarzen Meeres mit dem Weinzentrum um Murfatlar wird kleinklimatisch vom Schwarzen Meer beeinflußt.

Gleichfalls eine Vielzahl kleinklimatischer Vorzüge besitzt die Moldau-Region an den Osthängen der Karpatenausläufer. Schon im Mittelalter hatten die Weine der Moldauklöster einen guten Namen. Es sind äußerst gehaltvolle, oft schwere, voluminöse und wuchtige, sehr süße Weine, die in diesem Gebiet wachsen. Weißweine mit relativ niedrigem Alkoholgehalt, gelegentlich auch durchgegoren, kommen aus der Gegend um Iași (sprich: Jasch). Bei der Stadt Focsani erstreckt sich Rumäniens größtes zusammenhängendes Rebareal. Seine Rotweine sind meist füllig, die Weißweine herzhaft und trocken.

In die Karpaten eingebettet, liegen im westlichen Teil des Landes das Weinbaugebiet Banat und in der Landesmitte Siebenbürgen (Transsilvanien). Neben dem Pinot noir werden qualitativ ergiebige Weißweinsorten in großer Zahl angebaut, die teilweise betont fruchtige Tropfen mit pikanter Säure und hohem Extraktgehalt ergeben. Die Weißweine des Banats sind meist nicht so schwer und gehaltvoll wie die Siebenbürgens.

An den sonnigen Südhängen der Karpatenausläufer liegen die Weinbaugebiete von Argeș und Großberg (Dealul Mare). Im Geschmack reichen die Weine von kernig, trocken (zum Beispiel die Rotweine von Sîmburești) bis zu körperreich und edelsüß.

Das Rebsortenprogramm setzt sich im Anbau aus einheimischen und international bekannten Sorten zusammen. Unter den weißen führen der Welschriesling (Riesling Italian) mit feinblumigen, fast leichten Weinen, die sich in Hügellagen zu feinrassigen und spritzigen Weinen entwickeln. Durch ihren etwas höheren Säuregehalt verfügen sie über eine gute Haltbarkeit. Aus der Mädchentraube (Fetească), die vor allem in Siebenbürgen und im Banat angepflanzt wird, erzeugt man elegante, vollmundige, liebliche und fruchtige Weißweine. Der Ruländer, in Rumänien Pinot gris oder Rulanda genannt, bringt gehaltvolle, schwere und vollsüße Weine mit feinem Sortenbukett hervor. In den meisten Jahren wird die Überreife und Edelfäule erreicht, so daß daraus wuchtige Spitzenweine gewonnen werden. Einen zartwürzigen, feinfruchtigen und vollreifen Wein von edler Süße und dezentem Muskatbukett bringt der Muskat-Ottonel hervor.

Unter den roten Sorten dominieren die Schwarze Mädchentraube (Fetească alba) für fruchtige, gehaltvolle Weine mit feinem, zartduftigem Sortenbukett und tiefroter Farbe. Der Cabernet besitzt als körperreicher, charaktervoller, farbkräftiger Rotwein ein zuweilen an Schwarze Johannisbeeren erinnerndes Fruchtaroma. Der Spätburgunder (Pinot noir) ergibt samtige, edle Rotweine, die hier zu den vornehmsten Qualitäten gerechnet werden.

Nach dem rumänischen Weingesetz werden die Qualitätsweine in drei Kategorien eingeteilt: vin de calitate superioară (VS) Qualitätswein, vin de calitate superioară cu denumire de origine (VSO) Qualitätswein mit Herkunftsbezeichnung und vin de calitate superioară cu denumire de origine și trepte de calitate (VSOC) Qualitätswein mit Herkunftsbezeichnung und Qualitätsstufe.

Gesetzlich gibt es außerdem folgende Qualitätsstufen: cules la maturitatea deplină (CMD), eine Spätlese oder „Vollreiflese", cules la maturitatea de innobilare (CMI), eine Auslese oder „Edelreiflese", und cules la stăfidirea boabelor (CSB), Ausbruch oder Trockenbeerenauslese. Der vin de masă (superior) ist ein (gehobener) Tischwein.

Rumänien	
Rebfläche	296.000 ha
Erzeugung	8,425 Millionen hl
Export	1,05 Millionen hl
Import	10.000 hl
Verbrauch pro Kopf	33 l (1975)

*Linke Seite: Das hübsche Ortsbild von Sighisoara (Schäßburg) östlich von
Medias im Siebenbürgener Weinbaugebiet Kokeltal.
Rechte Seite: Ebenso malerisch wie traditionell: Weinanbau in
Transdanubien.*

UdSSR und Südosteuropa

Sowjetunion

Das Alte Testament berichtet, daß Noah, nachdem er mit seiner Arche am Berge Ararat gelandet war, Ackermann wurde und den Weinstock pflanzte. Im benachbarten Armenien wird der Wein zweifellos schon in frühesten Zeiten hergestellt worden sein. In den Jahrtausenden wurde dieses weinkulturelle Erbe niemals so intensiv wahrgenommen wie seit den 50er Jahren. Nicht nur in den südlichen Sowjetrepubliken, sondern fast in der gesamten UdSSR wurde binnen weniger Jahrzehnte eine Weinproduktion aufgebaut, die jeden Beobachter staunen läßt.

Mit Ausnahme von Weißrußland und drei baltischen Sowjetrepubliken, ist die Rebe inzwischen in allen klimatisch geeigneten Gebieten der UdSSR im Anbau. Die klimatische Eignung schließt dabei auch extreme Kältetemperaturen sowie längere Trockenperioden ein, Bedingungen, unter denen man in anderen Ländern den Weinanbau wahrscheinlich längst aufgegeben hätte. Hier werden im Winter die Reben tief heruntergeschnitten und mit Erde bedeckt; spezielle Reb-Neuzüchtungen sind äußerst frostwiderstandsfähig, und in Trockengebieten wurden Bewässerungsanlagen installiert. Die moderne Technik spielt in der Weinerzeugung, die zu mehr als der Hälfte in den Händen von Staatsbetrieben liegt und zu etwa einem Drittel von Kolchosen betrieben wird, durch weitläufige Plantagen und gewaltige Kellereien eine große Rolle. In diesen Großbetrieben werden praktisch alle nur denkbaren Weinarten und aus Wein gewonnene Spirituosen hergestellt. Dafür steht ein erstaunlich umfangreiches Rebsortiment zur Verfügung, in dem von etwa 190 Sorten 16 eine besonders große Bedeutung besitzen. Neben einigen alten einheimischen Sorten stehen in den Weinbergen und Rebfeldern klassische westeuropäische Reben und Neuzüchtungen, die in den für die russische Weinwirtschaft äußerst wichtigen Forschungsinstituten entwickelt wurden.

Ungewöhnlich hoch ist in der Sowjetunion der Anteil der Likör-

Linke Seite, links: Einen verführerischen Anblick bieten die bulgarischen Trauben im dichten Behang. Bei manchen einheimischen Sorten, die es in anderen Weinbauländern nicht gibt, ist in guten Weinjahren die Bildung solcher großen Traubenpergel keine Seltenheit.
Linke Seite, rechts: In den steilen Weinbergen müssen die einzelnen Reben liebevoll und mühsam mit der Hand gepflegt werden. Maschinen werden hier kaum die menschliche Arbeit ersetzen können. Das Foto zeigt das Aufbinden der Rebpflanze am Stock.
Rechte Seite: Die Ebene bei Sliven in Bulgarien ist – soweit der Blick reicht – mit Reben besetzt. Hier ist der Weinbau weitgehend mechanisiert.

und Dessertweinerzeugung, wobei Muskatsorten dominieren. Dabei sind Sherry-Weine, aber auch Madeira die geschmacklichen Vorbilder. Auch Sowjetskoje Schampanskoje (sowjetischer Schaumwein), der nach einem speziellen, in der UdSSR entwickelten Verfahren erzeugt wird, hat mit einer Jahresproduktion von annähernd 200 Millionen Flaschen eine große Bedeutung. Krimskoje, der berühmte Schaumwein von der Krim, ist vor allem für den Export wichtig. Mit 30% Rebflächenanteil ist die Krim Rußlands größtes Weinanbaugebiet. Es folgen die Moldauregionen mit 23%, in denen viele ansprechende Tischweine erzeugt werden. Georgien liefert im Süden der UdSSR wohl die besten Rotweine, Armenien die besten Weißweine.

Tschechoslowakei

Ähnlich wie in der Sowjetunion hatte auch in der Tschechoslowakei der Weinanbau in den 20er Jahren seinen niedrigsten Produktionsstand erreicht. Und wie in den sozialistischen Nachbarstaaten unternimmt man in der CSSR seit 25 Jahren große Anstrengungen, die Weinerzeugung zu intensivieren, um auf die hohen Weineinfuhren – vergleichsweise fast ein Drittel einer Jahresernte – allmählich verzichten zu können. Sollte allerdings der Pro-Kopf-Verbrauch an Wein weiterhin steigen, wird man wohl vorerst noch auf italienische, griechische, jugoslawische und ungarische Weine angewiesen sein.

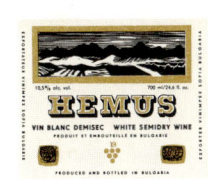

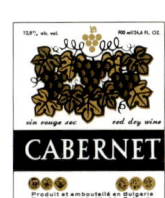

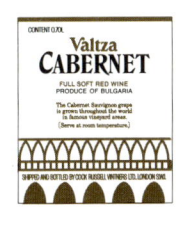

Immerhin verfügt die CSSR über eine klar definierte Weingesetzgebung und genaue Vorschriften für die Weinerzeugung, bei der es eine auf Rebsorten abgestimmte Güteklasseneinteilung gibt. Die traditionell hochwertigen Sorten wie Rheinriesling (Rizling, Rizlink rýnský), Traminer (Tramín), Sauvignon und Blauburgunder (Burgundské) sowie Furmint und Gelber Muskat (Muškát žluty) finden sich in der Güteklasse Ia. In der Klasse Ib sind die meisten der Konsumweinsorten, vor allem Welschriesling (Rizlink vlašský), Müller-Thurgau, Grüner Veltiner (Veltlinské zelené), Mädchentraube (Leáňka), Neuburger (Neuburgské), Sémillon, Silvaner (Silvánské) und Limburger (Frankovka) sowie Saint-Laurent (Scatovavřinecké) eingeordnet. Die Sorte Tausendgut (Ezerjó) befindet sich in Klasse II, der Portugieser (Portugalské modré) in Klasse III. Die Rebsortennamen sind auf allen Weinetiketten angegeben. Ein beträchtlicher Anteil der Weinerzeugung besteht aus Konsumweinen mit Markenweincharakter auf Verschnittbasis. Unter ihnen rangieren die halbsüßen und süßen Geschmacksrichtungen an erster Stelle, während bei den sortenreinen Weinen mehr trockene Kreszenzen vorherrschend sind. Im etwa 420 Hektar umfassenden tschechoslowakischen Tokajer-Gebiet werden außerdem edelsüße Dessertweine, aber auch trockene Tokajerweine gewonnen.

Die unmittelbar an das ungarische Tokajergebiet angrenzende Weinbauregion gehört zu den acht slowakischen Weinbauregionen, die mit insgesamt etwa 27 000 Hektar den größten Teil der Rebfläche in der CSSR ausmachen. In Mähren (etwa 11 000 ha) gibt es drei Regionen. In der tschechischen Region Böhmen konzentriert sich der Weinanbau um Melnik und Litomerice, wo die klimatischen Voraussetzungen allerdings nicht so gut sind wie in den südlichen Regionen.

Auf sehr unterschiedlichen Böden werden in der Tschechoslowakei zu etwa 80% Weißweine erzeugt, 15% entfallen auf Tafeltraubenproduktion, 5% auf Rotwein. Geschmacklich werden möglichst alle Wünsche berücksichtigt, wobei den Markenweinen mit dem Trend zur gleichbleibenden Qualität unabhängig von Jahrgang und Standort große Aufmerksamkeit geschenkt wird. Das gesamte Rebareal des Landes soll bis 1980 um 16 000 Hektar Neuanlagen erweitert werden.

Bulgarien
Die Hälfte der heutigen Rebfläche des Landes wurde erst nach dem Zweiten Weltkrieg angelegt. Bis 1980 soll das Rebland auf 315 000 Hektar ausgedehnt werden, womit weit mehr als die Hälfte der Weinerzeugung für den Export zur Verfügung stünde.
Nicht erst in unserem Jahrhundert hat man in Bulgarien erkannt, daß Klima und Boden vorzügliche Voraussetzungen für die Weingewinnung bieten. Dem römischen Schriftsteller Plinius zufolge geht die Weinerzeugung im heutigen Bulgarien auf die Thraker zurück. Ein prachtvoller Goldschatz mit mehreren Trinkgefäßen aus einer thrakischen Dynastie ist neben anderen archäologischen Funden mit der Abbildung des thrakischen Weingottes Sebazios im Museum von Plovdiv zu bewundern. Im 9. Jahrhundert n. Chr. war der Weinanbau bereits so umfangreich, daß König Khan Krum die Vernichtung aller Rebstöcke befahl. Immerhin hat die Rebe diese und manche spätere Attacken überstanden.

Das heutige Bild des bulgarischen Weinanbaus ist fast völlig von überaus moderner Technik geprägt, die von der weitgehend mechanischen Bearbeitung der großräumigen Weinfelder bis zur Verarbeitung in den neuzeitlichen Großkellereien von Sofia, Russe, Ljaskovez, Pleven und Pavlikeni reicht. Die staatliche Wirtschaftsvereinigung Vinprom verfügt über Lagerkapazitäten von mehr als 600 Millionen Liter. Das Erzeugungsprogramm der 36 staatlichen Großbetriebe baut angesichts der Vielgestaltigkeit der Anbauzentren auf einem relativ kleinen Rebensortiment auf, zu dem neben den bulgarischen Sorten Dimiat (frische, duftige Weißweine), Muskat (Misket, milde, angenehm muskierte Weißweine), Vinenka (Proslava, fruchtige Weißweine) die Rotweinsorten Gamza (weiche, bukettreiche, harmonische Tischweine), Mavrud (ausdrucksvolle, extraktreiche, alkoholstarke Weine) und Pamid (hellrote, frische Konsumweine) gehören. Sehr beliebt sind Verschnittweine, wie der Trakia oder Balkan aus den Sorten Pamid und Gamza. Die Rebsortenpalette hat durch französische Sorten und den deutschen Riesling eine interessante Ergänzung erhalten.

Sowjetunion	
Rebfläche	818.000 ha
Erzeugung	30,629 Millionen hl (1975)
Export	720.000 hl (1975)
Import	8,5 Millionen hl (1975)
Verbrauch pro Kopf	13,36 l

Tschechoslowakei	
Rebfläche	32.000 ha
Erzeugung	1,388 Millionen hl
Export	14.000 hl
Import	343.000 hl
Verbrauch pro Kopf	12 l

Bulgarien	
Rebfläche	193.000 ha
Erzeugung	5,517 Millionen hl
Export	2,294 Millionen hl
Import	186.000 hl
Verbrauch pro Kopf	19,98 l

Östliche Mittelmeerländer

Griechenland

Im antiken Hellas wurde der Wein erstmals zum Gegenstand mythischer Gottbezogenheit. Neben den kultartigen Verherrlichungen des Dionysos konnten die Griechen vor dreitausend Jahren dem Wein auch eine überaus kommerzielle Seite abgewinnen. Durch einen regen Handel sorgten sie für die weitreichende Verbreitung des berauschenden Getränkes im gesamten Mittelmeerraum.

Es scheint, daß sich die Griechen unserer Zeit auf die Taten ihrer antiken Vorfahren immer stärker besinnen. Denn das Interesse am Weinexport nimmt zumindest bei den großen Weinkellereien zu, so daß sich der griechische Weinanbau in seiner Struktur nun voller Kontraste darstellt. Neben wenigen Großbetrieben (wie zum Beispiel Campas mit 500 Hektar Rebfläche, Achaia Clauss mit 15 Millionen Litern Jahresproduktion) beherrschen zahlreiche kleinere Weinbauern mit einer durchschnittlichen Rebfläche von etwa 0,3 Hektar (für die Weinherstellung) das Bild vom griechischen Weinbau. Im Anbau dominiert die niedrige Gobelet-Erziehung (buschartiges Wachstum der Rebe ohne Unterstützung). Lediglich einige Großbetriebe haben inzwischen auf Normalanlagen mit Drahtrahmenerziehung oder Kordonerziehung der Reben umgestellt.

Zu diesem „romantischen" Bild griechischen Weinanbaus paßt auch der mit Harz versetzte Landwein, der nach Terpentin schmeckende Retsina. Das Harz, das nach dem ersten Abstich im Weinkeller den Rot- oder Weißweinen wieder entzogen wird, fördert die spezielle seit Jahrhunderten von den Griechen gewünschte Geschmacksrichtung dieser Weine. Mittlerweile ist die Marktbedeutung des Retsina von 90% auf etwa 50% zurückgefallen.

Da sich in Griechenland zwei unterschiedliche Klimazonen auf den Weinanbau auswirken, zeigen sich auch große Unterschiede in den erzeugten Qualitäten. In Nordgriechenland bewirkt der kontinentale Klimaeinfluß mit ziemlich kalten Wintern und nicht zu heißen Sommern die Gewinnung relativ leichter, ausgeglichener und ansprechender Konsumweine. Unter dem mediterranen Einfluß im Süden des Landes wachsen hingegen kräftige, schwere und zum Teil sehr süße Weine.

Für die Erzeugung von Qualitätsweinen (Vins de Qualité produits dans des Régions Déterminées V.Q.P.R.D.) wurden 1971 bestimmte Anbauzonen abgegrenzt, die zusammen etwa 15% der griechischen Anbaufläche ausmachen. Der Peloponnes, mit 75 000 Hektar Rebfläche größtes Anbaugebiet des Landes, verfügt über drei Regionen für Qualitätsweingewinnung. Die bedeutendste ist Patras im Norden der Halbinsel Nemea, westlich von Korinth gelegen, und Mantinia, südlich von Tripolis.

Bereits zu Zeiten des Byzantinischen Reiches waren die Weine von Patras und Achaia bekannt. Ihr heutiges Renommee verdanken sie vor allem dem international agierenden Unternehmen Achaia Clauss, das 1861 durch einen Bayern namens Gustav Clauss gegründet wurde und heute im Besitz der Familie Antonopoulos ist, sowie der 1918 gegründeten Union der Landwirtschaftsgenossenschaften Patraiki. Beide Kellereien verfügen über ein breitgefächertes Sortiment, in dem der Dessertwein Mavrodaphne (von Achaia Clauss) und Mavrodaphne (von der Genossenschaft) einen besonderen Platz einnimmt. Daneben umfaßt die Erzeugung trockene, körperreiche und feine Weiß-und Rotweine, trockene Roséweine und süße Weißweine aus der Muscatrebe. Der portweinähnliche Likörwein Mavrodaphne, der aus Schwarzlorbeertrauben gewonnen wird (ungeschwefelt, aber mit Alkohol auf 16° aufgespritet) erfreut sich auch im Zustand der geöffneten Flasche einer jahrelangen guten Haltbarkeit.

Nach dem Peloponnes ist Kreta mit etwa 52 000 Hektar das zweitgrößte Anbaugebiet Griechenlands. Qualitätsweine kommen aus den Regionen Archánes im Zentrum der Insel, Dafnes und Peza an der Nordküste und Sitia im Osten. Die Weinerzeugung konzentriert sich vor allem auf Likörweine und Rotweine.

Zentralgriechenland, mit 35 000 Hektar Rebfläche an dritter Stelle unter den Anbaugebieten, ist vor allem die Heimat des Retsina. In Kantza, östlich von Athen, wird ein weißer Qualitätswein mit beachtlicher Fruchtsäure und Harmonie gewonnen.

Seinen stärksten Rückgang verzeichnete der griechische Weinanbau in Epirus und Makedonien. In den 60er Jahren reduzierte sich die Rebfläche hier um fast ein Drittel. Diese Einschränkungen betreffen vorwiegend die Konsumweinherstellung, während auf dem Qualitätsweinsektor die Erzeugnisse der Regionen Naoussa und Amyntheon in Makedonien und Zitza in Epirus ihre günstige Position ausbauen konnten. Voraussetzung dazu sind moderne Anbaumethoden und kellertechnische Verfahren, die den nordgriechischen Weinen auch internationale Wettbewerbsfähigkeit garantieren. Einige größere Kellereibetriebe haben sich ganz auf diese Notwendigkeit eingestellt, so daß die Weinliebhaber in den letzten Jahren mit frischen, harmonischen, vollen und sauberen Rot-, Weiß- und Roséweinen aus Thessalien und Nordgriechenland einschließlich Thrakien überrascht wurden. Beispielhaft dafür mag Boutari mit seinem anregend trockenen und warmen Rotwein sowie die Domaine Carras mit mundigen, leichten Weißweinen und duftigen Roséweinen sein.

Griechenland	
Rebfläche	190.000 ha
Erzeugung	5,636 Millionen hl
Export	764.000 hl
Import	3.000 hl
Verbrauch pro Kopf	39,80 l

Türkei	
Rebfläche	760.000 ha
Erzeugung	332.000 hl (1975)
Export	69.000 hl (1975)
Verbrauch pro Kopf	0,55 l (1975)

Nicht sehr groß ist die Rebfläche der Ägäischen Inseln, allerdings stellt man dort einige namhafte Qualitätsweine her. Überwiegend sind es Dessertweine, wie der Muskatwein von Samos, die ebenfalls aus Muscattrauben erzeugten natürlichen Dessertweine von Santorin und Limnos. Daneben produzieren die Kellereien auch trockene Weiß- und Rotweine, zum Teil sehr süffige, angenehm leichte und frische Kreszenzen.

Rhodos ist nicht nur durch seine Likörweine mit dem typischen Muscatgeschmack als Weininsel bekannt geworden, sondern auch durch einige ausdrucksvolle Rot- und Weißweine, die sich durch ihre Fülle und eine milde Geschmacksnote auszeichnen.

Recht groß ist im griechischen Weinsortiment der Anteil an Markenweinen, deren Erzeugung überwiegend von großen Kellereien gepflegt wird. Auffallend ist, daß viele Betriebe ihre Lagerbehälter nicht in Kellern, sondern in oberirdischen Räumen errichten. Zur Lagerung der Weine werden neben Holzfässern auch moderne Tanks verwendet, die bei oberirdischer Lagerung zur Zeit der Weingärung durch Wasserberieselung gekühlt werden. Die Herstellung der in Griechenland stark verbreiteten Landweine ist vor allem eine Domäne der kleineren Winzer. Obwohl die klimatischen Verhältnisse bei der Traubenreife die Erreichung höchster Mostgewichte mit über 100° Oechsle gestatten, werden die meisten Trauben bereits bei einem Mostgewicht von etwa 90° Oechsle geerntet, um harmonische, nicht zu alkoholreiche Weine zu gewinnen. Die meist im September durchgeführte Weinlese ermöglicht zugleich auch die Herstellung relativ säurereicher Weine, so daß sich viele griechische Qualitätsweine durch eine bemerkenswerte Frische auszeichnen. Diesem Ziel kommt man auch in modernen Großanlagen mit Einrichtungen für die künstliche Beregnung entgegen, die von großen Unternehmen vereinzelt installiert wurden.

Im Hinblick auf seinen EG-Beitritt forciert Griechenland seine Politik zur Gewinnung von Qualitätsweinen, von denen es sich im Export künftig größere Chancen erhofft. Bislang konnte dieses

Malta	
Rebfläche	1.000 ha
Erzeugung	30.000 hl (geschätzt)
Export	15.000 hl
Import	12.000 hl
Verbrauch pro Kopf	nicht zu ermitteln

Zypern	
Rebfläche	49.000 ha
Erzeugung	1,1 Millionen hl
Export	197.000 hl
Verbrauch pro Kopf	6,20 l (1975)

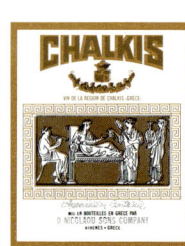

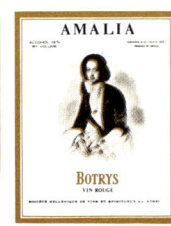

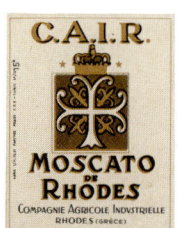

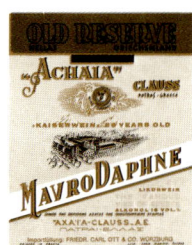

Linke Seite: Bei Sikyón über dem Korinthischen Golf werden die Korinthen in der Sonne getrocknet.
Rechte Seite: Traubenlese auf der Insel Kreta. Unter den griechischen Weinbauregionen steht Kreta in der Traubenerzeugung an dritter Stelle. Seine Produktion an Tafeltrauben und Sultaninen ist ebenso bedeutsam wie der Weintraubenanbau.

Qualitätsstreben jedoch nur von einigen großen Kellereien und Genossenschaften realisiert werden, während sich die zahlreichen Kleinwinzer auf die Herstellung einfachster Tafelweine traditioneller Art beschränken.

Bei den Traubenkulturen spielen schließlich auch die Rosinenproduktion und die Tafeltraubenerzeugung eine Rolle, wobei sich Griechenland auch hier um eine Exportsteigerung bemüht.

Türkei

Ohne Zweifel ist Zentralkleinasien die Urheimat des Rebanbaus. Aus den Wildreben, wie sie heute noch in den südlichen Gebieten des Kaukasus vorhanden sind, haben sich zur Zeit der ersten Hochkulturen Edelreben entwickelt. Wie Funde von Traubenpressen und Kernen belegen, wurde schon vor der Sintflut (um 3000) aus diesen Reben offenbar Most gewonnen. Mit Sicherheit kannten aber die seit 1640 v. Chr. in Anatolien siedelnden Hethiter den Rebensaft als Getränk. Den Rebenreichtum des um 800 v. Chr. in Anatolien sich bildenden Phrygischen Reiches beschrieb zur damaligen Zeit Homer.

Die heutige Türkei verfügt über einen beachtlichen Rebanbau, dessen Ausmaße zunächst mit dem geringen Weinverbrauch im Lande in Widerspruch steht. (Der Koran verbietet bekanntlich den Weingenuß.) Tatsächlich werden nur 5% der Traubenernte zu Wein verarbeitet. Etwa 25% dienen der Tafeltraubenproduktion, 37% werden zu Korinthen verarbeitet und weitere 37% bilden die Grundlage für die Erzeugung eines karamelisierten Traubenkonzentrates namens Pekmez, das in der Türkei als Nahrungsmittel Bedeutung hat. Das in seiner Konsistenz honigartige Pekmez ist vor allem als Brotaufstrich beliebt, während das nicht entsäuerte und mit Wasser verdünnte Eksi Pekmez als Erfrischungsgetränk verwendet wird.

Fast die Hälfte der Weinerzeugung in der Türkei entfällt auf die staatlichen Monopol-Kellereien, die sich um eine intensive Weinausfuhr in die EG- und EFTA-Staaten bemühen. Neben den Typenweinen der Anbauzonen von Istanbul und Izmir haben einige Qualitätsweine mit Ursprungsbezeichnung Bedeutung. In den Regionen von Thrakien und Marmara sind es trockene Weißweine (Trakya beyaz sek) und trockene Rotweine (Trakya kirmizi sek) und die trockenen Weißweine von Doluca. Der süße Misbağ wächst in der Ägäis-Region. In Zentral-Anatolien gehören zu den gehobenen Qualitäten der Kalebağ, der halbtrockene weiße Narbag, der trockene rote Yakut und der trockene weiße Cankaia Yildizi. In der Nähe von Ankara wird als Tischwein mit neutralem Geschmack der Gubuk erzeugt.

Die zahlreichen einheimischen Rebvarietäten wurden in den letzten Jahrzehnten vor allem von den staatlichen Großbetrieben mit europäischen Sorten, insbesondere der Semillon, ergänzt. Bei den günstigen klimatischen und abwechslungsreichen geologischen Wachstumsvoraussetzungen an der ägäischen Küste (mit den großen staatlichen Erzeugerbetrieben von Izmir, Canakkale und Sarköy) und am Marmarameer (mit dem Weinbauzentrum Tekridag) ist die Türkei in der Lage, auch für gehobene Ansprüche zufriedenstellende Weinqualitäten zu liefern.

Zypern

Im Altertum war die Mittelmeerinsel eine wichtige Station für den griechischen Weinanbau, der über Zypern nach Hellas gelangte. So belegt man zumindest auf Zypern die dortige Weinbautradition. Immerhin kann man voller Stolz auf Funde am Vouni Palace verweisen, bei denen Tonbehälter mit weinähnlichem Inhalt zutage gefördert wurden, die fast 3000 Jahre alt sind.

Einer seiner berühmtesten Weine ist der süße Commandaria, der bereits im 12. Jahrhundert von den Tempelrittern und später vom Johanniterorden bei Kolossi hergestellt wurde. Der kräftige Dessertwein, den einst schon Richard Löwenherz zu schätzen wußte, wird ähnlich wie Sherry im Solera-System aus sehr alten und jungen Weinen gewonnen.

Etwa ein Drittel der Landwirtschaft entfällt auf den Weinanbau, der mit alten, von der Reblaus nicht zerstörten Reben durch eine ungewöhnliche Sortenvielfalt geprägt ist. Damit wiederum sind die vier großen Weinkellereien in der Lage, praktisch sämtliche Weinarten, weinhaltige Getränke und Spirituosen herzustellen. Durch besondere Güte sind einige trockene Weißweine und kräftige Rosés ausgezeichnet. Die Keo Ltd., die größte unter den Weinkellereien des Landes, bedient sich zur Qualitätsverbesserung moderner technischer Systeme, mit denen allerdings nur etwa 30% Tafelweine und 10% Dessertweine erzeugt werden. Der Rest entfällt auf die Erzeugung des für den Export interessanten zyprischen Sherryweins.

Malta

Auf Malta besitzt die Weinerzeugung nur lokale Bedeutung. Es herrscht die Rotweingewinnung vor, von der in sehr geringem Umfang vornehmlich nach England exportiert wird.

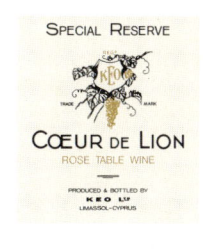

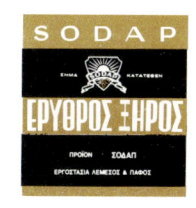

Nordafrika und Naher Osten

Algerien

Nach französischem Vorbild hat Algerien seinen Weinanbau in sieben Gebiete mit garantierten Ursprungsbezeichnungen (Vins d'Appellation d'Origine Garantie = V.A.O.G.) eingeteilt.

Ihnen ist gemeinsam, daß ihre Weinkulturen im Bergland in einer Höhe zwischen 600 und 800 Metern stehen. Wo sich der Einfluß des Kontinentalklimas bemerkbar macht, reifen die Beeren später aus, so daß nicht schon während der zu warmen Monate gelesen werden muß. Dadurch ist eine ruhige Gärung des Mostes möglich, so daß die Weine sich harmonisch und ausgeglichen präsentieren. Das bekannteste und größte Anbaugebiet liegt um Mascara (etwa 10 000 ha), wo auf Sand- und Sandsteinböden bukettreiche, tiefdunkle, robuste und kräftige Rotweine gedeihen, die nach einigen Jahren der Lagerung eine bestimmte Feinheit erreichen. Im Gebiet von Médéa sowie bei Ain-Bessem-Bouira liegen die Weinberge zum Teil über 1000 Meter hoch. Die hier gewonnenen Rot- und Roséweine zeichnen sich durch ein reifes Aroma, feine Würze und markante Farbe aus. Eine der ältesten algerischen Weinanbauregionen ist das Tlemcen-Gebiet, wo bereits im 16. Jahrhundert Weinbau nachweisbar ist. Vor allem die Weine von Lismara und Mansourah unterstreichen mit ihrer Harmonie die Qualität dieser Herkünfte. Im Weinbaugebiet der Hügelkette von Dahra längs des Mittelmeeres haben schon die Römer Reben gepflanzt. An den Flanken erloschener Vulkane wachsen körperreiche, fruchtige, samtige und farbkräftige Rotweine, von denen die Gewächse aus den Weinbauzonen von Paul Robert (Taougrite), Rabelais und Renault die besten sind. Zu den hervorragenden algerischen Rotweinen gehört Château Romain an den Coteaux du Zaccar, wo aus Pinot noir, Syrah und Grenache nach französischem Vorbild gute Rotweine ausgebaut werden.

Tunesien und Marokko

Auch der tunesische Wein steht unabhängig von seiner mehrtausendjährigen Tradition im Zeichen europäischer Weinerfahrung, da die wegen der Reblauskatastrophe im letzten Jahrhundert nach Nordafrika ausgewanderten französischen und italienischen Winzer ihre Kenntnisse und Rebsorten in die Weinerzeugung des Landes einbrachten. So ist es ganz natürlich, daß die Qualitätsweine, die von bestimmten Rebsorten gewonnen werden, deren Ertrag eine vorgeschriebene Menge pro Hektar nicht überschreitet und die einen bestimmten Mindest-Alkoholgehalt aufweisen, als Vins de Qualité Supérieure (Wein gehobener Qualität) V.D.Q.S. bezeichnet werden. Eine Stufe darüber liegt die Qualité Exceptionnelle (Q.E.) für Weine, die ständigen Kontrollen unterliegen und Prüfnummern erhalten.

Aus den Sorten Carignan, Alicante und Grenache werden im Verschnitt fruchtige und füllige Rotweine sowie spritzige Roséweine erzeugt. Für den Export in bestimmte Länder werden einige Weine auch betont lieblich (mit Restsüße) ausgebaut. Ein großer Teil des Anbaus dient der Erzeugung von Tafeltrauben.

Auch in Marokko gewinnen die Tafeltrauben- und Rosinenproduktion zunehmend an Bedeutung, da der Weinabsatz bei der islamischen Bevölkerung des Landes kaum eine Rolle spielt und der Export sich bislang im wesentlichen auf preiswerte Konsumweine als sogenannte lose Ware (nicht als Flaschenabfüllung) konzentriert.

Algerien	
Rebfläche	240.000 ha (geschätzt)
Erzeugung	6,3 Millionen hl (geschätzt)
Export	5,5 Millionen hl (geschätzt)
Verbrauch pro Kopf	0,5 l

Tunesische Berberfrauen bei der Frühjahrsarbeit im Weinfeld. Der Wein wird in den nordafrikanischen Ländern hauptsächlich für den Export produziert.

Übrige Länder

Unter den Weinbauländern des Nahen Ostens kann Israel seine Weinbautradition mit zahlreichen Bibelzitaten belegen. Doch einen kontinuierlichen Weinbau hat es im Heiligen Land niemals gegeben.

Erst als 1882 Baron Edmond de Rothschild auf seinen Ländereien südlich von Jaffa und südlich von Haifa russische Emigranten mit dem Anbau französischer Reben beauftragte, kam es zu einer neuen Weinkultur. Die noch heute bestehenden Kellereien Carmel und Oriental verarbeiten etwa 50% der Weinernte. Das Trappistenkloster Latroun widmet sich mit seinen höhlenartigen Weinkellern ebenfalls dem Weinbau. Neue Weingärten wurden in Galiläa und am Rande der Negev-Wüste angelegt.

Ägypten stellt seine Rebanlagen vorwiegend auf die Tafeltraubenerzeugung ab. Die aus diesen Tafeltrauben gelegentlich gewonnenen Weine probieren sich für den europäischen Geschmack ein wenig fremd und eigenwillig.

Jordanien besitzt in der Umgebung der Stadt Hebron (El Kalhil) ein bereits im Altertum bekanntes Weinbaugebiet, sonst steht wie im Libanon die Tafeltraubenproduktion im Vordergrund. Das 1857 von Jesuiten in Ksara errichtete Weingut hat die Weinerzeugung des heutigen Libanon neubegründet.

Marokko	
Rebfläche	49.000 ha
Erzeugung	764.000 hl
Export	435.000 hl
Verbrauch pro Kopf	2 l

Tunesien	
Rebfläche	37.000 ha
Erzeugung	604.000 hl
Export	310.000 hl
Verbrauch pro Kopf	3,45 l

Südafrika

Niederländische Kolonisten waren es, die am Fuße des Tafelberges ihre ersten Weinstöcke pflanzten. Aus dem Experiment mit den wenigen Rebpflanzen hat sich einer der bedeutendsten Zweige südafrikanischer Landwirtschaft entwickelt, der gleichermaßen von den Erfahrungen französischer Hugenotten, deutscher Einwanderer und englischer Gouverneure profitierte.

Die wichtigsten Weinbauregionen liegen in den südwestlichen Distrikten des Kaps zwischen dem 33. und 34. südlichen Breitengrad. Dieses durch mildes Klima begünstigte Weinbaugebiet kann man in zwei Landstriche – den Küstengürtel und Little Karoo – aufteilen, von denen jeder verschiedene Wachstumsbedingungen bietet. Der Küstengürtel erstreckt sich vom Meer bis an die ersten Bergketten und erhält ausreichenden Niederschlag (600 mm jährlich). An den Hängen der Berge und Hügel stehen die Reben in Böden mittelmäßiger Fruchtbarkeit, hauptsächlich Sandstein, Granit und Schieferton. Der Ertrag ist zwar mäßig, doch die Trauben ergeben ausgezeichnete, trockene Rot- und Weißweine sowie südafrikanischen „Sherry" und „Portwein". Constantia, Stellenbosch, Paarl, Malmesbury und Tulbagh sind die Weinbauzentren dieses Distriktes.

Little Karoo beginnt hinter der Drakenstein-Gebirgskette und reicht bis an das Swartberg-Gebirge. Dieser Landstrich liegt höher

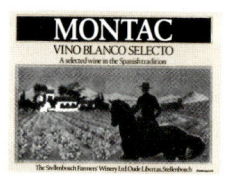

Linke Seite: Die mustergültig angelegten Weingüter Südafrikas können zum Teil auf eine lange Weinbautradition zurückblicken.
Rechte Seite, oben: Wie überall auf der Welt zur Zeit der Weinlese herrscht auch bei der Traubenernte in der Kapprovinz in den Weinbergen ein reges Treiben.
Rechte Seite, unten: Bei der Weinernte ist die gründliche Selektion minderwertiger Trauben oder Beeren oberstes Gebot für gute Qualitäten.

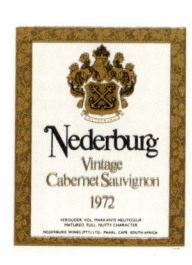

Südafrika	
Rebfläche	120.000 ha
Erzeugung	5,966 Millionen hl
Export	125.000 hl
Import	72.000 hl
Verbrauch pro Kopf	9,89 l

und hat im Vergleich zum Küstengürtel ein etwas rauheres Klima. Die Niederschläge erreichen jährlich nur etwa 200 bis 300 mm. Der Feuchtigkeitsbedarf der Reben muß daher durch künstliche Bewässerung gedeckt werden. Die alluvialen Böden sind äußerst fruchtbar, in ihrer Zusammensetzung allerdings recht unterschiedlich, so daß auf ihnen Weine verschiedenster Geschmacksrichtungen wachsen. Die ertragreichen Rebstöcke liefern süße Muskatweine sowie Grundweine für die Weinbranderzeugung. Worcester, Robertson, Montagu, Ladismith und Oudsthoorn sind die wichtigsten Weinbaudistrikte in Little Karoo.

Aus Constantia, der Wiege des südafrikanischen Weinbaus, stammen die Dessertweine, die dem Kap zuerst den Ruf eines guten Weinlandes einbrachten. Napoleon und Bismarck gehörten zu den zahlreichen Liebhabern der Vins de Constance. Heute verwaltet der südafrikanische Staat die Domäne als Musterweingut. Stellenbosch, 50 Kilometer landeinwärts von Kapstadt entfernt, gilt als bedeutendstes Weinbauzentrum des Landes mit wichtigen önologischen Forschungsinstituten und der Stellenbosch Wine Trust Ltd., einem Zusammenschluß südafrikanischer Weingüter.

Paarl, eine der ältesten Gemeinden am Kap, beherbergt die eindrucksvollen Kellereien der Südafrikanischen Winzer Kooperative (KWV), die etwa 90% der Weinexporte des Landes bestreitet. Angesichts der modernen Kellereianlagen mutet Südafrikas Weinbau durchaus europäisch an. Es gibt kaum eine Weinart, die in Südafrika nicht erzeugt wird, und zwar mit europäischen Reben oder neuen Sorten, die den großen europäischen Vorbildern ähnlich sind, den südafrikanischen Wachstumseinflüssen aber besonders gut entsprechen. Am meisten kommen vor: Cinsault (Hermitage), Cabernet Sauvignon, Steen (der starke Ähnlichkeit mit Sauvignon blanc aufweist), Groendruif (wahrscheinlich eng mit Sémillon verwandt), Fransdruif (stark übereinstimmend mit Palomino), Clairette blanche, Riesling, portugiesische Port-Varietäten, Hanepoot (übereinstimmend mit Muscat d'Alexandrie) und Roter Muscadel.

Da die Weinexporte Südafrikas nach Belgien, Holland, Österreich, Skandinavien, in die Bundesrepublik und die Schweiz sowie nach Kanada, den Fidschi-Inseln, Hongkong und Neuseeland gehen, können praktisch für jeden Markt die speziell gewünschten Qualitäten geliefert werden, seien es körperreiche, trockene Rotweine oder leichte, blumige Weißweine nach Art deutscher Rheinweine, Brandy oder „Portwein". Gleichgültig, ob es sich dabei um gewollte Imitationen oder natürliche Erzeugnisse eines klimatisch und geologisch sehr begünstigten Landes handelt, dessen Winzer viel Fleiß und Geschick zeigen – diese Weine sind oftmals so gut, daß sie sich nur durch das Etikett von ihren renommierten europäischen Modellen unterscheiden.

Nordamerika

In den Vereinigten Staaten hat das für Konsumgüter übliche Marketing in beträchtlichem Maße auch die Weinproduktion geprägt. Als gegen Ende des 17. Jahrhunderts mit der Errichtung von mehreren Missionen durch spanische Jesuiten in Kalifornien der Weinbau ins Land kam, hätte wohl niemand daran gedacht, daß sich in Nordamerika dreihundert Jahre später die Rebpflanze Vitis vinifera mit etlichen Varianten eine zweite Heimat schaffen würde. In fast zwei Dutzend Staaten der USA werden Trauben zum Zwecke der Weingewinnung angepflanzt, außerdem noch in Kanada und Mexiko.

Nachdem die Jesuiten zu Beginn des 19. Jahrhunderts die Missionsstationen verlassen hatten, begannen sich auch die Einwanderer aus anderen europäischen Staaten für den Weinbau zu interessieren. Natürlich begrenzten sie ihr Programm nicht nur auf die Meßweine, wie sie die spanischen Mönche ursprünglich erzeugt hatten, sondern widmeten sich – oft mit besten Kenntnissen aus ihren Heimatländern gerüstet – der Tischweinproduktion, wobei bald alles hergestellt wurde, was auch in der Alten Welt beliebt, gut und teuer war: Tafelweine aus den klassischen europäischen oder geeigneten Ersatzsorten, „Sherry" und „Portwein", Dessertweine aller Art, „Champagner" und Brandy, Wermut und „Cold Duck" (Kalte Ente). Kurz: der gesamte Bedarf des amerikanischen Marktes wird heute durch die einheimische Erzeugung gedeckt, und zwar in steigendem Umfang, indem vor allem die kalifornischen Weinplantagen erweitert und amerikanische Weine auf dem US-Markt wesentlich günstiger angeboten werden als die Weinimporte aus Europa.

Ein derart ehrgeiziges Ziel setzt eine breite Basis an Fachwissen („Know-how") und ein umfangreiches Sortenprogramm im Anbau voraus. Über beides verfügen die nordamerikanischen Weinspezialisten. Gewaltige Kellereianlagen in Kalifornien und im Staate New York verarbeiten den Most aus einem Rebensortiment, dessen Herkunft aus Frankreich, Italien, Deutschland, Spanien, Österreich und der Schweiz an den Namen deutlich

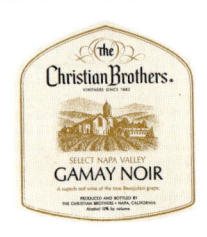

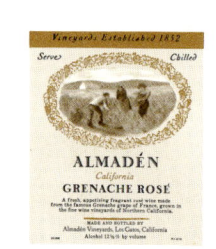

USA	
Rebfläche	286.000 ha
Erzeugung	13,177 Millionen hl
Export	47.000 hl (1975)
Import	1,907 Millionen hl
Verbrauch pro Kopf	6,54 l

Linke Seite: Kein außergewöhnliches Bild in amerikanischen Weinbauregionen: Riesige Weintanks bilden die Kulisse für die großflächigen Rebfelder.

Rechte Seite: Im Zuge einer starken Expansion des kalifornischen Weinbaus werden neue Anlagen in weiten Ebenen geplant, wo eine vollmechanische Bearbeitung am rationellsten möglich ist.

erkennbar ist: Pinot noir, Gamay und Gamay Beaujolais, Cabernet Sauvignon, Grenache (Grenache Rosé), (Ruby-)Cabernet, Zinfandel, Barolo und Petite Syrah bestimmen das Rotweinsortiment, Pinot Chardonnay, Chenin blanc, Grey Riesling, White Riesling (Johannisberg), Silvaner, Sauvignon blanc, Gewürztraminer, Pinot blanc, Sémillon, Malvasia bianca, Emerald Riesling, Green Hungarian, French Colombard und Muscat de Frontignac die weißen Sorten.

Daneben gibt es einige amerikanische Sorten, wie Concord, Catawba Delaware und Niagara, deren Weine besonders deutlich den für Hybriden typischen Foxgeschmack (Fuchston) aufweisen. Einige Kreuzungen zwischen französischen und amerikanischen Sorten runden das Angebot ab: Aurora, Baco noir, Chelois, Seyval blanc und Seyve Villard.

Ohne Zweifel verbindet sich der besondere Stolz nordamerikanischer Weinerzeuger mit ihren Leistungen bei der Herstellung sortentypischer Weine und weinähnlicher Getränke europäischen Zuschnitts. Bis zu einem gewissen Grade nähert man sich dabei den jeweiligen europäischen Idealen, wobei man mit der Verwendung von bestimmten Bezeichnungen wie zum Beispiel Champagner, Port oder Sherry recht großzügig verfährt.

Um den Gesetzen eines modernen Weinmarketings zu entsprechen, haben sich viele Weinfirmen fast ausschließlich auf die Erzeugung von Typenweinen spezialisiert. So gibt es den tiefroten, körperreichen, trockenen „Burgundy", den leichteren „Claret", den fruchtig-süßen, goldfarbenen „Sauterne" (ohne „s"), den delikat-süßen „Sweet Sauterne", den trockenen, blumigen „Chablis", den leichten „Rhine-Wine" oder den halbtrockenen „Napa Rosé".

Da viele Rebsorten aus den bereits vorgestellten europäischen Weinländern bekannt sind, seien hier noch einige amerikanische Spezialitäten kurz erläutert: Der Zinfandel gleicht als Wein in seiner leichten, fruchtigen, blumigen und erfrischenden Art dem Gamay des Beaujolais. Der Johannisberg Riesling ist identisch mit dem Weißen (oder Rhein-)Riesling, der Graue Riesling mit dem Ruländer, obwohl diese Rebsorte auch als Pinot gris in Nordamerika geführt wird.

Quantitativ und qualitativ nehmen kalifornische Weine in Nordamerika den ersten Platz ein. Da die amerikanischen Weinfreunde mehr reduktive, also frische Weine bevorzugen, hat man hier stärker als in den östlichen Weinbauregionen von den oxydativen Weinen in der Herstellung Abstand genommen. Ebenso wie im kanadischen Weinbau dominieren auch im Osten der USA Hybriden- und einheimische Sorten.

Das meist tropische Klima Mexikos erlaubt nur in seltenen Fällen die Erzeugung guter, ansprechender Weine.

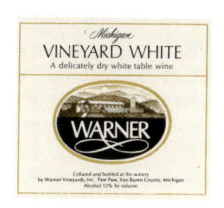

Südamerika

Linke Seite: Die weiten Rebfelder Argentiniens ziehen sich am Fuße der Anden entlang, die sich gleichsam wie ein gewaltiger Schutzwall am Horizont auftürmen.

Argentinien

Unter den großen Weinbauländern der Welt nimmt Argentinien nach Italien, Frankreich, Spanien und der UdSSR den fünften Platz ein. Tatsächlich können in diesem Land mit einem geringen Aufwand für Schädlingsbekämpfung, Bodenbearbeitung, Düngung und mit Hilfe der Bewässerung unter außergewöhnlich günstigen Bedingungen Mengen und Qualitäten geerntet werden wie kaum in einem anderen Weinbauland.

Zwischen den fruchtbaren und dichtbesiedelten Gebieten im Osten und den westlich gelegenen Wein- und Obstanbauzonen befindet sich die Pampa, ein praktisch menschenleeres, unfruchtbares Land. In den Weinanbaugebieten werden daher die Weine lediglich geerntet und bis zu einem gewissen Stadium ausgebaut, um dann zu den Großkellereien in die Städte gebracht zu werden, wo man sie auf Flaschen abfüllt. Eine Tageskapazität von 100 000 bis 200 000 Flaschen sind bei argentinischen Abfüllanlagen keine Seltenheit.

Wie sehr der Wein in Argentinien die Bedeutung eines Alltagsgetränkes hat, zeigt die Tatsache, daß zum Verschließen der Flaschen überwiegend Schraubverschlüsse verwendet werden. In den Provinzen Mendoza und San Juan, den Hauptanbaugebieten für Wein, ist die künstliche Bewässerung der Rebfelder unumgänglich. Wo das Wasser nicht aus den Flüssen über ein verzweigtes Kanalsystem beschafft werden kann, werden Brunnen bis zu einer Tiefe von 3000 Metern gebohrt. Die Reben wurden zu Beginn der 50er Jahre vielfach im sogenannten Paralsystem gepflanzt, einer laubenartigen Erziehungsmethode, die dem Südtiroler Pergelsystem ähnelt. Um jedoch eine rationelle Bearbeitung und Ernte mit Maschinen durchführen zu können, werden die Anlagen nunmehr auf die Hocherziehung mit sehr breiten Gassen umgestellt.

Argentinien ist in der Lage, praktisch alle denkbaren Weinarten zu liefern: trockene, liebliche und süße Weiß- und Rotweine, Dessertweine und Schaumweine. Die Kellereien sind ganz auf die Verarbeitung riesiger Mengen eingestellt. Lagerkapazitäten von 2,2 Millionen Hektoliter, wie sie die Firma Penaflor, die drittgrößte Weinkellerei der Welt, besitzt, bilden die Obergrenze. Der größte Weinbehälter dieses Unternehmens faßt 52 000 Hektoliter und wird als Mischfaß (Füllungen jeweils alle 10 bis 14 Tage) verwendet.

Chile

Nach Chile wurde die Weinkultur 1548 durch spanische Kolonialisten gebracht, die den Wein zunächst für liturgische Zwecke benötigten. 1851 führte Silvestre Ochagavia einige führende europäische Qualitätsreben wie Cabernet, Pinot, Riesling und Merlot ein und legte damit die Grundlage für eine gänzlich nach europäischen Vorbildern ausgerichtete Weinerzeugung. Heute sind etwa 50 000 Chilenen in der Weinproduktion tätig. Über die Hälfte der chilenischen Weinberge befinden sich in Höhe des 35. Breitengrades, wo die besten klimatischen Bedingungen für den Rebanbau herrschen. Freilich kommt man auch hier nicht ohne künstliche Bewässerung aus. Sie ist besonders im Norden, in den Provinzen Atacama und Coquimbo erforderlich, in denen praktisch kein Regen fällt. Im Elqui-Tal wird das chilenische Spezialgetränk Pisco als reines Destillat aus Muskattrauben hergestellt. Der Most wird dabei zusammen mit den ausgepreßten Trauben vergoren, so daß der Pisco ein markantes Bukett erhält. Aus der Cabernet wird in der Provinz Talca bei San Clemente ein hervorragender Rotwein gewonnen. Die Weißweinerzeugung bedient sich der Sorten Sémillon, Sauvignon, Riesling, Pinot blanc und Torontel. Vor allem die chilenischen Rotweine genießen international wegen ihrer hohen Qualität einen guten Ruf.

Brasilien

Brasilien erzeugt seine vorwiegend für den Inlandsbedarf verwendeten Weine im südlichsten Bundesstaat Rio Grande do Sul. Auch Uruguay, Peru und Bolivien bauen Reben fast ausschließlich zur Belieferung der inländischen Weinmärkte an.

Argentinien	
Rebfläche	353.000 ha
Erzeugung	28,197 Millionen hl
Export	114.000 hl (1975)
Verbrauch pro Kopf	84,76 l

Chile	
Rebfläche	115.000 ha
Erzeugung	5,143 Millionen hl
Export	73.000 hl
Verbrauch pro Kopf	47,84 l

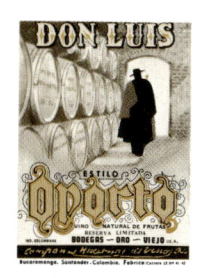

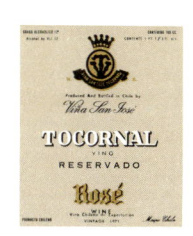

Australien und Neuseeland

Die ersten Siedler, die Ende des 18. Jahrhunderts in die damalige Sträflingskolonie Neu-Süd-Wales kamen, versuchten im fünften Kontinent ihr Glück auch mit dem Weinanbau. Erste wirkliche Erfolge konnten allerdings erst um 1830 europäische Kolonisten verzeichnen, die planmäßig die heimischen Weinanbauerfahrungen nutzten, indem sie die für Rebpflanzen geeigneten Anbauzonen zunächst auswählten und kultivierten. In dem trockenen Kontinent kommen dafür nur einige Gebiete in dem 500 Kilometer breiten küstenparallelen Saum in Betracht, wo die Jahresniederschläge mehr als 500 Millimeter betragen. Da auch diese Niederschlagsmengen oft nicht ausreichen, ist man zur Erzielung ausreichend fruchtiger und säurehaltiger Weine auf künstliche Bewässerung angewiesen.

Etwa 80% der Weinbaufläche befindet sich in Südaustralien mit den Anbauzonen Barossa Valley (wichtigstes Weinbauzentrum Australiens, etwa 50 Kilometer nördlich von Adelaide gelegen, das vor allem deutschstämmigen Winzern seine vorzüglichen Weißweine verdankt), Southern Wales (wo 1838 der Engländer John Reynell in unmittelbarer Nachbarschaft von Adelaide den Rebanbau begründete), Coonawarra (ein kleines Gebiet mit sehr guten Rotweinen) und Langhorne Creek, südöstlich von Adelaide. In Neu-Süd-Wales werden überwiegend im Hunter Valley gute rote und weiße Tischweine angebaut. Von den einstmals zahlreichen Weinbergen Victorias sind viele durch die Reblausinvasion zerstört worden. Einige große Weinfarmen bereiten auf Verschnittbasis recht gute Tafelweine.

Bezeichnend für die gesamte australische Weingewinnung ist das – historisch bedingte – Bemühen, die eigene Weinherstellung zu einer möglichst perfekten Imitation bekannter europäischer Weine auszubauen. Nicht nur die beliebte Verwendung des Begriffs „Château" für ein Weingut oder zum Beispiel der Name „Kaiser-Stuhl" für eine Genossenschaft (im Barossa Valley) mögen dies andeuten. Vielsagender ist die Verwendung von Weinnamen wie „Hock", „Rhine Riesling", „Riesling Spaetlese", „Chablis", „Moselle", „Sauterne", „Schiller-Wine", „Frontignac" oder „Great Barossa Champagne". So gibt es „Sherry" in allen Qualitäts- und Geschmacksrichtungen, „Port" (Tawny, Rich Old Port, Liqueur Port) und Vermouth Italian. Selbstverständlich tragen auch einige Spirituosen die Namen berühmter europäischer Vorbilder. Da diese Weine auch gelegentlich exportiert werden – vor allem in die USA – kommt es immer wieder zu Kontroversen mit den eigentlichen Titelinhabern aus Europa.

In Neuseeland, wo dieser Trend zur Deklaration der Weine nach renommierten europäischen Herkünften ebenfalls vorhanden ist, befaßt man sich mit Überlegungen, das Prinzip der Weinbenennung auf die tatsächliche Herkunftsbezeichnung mit entsprechen-

Australien	
Rebfläche	*64.000 ha*
Erzeugung	*3,770 Millionen hl (geschätzt)*
Export	*65.000 hl (1975)*
Import	*53.000 hl (1975)*
Verbrauch pro Kopf	*11,20 l (1975)*

Linke Seite, oben: Ein Weinexperte bei der Royal Agricultural Show in Melbourne.
Linke Seite, unten: Weinfaßtransport in der B. Seppelt's Weinkellerei in Seppeltsfield, South Australia.
Rechte Seite, links: Das Château Tahbilk, ein Weingut am Ufer des Goulburnflusses, etwa 75 Meilen nördlich von Melbourne gelegen, wurde 1860 gegründet. Das 100 Ar große Weingut ist für seine feinen, trockenen Weiß- und Rotweine bekannt.

Rechte Seite, rechts: Im Westen von Neu-Süd-Wales liegt der Weinbaudistrikt Mudgee, in dem der Winzer Alfred G. Kurtz einen typisch australischen Weinerzeugerbetrieb bewirtschaftet. Der aus Württemberg eingewanderte Urgroßvater legte hier 1858 den ersten Weinberg an, heute wird bei Kurtz die Weinbautradition in der vierten Generation fortgeführt. Im Weingut werden jährlich etwa 25 Tonnen vorwiegend trockener Weine erzeugt. Das Bild zeigt Alfred Kurtz beim Säubern der Gärbehälter vor Beginn der Weinlese, die übrigens in Australien im Monat Januar stattfindet.

den Rebsortenangaben auszurichten und dabei nach dem Muster der Appellation d'origine contrôlée (kontrollierten Ursprungsbezeichnung) bestimmte Qualitätsweinbauzonen zu schaffen, die auf dem Etikett anstelle der bislang üblichen europäischen Namen angegeben werden. Neuseelands wichtigste Weinbaugebiete liegen – wie die australischen – in Höhe des 38. Breitengrades. Auf der Nordinsel werden Reben in drei Bezirken angebaut: westlich von Auckland, im Gebiet von Henderson/Kumeu, an der Ostküste um Napier und Gisborne sowie im Gebiet von Te Kauwhata. 1819 schrieb Reverend Samuel Marsden in sein Tagebuch, daß er bei Kerikeri über 100 verschiedene Rebsorten gepflanzt habe, die von Port Jackson stammten. Charles Darwin berichtete 1835, daß er bei Waimate und auf der Südinsel französische Siedler gesehen habe, die bei Akaroa Reben gepflanzt hätten. Doch es war der englische Verwalter James Busby, der nachweislich 1840 erstmals in Neuseeland einen leichten Weißwein produzierte. Bis zur zweiten Hälfte des 19. Jahrhunderts wurde in Neuseeland allerdings nur für den Hausgebrauch Wein erzeugt. Erst Charles Levet und sein Sohn vermochten die Puritaner davon zu überzeugen, daß eine Weinerzeugung industrieller Art nicht gegen die Moralgesetze verstößt. Die ältesten von Levet begründeten Weingüter basierten auf Weingärten, die von dem Orden der Marist Fathers angelegt worden waren. Zu den erfolgreichsten Winzern Neuseelands gehören zwei europäische Einwanderer. Der 1943 aus Dalmatien emigrierte Ivan Yukich baute innerhalb von dreißig Jahren die größte Weinfirma des Landes, Montana Wines, auf. Der deutsche Friedrich Wohnsiedler, der 1921 die inzwischen berühmte Waihirere Wines Ltd. in Gisborne gründete, ist gleichfalls ein Beispiel für die junge neuseeländische Weinwirtschaft, in der sich unternehmerischer Elan offenbar bezahlt macht.

Heute werden insgesamt 50 verschiedene Rebsorten angebaut, unter ihnen eine große Zahl klassischer europäischer Sorten. In den landwirtschaftlichen Versuchsstationen befinden sich darüber hinaus 200 Rebsorten in der Erprobung.

Weinenklaven zwischen England und Japan

Die Liebe zum Wein geht oft seltsame Wege. Gründe, sich mit Passion der eigenen Weinherstellung zu widmen, gibt es offenbar genug. Sie können idealer Art sein, indem man an der nach Süden gelegenen Hauswand oder im sonnigen Garten bestimmte Tafeltrauben als Spalierreben hegt und pflegt. Es können aber auch wirtschaftliche Überlegungen sein, die in manchen Ländern zum Aufbau einer Weinkultur führen, wo sich noch vor fünfzig Jahren kaum ein Rebstock befand.

In England trafen beide Momente zusammen, als Sir Guy Salisbury 1952 in Hambledon bei Portsmouth Weingärten anlegte und damit eine Tradition neu belebte, die wahrscheinlich auf die Römer, mit Sicherheit aber auf den klösterlichen Weinbau des Mittelalters zurückgeht. Im milden Klima des südöstlichen England gibt es heute schon wieder 25 „Weinbaugemeinden" mit einer Rebfläche von 160 Hektar. Die Jahresernte von etwa 10 000 Hektolitern setzt sich aus frischen Weißweinen zusammen, unter denen der Müller-Thurgau gewiß der gelungenste ist.

Die Rebfläche in den Niederlanden ist nicht viel kleiner als auf der britischen Insel, doch hier stehen die Reben überwiegend unter Glas (150 ha), wo sie jährlich etwa 2000 Hektoliter Wein und 37 000 Doppelzentner Tafeltrauben bringen. Die bereits um 1200 in Holland begründete Weinkultur, die im 17. Jahrhundert wieder völlig verschwand, wird heute durch einen Obst- und Weinbauern, Hugo Hulst, und einige Hobbywinzer mit einigen Hektar Weinbergen an der Maas neu betrieben. Auch Belgien verfügt über beträchtliche Tafeltraubenkulturen unter Glas (350 ha), dazu kommen 10 Hektar frei liegender Weingärten, so daß die Jahresproduktion sich immerhin auf 10 000 Hektoliter beläuft.

Traditionsreichen Weinbau, der seine Blütezeit im 16. Jahrhundert erlebte, besitzen die Länder Sachsen und Thüringen in der Deutschen Demokratischen Republik. Auf den 450 Hektar Rebflächen in den Tälern von Saale und Unstrut sowie an der Elbe zwischen Meißen und Radebeul wachsen spritzige, frische und kernige Weine aus den Rebsorten Müller-Thurgau, Weißburgunder, Silvaner, Traminer, Gutedel und Riesling.

Die Jahresproduktion beträgt etwa 40 000 Hektoliter Wein, was allerdings bei einem Pro-Kopf-Verbrauch von 5,3 Litern in der DDR nicht ausreicht. Die Weineinfuhr beläuft sich daher auf jährlich über 1 Million Hektoliter. Großer Beliebtheit erfreut sich in der Bevölkerung der in der modernen Schaumweinkellerei von Freyburg hergestellte Sekt mit dem Markennamen „Rotkäppchen". Freyburg, am Ausgang des Unstruttales gelegen, kann man etwa als „ostdeutsches Rüdesheim" bezeichnen, da es zu einem viel besuchten Ausflugsziel wurde. Die Weinbergsfläche, die bis 1980 auf 500 Hektar erweitert werden soll, ergibt als eine der nördlichsten in Europa im Durchschnitt der Jahre bei den Trauben Mostgewichte zwischen 70 und 80° Oechsle. In der Weinerzeugung wird harmonische Süße mit feiner Säure angestrebt, was vor allem bei den Weißweinen der Müller-Thurgau-Rebe in ansprechender Form erreicht wird.

In Albanien besteht eine Rebfläche von 13 000 Hektar, die zur Erzeugung von Weinen (gehaltvolle Rot- und Dessertweine bis leichte Tischweine) und Tafeltrauben (460 000 dz) dienen.

Polen, das im Mittelalter durch die Klöster in größerem Umfang über Weinanbau verfügte, besitzt heute eine Rebfläche von etwa 200 Hektar. Zielona Gora (Grünberg) bildet mit etwa 100 Hektar den Schwerpunkt des polnischen Weinbaus, es verfügt sogar über ein Winzermuseum. Erzeugt werden herzhafte Tischweine, Winiak (Branntwein aus Wein), Obstwein und Wodka.

Aus Persien ist durch den Dichter Mirchond (im 18. Jahrhundert) eine der schönsten Geschichten von der Entdeckung des Weines aus der Zeit Dschemschids (angeblich um 2000 v. Chr.) überliefert. Urkunden belegen den Weinbau in Persien seit 538 v. Chr. Das Persien unserer Zeit, der Iran, hat seine alte Weinbaukultur nicht vergessen. In den Weinbergen von Aserbeidschan werden durch die Pakdis Corporation halbtrockene Weißweine, Rotweine nach Burgunderart, Rosé und Dessertweine erzeugt.

Genaue Zahlen über den Weinbau in Afghanistan liegen nicht vor. In dem Hochgebirgsland gibt es drei Weinbaugebiete um Kandahar, Kabul und Herat. Hier erreichen die Weinberge eine Höhe von über 2000 m. Es werden überwiegend einheimische Reben in den von Mauern umgebenen Weingärten gepflanzt.

Erste Dokumente über den Weinkonsum in Indien und China datieren aus der Zeit von 140 bis 100 v. Chr. Im Fernen Osten vermochte der Weinanbau allerdings trotz früher Versuche nicht heimisch zu werden. Weniger die natürlichen Voraussetzungen der Umwelt standen seiner Expansion entgegen als vielmehr die Mentalität des fernöstlichen Menschen, der für die Euphorie durch den Weingenuß kaum zugänglich ist. Wenn sich in China und Japan in den letzten Jahrzehnten deutlich die Ansätze zu einer Erweiterung der Weinproduktion zeigen, so liegen dafür vor allem kommerzielle Gründe vor. China verspricht sich davon nicht zuletzt eine interessante Bereicherung seines Exportprogrammes an Agrarspezialitäten. Japan möchte den steigenden Inlandsbedarf an Wein aus Trauben (nicht an Sake, dem traditionellen Reiswein) in gewissem Maße selbst decken. Für das europäische Geschmacksempfinden sind einige dieser Weine zunächst etwas ungewöhnlich. Doch es mag nur eine Frage der Zeit sein, bis diese Getränke durch eine moderne Anbau- und Kellertechnik den Anschluß an europäische Vorbilder erreicht haben. In ihrer Flaschenausstattung ist es einigen Weinfirmen mit beinahe original französischen Etiketten schon gelungen.

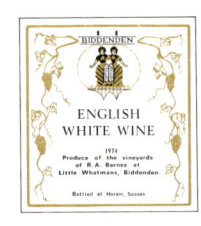

Kleines Lexikon der Fachbegriffe

Deutsch

Abgang Nachgeschmack, den der Wein beim Schlucken hinterläßt. Ein schöner, nachhaltiger Abgang („Schwanz") ist ein besonderes Gütemerkmal. Sein Gegenteil: ein kurzer Abgang.
Abgebaut Der Wein hat seine Frische und Fruchtsäure verloren.
Abgelebt Ein Wein ohne Bukettstoffe (Blume).
Abgerundet Harmonischer, ausgeglichener Wein.
Adstringierend wirken Weine mit hohem Gerbstoffgehalt, das heißt sie hinterlassen ein zusammenziehendes Gefühl am Gaumen. Tritt gelegentlich bei jungen Rotweinen auf und kann ein Hinweis auf eine lange Lebensdauer des Weines sein.
Alkohol Ist nicht unmittelbar geschmacksbeeinflussend beim Wein, dafür jedoch für seine Haltbarkeit und Bekömmlichkeit ausschlaggebend. Alkohol (Aethylalkohol) bildet sich durch Enzyme, die von den Hefezellen ausgeschieden werden. Sie spalten den im Most enthaltenen Zucker während der Gärung zu etwa gleichen Teilen in Alkohol und Kohlendioxyd.
Anregend Ausgeglichene Weine mit angenehmer und teilweise auch betonter Fruchtsäure („fordernd").
Ansprechend Süffiger, mundiger Wein.
Aroma Typischer Duft mit unverwechselbarem Charakter des Weines, der durch chemische Verbindungen entsteht.
Art Lobende Auszeichnung für einen Wein mit Eleganz und nicht zu aufdringlichem Körper, charakteristisch für seine Herkunft und/oder Rebsorte.
Ausgebaut Die Entwicklung des Weines im Faß ist abgeschlossen, der Wein ist trinkfertig.
Ausgeglichen Beurteilungsmerkmal für Weine, die in einem harmonischen Verhältnis ihres Restzuckergehaltes zum Alkohol stehen.
Bissig Weine mit stark hervorstechender Säure.
Bitter Nachhaltiger, herber Geschmack, der zumeist auf ein Übermaß an Gerbsäure schließen läßt. Nicht in jedem Fall ein negatives Geschmacksmerkmal.
Blaß Zu wenig Farbstoff im Wein.
Blindprobe Verkostung des Weines ohne Kenntnis seines Etiketts. Sie wird von Fachleuten bei Wein-Wettbewerben durchgeführt, um neutrale und objektive Ergebnisse zu erzielen. (Bekannt sind lediglich Jahrgang, Rebsorte und das Anbaugebiet.)
Blume Ausgeprägt fruchtiger oder würziger Duft.
Blumig Bezeichnung für Weine mit duftigem, weinigem Geruch.
Böckser Penetranter Geruch oder Geschmack nach Schwefelwasserstoff („faule Eier"). Entsteht durch bakterielle Umsetzung, verflüchtigt sich mit der Entwicklung des Weines. Hefe-Böckser im Flaschenwein sind Fehler.
Bodengeschmack Siehe Erdgeschmack.
Bodensatz Die Trubteilchen des Rotweines oder Portweines setzen sich am Flaschenboden ab und ergeben ein „Depot". Bedeutet keine Güteminderung.
Brandig Alkoholstarke, aufdringliche, starke Weine mit zu wenig Säure und Extrakt.
Breit Weine ohne merkliche Geschmacksnuancierungen, wuchtig und schwer, oft plump.
Bukett Zusammenklang der aromatischen Stoffe eines Weines, unterschiedlich ausgeprägt, so daß damit der Sortencharakter, Jahrgangscharakter, Gebietscharakter eines Weines bereits mit der Nase feststellbar ist. Im positiven Sinne stellt das Bukett eine Steigerung der Blume dar.
Chambrieren Erwärmen des Rotweines auf Zimmertemperatur.
Charakter Spezifische, für Rebsorte, Jahrgang und Herkunft typische Merkmale eines Weines, die im positiven Sinne seine Art und sein Geschmacksbild bestimmen.
Depot Feste Stoffe, die sich nach der Gärung im Faß oder auch nach der Flaschenfüllung am Flaschenboden niederschlagen. Bei Rotweinen und Portweinen älterer Jahrgänge oft ein Gütebeweis.
Dick Charakteristik für alkoholreiche Weine, denen die Eleganz und Harmonie fehlt. Meist eine Folge von zu hohem Extraktreichtum und zu geringer Fruchtsäure.
Dünn Bezeichnung für extraktschwache, fad schmeckende Weine, bei denen ein Mindestmaß an Körper (Säure und Extrakt) fehlt.
Edel Steigerung bei reifen, bukettreichen sowie samtigen Weinen.
Ehrlich Bezeichnung für (meist einfache) Weine, die weder durch besondere Verschnitt- noch Verbesserungsmaßnahmen geformt wurden und somit ihren eigentlichen Charakter erhalten haben.
Elegant Bezeichnung für gepflegte, ansprechende Weine.
Erdgeschmack kann durch Verschmutzung der Trauben bei der Lese und durch mangelhaftes Filtriermaterial entstehen. Im Gegensatz dazu: **Bodengeschmack**, typischer Geschmack, der durch den Standort der Reben, insbesondere durch den Weinbergsboden geprägt wird. Die mineralischen Substanzen des Bodens lassen sich bei einigen Weinen herausschmecken, jedoch kaum beschreiben.
Extraktstoffe Gesamtheit der nichtflüchtigen Stoffe im Wein, wie Zuckerarten, Glycerin (etwa 7 bis 14 Teile Glycerin auf 100 Teile Alkohol), nichtflüchtige Säuren, stickstoffhaltige Verbindungen, Gerb- und Farbstoffe, höhere Alkohole und Mineralstoffe. Der Extraktwert beträgt bei einfachen Weinen zwischen 20 und 30 g/l, sein Brennwert (1 g liefert 3,5 Kalorien/15 Joule) zwischen 70 und 105 Kalorien (295 bis 445 Joule). Der Kaloriengehalt von einem Glas Portwein beträgt etwa 170/710 (16 g Alkohol) und von einem Glas Sekt (trocken) 90 Kalorien/375 Joule.
Fade Bezeichnung für Weine mit zu geringem Säuregehalt.
Farbkrank Weine von trüber, stumpfer Farbe.
Faßgeschmack Fehler im Weingeschmack aufgrund eines unsauberen und nicht gepflegten Fasses.
Fein Häufig verwendetes Attribut für harmonische, elegante und ausgeglichene Weine. Geschmacklich nicht genau abgrenzbar, daher oft gleichbedeutend mit gut oder schön.
Feurig Alkoholreicher Rotwein mit ausgeprägtem Körper.
Finesse Wein, der durch seine Feinheit besticht, ohne dabei auf Rasse, vornehme Art und ein schönes Bukett zu verzichten.
Firn Je nach Alter und Beschaffenheit sowie Lagerung eines Weines ausgeprägter Geschmackston, der früher von Weintrinkern sehr geschätzt wurde. Wird vermutlich durch die spätere Freilegung höherer Alkohole, Umesterung, Bildung von Acetalen und die Verflüchtigung der Aromastoffe gebildet.
Flach Bezeichnung für Weine, die wenig Säuren und Extraktstoffe aufweisen.
Flaschenreife Stadium im Ausbau des Weines auf dem Faß, bei dem der Wein in Flaschen abgefüllt werden kann, ohne daß Trübung oder Nachgärung eintritt. Abgefüllt kann der Wein dann auf der Flasche seinen Reifehöhepunkt erreichen.
Flüchtig Bezeichnung für rasch vergehenden Duft.

Foxgeschmack (Fuchsgeschmack) Charakteristischer Geschmack von Weinen aus Amerikanerreben.

Frisch Bezeichnung für junge, spritzige Weine mit angenehmer Frucht- und Kohlensäure.

Fruchtig Der „Obst-Geschmack" des Weines, der sich bei bestimmten Rebsorten und vor allem bei jugendlichen, frischen Weinen bemerkbar macht. Dabei ist nicht nur der Geschmack nach bestimmten Weintrauben, sondern auch die an bestimmte Früchte (zum Beispiel Apfel, Pfirsich) erinnernde Geschmacksart gemeint.

Fruchtsäure Gesamtsäure des Weines, bestehend aus Wein-, Äpfel-, Milch- und Bernsteinsäuren sowie einigen flüchtigen Säuren. Bei guten Weißweinen beträgt ihr Anteil etwa 5 bis 8 g/l.

Gefällig Einfache Weine mit sauberem Geschmacksbild.

Geharzt Aromatisierter und haltbar gemachter Wein, vorwiegend in Griechenland üblich.

Gespritzt Zusatz von Branntwein, Weingeist oder Alkohol, um den natürlichen Alkoholgehalt des Weines zu erhöhen (gespritet). In Österreich ist allerdings ein „G'spritzter" ein mit Mineralwasser verdünnter Wein (in Deutschland **Schorle**).

Glanzhell Optimum an Klarheit des Weines.

Glatt Beurteilungsmerkmal für nicht zu säurestarke Weine, die Harmonie, Eleganz und einen nicht zu wuchtigen Körper aufweisen.

Groß Wein von einzigartiger Vollendung.

Herb Wein mit hohem Gerbstoffgehalt und/oder wenig Restsüße.

Herzhaft Weine mit fruchtiger Säure und viel Körper.

Hochfarbig Weine mit intensiver Färbung, die durch langjährige Lagerung im Faß entsteht. Die Farbe wechselt von Dunkelgelb allmählich bis Bräunlich.

Jung Bewertungsmerkmal des Weines, das einerseits auf das tatsächliche Alter hinweist, zum anderen jedoch auch auf die geschmackliche Frische des Weines. So kann ein zehn oder zwanzig Jahre alter Wein noch jung wirken.

Kahm Alkoholarmer Wein, der längere Zeit mit der Luft in Berührung kommt, bildet Kahmhefe, die einen faden Geschmack des Weines verursacht.

Kernig Weine mit robuster Säure und festem Körper.

Klar Wein ohne jede Trübung.

Klein Körper- und säurearmer Wein mit wenig Süße.

Kneipwein (volkstümlich) Herzhafter Tischwein, auch „Zech"- oder „Pokulier"wein.

Korkgeschmack Wird von kranken Naturkorken verursacht. Nicht zu behebende Geschmacksbeeinträchtigung, die mit einer fehlerhaften Weinbereitung nicht identisch ist, da kranke Korken bei der Flaschenabfüllung nicht feststellbar sind.

Körper Die geschmacklich zu bemerkenden Extraktstoffe in Ergänzung mit der Gesamtsäure.

Lebendig Fruchtige Säure und Spuren von Kohlensäure bei (jungen) Weinen.

Leicht Wenig Alkohol und verhältnismäßig wenig Extraktstoffe.

Lieblich Milder, zarter Wein mit Restsüße.

Mächtig Wein mit viel Körper, wuchtig und schwer.

Maderisiert Oxydative (braungewordene) Weine mit Rahmgeschmack (vom Braunen Bruch befallen).

Matt Alte, „leblose" Weine, denen jegliche Frische (Kohlensäure) fehlt.

Mild Säurearmer, aber harmonischer Wein.

Mollig Runder, gehaltvoller Rotwein.

Naturrein Bis 1971 weinrechtlich zugelassener Begriff für unverbesserte deutsche Weine. (Gleichbedeutend mit Originalabfüllung, Wachstum, Naturwein.)

Nervig Wein mit betonter Fruchtsäure und Rasse.

Nobel Gleichbedeutend mit elegante, feine Art.

Ölig Weine mit hohem Glyceringehalt, die ölig fließen.

Oxydiert Wein, der zu lange mit der Luft in Berührung kam, verliert an Geschmack und erhält eine braune Farbe, ist im fortgeschrittenen Stadium ungenießbar.

Parfümiert Wein mit aufdringlichem Bukett.

Pikant Weine mit feiner Säure und einem reizvollen Duft.

Plump Charakterisierung für Weine mit zu geringer Säure, ohne Frische sowie aufdringlichen Extraktstoffen (Körper). Keine Harmonie.

Reduktiv Bewertungsmerkmal für frische, junge Weine, die durch entsprechende kellertechnische Behandlungsverfahren vor einer Oxydation und damit einer raschen Alterung bewahrt werden.

Reif Höhepunkt in der Entwicklung des Weines. Je nach Jahrgang, Qualitätsstufe (Leseart) und Herkunft liegt der Zeitpunkt der Reife sehr unterschiedlich.

Rund Charakterisierung eines harmonischen, vollen Weines.

Saftig Rassige Weine mit delikatem Geschmacksbild.

Samtig Milder, voller Wein.

Schwer Wein mit hohem Alkohol- und Extraktgehalt.

Stoff Gleichbedeutend mit Körper.

Stahlig Wein mit rassiger Fruchtsäure.

Süffig Gut trinkbarer Wein, angenehm und nicht zu schwer.

Trocken Durchgegorener Wein mit sehr wenig Restsüße.

Voll Reich an Alkohol und Extraktstoffen.

Vornehm Reifer, eleganter und feiner Wein.

Weich schmeckt ein Wein mit geringer Säure.

Weinig Ein Wein mit ausreichendem Körper, gewisser Fülle und Saftigkeit.

Wuchtig Charakteristik für schwere, teilweise auch sehr alkoholreiche Weine mit viel Körper.

Würzig Beurteilung des Weines, der einen charakteristischen herzhaften Geschmack und ein pikantes Aroma aufweist.

Französisch

Erläuterungen zu den deutschen Übersetzungen der Begriffe siehe Seite 221 f.

Acerbe unreif, unharmonisch

Acide sauer. Wein mit zu hohem Säuregehalt.

Acre herb

Aimable lieblich, angenehm

Amer bitter, zuviel Gerbstoffe, wenig Harmonie

Année de cru Großer Jahrgang.

Apre Rauher, tanninhaltiger Wein.

Astringent adstringierend

Bien de bouche vollmundig

Blanc de Blancs (Schaum-)Wein ausschließlich aus weißen Trauben

Bouqueté Bukettreicher, sehr blumiger Wein.

Bourru Junger, trüber Wein, dessen Gärungsprozeß noch nicht abgeschlossen ist („Federweißer", „Sauser").

Brut naturherb, sehr trocken (bei Schaumweinen)

Capiteux feurig, stark alkoholhaltig

Cépage Traubensorte

Chambré temperiert

Charnu schwer, voll, kräftig, körperreich

Charpenté gut ausgebaut, harmonisch, ausgeglichen

Clairet Weißherbst, Klaretwein

Climat Siehe Cru.

Commun Gewöhnlicher Wein, ohne Rasse.

Complet ausgeglichen, harmonisch, charaktervoll, alkoholreich

Corps Körper

Corsé stark, alkoholhaltig, extraktreich, markig

Coulant süffig, dem Gaumen schmeichelnd

Coupage Verschnitt

Court wenig aromatisch, kurzer Nachgeschmack

Cru Zu jung, unfertig, grün. Als Cru (oder Climat, Finage) wird auch ein Weinberg mit hervorragenden Qualitätsergebnissen bezeichnet.

Cuvée Qualitätsbezeichnung für burgundische Weine oder Wein, der aus ganz bestimmten Parzellen erzeugt wurde. Bei der Schaumweinherstellung: Verschnitt (Cuvée de tirage).

Dégoût Schlechter Geschmack eines Weines.
Dégustation Weinprobe, Beurteilung des Weines durch die Sinnenprobe.
Dépouillé Alter Wein ohne Körper und Rasse, aber auch: geklärter, glanzheller Wein ohne Niederschlag.
Distingué Wein mit Feinheiten und Qualitäten.
Doré Goldgelb, Farbe von hochwertigen Weißweinen und Dessertweinen.
Doux süß
Equilibré Wein mit harmonischem Verhältnis der Geschmackskomponenten, ausgeglichen.
Etoffé Körperreicher, großer Wein.
Fin elegant, vornehm
Finage Siehe Cru.
Frais Die guten Eigenschaften eines jungen Weines: Frische und Spritzigkeit.
Franc ohne Nebengeschmack, gesund, gut ausgebaut
Frappé gekühlt.
Friand gefällig, frisch, fruchtig (vor allem bei jungen Weinen)
Fruité fruchtig
Fumet Sortencharakter des Weines.
Généreux stark, ziemlich alkoholhaltig
Glacé eisgekühlt
Gouleyant Süffiger, frischer, harmonischer, fruchtiger Wein.
Goût de bouchon Korkgeschmack
Goût de fumé Rauchgeschmack
Goût de fût Faßgeschmack
Goût de pierre à fusil Feuersteingeschmack in Weinen, die auf kieselhaltigen Böden wachsen.
Goût de rancio Altersgeschmack durch Maderisierung (zum Beispiel bei Sherry).
Grain Finesse, Vornehmheit
Gras Runder, starker, voller Wein.
Grossier plump, unharmonisch
Harmonieux harmonisch
Léger zart, leicht und wenig alkoholhaltig
Mâche vollmundig, kräftig, gehaltvoll
Maigre dünn, leer, kraftlos, ohne Körper
Millésime Jahrgang
Moëlleux samtig, schmeichelhaft, mollig (bei Rotweinen), ölig
Mou säurearm, dünn
Mûr reif
Naturel naturrein
Nerveux kraftvoll, stark, nervig
Paillé strohfarben
Pâteux wuchtig
Perlant perlend
Plat ohne Geschmack, fade
Plein voll, füllig
Prêt fertig, entwickelt, ausgebaut
Primeur Wein, der früh fertig ist und jung getrunken werden kann.
Puissant sehr voll und kräftig
Racé rassig, von großer Klasse
Rassis ausgebaut, vollendet
Récolte Ernte
Robe Wein mit schöner, kräftiger Farbe.
Rond voll, rund, körperreich, weich
Rude herb, hart, stark säurehaltig
Sec Trocken (bei Weißweinen und Schaumweinen). Bei Rotweinen: Er hat seinen samtigen Charakter und seine Blume verloren.
Sève saftig
Souple geschmeidig, elegant, sehr harmonisch
Taché verfärbt
Terroir Bodengeschmack
Trouble trüb
Tuilé Bezeichnung für Rotweine, die ihre Farbe eingebüßt haben.
Usé Wein, der durch zu lange Lagerung oder falsche Behandlung „umgeschlagen", verbraucht ist.
Velouté sehr geschmeidig, weich
Vert unreif, zu jung, sauer, grasig
Vif Säurereiche, etwas „nervöse, meist noch sehr junge Weine, die besonders lebendig und spritzig sind.
Vin aromatique Bukettwein, der aus bukettreichen Trauben wie Muskateller, Gewürztraminer gewonnen wird.
Vin gris Weißgekelterter Rotwein, Bleichert.
Vin jaun Ambrafarbener Wein aus dem französischen Jura.
Vin de messe Meßwein, (naturreiner) Wein, der bei der heiligen Messe verwendet wird.
Vin mousseux Schaumwein
Vin nouveau Neuer Wein der letzten Ernte.
Vin de paille Strohwein, Wein, der aus auf Strohmatten getrockneten Trauben gewonnen wird.
Vin pétillant Perlwein
Vin de poisson Feiner, fruchtig-trockener Weißwein, der gerne zu Fischspeisen getrunken wird.
Vin de rôti Bratenwein, Rotwein guter Qualität, der sich als Begleitung zum Bratenessen eignet.
Vin de tête hervorragender Qualitätswein
Vin tonique Stärkungswein, Arzneiwein
Vineux weinig, kräftig, voll

Italienisch

Erläuterungen zu den deutschen Übersetzungen der Begriffe siehe Seite 221 f.

Abboccato süß
Acerbo unreif, grün, sauer
Acido sauer
Acre herb
Amabile lieblich
Amaro bitter
Ambrato bernsteinfarben
Aranciato topasfarben
Aromatico aromatisch
Brillante glanzhell (Klarheit des Weines)
Chiaretto Weißherbst, Klaret
Chiaro klar
Corpo Körper
Dolce sehr süß
Dorato goldgelb
Duro hart, unharmonisch, sauer
Enantico weinig
Fatto reif
Fruttato fruchtig
Leggero leicht, gefällig
Limpido klar
Morbido gefällig, geschmeidig
Naturale naturrein, natürlich
Naturo entwickelt
Odore guter Geruch des Weines
Passante süffig
Pastoso süß, wuchtig, ausdrucksvoll, kräftig
Perlaggio perlend
Povero dünn
Profumato bukettreich, blumig
Raffreddato gekühlt
Robusto kräftig, stabil, voll
Rosso granato granatfarben
Rosso rubino rubinfarbig
Sapido lieblich
Sapore terroso Bodengeschmack
Secco asciutto trocken
Tenue hochfein
Torbido trüb
Veste Aussehen, Farbe

Vigore saftig
Vinetto kleiner Wein
Vino da arrosto Bratenwein, vollmundiger Rotwein zum Bratenessen
Vino bianco Weißwein
Vino frizzante Perlwein
Vino da messa Meßwein, der in der katholischen Liturgie verwendet wird.
Vino passito   vino santo, vino di tetto (di paglia) Strohwein
Vino da pasto Tischwein
Vino da pesce Fischwein, passend zu Fischgerichten
Vino rosato Roséwein
Vino rosso Rotwein
Vino spumante Schaumwein
Vino vecchio alter Wein

Spanisch und Portugiesisch

Erläuterungen zu den deutschen Übersetzungen der Begriffe siehe Seite 221 f.

Abocado (span.) süß
Acre (port./span.) herb
Afrutado (span.) fruchtig
Ajuntos (port.) Zusammengegossene Reste verschiedener Weine.
Anneta (span.) Jahrgang
Ano de colheita (port.) Jahrgang
Corpo (port.) Körper
Cuerpo (span.) Körper
Doce (port.) süß
Dulce (span.) süß
Espêso (port.) Aussehen (Farbe und Klarheit des Weines)
Fruto (port.) fruchtig
Maduro (port./span.) reif
Pastoso (port./span.) wuchtig

Perfumado (port.) blumig, bukettreich
Saboroso (port.) lieblich
Sabroso (span.) lieblich
Seco (port./span.) trocken
Vinheco, Vinhaça (port.) Kleiner, alkohol- und extraktarmer Wein.
Vinho branco (port.) Weißwein
Vinho de cama (port.) Strohwein
Vinho canteiro (port.) Madeira-Wein, der im Keller auf natürliche Weise altert.
Vinho de consumo, Vinho corrente (port.) Tischwein
Vinho elementar (port.) Wein aus nur einer Traubensorte.
Vinho espumante oder **espumoso** (port.) Schaumwein
Vinho frisante (port.) Perlwein
Vinho maduro (port.) Säurearmer Wein mit mehr als 10° Alkohol.
Vinho de mesa, Vinho de pasto (port.) Tischwein
Vinho de novidade (port.) Wein aus einer guten Ernte, der nach zwei- bis dreijähriger Faßlagerung abgefüllt wurde und dessen Reifung ohne Luftzutritt erfolgte.
Vinho de ramo (port.) Nicht aufgespriteter Douro-Wein, der als Konsumwein verkauft wird.
Vinho rosado (port.) Roséwein
Vinho de sobremesa (port.) Dessertwein
Vinho tinto (port.) Rotwein
Vinho de torna-viagem (port.) Portweine, deren Qualität nach längeren Schiffsreisen auf der südlichen Halbkugel zugenommen hat.
Vinho velho (port.) alter Wein
Vino con aguja (span.) Perlwein
Vino blanco (span.) Weißwein
Vino envejecido (span.) alter Wein
Vino espumoso (span.) Schaumwein
Vino de mesa, Vino de pasto (span.) Tischwein
Vino de postre (span.) Dessertwein
Vino rosado, Vino aluque, Vino ojo de gallo (span.) Roséwein
Vino tinto (span.) Rotwein
Vino de uvas pasofocadas oder **asoleado** (span.) Strohwein
Zurrapa (port.) schlechter Wein

Qualitätsbewertung der Jahrgänge

Frankreich

Bordeaux

Jahr	Mengenertrag	Qualität
1928	durchschnittlich	Rotweine ausgezeichnet, Weißweine gut
1929	durchschnittlich	großes Jahr für Rot- und Weißweine
1930	halbe Ernte	schlecht
1931	durchschnittlich	mittelmäßig
1932	halbe Ernte	unbefriedigend
1933	durchschnittlich	leichte, blumige Weine
1934	reichlich	für Rotweine großes Jahr, für Weißweine guter Jahrgang
1935	reichlich	zum Teil unausgereifte Weine
1936	durchschnittlich	saure Weine
1937	durchschnittlich	gute Weine, vor allem bei den weißen Sorten, die roten sind oft zu rauh
1938	durchschnittlich	gewöhnliche Weine ohne große Qualität
1939	sehr viel	leichte, angenehme Weine
1940	durchschnittlich	mittelmäßig
1941	durchschnittlich	mittelmäßig
1942	durchschnittlich	gutes Jahr
1943	durchschnittlich	gutes Jahr mit einigen sehr entwicklungsfähigen Weinen
1944	durchschnittlich	leichte Weine
1945	halbe Ernte	sehr guter Jahrgang mit körperreichen, vollen Weinen
1946	durchschnittlich	Weine mit mangelnder Reife
1947	durchschnittlich	sehr guter Jahrgang
1948	durchschnittlich	gute Weine, aber keine Spitzenqualitäten
1949	durchschnittlich	guter Jahrgang, dem 1947er ähnlich
1950	reichlich	leichte und angenehme Weine
1951	durchschnittlich	mittelmäßig
1952	durchschnittlich	gutes Jahr
1953	durchschnittlich	bei Rotweinen ausgezeichnete, bei weißweinen gute Qualitäten
1954	durchschnittlich	gesunde Weine, doch nicht sehr langlebig
1955	durchschnittlich	bei Rotweinen ausgezeichneter, bei Weißweinen guter Jahrgang
1956	viertel Ernte	große Ausfälle durch Frost, mittelmäßige Qualität
1957	kleine Ernte	die Reben haben sich von den Schäden des Vorjahres noch nicht erholt, gute bis gewöhnliche Weine
1958	halbe Ernte	durchschnittlich
1959	halbe Ernte	gute Rot- und sehr gute Weißweine
1960	durchschnittlich	leichte Weine ohne große Zukunft
1961	kleine Ernte	ausgezeichnete Rot- und sehr gute Weißweine
1962	reichlich	leichte, angenehme Weine
1963	reichlich	durchschnittlich
1964	reichlich	sehr gute Weine, vor allem Rotwein
1965	reichlich	durchschnittliche Weine ohne besondere Anlagen
1966	durchschnittlich	sehr gute Rot- und gute Weißweine
1967	durchschnittlich	gute Rot- und sehr gute Weißweine
1968	durchschnittlich	ziemlich gut
1969	kleine Ernte	gute Rotweine, mittelmäßige Weißweine, fruchtig und leicht
1970	reichlich	sehr gutes Jahr für Weiß- und Rotweine, elegante Weine
1971	kleine Ernte	großes Jahr für Rot- und gutes Jahr für Weißweine
1972	kleine Ernte	mittelmäßig, einige gute entwicklungsfähige Weine
1973	sehr große Ernte	leichte ansprechende Weine, rasch entwickelt
1974	sehr große Ernte	durchschnittlich
1975	durchschnittlich	vielversprechende Qualitäten
1976	große Ernte	sehr zufriedenstellende, teilweise sehr gute Qualität
1977	kleine Ernte	gute Qualitäten bei Weißweinen, zufriedenstellende bei Rotweinen

Burgund

Aus den Jahrgängen zwischen 1938 und 1944 ragt nur das Jahr 1943 mit guten Qualitäten heraus. Die übrigen Jahre bedürfen in der Güte und der Menge (Kriegseinflüsse) keiner besonderen Erwähnung.

Jahr	Mengenertrag	Qualität
1945	wegen Frühjahrsfrösten geringer Ertrag	guter Jahrgang
1946	durchschnittlich	sich schnell entwickelnde Weine, geschmeidig und samtig
1947	durchschnittlich	ziemlich trockenes, aber sehr gutes Weinjahr vor allem für Rotweine
1948	sehr wenig	befriedigende Qualität
1949	halbe Ernte	großes Rotweinjahr, gute Weißweine
1950	durchschnittlich	bei Rotweinen schlecht, bei Weißweinen zufriedenstellend
1951	wenig	mittelmäßig
1952	durchschnittlich	guter Jahrgang
1953	durchschnittlich	gute, entwicklungsfähige Rot- und Weißweine
1954	sehr große Ernte	unterschiedliche, nicht sonderlich gute Qualitäten
1955	sehr reichhaltig	großartige Rotweine mit Körper und gutem Reifevermögen, gute Weißweine
1956	sehr wenig	dünne, leichte Weine, nicht alterungsfähig
1957	wenig	mittelmäßige bis gute Qualitäten
1958	durchschnittlich	für Weißweine befriedigend, für Rotweine mit wenigen Ausnahmen schlecht
1959	Rekordjahr	ausgezeichnete Rotweine, gute Weißweine
1960	reichlich	schlecht bis mittelmäßig
1961	reichlich	fruchtige, rassige Weine von guter Haltbarkeit
1962	reichlich	mit Ausnahme des Beaujolais sehr zufriedenstellende Qualität, geschmeidig, weich, befinden sich jetzt auf dem Höhepunkt
1963	reichlich	leichte Weine, nur wenige Spitzenqualitäten
1964	reichlich	harmonische Weine mit guter Haltbarkeit (vor allem Rotweine)
1965	durchschnittlich	enttäuschender Jahrgang
1966	reichlich	elegante, feine Weine, die etwas schneller reifen als die 64er
1967	durchschnittlich	mittelmäßig, einige gute Weine
1968	durchschnittlich	mittelmäßig bis schlecht
1969	halbe Ernte	sehr gutes Jahr mit entwicklungsfähigen, körperreichen Weinen
1970	reichlich	sehr zufriedenstellende Qualität mit unterschiedlicher Reifeentwicklung
1971	reichlich	für Rotweine hervorragendes Jahr, dem Vorgänger ebenbürtig, für Weißweine gutes Jahr
1972	durchschnittlich	angenehme, entwicklungsfähige Weine
1973	reichlich	durchschnittliche, schnell reifende Qualitäten
1974	durchschnittlich	mittelmäßig, nur wenige gute Ausnahmen
1975	halbe Ernte	sehr zufriedenstellende Qualität
1976	große Ernte	ausgezeichnet bis hervorragend

Jahr	Mengenertrag	Qualität
1977	durchschnittlich (im Beaujolais mehr)	gute Qualität

Anjou/Touraine

1934	großes Jahr mit sehr guten Qualitäten
1937	hervorragendes Jahr
1943	gutes Jahr
1947	exzellentes Jahr
1948	guter Jahrgang
1949	großes Jahr
1952	gutes Jahr
1953	zufriedenstellendes Jahr
1955	guter Weinjahrgang
1957	befriedigende Qualitäten
1959	starke, körperreiche Weine, jedoch nicht sehr lange auf dem Reifehöhepunkt
1960	mittelmäßig, einige wenige gute Weine
1961	gute Rotweine, vor allem Chinon und Bourgueil, sehr zufriedenstellend Vouvray und Anjou
1962	mit fruchtigen, blumigen und sehr harmonischen Weinen ein gutes Jahr
1963	mittelmäßig bis gut, einige reizvolle Roséweine
1964	befriedigende bis gute Qualitäten
1965	ungleiche Qualitäten, meist leichte und kleine Weine
1966	gute Qualitäten in nur wenigen Bezirken, meist durchschnittlich
1967	mittelmäßig
1968	weitgehend unbefriedigend, mit Ausnahme einiger guter Rosés
1969	mit eleganten, fruchtigen und aromatischen Weinen ein gutes Jahr
1970	nicht zu schwere, reizvolle Weine
1971	zum Teil sehr schöne Weine mit Eleganz und Rasse
1972	mittelmäßiger Jahrgang
1973	ansprechende Weine von durchschnittlichem Niveau
1974	leichte, süffige Weine in verschiedenen Gütestufen
1975	befriedigendes Ernteergebnis
1976	mit wenigen Ausnahmen gute Ernte
1977	sehr uneinheitliche Qualitäten bei extrem niedriger Erntemenge (30%)

Côtes-du-Rhône

1934	guter Jahrgang
1937	großes Jahr
1943	gutes Jahr
1945	sehr gutes Jahr
1947	zufriedenstellend
1949	ausgezeichnete Qualitäten
1950	gute Ergebnisse
1952	sehr gute Weine, körperreich, edel, markant
1953	enttäuschend
1954	sehr schlecht
1955	einige vollkommene Weine in einem recht guten Jahrgang
1956	unbefriedigend
1957	gute Weine von langer Haltbarkeit
1958	nicht alle Weine erreichen einen befriedigenden Durchschnitt
1959	guter Jahrgang ohne nennenswerte Spitzenqualitäten
1960	mittelmäßig, teilweise sogar schlecht
1961	phantastisch gutes Jahr für Rotweine; Weißweine und Rosés verfügen nicht über genügend Eleganz
1962	gutes Jahr mit fruchtigen, feinen Weinen
1963	sehr enttäuschend
1964	gute, aber kurzlebige Weine
1965	nicht so schlecht wie in den anderen Weinregionen
1966	vorzügliche Qualitäten mit guten Anlagen für eine lange Haltbarkeit
1967	wiederum ein sehr guter Jahrgang
1968	mittelmäßiger Jahrgang mit leichten Weinen
1969	guter Jahrgang mit teilweise überdurchschnittlichen Ergebnissen
1970	fast überall befriedigende Qualitäten
1971	sehr gutes Jahr
1972	durchschnittlich
1973	mittelmäßig
1974	befriedigende Qualitäten, zum Teil sogar sehr gute Weine
1975	sehr gute Weine mit Farbe, Stoff und Körper

Jahr	Mengenertrag	Qualität
1976		gute Qualität
1977		gute Qualitäten, aber geringe Erntemenge

Elsaß

1959	exzellente Weine eines ganz großen Jahrgangs mit Frucht, Frische, Eleganz und Rasse
1960	viel im Ertrag, aber nur geringe Qualität
1961	zufriedenstellender Weinjahrgang
1962	gutes Weinjahr
1963	leichte Weine mit Duft und Charme
1964	reichhaltige Ernte mit zwar schönen, aber nicht sehr haltbaren Weinen
1965	schlecht
1966	erstklassiges Weinjahr
1967	ebenfalls hervorragendes Weinjahr
1968	Qualitäten meist unter dem üblichen Durchschnitt
1969	gutes, teilweise sogar hervorragendes Weinjahr
1970	bei sehr viel Ertrag nur durchschnittliche Qualitäten
1971	bester Weinjahrgang seit zwanzig Jahren mit selten schönen Weinen
1972	ziemlich exzentrisches Weinjahr mit sehr unterschiedlichen Weinen meistens einfacher Qualität
1973	durchschnittliche, teilweise auch sehr gute Weine
1974	zufriedenstellend
1975	viele hervorragende Weine mit Körper, Finesse und Charme
1976	gute, alkoholreiche Weine
1977	gute Qualitäten und reichhaltige Menge

Deutschland

Der beste Weinjahrgang während des 2. Weltkrieges war der 1943er. Nach Kriegsende folgten einige gute Jahre dicht aufeinander.

Jahr	Mengenertrag	Qualität
1945	drittel Ernte	ein trockenes, heißes Jahr brachte einen sehr guten Wein
1946	wenig	gute Qualität
1947	durchschnittlich	sehr gut, aber nicht lange haltbar
1948	reichlich	gute Qualität mit sehr angenehmen Weinen
1949	durchschnittlich	harmonische, elegante und körperreiche Weine, die besten Mosel-Rieslinge seit 1921
1950	reichlich	mittelmäßig
1951	reichlich	gering bis mittelmäßig, Entwicklung jetzt abgeschlossen (passé)
1952	durchschnittlich	zufriedenstellend bis gut
1953	durchschnittlich	exzellente Weine, viele Spätlesen und Auslesen, sehr harmonisch und fruchtig, zum Teil heute noch von großartiger Qualität
1954	durchschnittlich	das schlechteste Jahr seit 1927
1955	durchschnittlich	ungleichmäßige Erträge, in der Pfalz zufriedenstellende, an der Mosel gute Weine
1956	sehr wenig	„Fehljahr" mit geringen bis schlechten Weinen
1957	durchschnittlich	mittelmäßig, nur an der Mosel gut
1958	reichlich	teilweise über dem Durchschnitt, viel unreife Weine
1959	reichlich	ausgezeichneter Jahrgang, der beste seit 1953 mit großartigen Auslesen (Bernkastler Doctor als Rekord mit 312° Oechsle), doch heute vielfach den Höhepunkt der Reife überschritten
1960	Rekordjahrgang	ziemlich kurzlebige Weine mittlerer Qualität
1961	durchschnittlich	körperreiche, gute Weine
1962	durchschnittlich	gutes Jahr
1963	reichlich	mittelmäßig
1964	Rekordjahrgang	sehr gutes Jahr, dessen Spitzenweine heute noch in bester Verfassung sind
1965	durchschnittlich	sehr schlecht mit viel Säure, einige Ausnahmen haben sich nach vielen Jahren bei starkem Säureabbau ordentlich entwickelt
1966	durchschnittlich	befriedigende Qualität

Jahr	Mengenertrag	Qualität
1967	reichlich	„neidischer", mittelmäßiger Jahrgang mit unterschiedlichen Qualitätsergebnissen
1968	reichlich	gering bis mittelmäßig
1969	durchschnittlich	sehr verschiedene Ernteergebnisse mit guten Rieslingweinen
1970	Rekordjahrgang	mittelmäßig, die besten Weine kamen aus Franken und der Pfalz
1971	durchschnittlich	hervorragende Weine mit außergewöhnlich guten Qualitäten aus dem Rheingau und der Pfalz, Spitzenweine gut lagerfähig
1972	reichlich	mittelmäßig mit vielen Konsumweinen
1973	absolutes Rekordjahr (10 Mio hl)	angenehme Weine, allerdings mit wenig Extrakt und Fruchtsäure
1974	durchschnittlich	einige wenige erfreuliche Qualitäten, viel Tisch- und Kabinettweine, nicht lange haltbar, da ihnen das Säurerückgrat fehlt
1975	reichlich	reife, extraktreiche, ausdrucksvolle Weine mit vielen Spätlesen und Auslesen vor allem an der Mosel, an der Nahe und im Rheingau (im Durchschnitt 75° Oe)
1976	große Ernte	zahlreiche Prädikatsweine, doch wahrscheinlich kein Spitzenjahrgang
1977	durchschnittlich	in Franken und Baden-Württemberg relativ gut, sonst überwiegend Konsumweine, nur wenig Spitzenweine

Österreich

1954	mittelmäßig, sehr unterschiedlicher Zucker- und Säuregehalt
1955	wenig befriedigend, relativ säurereich
1956	schlecht
1957	befriedigend, ansprechende, harmonische Weine
1958	befriedigend bis gut, angenehme, gehaltvolle Weine
1959	zum Teil unbefriedigend, meist enttäuschend
1960	mittelmäßig, nur teilweise gefällige Qualitäten
1961	befriedigend, hohe Mostgewichte, wenig Säure
1962	befriedigend, zum Teil blumige, reife Weine
1963	hervorragend bis gut, ausgereift bis erstklassig
1964	befriedigend, viele aromatische und bukettreiche Weine
1965	mittelmäßig, ausgewogene Qualitäten
1966	gut bis befriedigend, fruchtig, süß und würzig
1967	sehr unterschiedlich, zum Teil gute Auslesen
1968	hervorragend, schmackhafte Weine, teilweise vollendet schöne Spätlesen
1969	hervorragend, elegante Weine mit edler Reife
1970	gut, zum Teil sehr gut, spritzig, fruchtig, intensives Bukett
1971	hervorragend, ein Superwein
1972	befriedigend, harmonische, süffige, fruchtige Weine
1973	sehr gut, zahlreiche Weine mit hochfeiner Art und ausgeprägter Reife
1974	durchschnittlich
1975	sehr gut
1976	allgemein zufriedenstellend, wenig Spitzenweine
1977	mengenmäßig geringfügig unter dem Durchschnitt, qualitativ jedoch sehr gut

Schweiz

Jahr   Mengenertrag und Qualität

Jahr	Beschreibung
1964	in der Westschweiz und Ostschweiz sehr guter Jahrgang, im Tessin zufriedenstellend
1965	sehr schlecht
1966	im Wallis gute Qualitäten, in der Ostschweiz jedoch noch besser, ebenso auch im Tessin
1967	qualitativ meist nicht zufriedenstellend
1968	in der Südschweiz sehr gute Qualität, im Wallis und in der Waadt sowie in der Ostschweiz ausreichend bis gut
1969	mit Ausnahme vom Tessin in allen Kantonen sehr gute Erntequalität, doch auch in der Südschweiz nicht gerade schlecht
1970	in der Ostschweiz durchschnittlich, im Süden und Westen des Landes besser
1971	überwiegend hervorragende Qualitäten, lediglich im Tessin leichte Einbußen
1972	in der deutschsprachigen Schweiz mäßig, im Tessin sehr gut, im Wallis und in der Waadt liegen die Ergebnisse dazwischen
1973	allgemein zufriedenstellend, in der Ostschweiz mehr durchschnittlich
1974	wie im Vorjahr, im Wallis und in der Waadt jedoch nicht ganz so gut
1975	im Tessin liegen die Ergebnisse qualitativ etwas über dem Durchschnitt, in der Ostschweiz sind sie sehr gut, überwiegend auch in der Westschweiz
1976	Ähnlichkeiten mit dem vorhergehenden Jahrgang, wobei die Qualitäten allerdings geringfügige Abstriche im Westen und in der Ostschweiz hinnehmen müssen
1977	mittelmäßig, selten gute Qualitäten, mit ziemlich viel frischer Fruchtsäure

Italien

Ausgezeichnete (und gute) Jahrgänge

Piemont

Barbaresco: (1945), (1951), (1952), (1957), (1958), (1961), (1962), 1964, (1970), 1971, (1974)
Barbera d'Alba: (1947), (1955), (1958), (1961), 1964, (1967), (1971), (1974)
Barbera d'Asti: (1947), (1950), (1955), 1958, 1961, (1964), (1974)
Barbera del Monferrato: 1947, (1949), (1950), (1951), (1954), (1955), (1959), (1961), (1962), 1964, (1971), (1974)
Barolo: (1945), 1947, (1951), (1952), (1957), 1958, 1961, (1962), (1964), (1965), (1967), (1970), 1971, (1974)
Gattinara: (1945), (1946), (1950), 1952, 1955, (1958), (1961), 1964, (1968), (1969), (1970), (1975)

Toskana

Brunello di Montalcino: 1945, (1946), (1951), 1955, (1957), (1958), 1961, 1964, (1966), (1967), 1970, 1975, (1977)
Chianti classico: (1947), (1949), (1952), (1955), (1957), (1962), 1964, (1967), (1968), (1969), (1970), 1971, (1975), (1977)

Überdurchschnittlich gute Jahrgänge für die nicht aufgeführten D.O.C.-Qualitätsweine: 1961, 1962, 1964, 1968, 1970, 1971, 1973, zum Teil auch 1974, 1975 und 1976.

Europäische Qualitätsweine

Die Klassifizierungen von Bordeaux

Mit Cru wird in Frankreich ein Weinberg bezeichnet, der hervorragende Qualitäten liefert. Die klassifizierten Gewächse (Crus) von Bordeaux sind stets mit dem Namen eines Château verbunden.

Médoc *(Klassifizierung von 1855)*

Premiers Crus
Château Lafite-Rothschild	Pauillac
Château Margaux	Margaux
Château Latour	Pauillac
Château Mouton Rothschild	Pauillac
(bis zum Jahr 1973 Deuxième Cru)	

Deuxièmes Crus
Château Rausan-Ségla	Margaux
Château Rauzan-Gassies	Margaux
Château Léoville-Las-Cases	Saint-Julien
Château Léoville-Poyferré	Saint-Julien
Château Léoville-Barton	Saint-Julien
Château Durfort-Vivens	Margaux
Château Gruaud-Larose	Saint-Julien
Château Lascombes	Margaux
Château Brane-Cantenac	Cantenac-Margaux
Château Baron de Pichon-Longueville	Pauillac
Château Pichon-Longueville-Lalande	Pauillac
Château Ducru-Beaucaillou	Saint-Julien
Château Cos d'Estournel	Saint-Estèphe
Château Montrose	Saint-Estèphe

Troisièmes Crus
Château Kirwan	Cantenac-Margaux
Château d'Issan	Cantenac-Margaux
Château Lagrange	Saint-Julien
Château Langoa	Saint-Julien
Château Giscours	Labarde
Château Malescot-Saint-Exupéry	Margaux
Château Cantenac-Brown	Cantenac-Margaux
Château Boyd-Cantenac	Margaux
Château Palmer	Cantenac-Margaux
Château La Lagune	Ludon
Château Desmirail	Margaux
(existiert nicht mehr)	
Château Calon-Ségur	Saint-Estèphe
Château Ferrière	Margaux
Château Marquis d'Alesme-Becker	Margaux

Quatrièmes Crus
Château Saint-Pierre-Sevaistre	Saint-Julien
Château Saint-Pierre-Bontemps	Saint-Julien
(bis 1922)	
Château Talbot	Saint-Julien
Château Branaire-Ducru	Saint-Julien
Château Duhart-Milon-Rothschild	Pauillac
Château Pouget	Cantenac-Margaux
Château La Tour-Carnet	Saint-Laurent
Château Lafon-Rochet	Saint-Estèphe
Château Beychevelle	Saint-Julien
Château Le Prieuré	Cantenac-Margaux
Château Marquis de Terme	Margaux

Cinquièmes Crus
Château Pontet-Canet	Pauillac
Château Batailley	Pauillac
Château Haut-Batailley	Pauillac
Château Grand-Puy-Lacoste	Pauillac
Château Grand-Puy-Ducasse	Pauillac
Château Lynch-Bages	Pauillac
Château Lynch-Moussas	Pauillac
Château Dauzac	Labarde
Château Mouton Baron Philippe	Pauillac
(bis zum Jahr 1956 Château d'Armailhacq genannt)	
Château du Tertre	Arsac
Château Haut-Bages-Libéral	Pauillac
Château Pédesclaux	Pauillac
Château Belgrave	Saint-Laurent
Château de Camensac	Saint-Laurent
Château Cos Labory	Saint-Estèphe
Château Clerc Milon	Pauillac
Château Croizet-Bages	Pauillac
Château Cantemerle	Macau

Graves *(Klassifizierung von 1855)*

Premier Cru
Château Haut-Brion	Pessac

Graves *(Klassifizierung von 1959)*

Crus classés (Rouges)
Château La Mission Haut-Brion	Talence
Château Pape Clément	Pessac
Château Haut Bailly	Léognan
Domaine de Chevalier	Léognan
Château Carbonnieux	Léognan
Château Malartic-Lagravière	Léognan
Château Fienzal	Léognan
Château La-Tour-Martillac	Martillac
Château La-Tour-Haut Brion	Talence
Château Smith Haut Lafitte	Martillac
Château Olivier	Léognan
Château Bouscaut	Cadaujac

Crus classés (Blancs)
Château Carbonnieux	Léognan
Domaine de Chevalier	Léognan
Château Malartic-Lagravière	Léognan
Château Couhins	Villenave d'Ornon
Château Olivier	Léognan
Château Latour-Martillac	Martillac
Château Laville-Haut-Brion	Talence
Château Bouscaut	Cadaujac

Saint-Émilion *(Klassifizierung von 1971)*

Premiers Grands Crus classés: A
Château Ausone
Château Cheval Blanc

Premiers Grands Crus classés: B
Château Beauséjour Duffau-Lagarrosse
Château Beauséjour
Château Belair
Château Canon
Clos Fourtet
Château Figeac
Château La Gaffelière
Château Magdelaine
Château Pavie
Château Trottevieille

Grands Crus
Château l'Angélus
Château l'Arrosée
Château Balestard-la-Tonnelle
Château Baleau
Château Bellevue
Château Bergat
Château Cadet-Bon
Château Cadet-Piola
Château Canon-la-Gaffelière
Château Cap-de-Mourlin
Château Chapelle-Madeleine
Château Chauvin
Château Corbin
Château Corbin-Michotte
Château Coutet
Château Couvent-des-Jacobins
Château Croque-Michotte
Château Curé-Bon
Château Dassault
Château Faurie-de-Souchard
Château Fonplégade
Château Fonroque
Château Franc-Mayne
Château Grand Barrail-
   Lamarzelle-Figeac
Château Grand-Corbin-d'Espagne
Château Grand-Corbin
Château Grand-Mayne
Château Grand-Pontet
Château Grandes-Murailles
Château Guadet-Saint-Julien
Château Haut-Corbin
Château Haut-Sarpe
Château Jean Faure
Château La Carte
Château La Clotte
Château La Clusière
Château La Couspaude
Château La Dominique
Château Clos la Madeleine
Château Lamarzelle
Château Laniote
Château Larcis-Ducasse
Château Larmande
Château Laroze
Château La Serre
Château La Tour du Pin-Figeac
   (Bélivier)
Château La Tour du Pin-Figeac
   (Moueix)
Château La Tour-Figeac
Château Le Châtelet
Château Le Couvent
Château Le Prieuré
Château Matras
Château Mauvezin
Château Moulin-du-Cadet
Château Pavie-Decesse
Château Pavie-Macquin
Château Pavillon-Cadet
Château Petit-Faurie-de-Soutard
Château Ripeau
Château Saint-Georges-Côte-Pavie
Château Clos Saint-Martin
Château Sansonnet
Château Soutard
Château Tertre-Daugay
Château Trimoulet
Château Trois-Moulins
Château Troplong-Mondot
Château Villemaurine
Château Yon-Figeac
Clos de l'Oratoire

Sauternes und Barsac *(Klassifizierung von 1855)*

Grand Premier Cru
Château d'Yquem — Sauternes

Premiers Crus
Château La Tour-Blanche — Bommes
Château Lafaurie-Peyraguey — Bommes
Château Haut-Peyraguey — Bommes
Château Rayne-Vigneau — Bommes
Château Rabaud-Promis — Bommes
Château Sigalas-Rabaud — Bommes
Château Suduiraut — Preignac
Château Coutet — Barsac
Château Climens — Barsac
Château Guiraud — Sauternes
Château Rieussec — Fargues

Deuxièmes Crus
Château Myrat — Barsac
Château Doisy-Daëne — Barsac
Château Doisy-Dubroca — Barsac
Château Doisy-Védrines — Barsac
Château d'Arche — Sauternes
Château Filhot — Sauternes
Château Broustet — Barsac
Château Nairac — Barsac
Château Caillou — Barsac
Château Suau — Barsac
Château de-Malle — Preignac
Château Romer — Fargues
Château Lamothe — Sauternes
Château Lamothe-Bergey — Sauternes

Die großen Weine von Burgund

Angabe der durchschnittlichen Produktion der letzten zehn Jahre in 0,7-Liter-Flaschen

Côte de Nuits

	Rot	Weiß
Chambolle-Musigny	620 710	
Musigny	33 650	11 970
Bonnes-Mares	54 800	
Clos de Langres	12 500	
Fixin	119 570	
Gevrey-Chambertin		
mit seinen Premiers Crus	1 403 000	
Chambertin	90 300	
Chambertin-Clos de Bèze	208 940	
Morey-Saint-Denis	267 200	
Clos Saint-Denis	20 880	
Clos de la Roche	48 410	
Clos de Tart	21 410	
Nuits-Saint-Georges	1 156 970	4 400
Vosne-Romanée	702 000	
Romanée-Conti	7 580	
Richebourg	32 320	
Romanée	3 330	
La Tâche	22 880	
Romanée-Saint-Vivant	31 800	
Grands Echézeaux	40 830	
Echézeaux	100 400	
Vougeot	70 900	6 650
Clos de Vougeot	185 500	
Côte de Nuits-Villages	598 000	

Côte de Beaune

	Rot	Weiß
Aloxe-Corton	539 700	5 700
Corton (Clos du Roi, Les Renardes, Bressandes, Pougets, Perrières, Languettes)	318 000	8 650
Corton-Charlemagne		114 400
Auxey-Duresses	234 700	114 100
Beaune	1 198 600	62 100
Chassagne-Montrachet	615 800	369 700
Criots-Bâtard-Montrachet		55 700
Chorey-les-Beaunes	275 300	
Meursault	66 800	1 458 800
Monthélie	252 200	
Pernand-Vergelesses	203 600	25 400
Pommard	1 404 600	
Puligny-Montrachet		559 000
Chevalier-Montrachet		18 100
Bâtard-Montrachet		42 600
Bienvenues-Bâtard-Montrachet		14 000
Montrachet		23 500
Saint-Aubin	137 400	95 400
Saint-Romain	37 900	91 200
Santenay	931 000	18 800
Savigny-lès-Beaune	985 000	39 000
Volnay	924 300	
Côte de Beaune-Villages	443 200	

Yonne

	Rot	Weiß
Chablis		2 353 170
Chablis Grand Cru		148 430
Petit Chablis		494 630

Beaujolais

	Rot	Weiß
Brouilly	5 250 000	
Chénas	931 000	
Chiroubles	1 383 000	
Côte-de-Brouilly	1 100 000	
Fleurie	3 464 000	
Juliénas	2 470 000	
Morgon	4 200 000	
Moulin-à-Vent	3 125 000	
Saint-Amour	1 126 000	
Beaujolais	41 033 000	
Beaujolais Supérieur	379 000	
Beaujolais-Villages	25 510 000	

Côte Chalonnaise

	Rot	Weiß
Givry	219 000	31 500
Mercurey	1 633 900	103 500
Montagny		354 000
Rully	41 200	149 200

Mâconnais

	Rot	Weiß
Mâcon Pinot-Chardonnay		13 138 000
Mâcon Rouge	8 348 000	
Pouilly-Fuissé		3 057 000
Pouilly-Vinzelles		272 700

Bourgogne

	Rot	Weiß
Bourgogne (rouge – rosé)	5 462 710	1 499 440
Bourgogne Aligoté		6 642 000
Bourgogne Grand Ordinaire	2 717 720	1 305 930
Bourgogne Passe-Tout-Grain	3 143 190	

Französische Weine mit dem Garantiezeichen V.D.Q.S. (Vins Délimités de Qualité Supérieure)

Name und Herkunft   *Weinarten*

Lothringen

Moselle	Rot, Weiß
Côtes de Toul	Rot, Weiß, Rosé

Westliches Mittelfrankreich

Gros Plant du Pays Nantais	Weiß
Coteaux d'Ancenis	Rot, Weiß, Rosé
Auvergne/Côtes d'Auvergne	Rot, Weiß, Rosé
Saint-Pourçain-sur-Sioule	Rot, Weiß, Rosé
Orléanais	Rot, Weiß, Rosé
Coteaux du Giennois (Coteaux de Gien)	Rot, Weiß, Rosé
Mont-près-Chambord/Cour-Cherverny	Weiß

Savoyen und Lyonnais

Vins de Savoie	Rot, Weiß, Rosé
Vins du Lyonnais	Rot, Weiß, Rosé
Renaison Côtes Roannaises	Rot, Rosé
Côtes du Forez	Rot, Weiß, Rosé
Vins du Bugey	Rot, Weiß, Rosé

Provence und Rhônetal

Châtillon-en-Diois	Rot, Weiß, Rosé
Haut-Comtat	Rot, Rosé
Coteaux du Lubéron	Rot, Weiß, Rosé
Côtes du Ventoux	Rot, Weiß, Rosé
Coteaux d'Aix/Coteaux des Baux	Rot, Weiß, Rosé
Côtes de Provence	Rot, Weiß, Rosé
Coteaux de Pierrevert	Rot, Weiß, Rosé

Languedoc und Roussillon

Costières du Gard/Méjanelle	Rot, Weiß
Cabrières	Rot
Coteaux de Saint-Christol	Rot, Rosé
Saint-Drézery	Rot, Rosé
Saint-Georges d'Orques	Rot, Rosé
Saint-Chinian	Rot, Rosé
Picpoul de Pinet	Weiß
Pic-Saint-Loup	Rot, Weiß, Rosé
Coteaux de Vérargues	Rot, Rosé
Saint Saturnin/Montpeyroux	Rot, Weiß, Rosé
Faugères	Rot, Weiß, Rosé
Corbières/Corbières Supérieures	Rot, Weiß, Rosé
Corbières du Roussillon/Corbières Supérieures du Roussillon	Rot, Weiß, Rosé
Minervois	Rot, Weiß, Rosé
Quatourze	Rot, Weiß, Rosé
La Clape	Rot, Weiß, Rosé
Roussillon des Aspres	Rot, Weiß, Rosé

Aquitanien und Südwestfrankreich

Fronton/Côtes de Fronton	Rot, Weiß, Rosé
Villaudric/Béarn	Rot, Weiß, Rosé
Irouléguy	Rot, Weiß, Rosé
Côtes du Buzet	Rot, Weiß
Lavilledieu	Rot, Weiß
Côtes du Marmandais	Rot, Weiß
Vins de Tursain	Rot, Weiß, Rosé

Französische Schaumweine mit kontrollierter Herkunftsbezeichnung (A. C.)

Alsace Mousseux	Weiß
Anjou Mousseux	Weiß
Arbois Mousseux	Weiß, Rot, Rosé
Blanquette de Limoux	Weiß
Bordeaux Mousseux	Weiß
Bourgogne Mousseux	Weiß, Rot, Rosé
Clairette de Dieu	Weiß
Côtes du Jura Mousseux	Weiß, Rot, Rosé
L'Etoile Mousseux	Weiß
Gaillac Mousseux	Weiß
Montlouis Mousseux	Weiß
Saint-Péray Mousseux	Weiß
Saumur Mousseux	Weiß
Seyssel Mousseux	Weiß
Touraine Mousseux	Weiß, Rot, Rosé
Vouvray Mousseux	Weiß

Natürliche Süßweine und Likörweine aus Frankreich mit kontrollierter Herkunftsbezeichnung (A. C.)

Name	*Herkunft*	*Weinarten*
Banyuls	Pyrénées Orientales	Weiß, Rot, Rosé, Rancio (alt)
Côtes d'Agly	Pyrénées Orientales	Weiß, Rot, Rosé, Rancio (alt)
Frontignan/ Côtes de Haut-Roussillon	Pyrénées Orientales	Weiß, Rot, Rosé, Rancio (alt)
Muscat de Frontignan	Aude	Weiß
Grand Roussillon	Pyrénées Orientales	Weiß, Rot, Rosé, Rancio (alt)
Muscat de Beaumes de Venise	Vaucluse	Weiß
Muscat de Lunel	Hérault	Weiß
Muscat de Rivesaltes	Pyrénées Orientales	Weiß
Muscat de Saint-Jean-de-Minervois	Hérault	Weiß
Pineau des Charentes	Charentes/ Charente Maritime	Weiß, Rosé
Rasteau	Vaucluse	Weiß, Rot, Rosé, Rancio (alt)
Rivesaltes	Pyrénées Orientales	Weiß, Rot, Rosé, Rancio (alt)
Vin de Frontignan	Aude	Weiß

Vollständiges Lagenverzeichnis von Deutschland

Nach dem deutschen Weingesetz von 1971 wurde die Zahl der Einzellagen von etwa 20 000 auf rund 2500 verringert. Die Namen der Einzellagen sowie der neu geschaffenen Großlagen erscheinen auf den Etiketten der Qualitätsweine bestimmter Anbaugebiete, und zwar in Verbindung mit dem Namen der dazugehörigen Gemeinde (auch des Ortsteils). Aus der Numerierung der Einzellagen ist ersichtlich, wann eine Lage die Gemarkungsgrenze überschreitet. Sie erscheint dann öfters, unter der gleichen Nummer.

Ahr

Bereich Walporzheim/Ahrtal
I Großlage Klosterberg

Heimersheim
1 Kapellenberg
2 Landskrone
3 Burggarten

Heppingen
4 Berg

Neuenahr
5 Sonnenberg
6 Schieferlay
7 Kirchtürmchen

Bachem
8 Karlskopf
9 Sonnenschein
10 Steinkaul

Ahrweiler
11 Daubhaus
12 Forstberg
13 Rosenthal
14 Silberberg
15 Riegelfeld
16 Ursulinengarten

Walporzheim
17 Himmelchen
18 Kräuterberg
19 Gärkammer
20 Alte Lay
21 Pfaffenberg
22 Domlay

Marienthal
23 Rosenberg
24 Jesuitengarten
25 Trotzenberg
26 Klostergarten
27 Stiftsberg

Dernau
28 Hardtberg
29 Pfarrwingert
30 Schieferlay
31 Burggarten
32 Goldkaul

Rech
33 Hardtberg
34 Blume
35 Herrenberg

Mayschoß
36 Mönchberg
37 Schieferlay
38 Burgberg
39 Silberberg
40 Laacherberg
41 Lochmühlerlay

Altenahr
42 Eck
43 Übigberg

Mittelrhein

Bereich Siebengebirge
I Großlage Petersberg

Oberdollendorf
1 Rosenhügel
2 Laurentiusberg
3 Sülzenberg

Niederdollendorf
4 Goldfüßchen
5 Longenburgerberg
6 Heisterberg

Königswinter
7 Drachenfels

Rhöndorf
8 Drachenfels

Bereich Rheinburgengau
II Großlage Burg Hammerstein

Unkel
9 Berg
10 Sonnenberg

Kasbach
11 Stehlerberg

Linz
12 Rheinhöller

Dattenberg
13 Gertrudenberg

Leubsdorf
14 Weißes Kreuz

Bad Hönningen
15 Schloßberg

Rheinbrohl
16 Monte Jup
17 Römerberg

Hammerstein
18 In den Layfelsen
19 Hölle
20 Schloßberg

Leutesdorf
21 Forstberg
22 Gartenlay
23 Rosenberg

III Großlage Lahntal

Fachbach
24 einzellagenfrei

Bad Ems
25 Hasenberg

Dausenau
25 Hasenberg

Nassau
26 Schloßberg

Weinähr
27 Giebelhöll

Obernhof
28 Goetheberg

IV Großlage Marksburg

Vallendar
29 Rheinnieder

Urbar
30 Rheinnieder

Koblenz-Ehrenbreitstein
31 Kreuzberg

Koblenz
32 Schnorbach Brückstück

Lahnstein
33 Koppelstein

Braubach
34 Koppelstein
35 Mühlberg
36 Marmorberg

Osterspai
37 Liebeneck-Sonnenlay

Filsen
38 Pfarrgarten

V Großlage Gedeonseck

Rhens
39 König Wenzel
40 Sonnenlay

Brey
41 Hämmchen

Spay
42 Engelstein

Boppard
42 Engelstein
43 Ohlenberg
44 Feuerlay
45 Mandelstein
46 Weingrube
47 Fässerlay
48 Elfenlay

Großlagenfrei

Hirzenach
49 Probsteiberg

VI Großlage Burg Rheinfels

St.-Goar-Werlau
50 Rosenberg
51 Frohwingert
52 (Werlau) Ameisenberg
53 Kuhstall

VII Großlage Loreleyfelsen

Kamp-Bornhofen
54 Pilgerpfad
55 Liebenstein-Sterrenberg

Kestert
55 Liebenstein-Sterrenberg

Nochern
56 Brünnchen

Patersberg
57 Teufelstein

St. Goarshausen
58 Burg Maus (auch Wellmicher und Ehrentaler Burg Maus)
59 Hessern
60 Burg Katz
61 Loreley Edel

Bornich
62 Rothenack

VIII Großlage Schloß Schönburg

Urbar
63 Beulsberg

Niederburg
64 Rheingoldberg
65 Bienenberg

Damscheid
66 Frankenhell
67 Sonnenstock
68 Goldemund

Oberwesel
69 Sieben Jungfrauen
70 Ölsberg
65 Bienenberg
71 St. Martinsberg
68 Goldemund (auch Engehöller Goldemund)
72 Bernstein (auch Engehöller Bernstein)
73 Römerkrug

Dellhofen
74 Römerkrug
75 St. Wernerberg

Langscheid
76 Hundert

Perscheid
77 Rosental

IX Großlage Herrenberg

Dörscheid
78 Wolfsnach
79 Kupferflöz

Kaub
80 Roßstein
81 Backofen
82 Rauschelay
83 Blüchertal
84 Burg Gutenfels
85 Pfalzgrafenstein

Bereich Bacharach
X Großlage Schloß Stahleck

Bacharach-Steeg
86 (Steeg) Schloß Stahlberg
87 (Steeg) Lennenborn
88 (Steeg) St. Jost
89 (Steeg) Hambusch

Bacharach
90 Hahn
91 Insel Heylesen Wert
92 Wolfshöhle
93 Posten
94 Mathias Weingarten
95 Kloster Fürstental

Manubach
96 Langgarten
97 St. Oswald
98 Mönchwingert
99 Heilgarten

Oberdiebach
100 Bischofshub
101 Fürstenberg
102 Kräuterberg
103 Rheinberg

XI Großlage Schloß Reichenstein

Oberheimbach
104 Römerberg
105 Klosterberg
106 Wahrheit
107 Sonne

Niederheimbach
108 Froher Weingarten
109 Schloß Hohneck
110 Reifersley
111 Sonnecker Schloßberg

Trechtingshausen
112 Morgenbachtaler

Mosel–Saar–Ruwer

Bereich Zell (Untermosel)

I Großlage Weinhex

Koblenz, Stadtteil Güls
1 Marienberg
2 Bienengarten
3 Königsfels
4 Röttgen

Koblenz, Stadtteil Moselweiß
5 Hamm

Koblenz, Stadtteil Lay
5 Hamm
6 Hubertusborn

Winningen
7 Im Röttgen
8 Brückstück
9 Domgarten
10 Hamm
11 Uhlen

Kobern-Gondorf
11 (Kobern) Uhlen
12 (Kobern) Fahrberg
13 (Kobern) Weißenberg
14 (Gondorf) Schloßberg
15 (Gondorf) Gäns
16 (Gondorf) Fuchshöhle
17 (Gondorf) Kehrberg

Dieblich
18 Heilgraben

Niederfell
19 Fächern
20 Kahllay
21 Goldlay

Lehmen
22 Lay
23 Klosterberg
24 Würzlay
25 Ausoniusstein

Oberfell
26 Goldlay
27 Brauneberg
28 Rosenberg

Moselsürsch
29 Fahrberg

Kattenes
29 Fahrberg
30 Steinchen

Alken
31 Bleidenberg
32 Burgberg
33 Hunnenstein

Brodenbach
34 Neuwingert

Löf
35 Goldblume
36 Sonnenring

Löf, Ortsteil Hatzenport
37 Stolzenberg
38 Kirchberg
39 Burg Bischofsteiner

Burgen
40 Bischofstein

II Großlage Goldbäumchen

Moselkern
41 Rosenberg
42 Kirchberg
43 Übereltzer

Müden
44 Funkenberg
45 Leckmauer
46 Sonnenring
47 St. Castorhöhle
48 Großlay

Treis-Karden
49 (Karden) Dechantsberg
50 (Karden) Münsterberg
51 (Karden) Juffermauer

Pommern
52 Zeisel
53 Goldberg
54 Sonnenuhr
55 Rosenberg

Klotten
56 Rosenberg
57 Burg Coreidelsteiner
58 Sonnengold
59 Brauneberg

Cochem und Ortsteil Ebernach
60 Herrenberg
61 Pinnerkreuzberg
62 Schloßberg
63 Hochlay
64 (Ebernach) Klostergarten
65 (Ebernach) Sonnenberg
66 (Ebernach) Bischofstuhl

Ernst
67 Feuerberg
68 Kirchlay

Bruttig-Fankel
69 (Bruttig) Götterlay

Ellenz-Poltersdorf
70 Kurfürst
71 Altarberg
72 Rüberberger Domherrenberg

Briedern
72 Rüberberger Domherrenberg

Senheim, Ortsteil Senhals
72 Rüberberger Domherrenberg
74 Römerberg

III Großlage Rosenhang

Treis-Karden (Treis)
75 Kapellenberg
76 Greth
77 Treppchen

Cochem
78 Arzlay
79 Rosenberg
80 Nikolausberg

Valwig
81 Schwarzenberg
82 Palmberg
83 Herrenberg

Bruttig-Fankel
84 Pfarrgarten
85 Rathausberg
86 Kapellenberg
87 Martinsborn
88 Layenberg
89 Rosenberg

Ellenz-Poltersdorf
90 Woogberg
91 Silberberg

Beilstein
92 Schloßberg

Briedern
93 Herrenberg
94 Kapellenberg
95 Servatiusberg
96 Römergarten

Mesenich
97 Abteiberg
98 Goldgrübchen
99 Deuslay

Senheim
100 Wahrsager
101 Bienengarten
102 Vogteiberg
103 Rosenberg

Bremm
104 Abtei Kloster Stuben

Ediger-Eller
105 Stubener Klostersegen

Großlagenfrei

Senheim
106 Lay

IV Großlage Grafschaft

Nehren
107 Römerberg

Ediger-Eller
108 Osterlämmchen
109 Hasensprung
110 Elzhofberg
111 Pfaffenberg
112 Feuerberg
113 Pfirsichgarten
114 Kapplay
115 Bienenlay
116 Höll
117 Engelströpfchen
118 Schützenlay
119 Calmont

Bremm
119 Calmont
120 Schlemmertröpfchen
121 Laurentiusberg
122 Frauenberg

Neef
122 Frauenberg
123 Petersberg
124 Rosenberg

St. Aldegund
125 Himmelreich
126 Palmberg-Terrassen
127 Klosterkammer

Alf
128 Kapellenberg
129 Katzenkopf
130 Herrenberg
131 Burggraf
132 Kronenberg
133 Arrasburg-Schloßberg
134 Hölle

Beuren
135 Pelzerberger

Bullay
136 Graf Beyssel-Herrenberg
137 Brautrock
138 Kronenberg
139 Kirchweingarten
140 Sonneck

V Großlage Schwarze Katz

Zell-Merl
141 Sonneck
142 Adler
143 Königslay-Terrassen
144 Stefansberg
145 Fettgarten
146 Klosterberg

Zell
147 Nußberg
148 Burglay-Felsen
149 Petersborn-Kabertchen
150 Pomerell
151 Kreuzlay
152 Domherrenberg
153 Geisberg

Zell-Kaimt
154 Marienburger
155 Rosenborn
156 Römerquelle

Bereich Bernkastel (Mittelmosel)

VI Großlage Vom Heißen Stein

Briedel
157 Weißerberg
158 Schäferlay
159 Herzchen
160 Nonnengarten
161 Schelm

Pünderich
162 Goldlay
163 Rosenberg
164 Nonnengarten
165 Marienburg

Reil
166 Goldlay
167 Falklay
168 Moullay-Hofberg
169 Sorentberg

VII Großlage Schwarzlay

Burg
170 Wendelstück
171 Hahnenschrittchen
172 Thomasberg
173 Falklay
174 Schloßberg

Enkirch
175 Edelberg
176 Monteneubel
177 Steffensberg
178 Weinkammer
179 Herrenberg
180 Zeppwingert
181 Batterieberg
182 Ellergrub

Starkenburg
183 Rosengarten

Traben-Trarbach
184 Gaispfad
185 Zollturm
186 Burgweg
187 Schloßberg
188 Ungsberg
189 Hühnerberg
190 Kreuzberg
191 Taubenhaus
192 Königsberg
193 Kräuterhaus
194 Würzgarten

Wolf
195 Schatzgarten
196 Sonnenlay
197 Klosterberg
198 Goldgrube
199 Auf der Heide

Kinheim
200 Rosenberg
201 Hubertuslay

Lösnich
202 Försterlay
203 Burgberg

Erden
204 Busslay
205 Herrenberg
206 Treppchen
207 Prälat

Ürzig
208 Würzgarten
209 Goldwingert

Bengel
einzellagenfrei

Bausendorf
210 Herzlay
211 Hubertuslay

Flußbach
212 Reichelberg

Wittlich
213 Kupp
214 Lay
215 Bottchen
216 Felsentreppchen
217 Rosenberg
218 Portnersberg
219 Klosterweg

Hupperath
220 Klosterweg

Dreis
221 Johannisberg

Platten
222 Klosterlay
223 Rotlay

VIII Großlage Nacktarsch

Kröv
224 Burglay
225 Herrenberg
226 Steffensberg
227 Letterlay
228 Kirchlay
229 Paradies

IX Großlage Münzlay

Zeltingen-Rachtig
230 Deutschherrenberg
231 Himmelreich
232 Schloßberg
233 Sonnenuhr

Wehlen
234 Sonnenuhr
235 Hofberg
236 Abtei
237 Klosterhofgut
238 Klosterberg
239 Sonnenberg

Graach
240 Domprobst
241 Himmelreich
242 Abtsberg
243 Josephshöfer

X Großlage Badstube

Bernkastel-Kues
244 Lay
245 Matheisbildchen
246 Bratenhöfchen
247 Graben
248 Doctor

XI Großlage Beerenlay

Lieser
249 Süßenberg
250 Niederberg-Helden
251 Rosenlay

XII Großlage Kurfürstlay

Bernkastel-Kues
252 Johannisbrünnchen
253 Schloßberg
254 Stephanus-Rosengärtchen
255 Rosenberg
256 Kardinalsberg
257 Weißenstein

Andel
258 Schloßberg

Lieser
259 Schloßberg

Mülheim
260 Elisenberg
261 Sonnenlay
262 Helenenkloster
263 Amtsgarten

Veldenz
260 Elisenberg
264 Kirchberg
265 Mühlberg
266 Grafschafter Sonnenberg
267 Carlsberg

Maring-Noviand
268 Honigberg
269 Klosterberg
270 Römerpfad
271 Kirchberg
272 Sonnenuhr

Burgen
273 Römerberg
274 Kirchberg
275 Hasenläufer

Brauneberg
276 Mandelgraben
277 Klostergarten
278 Juffer
279 Juffer Sonnenuhr
280 Kammer
281 Hasenläufer

Osann-Monzel
282 Paulinslay
283 Kätzchen
284 Kirchlay
285 Rosenberg

Kesten
286 Paulinshofberger
287 Herrenberg
288 Paulinsberg

Wintrich
289 Stefanslay
290 Großer Herrgott
291 Sonnseite
292 Ohligsberg
293 Geierslay

XIII Großlage Michelsberg

Minheim
294 Burglay
295 Kapellchen
296 Rosenlay
297 Günterslay

Piesport
298 Treppchen
299 Falkenberg
300 Goldtröpfchen
297 Günterslay
301 Domherr
302 Gärtchen
303 Kreuzwingert
304 Schubertslay
305 Grafenberg
306 Hofberger

Neumagen-Dhron
300 Goldtröpfchen
305 Grafenberg
306 Hofberger
307 Roterd
308 Großer Hengelbg.
309 Häschen
310 Nußwingert
311 Engelgrube
312 Landamusberg
313 Rosengärtchen
314 Sonnenuhr

Trittenheim
315 Altärchen
316 Apotheke
317 Felsenkopf
318 Leiterchen

Rivenich
319 Niederberg
320 Geisberg
321 Rosenberg
322 Brauneberg

Hetzerath
322 Brauneberg

Sehlem
323 Rotlay

XIV Großlage St. Michael

Leiwen
324 Klostergarten
325 Laurentiuslay

Köwerich
325 Laurentiuslay
326 Held

Klüsserath
327 Bruderschaft
328 Königsberg

Bekond
329 Schloßberg
330 Brauneberg

Thörnich
331 Enggaß
332 Ritsch
333 Schießlay

Ensch
334 Mühlenberg
335 St. Martin
336 Sonnenlay

Detzem
337 Würzgarten
338 Maximiner Klosterlay

Schleich
339 Sonnenberg
340 Klosterberg

Pöllich
341 Held
342 Südlay

Mehring
343 Blattenberg
344 Goldkupp
345 Zellerberg

Lörsch
345 Zellerberg

Longen
345 Zellerberg

XV Großlage Probstberg

Mehring
einzellagenfrei

Riol
346 Römerberg

Fell
347 Maximiner Burgberg

Longuich
348 Hirschlay
349 Maximiner Herrenberg
350 Herrenberg

Schweich
350 Herrenberg
351 Annaberg
352 Burgmauer

Kenn
353 Held
354 Maximiner Hofgarten

Bereich Saar-Ruwer

XVI Großlage Römerlay

Trier
355 Sonnenberg
356 Marienholz
357 Karthäuserhofberg Burgberg
358 Karthäuserhofberg Kronenberg
359 Karthäuserhofberg Orthsberg
360 Karthäuserhofberg Sang
361 Karthäuserhofberg Stirn
362 Maximiner
363 Domherrenberg
364 Altenberg
365 Herrenberg
366 Kupp
367 Hammerstein
368 Rotlay
369 Andreasberg
370 Leikaul
371 St. Martiner Hofberg
372 St. Martiner Klosterberg
373 Burgberg
374 Jesuitenwingert

375 Deutschherrenköpfchen
376 Deutschherrenberg
377 St. Maximiner Kreuzberg
378 St. Petrusberg
379 Thiergarten Unterm Kreuz
380 Thiergarten Felsköpfchen
381 Kurfürstenhofberg
382 Benediktinerberg
383 St. Matheiser
384 Augenscheiner

Franzenheim
385 Johannisberg

Sommerau
386 Schloßberg

Korlingen
387 Laykaul

Riveris
388 Kuhnchen
389 Heiligenhäuschen

Morscheid
390 Dominikanerberg
391 Heiligenhäuschen

Waldrach
392 Hubertusberg
393 Sonnenberg
394 Jungfernberg
395 Krone
396 Laurentiusberg
397 Ehrenberg
398 Doktorberg
399 Heiligenhäuschen
400 Meisenberg
401 Jesuitengarten
402 Kurfürstenberg

Kasel
403 Herrenberg
404 Dominikanerberg
405 Kehrnagel
406 Hitzlay
407 Nieschen
408 Paulinsberg
409 Timpert

Mertesdorf
410 Mäuerchen
411 Felslay
412 Johannisberg
415 Herrenberg

Maximin Grünhaus
413 Bruderberg
414 Abtsberg
415 Herrenberg

Dazu einzellagenfreie Rebflächen in der Gemarkung Hockweiler.

XVII Großlage Scharzberg

Konz
416 Klosterberg
417 Brauneberg
418 Sprung
419 Hofberg
420 Euchariusberg
421 Auf der Wiltingerkupp

Falkenstein
419 Hofberg
434 Herrenberg

Könen
422 Feld
423 Kirchberg

Filzen
424 Liebfrauenberg
425 Urbelt
426 Pulchen
427 Unterberg
428 Herrenberg
429 Steinberger
430 Altenberg

Hamm
430 Altenberg

Kanzem
430 Altenberg
431 Hörecker
432 Schloßberg
433 Sonnenberg

Mennig
434 Herrenberg
435 Sonnenberg
436 Euchariusberg
437 Altenberg

Oberemmel
438 Karlsberg
439 Altenberg
440 Hütte
441 Raul
442 Agritiusberg
443 Rosenberg

Pellingen
444 Jesuitengarten
445 Herrgottsrock

Wiltingen
446 Sandberg
447 Hölle
448 Kupp
449 Braune Kupp
450 Gottesfuß
451 Klosterberg
443 Rosenberg
452 Braunfels
432 Schloßberg
453 Schlangengraben

Scharzhofberg
einzellagenfreie Flächen

Wawern
455 Ritterpfad
456 Jesuitenberg
457 Herrenberger
458 Goldberg

Schoden
459 Saarfeilser-Marienberg
460 Herrenberg
461 Geisberg

Ockfen
462 Kupp
463 Herrenberg
464 Heppenstein
465 Bockstein

466 Zickelgarten
467 Neuwies
468 Geisberg

Ayl
469 Kupp
470 Herrenberger
471 Scheidterberger

Saarburg
472 Klosterberg
473 Fuchs
474 Stirn
475 Kupp
476 Schloßberg
477 Rausch
478 Antoniusbrunnen
479 Bergschlößchen
480 Laurentiusberg

Irsch
481 Sonnenberg
482 Hubertusberg
483 Vogelsang

Serrig
484 König Johann Berg
485 Antoniusberg
486 Schloß Saarsteiner
487 Schloß Saarfelser Schloßberg
488 Kupp
489 Vogelsang
490 Heiligenborn
491 Hoeppslei
492 Würtzberg
493 Herrenberg

Kastel-Staadt
494 König Johann Berg
495 Maximin Prälat

Bereich Obermosel

XVIII Großlage Königsberg

Igel
496 Dullgärten

Liersberg
497 Pilgerberg

Langsur
498 Brüderberg

Mesenich
499 Held

Dazu kommen einzellagenfreie Rebflächen in den Gemarkungen Edingen, Godendorf, Grewenich, Langsur, Liersberg, Metzdorf, Ralingen und Wintersdorf.

XIX Großlage Gipfel

Wasserliesch
500 Reinig auf der Burg
501 Albachtaler

Oberbillig
502 Hirtgarten
503 Römerberg

Fellerich
504 Schleidberg

Temmels
505 St. Georgshof
506 Münsterstatt

Wellen
507 Altenberg

Onsdorf
508 Hubertusberg

Nittel
509 Leiterchen
510 Blümchen
511 Rochusfels
508 Hubertusberg

Köllig
511 Rochusfels

Rehlingen
512 Kapellenberg

Wincheringen
513 Burg Warsberg
514 Fuchsloch

Wehr
515 Rosenberg

Helfant-Esingen
516 Kapellenberg

Palzem
517 Karlsfelsen
518 Lay

Kreuzweiler
519 Schloß Thorner Kupp

Dazu einzellagenfreie Rebflächen in den Gemarkungen Bitzingen, Fisch, Kirf, Meurich, Portz, Soest und Tawern.

Großlagenfrei

Nennig
520 Schloßberg
521 Römerberg

Sehndorf
522 Klosterberg
523 Marienberg mit Rebflächen in der Gemarkung Oberperl

Perl
524 Quirinusberg
525 Hasenberg

Nahe

Bereich Kreuznach

I Großlage Schloßkapelle

Bingen-Bingerbrück
1 Hildegardisbrünnchen
2 (Weiler) Klostergarten
3 (Weiler) Abtei Ruppertsberg
4 (Weiler) Römerberg

Münster-Sarmsheim
4 Römerberg
5 Rheinberg
6 Kapellenberg
7 Dautenpflänzer
8 Trollberg
9 Pittersberg
10 Liebehöll
11 Steinkopf
12 Königsschloß

Rümmelsheim
13 Steinköpfchen
14 (Burg Layen) Schloßberg
15 (Burg Layen) Hölle
16 (Burg Layen) Rothenberg
17 (Burg Layen) Johannisberg

Waldlaubersheim
18 Domberg
19 Bingerweg
20 Alteburg
21 Hörnchen
22 Lieseberg
23 Otterberg

Genheim
24 Rossel

Eckenroth
25 Felsenberg
26 Hölle

Schweppenhausen
27 Steyerberg
28 Schloßgarten

Windesheim
29 Saukopf
30 Sonnenmorgen
31 Hölle
32 Rosenberg
33 Preiselberg
34 Hausgiebel
35 Schäfchen
36 Römerberg
37 Fels

Guldental
38 Apostelberg
39 Honigberg
40 St. Martin
41 Sonnenberg
42 Teufelsküche
43 Hölle
44 Hipperich
45 Rosenteich

Dorsheim
46 Burgberg
47 Honigberg
48 Goldloch
49 Pittermännchen
50 Klosterpfad
51 Laurenziweg
52 Jungbrunnen
53 Nixenberg
54 Trollberg

Laubenheim
55 Vogelsang
56 Karthäuser
57 St. Remigiusberg
58 Fuchsen
59 Junker
60 Hörnchen
61 Krone

Warmsroth
einzellagenfrei

Wald-Erbach
einzellagenfrei

II Großlage Sonnenborn

Langenlonsheim
62 Löhrer Berg
63 Bergborn
64 Lauerweg
65 Königsschild
66 Rothenberg
67 Steinchen
68 St. Antoniusweg

III Großlage Pfarrgarten

Schöneberg
69 Schäfersberg
70 Sonnenberg

Spabrücken
71 Höll

Dalberg
72 Schloßberg
73 Ritterhölle
74 Sonnenberg

Hergenfeld
75 Mönchberg
76 Sonnenberg
77 Herrschaftsgarten

Wallhausen
78 Felseneck
79 Hörnchen
80 Mühlenberg
81 Johannisberg
82 Kirschheck
83 Höllenpfad
84 Hasensprung
85 Pastorenberg
86 Backöfchen
87 Sonnenweg
88 Laurentiusberg

Sommerloch
89 Birkenberg
90 Steinrossel
91 Sonnenberg
92 Ratsgrund

Gutenberg
93 St. Ruppertsberg
94 Römerberg
95 Schloßberg
96 Schloß Gutenburg
97 Sonnenlauf
98 Felseneck

IV Großlage Kronenberg

Bad Kreuznach
99 Höllenbrand
100 Galgenberg
101 Tilgesbrunnen
102 Rosenberg
103 Kauzenberg-Oranienberg
104 Kauzenberg-Rosenhügel
105 Kauzenberg in den Mauern
106 Osterhöll
107 Hofgarten
108 Kahlenberg
109 Steinweg
110 Mollenbrunnen
111 Hinkelstein
112 Forst
113 Vogelsang
114 Monhard
115 Kapellenpfad
116 Krötenpfuhl
117 Brückes
118 St. Martin
119 Breitenweg
120 Gutental
121 Mönchberg
122 Narrenkappe
123 Steinberg
124 Hungriger Wolf
125 In den 17 Morgen
126 Honigberg
127 Berg
128 Rosenheck
129 Himmelgarten
130 Junker
131 Römerhalde
132 Katzenhölle
133 Hirtenhain
134 Nonnengarten
135 Paradies

Bretzenheim
136 Felsenköpfchen
137 Vogelsang
138 Hofgut
139 Pastorei
140 Schloßgarten

Hargesheim
141 Straußberg
142 Mollenbrunnen

Bereich Schloß Böckelheim
V Großlage Rosengarten

Braunweiler
143 Michaeliskapelle
144 Wetterkreuz
145 Helenenpfad
146 Schloßberg

St. Katharinen
147 Fels
148 Klostergarten
149 Steinkreuz

Mandel
150 Alte Römerstraße
151 Schloßberg
152 Dellchen
153 Palmengarten
154 Becherbrunnen

Roxheim
155 Berg
156 Hüttenberg
157 Sonnenberg
158 Höllenpfad
159 Mühlenberg
160 Birkenberg

Rüdesheim
161 Wiesberg
162 Goldgrube

Weinsheim
163 Katergrube
164 Kellerberg
165 Steinkraut

Sponheim
166 Mühlberg
167 Abtei
168 Grafenberg
169 Klostergarten

Burgsponheim
170 Schloßberg
171 Höllenpfad
172 Pfaffenberg

Bockenau
173 Geisberg
174 Stromberg
175 Im Neuberg
176 Im Felseneck

Hüffelsheim
177 Mönchberg
178 Steyer
179 Gutenhölle

VI Großlage Paradiesgarten

Auen
180 Kaulenberg
181 Römerstich

Martinstein
182 Schloßberg

Weiler bei Monzingen
183 Herrenzehntel
184 Heiligenberg

Merxheim
185 Vogelsang
186 Römerberg
187 Hunolsteiner

Monzingen
188 Frühlingsplätzchen
189 Rosenberg
190 Halenberg

Nußbaum
191 Sonnenberg
192 Höllenberg
193 Rotfeld

Kirschroth
194 Wildgrafenberg
195 Lump

Meddersheim
196 Liebfrauenberg
197 Rheingrafenberg
198 Präsent
199 Altenberg
200 Edelberg

Lauschied
201 Edelberg

Sobernheim
202 Marbach
203 Domberg

Sobernheim-Steinhardt
204 Spitalberg

Waldböckelheim
205 (Steinhardt) Johannisberg
206 Kastell

Oberstreit
207 Auf dem Zimmerberg

Boos
206 Kastell
208 Herrenberg

Staudernheim
208 Herrenberg
209 Goldgrube

Odernheim
210 Kloster Disibodenberg
211 Hessweg
212 Montfort
213 Weinsack
214 Kapellenberg

Rehborn
215 Herrenberg
216 Schikanenbuckel
217 Hahn

Raumbach
218 Schwalbennest
211 Schloßberg
220 Allenberg

Desloch
221 Vor der Hölle
222 Hengstberg

Meisenheim
223 Obere Heimbach

Lettweiler
224 Rheingasse
225 Inkelhöll

Unkenbach
226 Würzhölle
227 Römerpfad

Obermoschel
228 Sonnenplätzchen
229 Schloßberg
230 Langhölle
231 Geißenkopf
232 Silberberg

Niedermoschel
231 Geißenkopf
232 Silberberg
233 Hahnhölle
234 Layenberg

Feilbingert
235 Feuerberg
236 Königsgarten
237 Bocksberg
238 Kahlenberg
239 Höchstes Kreuz

Hochstätten
240 Liebesbrunnen

Kalkofen
241 Graukatz

Alsenz
242 Elkersberg
243 Pfaffenpfad
244 Falkenberg
245 Hölle

Oberndorf
246 Weißenstein
247 Feuersteinrossel
248 Aspenberg
249 Beutelstein

Mannweiler-Cölln
246 Weißenstein
250 Schloß Randeck
251 Seidenberg
252 Rosenberg

Bayerfeld-Steckweiler
253 Adelsberg
254 Schloß Stolzenberg

255 Aspenberg
256 Mittelberg

Gaugrehweiler
257 Graukatz

Oberhausen a. d. Appel
257 Graukatz

Münsterappel
257 Graukatz

Niederhausen a. d. Appel
257 Graukatz

Winterborn
257 Graukatz

VII Großlage Burgweg

Altenbamberg
259 Laurentiusberg
260 Treuenfels
261 Kehrenberg
262 Schloßberg
263 Rotenberg

Bad Münster-Ebernburg
264 Schloßberg
265 Erzgruppe
266 Köhler-Köpfchen
267 Stephansberg
268 Feuerberg
269 Luisengarten
270 Götzenfels
271 Königsgarten
272 Steigerdell
273 Höll
274 Rotenfelser im Winkel
275 Felseneck

Traisen
276 Bastei
277 Kickelskopf
278 Rotenfels
279 Nonnengarten

Norheim
280 Götzenfels
281 Sonnenberg
282 Onkelchen
283 Oberberg
284 Kirschheck
285 Dellchen
286 Klosterberg
287 Kafels

Niederhausen
288 Pfingstweide
289 Felsensteyer
290 Rosenberg
291 Rosenheck
292 Pfaffenstein
293 Steinwingert
294 Stollenberg
295 Kertz
296 Klamm
297 Hermannshöhle
298 Hermannsberg
299 Steinberg

Schloßböckelheim
300 Kupfergrube
301 Felsenberg
302 Mühlberg
303 In den Felsen
304 Heimberg
305 Königsfels

Waldböckelheim
306 Mühlberg
307 Muckerhölle
308 Kirchberg
309 Römerberg
310 Hamm
311 Kronenfels
312 Drachenbrunnen
313 Marienpforter Klosterberg

Oberhausen
314 Felsenberg
315 Kieselberg
316 Leistenberg
317 Rothenberg

Duchroth
317 Rothenberg
314 Felsenberg
318 Königsfels
319 Kaiserberg
320 Vogelschlag
321 Feuerberg

Rheingau

Hinter den Einzellagen erscheinen in römischen Ziffern die Nummern der Großlage, in der sie sich befinden:
I = Burgweg
II = Steil
III = Erntebringer
IV = Honigberg
V = Gottesthal
VI = Mehrhölzchen
VII = Deutelsberg
VIII = Heiligenstock
IX = Steinmächer
X = Daubhaus

Bereich Johannisberg

Lorchhausen
1 Rosenberg I
2 Seligmacher I

Lorch
3 Schloßberg I
4 Kapellenberg I
5 Krone I
6 Pfaffenwies I
7 Bodental-Steinberg I

Assmannshausen-Aulhausen
8 Höllenberg II
9 Hinterkirch II
10 Frankenthal II
11 Berg Kaisersteinfels I

Rüdesheim
12 Berg Schloßberg I
13 Drachenstein I
14 Berg Roseneck I
15 Berg Rottland I
16 Bischofsberg I
17 Klosterberg I
18 Kirchenpfad I
19 Klosterlay I
20 Magdalenenkreuz I
21 Rosengarten I

Geisenheim
22 Schloßgarten III
23 Fuchsberg I
24 Mäuerchen I
25 Mönchspfad I
26 Rothenberg I
27 Kläuserweg III
28 Kilzberg III
29 Klaus III

Johannisberg
29 Klaus III
30 Hölle III
31 Mittelhölle III
32 Hansenberg III
33 Goldatzel III
34 Vogelsang III
35 Schwarzenstein III
36 Schloß Johannisberg (Ortsteil) III

Winkel
29 Klaus IV
37 Jesuitengarten IV
38 Gutenberg IV
39 Hasensprung IV
40 Bienengarten IV
41 Dachsberg III
42 Schloßberg IV
43 Schloß Vollrads (Ortsteil) IV

Mittelheim
44 St. Nikolaus III, IV
45 Edelmann III, IV
46 Goldberg III

Oestrich
47 Klosterberg V, VI
48 Lenchen V
49 Doosberg V
50 Schloß Reichhartshausen (Ortsteil) V

Hallgarten
51 Jungfer VI
52 Schönhell VI
53 Würzgarten VI
54 Hendelberg VI

Hattenheim
55 Pfaffenberg VII
56 Schützenhaus VII
57 Heiligenberg VII
58 Mannberg VII
59 Nußbrunnen VII
60 Hassel VII
61 Engelmannsberg VII
62 Wisselbrunnen VII
63 Steinberg (Ortsteil) VII

Erbach
64 Marcobrunn VII
65 Siegelsberg VII
66 Schloßberg VII
67 Steinmorgen VII
68 Rheinhell VII
69 Michelmark VII
70 Hohenrain VII
71 Honigberg VII

Kiedrich
72 Sandgrub VIII
73 Wasseros VIII
74 Gräfenberg VIII
75 Klosterberg VIII

Eltville
72 Sandgrub IX
76 Taubenberg IX
77 Langenstück IX
78 Rheinberg IX
79 Sonnenberg IX

Rauenthal
80 Baiken IX
81 Gehrn IX
82 Wülfen IX
83 Langenstück IX
84 Rothenberg IX
85 Nonnenberg IX

Martinsthal
86 Langenberg IX
87 Wildsau IX
88 Rödchen IX

Niederwalluf
89 Walkenberg IX
90 Berg-Bildstock IX
91 Oberberg IX

Oberwalluf
92 Fitusberg IX
93 Langenstück IX

Frauenstein
94 Herrnberg IX
95 Homberg IX
96 Marschall IX

Schierstein
97 Dachsberg IX
98 Hölle IX

Dotzheim
99 Judenkirch IX

Wiesbaden
100 Neroberg

Kostheim
101 Weiß Erd X
102 Steig X
103 Berg X
104 Reichestal X

Hochheim
103 Berg X
104 Reichestal X
105 Stielweg X
106 Domdechaney X
107 Kirchenstück X
108 Sommerheil X
109 Hofmeister X
110 Königin Victoriaberg X
111 Stein X
112 Herrnberg X
113 Hölle X

Flörsheim
114 Herrnberg X

Wicker
115 Stein X
116 Mönchsgewann X
117 König-Wilhelmsberg X
118 Nonnenberg X

Frankfurt
119 Lohrberger Hang

Böddiger (Landkreis Melsungen)
120 Berg

Hessische Bergstraße

Bereich Umstadt

Dietzenbach
1 Wingertsberg

Roßdorf
2 Roßberg

Klein-Umstadt
3 Stachelberg

Groß-Umstadt
4 Steingerück
5 Herrnberg

Bereich Starkenburg
Großlagenfrei

Seeheim
6 Mundklingen

I Großlage Rott

Zwingenberg
7 Steingeröll
8 Alte Burg

Bensheim-Auerbach
9 Höllberg
10 Fürstenlager

Bensheim-Schönberg
11 Herrnwingert

II Großlage Wolfsmagen

Bensheim
12 Kalkgasse
13 Kirchberg
14 Steichling
15 Hemsberg
16 Paulus

III Großlage Schloßberg

Heppenheim
(einschließlich Erbach und Hambach)
17 Stemmler
18 Centgericht
19 Steinkopf
20 Maiberg
21 Guldenzoll
22 Eckweg

Rheinhessen

Bereich Bingen

I Großlage Sankt Rochuskapelle

Bingen
1 (Kempten) Schloßberg-Schwätzerchen
2 (Kempten) Kirchberg
3 (Kempten) Kapellenberg
4 (Gaulsheim, Kempten) Pfarrgarten
5 (Büdesheim) Bubenstück
6 (Büdesheim) Osterberg
7 (Büdesheim) Rosengarten
8 (Büdesheim) Scharlachberg
9 (Dietersheim) Schelmenstück
10 (Büdesheim) Schwarzenberg
11 (Dromersheim) Honigberg
12 (Dromersheim) Klosterweg
13 (Dromersheim) Mainzerweg

Sponsheim
14 Palmenstein

Grolsheim
15 Ölberg

Gensingen
16 Goldberg

Horrweiler
17 Goldberg
18 Gewürzgärtchen

Welgesheim
19 Kirchgärtchen

Biebelsheim
20 Honigberg
21 Kieselberg

Pfaffen-Schwabenheim
22 Hölle
23 Mandelbaum
24 Sonnenberg

Zotzenheim
25 Johannisberg
26 Klostergarten

Badenheim
27 Galgenberg
28 Römerberg

Aspisheim
29 Johannisberg
30 Sonnenberg

Ockenheim
31 Laberstall
32 Hockenmühle
33 St. Jakobsberg
34 Klosterweg
35 Kreuz
36 Schönhölle

II Großlage Abtey

Gau-Algesheim
37 Steinert
38 Johannisberg
39 Goldberg
40 Rothenberg
41 St. Laurenzikapelle

Appenheim
42 Daubhaus
43 Hundertgulden
44 Eselspfad
45 Drosselborn

Nieder-Hilbersheim
46 Honigberg

47 Steinacker
48 Mönchpforte

Ober-Hilbersheim
48 Mönchpforte

Sprendlingen
49 Klostergarten
50 Honigberg
51 Hölle
52 Sonnenberg
53 Wißberg

Sankt Johann
54 Klostergarten
55 Steinberg
56 Geyersberg

Wolfsheim
57 Götzenborn
58 Osterberg
59 Sankt Kathrin

Partenheim
60 Sankt Georgen
61 Steinberg

III Großlage Rheingrafenstein

Pleitersheim
62 Sternberg

Volxheim
63 Mönchberg
64 Alte Römerstraße
65 Liebfrau

Hackenheim
66 Klostergarten
67 Sonnenberg
68 Galgenberg
69 Gewürzgarten
70 Kirchberg

Freilaubersheim
64 Alte Römerstraße
71 Kirchberg
72 Fels
73 Rheingrafenberg
74 Reichskeller

Tiefenthal
75 Graukatz

Fürfeld
76 Kapellenberg
77 Eichelberg
78 Steige

Stein-Bockenheim
79 Sonnenberg

Wonsheim
80 Sonnenberg
81 Hölle
82 Martinsberg

Neu-Bamberg
83 Eichelberg
84 Kletterberg
85 Kirschwingert
86 Heerkretz

Siefersheim
87 Heerkretz
88 Goldenes Horn
89 Höllberg
82 Martinsberg

Wöllstein
90 Haarberg-Katzensteg
91 Ölberg
92 Äffchen
93 Hölle

Eckelsheim
94 Kirchberg
95 Eselstreiber
96 Sonnenköpfchen

IV Großlage Adelberg

Nieder-Wiesen
97 Wingertsberg

Nack
98 Ahrenberg

Wendelsheim
99 Heiligenpfad
100 Steigerberg

Flonheim
101 (Uffhofen) Pfaffenberg
102 Bingerberg
103 (Uffhofen) La Roche
104 Rotenpfad
105 Klostergarten
106 (Uffhofen) Geisterberg

Erbes-Büdesheim
106 Geisterberg
107 Vogelsang

Bornheim
108 Hähnchen
109 Hütte-Terrassen
110 Kirchenstück
111 Schönberg

Lonsheim
112 Schönberg
113 Mandelberg

Bermersheim v.d.H.
114 Klostergarten
115 Hildegardisberg

Armsheim
116 (Schimsheim) Goldstückchen
117 (Schimsheim) Geiersberg
118 (Schimsheim) Leckerberg

Ensheim
119 Kachelberg

Wörrstadt
120 Kachelberg
121 Rheingrafenberg
120 (Rommersheim) Kachelberg

Sulzheim
122 Greifenberg
123 Honigberg
124 Schildberg

V Großlage Kurfürstenstück

Gumbsheim
125 Schloßhölle

Gau-Bickelheim
126 Bockshaut
127 Saukopf
128 Kapelle

Wallertheim
129 Vogelsang
130 Heil

Wöllstein
125 Schloßhölle
126 Bockshaut

Gau-Weinheim
131 Wißberg
132 Kaisergarten
133 Geyersberg

Vendersheim
134 Sonnenberg
135 Goldberg

VI Großlage Kaiserpfalz

Jugenheim
136 St. Georgenberg
137 Goldberg
138 Hasensprung
139 Heiligenhäuschen

Engelstadt
140 Adelpfad
141 Römerberg

Bubenheim
142 Kallenberg
143 Honigberg

Schwabenheim
144 Sonnenberg
145 Schloßberg
146 Klostergarten

Ingelheim
147 (Groß-Winternheim) Klosterbruder
148 (Groß-Winternheim) Bockstein
149 (Groß-Winternheim) Heilighäuschen
150 Schloßberg
151 Schloß Westerhaus
152 Sonnenhang
153 Rheinhöhe
154 Sonnenberg
155 Burgberg
156 Kirchenstück
157 Täuscherpfad
158 Horn
159 Pares
160 Steinacker
161 Höllenweg
162 Rotes Kreuz
163 Lottenstück
164 Rabenkopf

Wackernheim
165 Rabenkopf
166 Schwalben
167 Steinberg

Heidesheim
168 Geißberg
169 Steinacker
170 Höllenberg

Bereich Nierstein

VII Großlage Sankt Alban

Mainz
171 (Hechtsheim) Kirchenstück
172 (Laubenheim) Johannisberg
173 (Laubenheim) Edelmann
174 (Laubenheim) Klosterberg
175 (Ebersheim) Sand
176 (Ebersheim) Hüttberg
177 (Ebersheim) Weinkeller

Bodenheim
178 Mönchspfad
179 Burgweg
180 Ebersberg
181 Heitersbrünnchen
182 Reichsritterstift
183 Westrum
184 Hoch
185 Kapelle
186 Leidhecke
187 Silberberg
188 Kreuzberg

Gau-Bischofsheim
189 Glockenberg
190 Pfaffenweg
191 Kellersberg
192 Herrnberg

Harxheim
193 Börnchen
194 Schloßberg
195 Lieth

Lörzweiler
196 Ölgild
197 Hohberg

VIII Großlage Domherr

Klein-Winternheim
198 Geiershöll
199 Villenkeller
200 Herrgottshaus

Ober-Olm
201 Kapellenberg

Essenheim
202 Teufelspfad
203 Römerberg

Stadecken-Elsheim
204 (Elsheim) Bockstein
205 (Elsheim) Tempelchen
206 (Elsheim) Blume
207 (Elsheim) Lenchen
208 (Stadecken) Spitzberg

Saulheim
209 Probstey
210 Schloßberg
211 Hölle
212 Haubenberg
213 Pfaffengarten
214 Heiligenhaus
215 Goldberg
216 Sonnenberg
217 Kirchberg

Schornsheim
218 Mönchspfad
219 Ritterberg
220 Sonnenhang

Gabsheim
221 Dornpfad
222 Kirchberg
223 Rosengarten

Dazu kommen einzellagenfreie Rebflächen in den Gemarkungen Budenheim, Mainz-Finthen und Mainz-Drais.

IX Großlage Gutes Domtal

Nieder-Olm
224 Klosterberg
225 Sonnenberg
226 Goldberg

Lörzweiler
227 Königstuhl

Nackenheim
228 Schmittskapellchen

Nierstein (Ortsteil Schwabsburg)
229 Pfaffenkappe

Dexheim
230 Doktor

Dalheim
231 Steinberg
232 Kranzberg
233 Altdörr

Weinolsheim
234 Hohberg
235 Kehr

Friesenheim
236 Bergpfad
237 Knopf
238 Altdörr

Undenheim
239 Goldberg

Köngernheim
240 Goldgrube

Selzen
241 Rheinpforte
242 Gottesgarten
243 Osterberg

Hahnheim
244 Knopf
245 Moosberg

Sörgenloch
246 Moosberg

Zornheim
247 Vogelsang
248 Guldenmorgen
249 Mönchbäumchen
250 Dachgewann
251 Pilgerweg

Mommenheim
252 Osterberg
253 Silbergrube
254 Kloppenberg

X Großlage Spiegelberg

Nackenheim
255 Engelsberg
256 Rothenberg

Nierstein
257 Rosenberg
258 Klostergarten
259 Findling
260 Kirchplatte
261 Schloß Hohenrechen
262 Ebersberg
263 Bildstock
264 Brückchen
265 Paterberg
266 Hölle

XI Großlage Rehbach

Nierstein
267 Pettenthal
268 Brudersberg
269 Hipping
270 Goldene Luft

XII Großlage Auflangen

Nierstein
271 Kranzberg
272 Zehnmorgen
273 Bergkirche
274 Glöck
275 Ölberg
276 Heiligenbaum
277 Orbel
278 Schloß Schwabsburg

XIII Großlage Güldenmorgen

Oppenheim
279 Daubhaus
280 Zuckerberg
281 Herrenberg
282 Sackträger
283 Schützenhütte
284 Kreuz
285 Gutleuthaus

Dienheim
284 Kreuz
281 Herrenberg
286 Falkenberg
287 Siliusbrunnen
288 Höhlchen
289 Tafelstein

Uelversheim
289 Tafelstein

XIV Großlage Krötenbrunnen

Oppenheim
290 Schloßberg
291 Schloß
292 Paterhof
293 Herrengarten

Dienheim
291 Schloß
292 Paterhof
293 Herrengarten

Ludwigshöhe
294 Honigberg

Guntersblum
295 Steinberg
296 Sonnenhang
297 Sonnenberg
298 Eiserne Hand
299 Sankt Julianenbrunnen

Gimbsheim
300 Sonnenweg
301 Liebfrauenthal

Alsheim
302 Goldberg

Eich
303 Goldberg

Mettenheim
304 Goldberg

Hillesheim
305 Altenberg
306 Sonnenheil

Wintersheim
307 Frauengarten

Dolgesheim
308 Kreuzberg
309 Schützenhütte

Eimsheim
310 Hexelberg
311 Sonnenhang
312 Römerschanze

Uelversheim
313 Aulenberg
314 Schloß

XV Großlage Vogelsgärten

Ludwigshöhe
315 Teufelskopf

Guntersblum
316 Kreuzkapelle
317 Steig-Terrassen
318 Bornpfad
319 Authental
320 Himmelthal

XVI Großlage Petersberg

Bechtolsheim
321 Wingertstor
322 Sonnenberg
323 Homberg
324 Klosterberg

Gau-Odernheim
325 Herrgottspfad
326 Ölberg
327 Fuchsloch
328 Vogelsang
328 (Gau-Köngernheim) Vogelsang

Framersheim
329 Zechberg
330 Kreuzweg
331 Hornberg

Gau-Heppenheim
332 Schloßberg
333 Pfarrgarten

Albig
334 Schloß Hammerstein
335 Hundskopf
336 Homberg

Alzey
334 Schloß Hammerstein

Biebelnheim
337 Pilgerstein
338 Rosenberg

Spiesheim
339 Osterberg

XVII Großlage Rheinblick

Alsheim
340 Fischerpfad
341 Frühmesse
342 Römerberg
343 Sonnenberg

Dorn-Dürkheim
344 Hasensprung
345 Römerberg

Mettenheim
346 Michelsberg
347 Schloßberg

Bereich Wonnegau

XVIII Großlage Sybillenstein

Bechenheim
348 Fröhlich

Offenheim
349 Mandelberg

Mauchenheim
350 Sioner Klosterberg

Alzey
351 (Weinheim) Mandelberg
352 (Weinheim) Hölle
353 (Weinheim) Kirchenstück
354 (Weinheim) Kapellenberg
355 (Weinheim) Heiliger Blutberg
356 (Heimersheim) Sonnenberg
357 (Heimersheim) Rotenfels
354 Kapellenberg
358 Römerberg
359 (Schafhausen) Pfaffenhalde
360 Wartberg
361 (Dautenheim) Himmelacker

Wahlheim
362 Schelmen

Freimersheim
363 Frankenstein

XIX Großlage Bergkloster

Esselborn
364 Goldberg

Flomborn
365 Feuerberg
366 Goldberg

Dintesheim
367 Felsen

Eppelsheim
367 Felsen

Hangen-Weisheim
368 Sommerwende

Gundersheim
369 Höllenbrand
370 Königstuhl

Gundheim
371 Sonnenberg
372 Mandelbrunnen
373 Hungerbiene

Bermersheim
374 Hasenlauf

Westhofen
375 Rotenstein
376 Steingrube
377 Benn
378 Morstein
379 Brunnenhäuschen
380 Kirchspiel
381 Aulerde

XX Großlage Pilgerpfad

Frettenheim
382 Heil

Dittelsheim-Heßloch
383 (Dittelsheim) Leckerberg
384 (Dittelsheim) Pfaffenmütze
385 (Dittelsheim) Mönchhube
386 (Dittelsheim) Kloppberg
387 (Dittelsheim) Geiersberg
388 (Heßloch) Liebfrauenberg
389 (Heßloch) Edle Weingärten
390 (Heßloch) Mondschein

Monzernheim
391 Goldberg
392 Steinböhl

Bechtheim
393 Hasensprung
394 Heiligkreuz

Osthofen
395 Rheinberg
396 Klosterberg
397 Liebenberg
398 Kirchberg

XXI Großlage Gotteshilfe

Bechtheim
399 Rosengarten
400 Geyersberg
401 Stein

Osthofen
402 Hasenbiß
403 Neuberg
404 Leckzapfen
405 Goldberg

XXII Großlage Burg Rodenstein

Ober-Flörsheim
406 Blücherpfad
407 Deutschherrenberg

Bermersheim
408 Seilgarten

Flörsheim-Dalsheim
409 (Dalsheim) Hubacker
410 (Dalsheim) Sauloch
411 (Flörsheim) Steig
412 (Dalsheim) Bürgel
413 (Flörsheim) Goldberg
414 (Flörsheim) Frauenberg

Mörstadt
415 Nonnengarten
416 Katzenbuckel

XXIII Großlage Domblick

Mölsheim
417 Zellerweg am schwarzen Herrgott
418 Silberberg

Wachenheim
419 Rotenberg
420 Horn

Monsheim
421 Silberberg
422 (Kriegsheim) Rosengarten

Hohen-Sülzen
423 Sonnenberg
424 Kirchenstück

Offstein
425 Engelsberg
426 Schloßgarten

XXIV Großlage Liebfrauenmorgen

Worms
427 (Abenheim) Goldpfad
428 (Abenheim) Klausenberg
429 (Abenheim) Kapellenstück
430 (Abenheim) Bildstock
431 (Herrnsheim) Rheinberg
432 St. Cyriakusstift
433 Liebfrauenstift-Kirchenstück
434 Remeyerhof
435 (Herrnsheim) Lerchelsberg
436 (Herrnsheim) Sankt Annaberg
437 (Herrnsheim, Pfeddersheim) Hochberg
438 (Pfeddersheim) St. Georgenberg
439 (Pfeddersheim) Kreuzblick
440 (Herrnsheim) Römersteg
441 (Leiselheim) Nonnenwingert
442 (Horchheim) Goldberg
443 (Weinsheim) Burgweg
444 (Wies-Oppenheim) Am Heiligen Häuschen
445 (Heppenheim) Affenberg
446 (Heppenheim) Schneckenberg

Rheinpfalz

Bereich Mittelhaardt/ Deutsche Weinstraße

I Großlage Schnepfenpflug vom Zellertal (Zell)

Morschheim
1 Im Heubuch

Kirchheimbolanden
2 Schloßgarten

Bolanden
3 Schloßberg

Rittersheim
4 Am hohen Stein

Gauersheim
5 Goldloch

Stetten
6 Heilighäuschen

Albisheim
7 Heiligenborn

Einselthum
8 Klosterstück
9 Kreuzberg

Zellertal
8 (Zell) Klosterstück
9 (Zell) Kreuzberg
10 (Zell) Königsweg
11 (Zell) Schwarzer Herrgott
9 (Niefernheim) Kreuzberg
10 (Niefernheim) Königsweg
12 (Harxheim) Herrgottsblick

Bubenheim
13 Hahnenkamm

Immesheim
14 Sonnenstück

Ottersheim/Zellertal
15 Bräunersberg

Rüssingen
16 Breinsberg

Kerzenheim
17 Esper

Weitere Rebflächen in Bischheim und Marnheim (keine Einzellagen).

II Großlage Grafenstück (Bockenheim)

Bockenheim an der Weinstraße
18 Schloßberg
19 Vogelsang
20 Haßmannsberg
21 Burggarten
22 Klosterschaffnerei
23 Sonnenberg
24 Goldgrube
25 Heiligenkirche

Kindenheim
19 Vogelsang
23 Sonnenberg
26 Katzenstein
27 Burgweg

Obrigheim
23 Sonnenberg
28 Benn
29 Hochgericht
30 Rosengarten
31 Mandelgarten
32 Schloß

Die Winzer der Ortsteile Albsheim, Mühlheim und Heidesheim verwenden noch die alten Ortsbezeichnungen zusammen mit den in ihrer Gemarkung gelegenen Einzellagennamen.

III Großlage Höllenpfad (Grünstadt)

Mertesheim
33 St. Martinskreuz

Grünstadt
34 (Asselheim) Goldberg
35 (Asselheim) St. Stephan
36 (Asselheim) Schloß
37 Bergel
38 Röth
39 (Sausenheim) Hütt
40 (Sausenheim) Honigsack
41 (Sausenheim) Klostergarten

Neuleiningen
42 Feuermännchen
43 Sonnenberg
44 Schloßberg

Kleinkarlbach
45 Herrgottsacker
46 Herrenberg
47 Senn
48 Frauenländchen
49 Kieselberg

Battenberg
50 Schloßberg

IV Großlage Schwarzerde (Kirchheim)

Kleinniedesheim
51 Schloßgarten
52 Vorderberg

Großniedesheim
53 Schafberg

Heuchelheim bei Frankenthal
54 Steinkopf

Dirmstein
55 Herrgottsacker
56 Jesuitenhofgarten
57 Mandelpfad

Obersülzen
58 Schnepp

Heßheim
59 Lange Els

Gerolsheim
60 Lerchenspiel
61 Klosterweg

Laumersheim
62 Kapellenberg
63 Mandelberg
64 Kirschgarten

Großkarlbach
65 Burgweg
66 Osterberg

Bissersheim
67 Held
68 Steig
69 Orlenberg
70 Goldberg

Kirchheim an der Weinstraße
71 Kreuz
72 Römerstraße
73 Steinacker
74 Geißkopf

V Großlage Rosenbühl (Freinsheim)

Lambsheim
75 Burgweg

Weisenheim am Sand
75 Burgweg
76 Hahnen
77 Halde
78 Hasenzeile
79 Altenberg
80 Goldberg

Freinsheim
80 Goldberg

Erpolzheim
81 Kieselberg
82 Goldberg

VI Großlage Kobnert (Kallstadt)

Dackenheim
83 Mandelröth
84 Kapellgarten
85 Liebesbrunnen

Weisenheim am Berg
86 Mandelgarten
87 Sonnenberg

Herxheim am Berg
88 Kirchenstück
89 Himmelreich
90 Honigsack

Freinsheim
91 Musikantenbuckel
92 Oschelskopf
93 Schwarzes Kreuz

Erpolzheim
94 Kirschgarten

Ungstein
95 Osterberg
96 Bettelhaus

Kallstadt
97 Kronenberg
98 Steinacker

Leistadt
99 Kalkofen
100 Kirchenstück
101 Herzfeld

VII Großlage Feuerberg (Bad Dürkheim)

Bobenheim am Berg
102 Ohligpfad
103 Kieselberg

Weisenheim am Berg
104 Vogelsang

Kallstadt
105 Annaberg
106 Kreidkeller

Bad Dürkheim
107 Herrenmorgen
108 Steinberg
109 Nonnengarten

Ellerstadt
110 Sonnenberg
111 Dickkopp
112 Bubeneck

Gönnheim
113 Martinshöhe

VIII Großlage Saumagen

Kallstadt
114 Nill
115 Kirchenstück
116 Horn

IX Großlage Honigsäckel

Ungstein
117 Weilberg
118 Herrenberg
119 Nußriegel

X Großlage Hochmeß (Bad Dürkheim)

Ungstein
120 Michelsberg

Bad Dürkheim
120 Michelsberg
121 Spielberg
122 Rittergarten
123 Hochbenn

XI Großlage Schenkenböhl (Wachenheim)

Bad Dürkheim
124 Abtsfronhof
125 Fronhof
126 Fuchsmantel

Wachenheim
126 Fuchsmantel
127 Königswingert
128 Mandelgarten
129 Odinstal
130 Schloßberg

XII Großlage Schnepfenpflug an der Weinstraße (Forst)

Friedelsheim
131 Kreuz
132 Schloßgarten
133 Bischofsgarten

Wachenheim
133 Bischofsgarten
134 Luginsland

Forst an der Weinstraße
133 Bischofsgarten
135 Süßkopf
136 Stift

Deidesheim
137 Letten

XIII Großlage Mariengarten (Forst)

Wachenheim
138 Böhlig
139 Belz
140 Rechbächel
141 Goldbächel
142 Gerümpel
143 Altenburg

Forst
144 Musenhang
145 Pechstein
146 Jesuitengarten
147 Kirchenstück
148 Freundstück
149 Ungeheuer
150 Elster

Deidesheim
151 Herrgottsacker
152 Mäushöhle
153 Kieselberg
154 Kalkofen
155 Grainhübel
156 Hohenmorgen
157 Leinhöhle
158 Langenmorgen
159 Paradiesgarten

XIV Großlage Hofstück (Deidesheim)

Ellerstadt
160 Kirchenstück

Gönnheim
161 Sonnenberg
162 Mandelgarten
163 Klostergarten

Friedelsheim
164 Rosengarten
165 Gerümpel

Hochdorf-Assenheim
166 Fuchsloch

Rödersheim-Gronau
166 Fuchsloch

Niederkirchen
167 Osterbrunnen
168 Klostergarten
169 Schloßberg

Deidesheim
170 Nonnenstück

Ruppertsberg
171 Linsenbusch
172 Hoheburg
173 Gaisböhl
174 Reiterpfad
175 Spieß
176 Nußbien

Meckenheim
177 Wolfsdarm
178 Spielberg
179 Neuberg

XV Großlage Meerspinne (Neustadt, Ortsteil Gimmeldingen)

Königsbach an der Weinstraße
180 Ölberg
181 Idig
182 Jesuitengarten
183 Reiterpfad

Gimmeldingen
184 Bienengarten
185 Kapellenberg
186 Mandelgarten
187 Schlössel

Mußbach an der Weinstraße
188 Eselshaut
189 Glockenzehnt
190 Kurfürst
191 Spiegel
192 Bischofsweg
193 Johannitergarten

Haardt an der Weinstraße
194 Mandelring
195 Herzog
196 Herrenletten
197 Bürgergarten

Neustadt an der Weinstraße
198 Mönchgarten

XVI Großlage Rebstöckel (Neustadt an der Weinstraße, Ortsteil Diedesfeld)

Neustadt an der Weinstraße
199 Grain
200 Erkenbrecht

Hambach an der Weinstraße
201 Kaiserstuhl
202 Kirchberg
203 Feuer
204 Schloßberg

Diedesfeld
205 Ölgässel
206 Johanniskirchel
207 Paradies

XVII Großlage Pfaffengrund (Neustadt, Ortsteil Diedesfeld)

Diedesfeld
208 Berg

Hambach an der Weinstraße
209 Römerbrunnen

Lachen/Speyerdorf
210 Langenstein
211 Lerchenböhl
212 Kroatenpfad

Duttweiler
213 Kreuzberg
214 Mandelberg
215 Kalkberg

Geinsheim
216 Gässel

Bereich Südliche Weinstraße

XVIII Großlage Mandelhöhe

Maikammer
217 Alsterweiler Kapellenberg
218 Kirchenstück
219 Immengarten
220 Heiligenberg

Kirrweiler
221 Römerweg
222 Mandelberg
223 Oberschloß

XIX Großlage Schloß Ludwigshöhe (Edenkoben)

St. Martin
224 Kirchberg
225 Baron
226 Zitadelle

Edenkoben
227 Bergel
228 Heilig Kreuz
229 Klostergarten
230 Heidegarten,
231 Kirchberg
232 Blücherhöhe
233 Mühlberg
234 Schwarzer Letten
235 Kastaniengarten

XX Großlage Ordensgut (Rhodt)

Rhodt
236 Klosterpfad
237 Schloßberg
238 Rosengarten

Weyher in der Pfalz
239 Michelsberg
240 Heide

Hainfeld
241 Letten
242 Kapelle
243 Kirchstück

Edesheim
244 Forst
245 Mandelhang
246 Schloß
247 Rosengarten

XXI Großlage Trappenberg (Hochstadt)

Böbingen
248 Ortelberg

Altdorf
249 Gottesacker
250 Hochgericht

Venningen
251 Doktor

Groß- und Kleinfischlingen
252 Kirchberg

Freimersheim
253 Bildberg

Essingen
254 Roßberg
255 Sonnenberg
256 Osterberg

Ottersheim
257 Kahlenberg

Knittelsheim
258 Gollenberg

Bellheim
258 Gollenberg

Bornheim
250 Neuberg

Hochstadt
260 Roter Berg

Zeiskam
261 Klostergarten

Lustadt
261 Klostergarten

Weingarten
262 Schloßberg

Schwegenheim
263 Bründelsberg

Römerberg
264 Schlittberg
265 Alter Berg
266 Narrenberg

Ohne Lagennamen Rebflächen in den Gemarkungen Gommersheim und Offenbach.

XXII Großlage Bischofskreuz (Walsheim)

Burrweiler
267 Altenforst
268 St. Annaberg
269 Schäwer
270 Schloßgarten

Gleisweiler
271 Hölle

Flemlingen
272 Herrenbuckel
273 Vogelsprung
274 Zechpeter

Böchingen
275 Rosenkranz

Nußdorf
276 Herrenberg
277 Kaiserberg
278 Kirchenstück

Walsheim
279 Forstweg
280 Silberberg

Roschbach
281 Simonsgarten
282 Rosenkränzel

Knöringen
283 Hohenrain

Dammheim
284 Höhe

XXIII Großlage Königsgarten (Godramstein)

Landau in der Pfalz
285 Altes Löhl

Godramstein
286 Klostergarten
287 Münzberg

Frankweiler
288 Kalkgrube
289 Biengarten

Albersweiler
290 (St. Johann) Latt
291 Kirchberg

Siebeldingen
292 Mönchspfad
293 Im Sonnenschein
294 Rosenberg

Birkweiler
294 Rosenberg
295 Kastanienbusch
296 Mandelberg

Ranschbach
297 Seligmacher

Arzheim
297 Seligmacher
294 Rosenberg

6 ha Rebfläche ohne Lagennamen in der Gemarkung Gräfenhausen.

XXIV Großlage Herrlich (Eschbach)

Leinsweiler
298 Sonnenberg

Eschbach
299 Hasen

Göcklingen
300 Kaiserberg

Ilbesheim
298 Sonnenberg
301 Rittersberg

Wollmesheim
302 Mütterle

Mörzheim
303 Pfaffenberg

Impflingen
304 Abtsberg

Insheim
305 Schäfergarten

Rohrbach
305 Schäfergarten

Herxheim bei Landau/Pfalz
306 Engelsberg

Herxheimweyher
307 Am Gaisberg

XXV Großlage Kloster Liebfrauenberg (Bad Bergzabern)

Klingenmünster
308 Maria Magdalena

Göcklingen
309 Herrenpfad

Heuchelheim-Klingen
309 Herrenpfad

Rohrbach
310 Mandelpfad

Billigheim-Ingenheim
310 (Billigheim-Rohrbach) Mandelpfad
311 (Billigheim) Venusbuckel
312 (Billigheim) Sauschwänzel
313 (Appenhofen) Steingebiß
314 (Ingenheim) Pfaffenberg
315 (Billigheim) Rosenberg

Es dürfen noch die alten Ortsnamen verwendet werden, wie Ingenheimer Kloster Liebfrauenberg (Großlage), Pfaffenberg (314), Appenhofener Kloster Liebfrauenberg (Großlage), Steingebiß (313), Mühlhofener Kloster Liebfrauenberg (Großlage), Rosenberg (315).

Steinweiler
315 Rosenberg

Winden
316 Narrenberg

Hergersweiler
316 Narrenberg

Barbelroth
317 Kirchberg

Oberhausen
318 Frohnwingert

Niederhorbach
319 Silberberg

Gleiszellen-Gleishorbach
320 Kirchberg
321 Frühmess

Pleisweiler-Oberhofen
322 Schloßberg

Bad Bergzabern
323 Altenberg

Kapellen-Drusweiler
324 Rosengarten

XXVI Großlage Guttenberg (Schweigen)

Bad Bergzabern
325 Wonneberg

Dörrenbach
325 Wonneberg

Oberotterbach
326 Sonnenberg

Schweigen-Rechtenbach
326 Sonnenberg

Schweighofen
326 Sonnenberg
327 Wolfsberg

Kapsweyer
328 Lerchenberg

Steinfeld
329 Herrenwingert

Niederotterbach
330 Eselsbuckel

Dierbach
331 Kirchhöh

Vollmersweiler
332 Krapfenberg

Freckenfeld
333 Gräfenberg

Kandel
334 Galgenberg

Minfeld
335 Herrenberg

Baden

Bereich Badisches Frankenland
I Großlage Tauberklinge

Wertheim, Ortsteil Dertingen
1 Mandelberg
2 Sonnenberg

Wertheim, Ortsteil Kembach
2 Sonnenberg

Wertheim, Ortsteil Lindelbach
3 Ebenrain

Wertheim
4 Schloßberg

Wertheim, Ortsteil Reicholzheim
5 First
6 Satzenberg
7 Kemelrain

Höhefeld
7 Kemelrain

Külsheim, Ortsteil Uissigheim
8 Stahlberg

Külsheim
9 Hoher Herrgott

Werbach
10 Hirschberg
11 Beilberg

Großrinderfeld
11 Beilberg

Tauberbischofsheim
12 Edelberg

Tauberbischofsheim, Ortsteil Impfingen
13 Silberquell

Tauberbischofsheim, Ortsteil Distelhausen
14 Kreuzberg

Tauberbischofsheim, Ortsteil Dittigheim
15 Steinschmetzer

Tauberbischofsheim, Ortsteil Dittwar
16 wird noch festgelegt

Königheim
17 Kirchberg

Königheim, Ortsteil Gissigheim
18 Gützenberg

Lauda-Königshofen, Ortsteil Gerlachsheim
19 Herrenberg

Lauda-Königshofen, Ortsteil Oberlauda
20 Steinklinge
21 Altenberg

Lauda-Königshofen, Ortsteil Lauda
22 Frankenberg
23 Nonnenberg

Lauda-Königshofen, Ortsteil Marbach
22 Frankenberg

Lauda-Königshofen, Ortsteil Beckstein
23 Nonnenberg
24 Kirchberg

Lauda-Königshofen, Ortsteil Königshofen
24 Kirchberg
25 Walterstal
26 Turmberg

Lauda-Königshofen, Ortsteil Sachsenflur
27 Kailberg
25 Walterstal

Mühlberg, Ortsteil Unterschüpf
28 Mühlberg

Boxberg, Ortsteil Oberschüpf
29 Altenberg
30 Herrenberg

Krautheim
31 Heiligenberg

Krautheim, Ortsteil Klepsau
31 Heiligenberg

Bad Mergentheim, Ortsteil Dainbach
32 Alte Burg

Bereich Badische Bergstraße/Kraichgau
II Großlage Rittersberg

Laudenbach
33 Sonnberg

Hemsbach
34 Herrnwingert

Sulzbach
34 Herrnwingert

Weinheim
35 Hubberg
36 Wüstberg

Lützelsachsen
37 Stephansberg

Hohensachsen
37 Stephansberg

Großsachsen
38 Sandrocken

Leutershausen
39 Kahlberg
40 Staudenberg

Schriesheim
40 Staudenberg
41 Kuhberg
42 Madonnenberg
43 Schloßberg

Dossenheim
44 Ölberg

Heidelberg
45 Heiligenberg
46 Sonnenseite ob der Bruck

III Großlage Mannaberg

Heidelberg
47 Burg
48 Dachsbuckel
49 Herrenberg

Leimen
49 Herrenberg
50 Kreuzweg

Nußloch
51 Wilhelmsberg

Wiesloch
52 Bergwäldle
53 Spitzenberg
54 Hägenich

Rauenberg
55 Burggraf

Dielheim
56 Teufelskopf
57 Rosenberg

Tairnbach
57 Rosenberg

Horrenberg
58 Osterberg

Rotenberg
59 Schloßberg

Mühlhausen
60 Heiligenstein

Malschenberg
61 Ölbaum

Rettigheim
61 Ölbaum

Malsch
61 Ölbaum
62 Rotsteig

Bad Mingolsheim und Bad Langenbrücken
63 Goldberg

Östringen
64 Ulrichsberg
65 Hummelberg
66 Rosenkranzweg

Zeutern
67 Himmelreich

Stettfeld
67 Himmelreich

Ubstadt
68 Weinhecke

Oberöwisheim, Unteröwisheim
69 Kirchberg

Bruchsal
68 Weinhecke
70 Klosterberg

Obergrombach
71 Burgwingert

Untergrombach
72 Michaelsberg

Heidelsheim
73 Altenberg

Helmsheim
71 Burgwingert

IV Großlage Stiftsberg

Eberbach
74 Schollerbuckel

Binau
75 Herzogsberg

Diedesheim
75 Herzogsberg

Neckarzimmern
76 Wallmauer
77 Götzhalde
78 Kirchweinberg

Haßmersheim
78 Kirchweinberg

Neckarmühlbach
79 Hohberg

Bad Rappenau, Ortsteil Heinsheim
80 Burg Ehrenberg

Neudenau, Ortsteil Herbolzheim
81 Berg

Neudenau
81 Berg

Eschelbach
82 Sonnenberg

Eichtersheim
82 Sonnenberg

Michelfeld
82 Sonnenberg
83 Himmelberg

Waldangelloch
82 Sonnenberg

Steinsfurt
84 Steinsberg

Weiler
84 Steinsberg
85 Goldberg

Hilsbach
86 Eichelberg

Eichelberg
87 Kapellenberg

Odenheim
88 Königsbecher

Tiefenbach
89 Schellenbrunnen
90 Spiegelberg

Eppingen, Ortsteil Elsenz
90 Spiegelberg

Kirchardt, Ortsteil Berwangen
91 Vogelsang

Gemmingen
92 Vogelsang

Landshausen und Menzingen
90 Spiegelberg

Menzingen, Münzesheim und Neuenbürg
93 Silberberg

Bahnbrücken, Gochsheim und Oberacker
94 Lerchenberg

Eppingen, Ortsteil Rohrbach a. G.
94 Lerchenberg

Zaisenhausen
94 Lerchenberg

Kürnbach
94 Lerchenberg

Flehingen
94 Lerchenberg

Sulzfeld
94 Lerchenberg
95 Burg Ravensburger Husarenkappe
96 Burg Ravensburger Löchle
97 Burg Ravensburger Dicker Franz

Eppingen, Ortsteil Mühlbach
98 Lerchenberg

Bauerbach
94 Lerchenberg

Eppingen
94 Lerchenberg

V Großlage Hohenberg

Weingarten
99 Katzenberg
100 Petersberg

Jöhlingen
101 Hasensprung

Grötzingen
102 Lichtenberg
103 Turmberg

Berghausen
104 Sonnenberg

Wöschbach
105 Steinwengert

Söllingen
106 Rotenbusch

Karlsruhe-Durlach
103 Turmberg

Hohen-Wettersbach
107 Rosengarten

Bilfingen
108 Klepberg

Ersingen
108 Klepberg

Eisingen
109 Steig
108 Klepberg

Dürn
110 Eichelberg

Ellmendingen
111 Keulebuckel

Dietlingen
111 Keulebuckel
108 Klepberg

Bereich Ortenau

VI Großlage Schloß Rodeck

Baden-Baden
112 Eckberg
113 Sätzler

Sinzheim
113 Sätzler
114 Frühmeßler
115 Sonnenberg

116 Klostergut Fremersberger Feigenwäldchen

Varnhalt
115 Sonnenberg
117 Klostergbergfelsen
118 Steingrübler

Steinbach
119 Stich den Buben
120 Yburgberg

Neuweier
121 Altenberg
122 Schloßberg
123 Mauerberg
124 Gänsberg
125 Heiligenstein

Eisental
126 Sommerhalde
127 Betschgräber

Altschweier
128 Sternenberg

Bühlertal
129 Engelsfelsen
130 Klotzberg

Neusatz
128 Sternenberg
131 Wolfhag
132 Burg Windeck Kastanienhalde

Ottersweier
131 Wolfhag
133 Althof

Lauf
134 Schloß Neu-Windeck
135 Gut Alsenhof
136 Alter Gott

Obersasbach
136 Alter Gott
137 Eichwäldle

Sasbachwalden
136 Alter Gott
138 Klostergut Schelzberg

Oberachern
136 Alter Gott
139 Bienenberg

Kappelrodeck
140 Hex vom Dasenstein

Waldulm
141 Pfarrberg
142 Kreuzberg

Renchen
142 Kreuzberg

Mösbach
142 Kreuzberg

Obertsrot
143 Grafensprung

Weisenbach
144 Kestelberg

VII Großlage Fürsteneck

Ulm
145 Renchtäler

Erlach
145 Renchtäler

Haslach
145 Renchtäler

Stadelhofen
145 Renchtäler

Tiergarten
145 Renchtäler

Ringelbach
145 Renchtäler

Oberkirch
145 Renchtäler

Lautenbach
145 Renchtäler

Ödsbach
145 Renchtäler

Bottenau
145 Renchtäler

Nußbach
145 Renchtäler

Nesselried
145 Renchtäler
146 Schloßberg

Durbach
147 Plauelrain
148 Ölberg
149 Josephsberg
150 Steinberg
151 Schloßberg
152 Kapellenberg
153 Bienengarten
154 Kasselberg
155 Schloß Grohl
156 Kochberg

Rammersweier
157 Kreuzberg

Zell-Weierbach
158 Abtsberg

Fessenbach
159 Bergle
160 Franzensberger

Ortenberg
160 Franzensberger
161 Freudental
162 Andreasberg
163 Schloßberg

Ohlsbach
164 Kinzigtäler

Reichenbach
164 Kinzigtäler
165 Amselberg

Gengenbach
166 Nollenköpfle
164 Kinzigtäler

Bermersbach
164 Kinzigtäler

Berghaupten
164 Kinzigtäler

Diersburg
164 Kinzigtäler
167 Schloßberg

Zunsweier
164 Kinzigtäler

Hofweier
164 Kinzigtäler

Niederschopfheim
164 Kinzigtäler

Bereich Breisgau

VIII Großlage Schutterlindenberg

Oberschopfheim
168 Kronenbühl

Oberweier
168 Kronenbühl

Friesenheim
168 Kronenbühl

Heiligenzell
168 Kronenbühl

Hugsweier
168 Kronenbühl

Lahr
168 Kronenbühl
169 Herrentisch

Mietersheim
168 Kronenbühl

Sulz
170 Haselstaude

Kippenheim
170 Haselstaude

Mahlberg
170 Haselstaude

Schmieheim
171 Kirchberg

Wallburg
171 Kirchberg

Münchweier
171 Kirchberg

IX Großlage Burg Lichteneck

Altdorf
172 Kaiserberg

Ettenheim
172 Kaiserberg

Ringsheim
172 Kaiserberg

Herbolzheim
172 Kaiserberg

Tutschfelden
172 Kaiserberg

Broggingen
172 Kaiserberg

Bleichheim
172 Kaiserberg

Wagenstadt
173 Hummelberg

Kenzingen
173 Hummelberg
174 Roter Berg

Nordweil
175 Herrenberg

Bombach
176 Sommerhalde

Hecklingen
177 Schloßberg

Malterdingen
178 Bienengarten

Heimbach
178 Bienengarten

Köndringen
179 Alte Burg

Mundingen
179 Alte Burg

X Großlage Burg Zähringen

Hochburg
180 Halde

Sexau
181 Sonnenhalde

Buchholz
181 Sonnenhalde

Denzlingen
181 Sonnenhalde
182 Eichberg

Glottertal
182 Eichberg
183 Roter Bur

Heuweiler
182 Eichberg

Wildtal
184 Sonnenberg

Freiburg
185 Schloßberg

Lehen
186 Bergle

Bereich Kaiserstuhl-Tuniberg

XI Großlage Vulkanfelsen

Nimburg
187 Steingrube

Neuershausen
187 Steingrube

Riegel
188 St. Michaelberg

Bahlingen
189 Silberberg

Eichstetten
190 Herrenbuck
191 Lerchenberg

Bötzingen
192 Lasenberg
193 Eckberg

Wasenweiler
194 Lotberg
195 Kreuzhalde

Ihringen
195 Kreuzhalde
196 Fohrenberg
197 Winklerberg
198 Schloßberg
199 Castellberg
200 Steinfelsen
201 Doktorgarten

Achkarren
198 Schloßberg
199 Castellberg

Bickensohl
200 Steinfelsen
202 Herrenstück

Oberrotweil
198 Schloßberg
203 Käsleberg
204 Eichberg
205 Henkenberg
206 Kirchberg

Oberbergen
207 Pulverbuck
208 Baßgeige

Schelingen
209 Kirchberg

Bischoffingen
210 Enselberg
211 Rosenkranz
212 Steinbuck

Burkheim
213 Feuerberg
214 Schloßgarten

Jechtingen
215 Steingrube
210 Enselberg
216 Hochberg
217 Eichert
218 Gestühl

Sasbach
219 Scheibenbuck
220 Lützelberg
221 Rote Halde
222 Limburg

Leiselheim
223 Gestühl

Kiechlinsbergen
224 Teufelsburg
225 Ölberg

Königschaffhausen
226 Hasenberg
227 Steingrüble

Amoltern
228 Steinhalde

Endingen
229 Engelsberg
230 Steingrube
231 Tannacker

Breisach
232 Augustinerberg
233 Eckartsberg

XII Großlage Attilafelsen

Gottenheim
234 Kirchberg

Merdingen
235 Bühl

Waltershofen
236 Steinmauer

Opfingen
237 Sonnenberg

Niederrimsingen
238 Rotgrund

Tiengen
239 Rebtal

Oberrimsingen
240 Franziskaner

Munzingen
241 Kapellenberg

Bereich Markgräflerland

XIII Großlage Lorettoberg

Freiburg
242 Steinler
243 Jesuitenschloß

Merzhausen
243 Jesuitenschloß

Wittnau
244 Kapuzinerbuck

Mengen
245 Alemannenbuck

Biengen
246 Maltesergarten

Schlatt
246 Maltesergarten
247 Steingrüble

Bad Krozingen
247 Steingrüble

Tunsel
246 Maltesergarten

**Schallstadt-
 Wolfenweiler**
248 Batzenberg
249 Dürrenberg

Ebringen
250 Sommerberg

Scherzingen
248 Batzenberg

Norsingen
248 Batzenberg

Pfaffenweiler
248 Batzenberg
251 Oberdürrenberg

Kirchhofen
248 Batzenberg
252 Höllhagen
253 Kirchberg

Ehrenstetten
254 Oelberg
255 Rosenberg

Bollschweil
256 Steinberg

Staufen
257 Schloßberg

Wettelbrunn
246 Maltesergarten

Grunern
257 Schloßberg
258 Altenberg

Eschbach
246 Maltesergarten

Heitersheim
246 Maltesergarten

Seefelden
246 Maltesergarten

Buggingen
246 Maltesergarten
259 Sonnhohle
260 Höllberg

**XIV Großlage
Burg Neuenfels**

**Ballrechten-
 Dottingen**
261 Castellberg
262 Altenberg

Sulzburg
262 Altenberg

Laufen
262 Altenberg

Britzingen
262 Altenberg
263 Sonnhole
264 Rosenberg

Dattingen
262 Altenberg
263 Sonnhole
264 Rosenberg

Zunzingen
264 Rosenberg

Hügelheim
265 Höllberg
266 Gottesacker
267 Schloßgarten

Müllheim
268 Sonnhalde
269 Reggenhag
270 Pfaffenstück

Niederweiler
271 Römerberg

Badenweiler
271 Römerberg

Lipburg
272 Kirchberg

Feldberg
273 Paradies

Auggen
274 Letten
275 Schäf

Mauchen
276 Frauenberg
277 Sonnenstück

Schliengen
277 Sonnenstück

Steinenstadt
277 Sonnenstück
275 Schäf

Niedereggenen
277 Sonnenstück
278 Röthen

Obereggenen
278 Röthen

Liel
277 Sonnenstück

Bad Bellingen
277 Sonnenstück

**XV Großlage
Vogtei Rötteln**

Feuerbach
279 Steingäßle

Hertingen
280 Sonnhohle

Tannenkirch
279 Steingäßle

Riedlingen
279 Steingäßle

Holzen
279 Steingäßle

Wollbach
279 Steingäßle

Bamlach
281 Kapellenberg

Rheinweiler
281 Kapellenberg

Blansingen
282 Wolfer

Kleinkems
282 Wolfer

Welmlingen
279 Steingäßle

Huttingen
283 Kirchberg

Istein
283 Kirchberg

Winterweiler
279 Steingäßle

Efringen-Kirchen
279 Steingäßle
283 Kirchberg
284 Oelberg
280 Sonnhohle

Egringen
280 Sonnhohle

Schallbach
280 Sonnhohle

Fischingen
280 Sonnhohle

Rümmingen
280 Sonnhohle

Eimeldingen
280 Sonnhohle

Binzen
280 Sonnhohle

Ötlingen
280 Sonnhohle
285 Stiege

Haltingen
285 Stiege

Weil
285 Stiege
286 Schlipf

Grenzach
287 Hornfelsen

Herten
288 Steinacker

**Bereich
Bodensee**
Großlagenfrei

Rechberg
289 Kapellenberg

Erzingen
289 Kapellenberg

Nack
290 Steinler

**XVI Großlage
Sonnenufer**

Singen
291 Elisabethenberg
292 Olgaberg

Hilzingen
291 Elisabethenberg

Reichenau
293 Hochwart

Überlingen
294 Felsengarten

Oberuhldingen
295 Kirchhalde

Meersburg
296 Chorherrenhalde
297 Fohrenberg
298 Rieschen
299 Jungfernstieg
300 Bengel

301 Lerchenberg
302 Sängerhalde

Stetten
297 Fohrenberg
301 Lerchenberg
302 Sängerhalde

Hagnau
303 Burgstall

Kirchberg
304 Schloßberg

Kippenhausen
303 Burgstall

Immenstaad
303 Burgstall

Bermatingen
305 Leopoldsberg

Markdorf
302 Sängerhalde
303 Burgstall

Konstanz
306 Sonnenhalde

Württemberg

**Bereich
Kocher-Jagst-
Tauber**

**I Großlage
Tauberberg**

Elpersheim
1 Mönchsberg
2 Probstberg

Haagen
3 Schafsteige

Laudenbach
3 Schafsteige

Markelsheim
1 Mönchsberg
2 Probstberg

Niederstetten
3 Schafsteige

Oberstetten
3 Schafsteige

Reinsbronn
4 Röde

Schäftersheim
5 Klosterberg

Vorbachzimmern
3 Schafsteige

Weikersheim
6 Hardt
7 Karlsberg
8 Schmecker

Wermutshausen
3 Schafsteige

**II Großlage
Kocherberg**

Belsenberg
9 Heiligkreuz

Bieringen
10 Schlüsselberg

Criesbach
11 Burgstall
12 Hoher Berg
13 Sommerberg

Dörzbach
14 Altenberg

Ernsbach
15 Flatterberg

Forchtenberg
15 Flatterberg

Ingelfingen
12 Hoher Berg

Künzelsau
12 Hoher Berg

Möckmühl
16 Hofberg
17 Ammerlanden

Niedernhall
11 Burgstall
18 Engweg
12 Hoher Berg

Siglingen
16 Hofberg

Weißbach
14 Altenberg
18 Engweg

Widdern
16 Hofberg

**Bereich Württembergisch
Unterland**

**III Großlage
Schalkstein**

Affalterbach
19 Neckarhälde

Allmersbach a. W.
20 Alter Berg

Asperg
21 Berg

Beihingen
19 Neckarhälde

Benningen
19 Neckarhälde

Besigheim
21 Felsengarten
22 Wurmberg

Bietigheim
21 Felsengarten

Bissingen
21 Felsengarten

Erdmannshausen
19 Neckarhälde

Gemmrigheim
21 Felsengarten
22 Wurmberg

Großingersheim
23 Schloßberg

Hessigheim
21 Felsengarten
24 Käsberg
22 Wurmberg

Höpfigheim
25 Königsberg

Hoheneck
19 Neckarhälde

Kirchberg
26 Kelterberg

Kleinaspach
26 Kelterberg

Kleiningersheim
23 Schloßberg

Löchgau
21 Felsengarten

Marbach
19 Neckarhälde

Markgröningen
21 Berg
27 St. Johännser

Mundelsheim
24 Käsberg
28 Mühlbächer
29 Rozenberg

Murr
19 Neckarhälde

Neckarweihingen
19 Neckarhälde

Poppenweiler
19 Neckarhälde

Rielingshausen
26 Kelterberg

Rietenau
30 Güldenkern

Steinheim/Murr
31 Burgberg

Walheim
21 Felsengarten
22 Wurmberg

**IV Großlage
Stromberg**

Bönnigheim
32 Sonnenberg

Diefenbach
33 König

Ensingen
34 Schanzreiter

Erligheim
35 Lerchenberg

Freudenstein
36 Reichshalde

Freudental
37 Kirchberg

Gündelbach
38 Steinbachhof
39 Wachtkopf

Häfnerhaslach
40 Heiligenberg

Hofen
35 Lerchenberg

Hohenhaslach
37 Kirchberg
41 Klosterberg

Hohenstein
37 Kirchberg

Horrheim
41 Klosterberg

Illingen
42 Forstgrube
43 Halde
44 Lichtenberg
34 Schanzreiter

Kirchheim
37 Kirchberg

Kleinsachsenheim
37 Kirchberg

Knittlingen
38 Reichshalde
Lienzingen
45 Eichelberg
Maulbronn
46 Eilfingerberg
47 Eilfingerberg
 Klosterstück
36 Reichshalde
Mühlhausen
43 Halde
Oberderdingen
48 Kupferhalde
Ochsenbach
49 Liebenberg
Ötisheim
50 Sauberg
Riet
51 Kirchberg
Roßwag
42 Forstgrube
43 Halde
44 Lichtenberg
Schützingen
40 Heiligenberg
Spielberg
49 Liebenberg
Sternenfels
33 König
Vaihingen
52 Höllisch Feuer

V Großlage Heuchelberg
Brackenheim
53 Dachsberg
54 Mönchsberg
55 Schloßberg
56 Wolfsaugen
57 Zweifelberg
Botenheim
58 Ochsenberg
Burgbronn
59 Hahnenberg
Cleebronn
60 Michaelsberg
Dürrenzimmern
54 Mönchsberg
Eibensbach
60 Michaelsberg
Frauenzimmern
61 Kaiserberg
60 Michaelsberg
Güglingen
61 Kaiserberg
60 Michaelsberg
Haberschlacht
53 Dachsberg
Hausen/Z.
62 Jupiterberg
63 Staig
64 Vogelsang
Kleingartach
65 Grafenberg
64 Vogelsang
Klingenberg
66 Schloßberg
67 Sonntagsberg

Leingarten
65 Grafenberg
68 Leiersberg
64 Vogelsang
Massenbachhausen
69 Krähenberg
Meimsheim
70 Katzenöhrle
Neipperg
65 Grafenberg
71 Steingrube
66 Schloßberg
64 Vogelsang
Niederhofen
65 Grafenberg
64 Vogelsang
Nordhausen
67 Sonntagsberg
Nordheim
65 Grafenberg
75 Gräfenberg
71 Ruthe
67 Sonntagsberg
Pfaffenhofen
72 Hohenberg
Schwaigern
65 Grafenberg
71 Ruthe
73 Sonnenberg
64 Vogelsang
Stetten a. H.
73 Sonnenberg
Stockheim
74 Altenberg
Weiler/Z.
72 Hohenberg
Zaberfeld
72 Hohenberg

VI Großlage Wunnenstein
Beilstein
76 Schloßwengert
77 Steinberg
78 Wartberg
Gronau
79 Forstberg
Großbottwar
80 Harzberg
81 Lichtenberg
Hof und Lembach
80 Harzberg
81 Lichtenberg
Hoheneck
82 Oberer Berg
Ilsfeld
81 Lichtenberg
Kleinbottwar
83 Götzenberg
81 Lichtenberg
82 Oberer Berg
84 Süßmund
Oberstenfeld
79 Forstberg
80 Harzberg
81 Lichtenberg
Steinheim
81 Lichtenberg

Winzerhausen
80 Harzberg
81 Lichtenberg

VII Großlage Schozachtal
Abstatt
85 Burgberg
86 Burg Wildeck
87 Sommerberg
Auenstein
85 Burgberg
88 Schloßberg
Ilsfeld
89 Rappen
Löwenstein
87 Sommerberg
Unterheinriet
87 Sommerberg

VIII Großlage Kirchenweinberg
Flein
90 Altenberg
91 Eselsberg
92 Sonnenberg
Heilbronn
92 Sonnenberg
Schozach
93 Mühlberg
94 Roter Berg
95 Schelmenklinge
Lauffen
96 Jungfer
97 Katzenbeißer
98 Nonnenberg
99 Riedersbückele
Neckarwestheim
100 Herrlesberg
Talheim
101 Hohe Eiche
102 Schloßberg
92 Sonnenberg
Untergruppenbach
103 Schloßberg

IX Großlage Staufenberg
Brettach
104 Berg
Cleversulzbach
104 Berg
Duttenberg
105 Schön
Eberstadt
108 Dezberg
Ellhofen
106 Ranzenberg
Erlenbach
107 Kayberg
Gellmersbach
108 Dezberg
Gundelsheim
109 Himmelreich

Heilbronn
110 Stahlbühl
111 Stiftsberg
112 Wartberg
Horkheim
111 Stiftsberg
Neckarsulm
113 Scheuerberg
Oedheim
107 Kayberg
Offenau
105 Schön
Talheim
111 Stiftsberg
Untereisesheim
114 Vogelsang
Weinsberg
106 Ranzenberg
115 Schemelsberg

X Großlage Salzberg
Affaltrach
116 Dieblesberg
117 Zeilberg
Eberstadt
118 Eberfürst
119 Sommerhalde
Eichelberg
120 Hundsberg
Ellhofen
121 Altenberg
122 Althälde
Eschenau
123 Paradies
Grantschen
124 Wildenberg
Hößlinsülz
116 Dieblesberg
Lehrensteinsfeld
122 Althälde
125 Frauenzimmer
126 Steinacker
Löwenstein
121 Altenberg
116 Dieblesberg
127 Nonnenrain
128 Wohlfahrtsberg
Sülzbach
129 Altenberg
Weiler
120 Hundsberg
130 Schlierbach
Weinsberg
122 Althälde
Willsbach
116 Dieblesberg
117 Zeilberg
Wimmental
129 Altenberg

XI Großlage Lindelberg
Adolzfurt
131 Schneckenhof

Bretzfeld
132 Goldberg
Dimbach
133 Schloßberg
Eschelbach
134 Schwobajörgle
Geddelsbach
131 Schneckenhof
Heuholz
135 Dachsteiger
136 Spielbühl
Kesselfeld
134 Schwobajörgle
Langenbeutingen
137 Himmelreich
Maienfels
131 Schneckenhof
Michelbach a. W.
135 Dachsteiger
138 Margarete
Obersöllbach
138 Margarete
Pfedelbach
132 Goldberg
Schwabbach
133 Schloßberg
Siebeneich
137 Himmelreich
133 Schloßberg
Unterheimbach
131 Schneckenhof
Untersteinbach
135 Dachsteiger
Verrenberg
132 Goldberg
139 Verrenberg
Waldbach
133 Schloßberg
Windischenbach
132 Goldberg

Bereich Remstal-Stuttgart

XII Großlage Hohenneuffen
Beuren
140 Schloßsteige
Frickenhausen
140 Schloßsteige
Kappishäusern
140 Schloßsteige
Kohlberg
140 Schloßsteige
Linsenhofen
140 Schloßsteige
Metzingen
140 Schloßsteige
141 Hofsteige
Neuffen
140 Schloßsteige
Weilheim
140 Schloßsteige

XIII Großlage Weinsteige
Bad Cannstatt (Stuttgart)
142 Berg
143 Halde
144 Herzogenberg
145 Mönchberg
146 Steinhalde
147 Zuckerle
Degerloch (Stuttgart)
148 Scharrenberg
Esslingen
149 Ailenberg
150 Kirchberg
151 Lerchenberg
152 Schenkenberg
Feuerbach (Stuttgart)
142 Berg
Fellbach
153 Gips
154 Goldberg
144 Herzogenberg
155 Hinterer Berg
145 Mönchberg
157 Wetzstein
Gaisburg (Stuttgart)
158 Abelsberg
Gerlingen
159 Bopser
Hedelfingen (Stuttgart)
160 Lenzenberg
Hofen (Stuttgart)
147 Zuckerle
Mühlhausen (Stuttgart)
146 Steinhalde
147 Zuckerle
Münster (Stuttgart)
142 Berg
146 Steinhalde
147 Zuckerle
Obertürkheim (Stuttgart)
149 Ailenberg
150 Kirchberg
Rohracker (Stuttgart)
160 Lenzenberg
Rotenberg (Stuttgart)
161 Schloßberg
Stuttgart
162 Kriegsberg
145 Mönchberg
163 Mönchhalde
Uhlbach (Stuttgart)
164 Götzenberg
161 Schloßberg
165 Steingrube
Untertürkheim (Stuttgart)
166 Altenberg
153 Gips
144 Herzogenberg
145 Mönchberg
161 Schloßberg
157 Wetzstein

Wangen (Stuttgart)
142 Berg

Zuffenhausen
142 Berg

XIV Großlage Sonnenbühl

Beutelsbach
167 Burghalde

Endersbach
168 Hintere Klinge

Rommelshausen
169 Mönchberg

Schnait
167 Burghalde

Stetten
169 Mönchberg

Strümpfelbach
170 Altenberg

XV Großlage Kopf

Beinstein
171 Großmulde

Breuningsweiler
172 Holzenberg

Bürg
173 Schloßberg

Großheppach
174 Wanne

Grunbach
175 Berghalde

Hanweiler
176 Berg

Kleinheppach
177 Greiner

Korb
176 Berg
178 Hörnle
179 Sommerhalde

Neustadt
180 Söhrenberg

Schorndorf
181 Grafenberg

Waiblingen
178 Hörnle

Winnenden
176 Berg
172 Holzenberg
182 Roßberg

Winterbach
183 Hungerberg

XVI Großlage Wartbühl

Aichelberg
184 Luginsland

Buoch
185 Himmelreich

Beutelsbach
186 Altenberg
187 Käppele
188 Sonnenberg

Breuningsweiler
189 Haselstein

Endersbach
190 Happenhalde
191 Wetzstein

Geradstetten
192 Lichtenberg
188 Sonnenberg

Großheppach
193 Steingrüble
194 Zügernberg

Grunbach
195 Klingle

Hanweiler
196 Maien

Hebsack
192 Lichtenberg

Hertmannsweiler
196 Himmelreich

Kleinheppach
188 Sonnenberg
193 Steingrüble

Korb
193 Steingrüble

Rommelshausen
197 Häder

Schnait
186 Altenberg
188 Sonnenberg

Stetten
198 Brotwasser
197 Häder
199 Lindhälder
200 Pulvermächer

Strümpfelbach
201 Gastenklinge
202 Nonnenberg

Waiblingen
193 Steingrüble

Winnenden
189 Haselstein

Großlagenfrei

Hirschau
203 Sonnenhalden

Kressbronn am Bodensee
204 Berghalde

Rottenburg
205 Kapellenberg

Tübingen
203 Sonnenhalden

Unterjessingen
203 Sonnenhalden

Wendelsheim
205 Kapellenberg

Wurmlingen
205 Kapellenberg

Franken

Bereich Mainviereck

I Großlage Reuschberg

Alzenau, Ortsteil Hörstein
1 Abtsberg

Großlagenfrei

Alzenau, Ortsteil Wasserlos
2 Lurhännchen
3 Schloßberg

Alzenau, Ortsteil Michelbach
4 Steingarten
5 Apostelgarten

Aschaffenburg
6 Pompejaner

Obernau
7 Sanderberg

Rottenberg
8 Gräfenstein

II Großlage Heiligenthal

Großostheim
9 Reischklingeberg
10 Harstell

Dazu kommen Rebflächen in der Gemarkung Wenigumstadt.

Großlagenfrei

Großwallstadt
11 Lützeltalerberg

Elsenfeld, Ortsteil Rück
12 Johannisberg
13 Jesuitenberg

Erlenbach am Main
14 Hochberg

Klingenberg
15 Hochberg
16 Schloßberg

Großheubach
17 Bischofsberg

Großheubach, Ortsteil Engelsberg
18 Klostergarten

Miltenberg
19 Steingrübler

Bürgstadt
20 Mainhölle
21 Centgrafenberg

Dorfprozelten
22 Predigtstuhl

Kreuzwertheim
23 Kaffelstein

Bereich Maindreieck

Großlagenfrei

Homburg
24 Kallmuth
25 Edelfrau

Lengfurt
26 Alter Berg
27 Oberrot

Erlenbach
28 Krähenschnabel

III Großlage Burg (Hammelburg)

Hammelburg, Ortsteil Saaleck
29 Schloßberg

Hammelburg
30 Heroldsberg
31 Trautlestal

Ramsthal
32 St. Klausen

Wirmsthal
33 Scheinberg

IV Großlage Roßtal (Karlstadt)

Gössenheim
34 Arnberg

Karlburg
übrige Rebflächen

Karlstadt, Ortsteil Gambach
35 Kalbenstein

Mühlbach
übrige Rebflächen

Laudenbach
übrige Rebflächen

Eußenheim
36 First

Stetten
37 Stein

Arnstein
übrige Rebflächen

Karlstadt
38 Im Stein

Himmelstadt
39 Kelter

Retzstadt
40 Langenberg

V Großlage Ravensburg (Thüngersheim)

Zellingen, Ortsteil Retzbach
41 Benediktusberg

Thüngersheim
42 Johannisberg
43 Scharlachberg

Güntersleben
44 Sommerstuhl

Erlabrunn
45 Weinsteig

Oberleinach
übrige Rebflächen

Veitshöchheim
46 Wölflein

Großlagenfrei

Veitshöchheim
47 Sonnenschein

Rimpar
48 Kobersberg

Böttigheim
49 Wurmberg

Würzburg
50 Pfaffenberg
51 Stein
52 Stein/Harfe
53 Schloßberg
54 Innere Leiste
55 Abtsleite
56 Kirchberg

VI Großlage Ewig Leben

Randersacker
57 Teufelskeller
58 Sonnenstuhl
59 Pfülben
60 Marsberg

VII Großlage Ölspiel

Sommerhausen
61 Steinbach
62 Reifenstein

Ochsenfurt, Ortsteil Kleinochsenfurt
bestimmte Rebflächen

VIII Großlage Teufelstor

Eibelstadt
63 Kapellenberg
64 Mönchsleite

Randersacker
65 Dabug

Großlagenfrei

Tauberrettersheim
66 Königin

Röttingen
67 Feuerstein

Bergtheim
68 Harfenspiel

Frickenhausen
69 Fischer
70 Kapellenberg
71 Markgraf Babenberg

Gaibach
72 Schloßpark

IX Großlage Hofrat (Kitzingen)

Segnitz
73 Zobelsberg
74 Pfaffensteig

Marktbreit
75 Sonnenberg

Sulzfeld
76 Maustal
77 Cyriakusberg

Kitzingen
78 Wilhelmsberg

Repperndorf
79 Kaiser Karl

Buchbrunn
80 Heißer Stein

Mainstockheim
81 Hofstück

X Großlage Honigberg

Dettelbach
82 Berg-Rondell
83 Sonnenleite

Dettelbach, Ortsteil Bibergau
übrige Rebflächen

XI Großlage Kirchberg (Volkach)

Neuses a. Berg
84 Glatzen

Volkach, Ortsteil Escherndorf
85 Fürstenberg
86 Berg
87 Lump

Sommerach
88 Katzenkopf
89 Rosenberg

Nordheim
90 Vögelein
91 Kreuzberg

Volkach, Ortsteil Astheim
92 Karthäuser

Krautheim
93 Sonnenleite

Obervolkach
94 Landsknecht

Rimbach
übrige Rebflächen

Gaibach
95 Kapellenberg

Volkach
96 Ratsherr

Untereisenheim
97 Sonnenberg

Obereisenheim
98 Höll

Stammheim
99 Eselsberg

Wipfeld
100 Zehntgraf

Außerdem Rebflächen in den Gemarkungen Neusetz, Fahr und Volkach, Ortsteil Köhler.

Großlagenfrei

Volkach, Ortsteil Hallburg
101 Schloßberg

Frankenwinheim
102 Rosenberg

Schweinfurt
103 Peterstirn
104 Mainleite

Obernbreit
105 Kanzel

Kitzingen
106 Eherieder Berg

Zeilitzheim
107 Heiligenberg

Willanzheim
übrige Rebflächen

Bereich Steigerwald
XII Großlage Schild (Abtswind)

Abtswind
108 Altenberg

Greuth
109 Bastel

XIII Großlage Herrenberg

Castell
110 Bausch
111 Hohnart
112 Kirchberg
113 Feuerbach
114 Kugelspiel
115 Reitsteig
116 Schloßberg
117 Trautberg

XIV Großlage Schloßberg (Rödelsee)

Kleinlangheim
118 Wutschenberg

Wiesenbronn
119 Wachhügel
120 Geißberg

Großlangheim
121 Kiliansberg

Rödelsee
122 Schwanleite
123 Küchenmeister

Kitzingen, Ortsteil Sickershausen
124 Storchenbrünnle

Außerdem Rebflächen in den Gemarkungen Mainbernheim und Kitzingen Ortsteil Hoheim.

XV Großlage Burgweg (Iphofen)

Iphofen
125 Julius-Echter-Berg
126 Kronsberg
127 Kalb

Markt Einersheim
128 Vogelsang

XVI Großlage Schloßstück (Frankenberg)

Hüttenheim
29 Tannenberg

Seinsheim
130 Hohenbühl

Bullenheim
131 Paradies

Ippesheim
132 Herrschaftsberg

Ergersheim
133 Altenberg

Ipsheim, Ortsteil Weimersheim
134 Roter Berg

XVII Großlage Kapellenberg

Zeil am Main, Ortsteil Schmachtenberg
135 Eulengrund

Zeil am Main, Ortsteil Ziegelanger
136 Ölschnabel

Steinbach
137 Nonnenberg

Knetzgau, Ortsteil Zell
138 Kronberg

Knetzgau, Ortsteil Oberschwappach
139 Sommertal

Großlagenfrei

Zeil am Main
140 Mönchshang

Eltmann
141 Schloßleite

Altmannsdorf
142 Sonnenwinkel

Michelau
143 Vollburg

Oberschwarzach
144 Herrenberg

Handthal
145 Stollberg

Breitbach, Ortsteil Kammerforst
146 Teufel

Prichsenstadt
147 Krone

Martinsheim
148 Langenstein

Ipsheim
149 Burg Hoheneck

Tiefenstockheim
150 Stiefel

Gerolzhofen
151 Arlesgarten

Dingolshausen
152 Köhler

Donnersdorf
153 Falkenberg

Bereich Bayerischer Bodensee

Nonnenhorn
154 Seehalde
155 Sonnenbüchel

Österreichische Herkunftsangaben

Die folgenden Herkunftsangaben sind bei Weinbezeichnungen für die Einfuhr in EG-Mitgliedstaaten zugelassen.

1. Mit dem Namen des Bundeslandes, aus dem sie stammen, bezeichnete Weine:

   Niederösterreich, Burgenland, Steiermark, Wien

2. Weine, die einen der folgenden Namen eines Weinbaugebiets und/oder eines Weinbauuntergebiets, aus dem sie stammen, tragen; diese Namen können zu den unter 1 angegebenen Namen hinzutreten:

   Weinbaugebiet Niederösterreich (Donauland):

   Weinbauuntergebiete:
   Gumpoldskirchen
   Vöslau
   Krems
   Langenlois
   Klosterneuburg
   Wachau
   Falkenstein
   Retz

   Weinbaugebiet Burgenland:
   Weinbauuntergebiete:
   Rust-Neusiedlersee
   Eisenberg

   Weinbaugebiet Steiermark:
   Weinbauuntergebiete:
   Südsteiermark
   Weststeiermark
   Klöch-Oststeiermark

   Weinbaugebiet Wien

3. Genauere Artbezeichnung eines Weines, der ausschließlich aus in Österreich geernteten Trauben gewonnen und spätestens am 31. Dezember des dem Erntejahr folgenden Jahres in Verkehr gebracht wurde, wobei dies auf dem Etikett anzugeben ist: Heuriger.

Herkunftsangaben der Schweiz

Die folgenden Herkunftsangaben sind für die Einfuhr in EG Mitgliedstaaten zugelassen.

A. Weine, die einen der folgenden Namen des Kantons, des Weinbaugebiets oder eines örtlichen Produktionsgebiets, aus dem sie stammen, tragen; dieser Name kann gegebenenfalls zusammen mit einem Hinweis auf die Herstellungsart, die Art des Erzeugnisses und auf eine besondere Farbe des Weines angegeben werden, wobei dieser Hinweis an das Produktionsgebiet, aus dem dieser Wein stammt, gebunden ist.

1. **Kanton Wallis**

Örtliche Produktionsgebiete:

Ardon	Grand-Brûlé
Ayent	Granges
Bramois (Brämis)	Grimisuat
Branson	La Folie
Chalais	Lentine
Chamoson	Leuk (Loèche)
Champlan	Leytron
Charrat	Magnot
Châtaignier	Martigny (Martinach)
Chermignon	Miège
Clavoz	Molignon
Conthey	Montana
Coquimpex	Muraz
Corin	Ollon
Fully	Pagane

Raron (Rarogne)
Riddes
Saillon
Saint-Léonard
Saint-Pierre de Clages
Salquenen (Salgesch)
Savièse
Saxon
Sierre (Siders)
Signèse
Sion (Sitten)
Uvrier
Varen (Varone)
Vétroz
Veyras
Visp (Viège)
Visperterminen

Hinweise auf die Art bestimmter Weine, die aus dem Kanton Wallis stammen:

Amigne
Arvine
Dôle
Fendant
Goron
Hermitage oder Ermitage
Humagne
Johannisberg
Rouge d'enfer (Höllenwein)
Vin des païens (Heidenwein)
Vin du Glacier

2. **Kanton Waadt**

Weinbaugebiet Bonvillars:
Örtliche Produktionsgebiete:

Bonvillars
Concise
Corcelles
Grandson
Onnens

Weinbaugebiet Chablais:
Örtliche Produktionsgebiete:

Aigle
Bex
Ollon
Villeneuve
Yvorne

Weinbaugebiet La Côte:
Örtliche Produktionsgebiete:

Aubonne
Begnins
Bougy-Villars
Bursinel
Bursins
Château de Luins
Chigny
Coinsins
Coteau de Vincy
Denens
Féchy
Founex
Gilly
Gollion
Luins
Mont-sur-Rolle
Morges
Nyon
Perroy
Rolle
Tartegnin
Vinzel
Vufflens-le-Château

Weinbaugebiet Lavaux:
Örtliche Produktionsgebiete:

Blonay
Burignon
Calamin
Chardonne
Châtelard
Chexbres
Corseaux
Corsier
Cully
Cure d'Attalens
Dézaley
Epesses
Faverges
Grandvaux
Lutry
Montagny
Montreux
Paudex
Pully
Riex
Rivaz
Saint-Légier
Saint-Saphorin
Savuit
Treytorrens
Vevey
Villette

Weinbaugebiet Les Côtes de l'Orbe:
Örtliche Produktionsgebiete:

Arnex
Orbe
Valleyres sous Rance

Weinbaugebiet Vully:
Örtliches Produktionsgebiet:

Vallamand

Hinweise auf die Art bestimmter Weine, die aus dem Kanton Waadt stammen:
Dorin
Salvagnin

3. **Kanton Genf**

Weinbaugebiet Mandement:
Örtliche Produktionsgebiete:

Bernex
Bourdigny
Dardagny
Essertines
Jussy
Lully
Meinier
Peissy
Russin
Satigny

Hinweis auf die Art eines Weines der aus dem Kanton Genf stammt:
Perlan

4. **Kanton Neuenburg**

Weinbaugebiet La Béroche:
Örtliche Produktionsgebiete:

Auvernier
Bevaix
Bôle
Boudry
Champréveyres
Colombier
Corcelles
Cormondrèche
Cornaux
Cortaillod
Cressier
Hauterive
La Coudre
Le Landeron
Saint-Aubin
Saint-Blaise

5. **Kanton Freiburg**

Weinbaugebiet Vully:
Örtliche Produktionsgebiete:

Cheyres
Môtier
Mur
Nant
Praz
Sugiez

6. **Kanton Bern**

Weinbaugebiet Lac de Bienne (Bielersee):
Örtliche Produktionsgebiete:

Alfermée
Chavannes (Schafis)
Erlach (Cerlier)
Ile de Saint-Pierre
 (St. Peters-Insel)
La Neuveville (Neuenstadt)
Ligerz (Gléresse)
Oberhofen
Schernelz (Cergnaux)
Spiez
Tüscherz (Daucher)
Twann (Douanne)
Vingelz (Vigneule)

7. Alle unter Punkt 1 bis 6 genannten Kantone der Westschweiz.
Hinweise auf die besondere Farbe eines Weines aus der Westschweiz:

Oeil de Perdrix

8. **Kanton Zürich**

Weinbaugebiet Zürichsee:
Örtliche Produktionsgebiete:

Appenhalde
Erlenbach
Feldbach
Hombrechtikon
Herrliberg
Küsnacht
Lattenberg
Männedorf
Mariahalde
Meilen
Schipfgut
Stäfa
Sternenhalde
Turmgut
Uetikon am See
Wädenswil

Weinbaugebiet Limmattal:
Örtliches Produktionsgebiet:

Weiningen

Weinbaugebiet Zürcher Unterland:

Örtliche Produktionsgebiete:

Bachenbülach	Oberembrach
Boppelsen	Otelfingen
Buchs	Rafz
Bülach	Regensberg
Dättlikon	Schloß Teufen
Dielsdorf	Steig-Wartberg
Eglisau	Wasterkingen
Freienstein	Wil
Heiligberg	Winkel
Hüntwangen	

Weinbaugebiet Weinland/Kanton Zürich (nicht „Weinland" ohne zusätzliche Angabe):

Andelfingen	Rickenbach
Benken	Rudolfingen
Berg am Irchel	Schiterberg
Dachsen	Schloss Goldenberg
Dinhard	Stammheim
Dorf	Trüllikon
Flaach	Trüllisberg
Flurlingen	Truttikon
Henggart	Uhwiesen
Hettlingen	Volken
Humlikon	Wiesendangen
Neftenbach	Winterthur-Wülflingen
Ossingen	Worrenberg
Rheinau	

Hinweise auf die Art bestimmter Weine, die aus dem Kanton Zürich stammen:

Zürichseewein

9. Kanton Schaffhausen

Örtliche Produktionsgebiete:

Beringen	Munot
Blaurock	Oberhallau
Buchberg	Osterfingen
Chäferstei	Rheinhalde
Dörflingen	Rüdlingen
Eisenhalde	Siblingen
Gächlingen	Stein am Rhein
Hallau	Thayngen
Heerenberg	Trasadingen
Löhningen	Wilchingen

10. Kanton Thurgau

Örtliche Produktionsgebiete:

Amlikon	Karthause Ittingen
Arenenberg	Neunforn
Bachtobel	Nussbaumen
Burghof	Ottenberg
Ermatingen	Ottoberger
Götighofen	Schlattingen
Herdern	Sonnenberg
Hüttwilen	Untersee
Iselisberg	Warth
Kalchrain	Weinfelden
Karthause	

11. Kanton Sankt Gallen

Örtliche Produktionsgebiete:

Altstätten	Marbach
Au	Mels
Balgach	Monstein
Berneck	Pfäfers
Buchberg	Pfauenhalde
Eichberg	Ragaz
Forst	Rapperswil
Freudenberg	Rebstein
Rosenberg	Wartau
Sargans	Werdenberg
Thal	Wil
Walenstadt	

12. Kanton Graubünden

Örtliche Produktionsgebiete:

Chur	Maienfeld
Costams	Malans
Domat/Ems	St. Luzisteig
Fläsch	Trimmis
Igis	Zizers
Jenins	

13. Kanton Aargau

Örtliche Produktionsgebiete:

Auenstein	Mandach
Birmenstorf	Oberflachs
Bödeler	Remigen
Bözen	Rüfenach
Brestenberg	Rütiberg
Döttingen	Schinznach
Effingen	Schlossberg
Elfingen	Seengen
Ennetbaden	Steinbruck
Goldwand	Stiftshalde
Herrenberg	Tegerfelden
Hornussen	Villigen
Hottwil	Wessenberg
Klingnau	Wettingen
Küttigen	Zeiningen

14. Kanton Basel – Land

Örtliche Produktionsgebiete:

Aesch	Maisprach
Arlesheim	Muttenz
Benken	Pratteln
Biel	Tschäpperli
Buus	Wintersingen
Klus	

15. Kanton Luzern

Örtliches Produktionsgebiet:

Heidegg

16. Kanton Schwyz

Örtliches Produktionsgebiet:

Leutschen

Alle unter 8 bis 16 genannten Kantone der Ostschweiz:

Genauere Typenbezeichnung eines aus der Ostschweiz stammenden Weines:

Clevner

17. Kanton Tessin

Hinweise auf die Art bestimmter Weine, die aus dem Kanton Tessin stammen:

Bondola
Nostrano

B. Unter A genannte Weine, deren Bezeichnung nach den Schweizer Bestimmungen durch einen der nachgenannten Hinweise auf die Herstellungsart ergänzt wurde:

Süßdruck oder Süßabdruck
Schiller oder Schillerwein
Rosé Blanc de rouge

Italienische Weine mit kontrollierter Herkunftsbezeichnung (D.O.C.)

s = *trocken*   a = *lieblich*   d = *süß*

Piemont/Ligurien	Art	Geschmack	Mindest-alkohol
Barbera d'Asti	Rot	s (a)	12,5
Barbera d'Alba	Rot	s	12,5
Barbera del Monferrato	Rot	s (a)	12
Nebbiolo d'Alba	Rot	s/a	12
Moscato naturale d'Asti	Weiß	d	10,5
Moscato d'Asti Spumante/ Moscato d'Asti/Asti Spumante/ Asti	Weiß	d	11,5
Barolo	Rot	s	13
Gattinara	Rot	s	12
Carema	Rot	s	12
Barbaresco	Rot	s	12,5
Erbaluce di Caluso	Weiß	s, a, d	11 / secco 13,5 / passito
Malvasia di Casorzo d'Asti	Rot	d	10,5
Brachetto d'Acqui	Rot	d	11,5
Fara	Rot	s, a	12
Ghemme	Rot	s	12
Sizzano	Rot	s	12
Boca	Rot	s	11,5
Cinque Terre	Weiß	s	10,5
Cinque Terre Sciacchetrà	Weiß	d	18,5
Colli Tortonesi Cortese	Weiß	s	10
Colli Tortonesi Barbera	Rot	s	11,5
Dolcetto (je nach Herkunft)	Rot	s	10,5–11,5
Freisa	Rot	s	10,5
Gavi/Cortese di Gavi	Weiß	s	10
Grignolino d'Asti	Rot	s	10,5
Grignolino del Monferrato Casalese	Rot	s	10,5
Lessona	Rot	s	12
Malvasia del Castelnuovo Don Bosco	Rot	d	10,5
Rossese di Dolceaqua	Rot	s	11,5
Rubino di Cantavenna	Rot	s	11

Aosta-Tal			
Donnaz	Rot	s	11,5
Enfer d'Arvier	Rot	s	11

Lombardei			
Oltrepò Pavese:			
Moscato dell'Oltrepò Pavese	Weiß	a	10,5
Barbera dell'Oltrepò Pavese	Rot	s	11–13
Bonarda dell'Oltrepò Pavese	Rot	s	11–13
Pinot dell'Oltrepò Pavese	Weiß	s	11
Riesling dell'Oltrepò Pavese	Weiß	s	11–12
Cortese dell'Oltrepò Pavese	Weiß	s	11–12
Valtellina superiore	Rot	s	12
Riviera del Garda Rosso	Rot	s	11
Riviera del Garda Chiaretto	Rosé	s	11,5
Riviera del Garda Bresciano	Rot	s	11
Franciacorta Rosso	Rot	s	11
Franciacorta Pinot	Weiß	s	11,5
Lugana	Weiß	s	11,5
Botticino	Rot	s	12
Cellatica	Rot	s	11,5
Tocai di San Martino della Battaglia	Weiß	s	11
Colli Morenici Mantovani del Garda	Rot/Weiß/Rosé		

Venetien			
Valpolicella	Rot	s (a)	11
Recioto della Valpolicella	Rot	a	14
Soave	Weiß	s	10,5
Recioto di Soave	Weiß	a (d)	14
Bardolino	Rot	s	10,5
Prosecco di Conegliano-Valdobbiadene	Weiß	s, a	10,5
Prosecco di Conegliano-Valdobbiadene, Superiore di Cartizze	Weiß	s, a	11
Breganze (bianco)	Weiß	d, s	11
Breganze (rosso)	Rot	s	11
Breganze Cabernet	Rot	s	11
Breganze Pinot nero	Rot	s	11
Gambellara	Weiß	s	11
Vinsanto di Gambellara	Weiß	d	13
Colli Euganei Bianco	Weiß	s, a	10,5
Colli Euganei Rosso	Rot	s, a	11
Colli Euganei spumante	Weiß	d	10,5
Bianco di Custoza	Weiß	s	10,5
Cabernet/Merlot di Pramaggiore	Rot	s	11
Colli Berici Sauvignon/ Pinot Bianco	Weiß	s	10,5
Colli Berici Merlot/Tocairosso	Rot	s	10,5
Tocai di Lison	Weiß	s	11
Vini del Piave/Piave	Weiß	s	10,5–11
Montello e Colli Asolani	Rot/Weiß	s	10,5–11,5

Trentino – Tiroler Etschtal und Friaul – Venezia-Giulia			
Sankt Magdalener/ Santa Maddalena	Rot	s	11,6
Lagrein Kretzer/ Lagarino Rosato	Rosé	s	11,5
Teroldego Rotaliano rosato	Rosé	s	11,5–13
Teroldego Rotaliano rubino	Rot	s	11,5–12,5
Terlaner/Terlano	Weiß	s	11,6
Traminer/Termeno	Weiß	s	12
Merlot passito	Rot		13,5
Cabernet	Rot	s	12–13
Meraner Hügel/Meranese di Collina	Rot		10,5
Südtiroler/Alto-Adige (in Zusammenhang mit einer Rebsortenangabe)	Rot, Rosé, Weiß		10,5–12
Kalterer See oder Kalterer/ Lago di Caldaro oder Caldaro	Rot/Weiß Rot	s	9,5–11 10,5
Colli Orientali del Friuli/ Grave del Friuli	Rot, Weiß		11–12
Cabernet-Sauvignon	Weiß	s	12–13,5
Collio Goriziano oder Collio	Weiß	s	11
Aquileia	Weiß/Rot	s	10,5–11
Casteller	Rosé, Rot	s, a	10,5
Colli di Bolzano	Rot	s	10
Isonzo	Rot, Weiß	s	10
Latisana	Weiß, Rot	s	10,5–11
Valdadige	Weiß, Rot	s, a	10,5–11
Valle Isarco/Bressanone/ Brixner/Eisacktaler	Weiß	s	10,5

Emilia und Romagna			
Lambrusco Salamino di Santa Croce	Rot	s, a	11
Lambrusco Grasparossa di Castelvetro	Rot	s	10,5
Lambrusco di Sorbara	Rot	s, a	11
Lambrusco Reggiano	Rot	s	10,5
Albana di Romagna secco	Weiß	s	12
Albana di Romagna amabile	Weiß	a	12,5
Sangiovese di Romagna	Rot	s	11,5
Gutturnio dei Colli Piacentini	Rot	s (a)	12
Colli bolognesi-Monte San Pietro-Castelli medioevali	Weiß, Rot	s	10,5–11
Monterosso Val d'Arda	Weiß	s	10,5
Trebbiano di Romagna	Weiß	s	11
Trebbiano Val Trebbia	Weiß	s, a	10,5
Vini Trentino	Weiß, Rot	s, a	10,5 11,5–12

Toskana und Insel Elba			
Chianti (Classico/Vecchio)	Rot	s	11,5 (12/12,5)
Elba Bianco und Elba Rosso	Weiß, Rosé	s	11/12
Vernaccia di San Gimignano	Weiß	s	11,5
Brunello di Montalcino	Rot	s	12,5–13

Vino nobile di Montepulciano	Rot	s	12
Rosso delle Colline Lucchesi	Rot	s	11,5
Bianco di Pitigliano	Weiß	s	11,5
Montecarlo	Weiß	s	11,5
Bianco Vergine Val di Chiana	Weiß	s, a	10,5
Carmignano	Rot	s	12,5
Parrina	Weiß, Rot	s	11–11,5
Montescudaio	Weiß, Rot	s	11,5

Umbrien und Latium

Marino	Weiß	s	11,5
Colli Albani	Weiß	s (a)	11,5
Frascati	Weiß	s	11,5
Est! Est!! Est!!! di Montefiascone	Weiß	s, a	11
Cori	Weiß, Rot		11,5
Colli Lanuvini	Weiß	s	11,5
Velletri	Weiß	s	11,5
Torgiano Bianco	Weiß	s	11,5
Torgiano Rosso	Rot	s	12
Orvieto	Weiß	s, a	11,5
Trebbiano di Aprilia	Weiß	s	12
Sangiovese di Aprilia	Rosé	s	12
Merlot di Aprilia	Rot	s	12
Aleatico di Gradoli	Rot	d	11,5
Bianco Capena	Weiß	s	11
Cerveteri	Weiß, Rot	s, a	11–11,5
Cesanese di Affile	Rot	s, a, d	11,5
Cesanese di Olevano	Rot	s, a, d	11,5
Cesanese di Piglio	Rot	s, a, d	11,5
Colli del Trasimeno	Rot, Weiß	s	10,5–11
Montecompatri Colonna	Weiß	s, a	11
Velletri	Weiß, Rot	s, a	11–11,5
Zagarolo	Weiß	s, a	11

Marken und Abruzzen

Verdicchio dei Castelli di Jesi	Weiß	s	12
Vernaccia di Serrapetrona	Rot,	Schaumw.	11,5
Verdicchio di Matelica	Weiß	s	12
Montepulciano d'Abruzzo	Rot	s	12
Rosso Conero	Rot	s	11–12
Rosso Piceno	Rot	s	11,5
Bianchello del Metauro	Weiß	s	11,5
Bianco dei Colli Maceratesi	Weiß	s	10,5
Falerio dei Colli Ascolani	Weiß	s	10,5
Sangiovese dei Colli Pesaresi	Rot	s	11
Trebbiano d'Abruzzo	Weiß	s	11

Kampanien, Apulien, Kalabrien und Basilicata

Ischia Bianco (superiore)	Weiß	s	11 (12)
Ischia Rosso	Rot	s	11,5
San Severo Bianco	Weiß	s	11
San Severo Rosso oder Rosato	Rot, Rosé	s	11,5
Martina oder Martina Franca	Weiß	s	11
Locorotondo	Weiß	s	11
Greco di Tufo	Weiß	s (a)	12–13
Taurasi	Rot	s	12–13
Aglianico del Vulture	Rot	s	11,5
Cirò	Rot, Weiß, Rosé		12–13,5
Rosato del Salento	Rosé	s	12
Castel del Monte	Weiß, Rot, Rosé		11–13
Aleatico di Puglia	Rot	a, d	14
Donnici	Rot	s	11,5
Matino	Rot	s	11
Moscato di Trani	Weiß	d	14,5
Ostuni	Weiß	s	11,5
Pollino	Rot	s	11,5
Primitivo di Manduria	Rot	d	13,5
Rosso di Cerignola	Rot	s	11,5
Savuto	Rot	s	11,5
Solopaca	Weiß, Rot	s	11–11,5
Copertino	Rot	s	13
Capri	Weiß	s	11
Rosso Barletta	Rot	s	12

Sizilien

Etna Bianco	Weiß	s	11,5
Etna Rosso oder Rosato	Rot, Rosé	s	12,5
Marsala	Weiß	d	16–20
Alcamo/Bianco Alcamo	Weiß	s	11
Cerasuolo di Vittoria	Rot	s	12,5
Malvasia delle Lipari	Weiß	d	11
Moscato di Noto	Weiß	d	11
Moscato di Pantelleria	Weiß	d	12
Moscato Passito di Pantelleria	Weiß	d	12
Moscato di Siracusa	Weiß	d	15
Faro	Rot	s	12

Sardinien

Cannonau di Sardegna	Rot	s, a, d	13,5
Girò di Cagliari	Rot	s, a, d	14,5
Malvasia di Bosa	Weiß	s, a, d	14,5
Malvasia di Cagliari	Weiß	s, a, d	14,5
Monica di Cagliari	Rot	s, a, d	14,5
Monica di Sardegna	Rot	s	11,5
Vernaccia di Oristano	Weiß	s	15–15,5
Moscato di Cagliari	Weiß	d	14,5
Moscato di Sorso-Sennori	Weiß	d	14,5
Nasco di Cagliari	Weiß	s, d	14,5
Nuragus di Cagliari	Weiß	s	11,5
Vermentino di Gallura	Weiß	s	11,5
Carignano del Sulcis	Rot	s	11,5

Rebsorten und ihre Synonyme

Die folgenden Rebsortennamen und ihre Synonyme dürfen für die Bezeichnung von Tafelweinen und Qualitätsweinen in der EG verwendet werden.

Name, unter dem die Rebsorte in der Rebsortenklassifizierung für die betreffende Verwaltungseinheit angegeben ist	Zulässige Synonyme allgemein	für Ausfuhr oder Versand nach anderen Mitgliedstaaten
Frankreich		
Arbois[1]	Menu Pineau	
Cabernet franc } Cabernet }	Cabernet	
Chasselas		Gutedel[2]
Chenin	Pineau de la Loire[3]	
Fer	Mansois	
Grolleau	Gros lot	
Macabeau	Malvoisie[4]	
Meunier	Pinot Meunier, Gris Meunier	Müllerrebe
Muscat à petits grains Muscat à petits grains roses Muscat à petits grains rouges Muscat d'Alexandrie Muscat Ottonel	Muscat	Muskateller, Muscato
Pinot gris	Tokay d'Alsace[2] Malvoisie[3]	Ruländer, Pinot grigio
Sacy	Tressalier	
Savagnin rose	Heiligensteiner Klevner[2]	
Tourbat	Malvoisie	
Vermentino	Malvoisie[5]	
Deutschland		
Weißer Burgunder	Weißburgunder	Pinot blanc, Pinot bianco
Blauer Spätburgunder	Spätburgunder, Samtrot	Pinot noir, Pinot nero
Blauer Frühburgunder	Frühburgunder, Clevner Frühburgunder[6]	
Ruländer	Grauer Burgunder, Graububurgunder	Pinot gris, Pinot grigio
Blauer Portugieser	Portugieser	
Früher roter Malvasier	Malvasier	Malvoisie
Grüner Silvaner	Silvaner	
Weißer Riesling	Riesling Klingelberger[7]	Rheinriesling, Riesling renano
Roter Elbling } Weißer Elbling }	Elbling	
Roter Gutedel } Weißer Gutedel }	Gutedel	Chasselas
Blauer Limberger	Lemberger	
Früher Malingre	Malinger	
Müllerrebe	Schwarzriesling	Pinot Meunier
Müller-Thurgau	Rivaner	—
Gelber Muskateller } Roter Muskateller }	Muskateller	{ Moscato { Muscat

Name, unter dem die Rebsorte in der Rebsortenklassifizierung für die betreffende Verwaltungseinheit angegeben ist	Zulässige Synonyme allgemein	für Ausfuhr oder Versand nach anderen Mitgliedstaaten
Roter Traminer	Clevner (Roter Traminer)[7]	
Blauer Trollinger	Trollinger	
Italien		
Alicante	Guarnaccia	Grénache
Ancellotta	Lancellotta	
Ansonica	Insolia	
Biancame	Bianchello	
Bianchetta genovese } Bianchetta trevigiana }	Bianchetta	
Bonarda piemontese } Bonarda di Cavaglià }	Bonarda	
Bombino nero } Bombino bianco }	Bombino, Bonvino	
Bovale sardo Bovale grande Bovale di Spagna	Bovale	
Cabernet franc } Cabernet-Sauvignon }	Cabernet	
Cataratto bianco lucido Cataratto bianco comune	Cataratto	
Cesanese comune } Cesanese d'Affile }	Cesanese	
Greco di Tufo } Greco bianco }	Greco	
Lambrusco di Sorbara Lambrusco grasparossa Lambrusco Maestri Lambrusco Marani Lambrusco Salamino Lambrusco viadanese Lambrusco Montericco Lambrusco a foglia frastagliata	Lambrusco	
Malvasia (bianca) di Candia Malvasia bianca lunga Malvasia del Chianti Malvasia del Lazio Malvasia di Candia aromatica Malvasia di Casorzo Malvasia delle Lipari Malvasia di Sardegna Malvasia di Schierano Malvasia istriana Malvasia nera di Brindisi Malvasia nera di Lecce Malvasia toscana Malvasia bianca Malvasia bianca di Basilicata Malvasia nera di Basilicata	Malvasia	Malvoisie, Malvoisier

Name, unter dem die Rebsorte in der Rebsortenklassifizierung für die betreffende Verwaltungseinheit angegeben ist	Zulässige Synonyme	
	allgemein	für Ausfuhr oder Versand nach anderen Mitgliedstaaten
Marzemino	Berzemino	
Moscato bianco	Moscato, Moscatello,	
Moscato giallo	Moscatellone,	Muscat, Muskateller
Moscato di Terracina	Goldmuskateller[8])	
Moscato rosa	Rosenmuskateller	
Negrara trentina	Negrara	
Nebbiolo	Spanna / Chiavennasca	
Nerello Mascalese	Pignatello	
Piedirosso	Per'è pallumo	
Pinot bianco	Weißburgunder[8])	Pinot blanc, Weißburgunder
Pinot nero	Blauburgunder[8]) Spätburgunder[8])	Pinot noir, Blauer Spätburgunder
Pinot grigio	Ruländer[8])	Pinot gris, Ruländer
Refosco del peduncolo rosso	Refosco	
Refosco nostrano		
Raboso Piave	Raboso	
Riesling italico	Welschriesling[8])	Welschriesling
Riesling renano	Rheinriesling[8])	
Rossola		
Sangiovese	Sangioveto, Brunello[9])	
Schiava gentile	Kleinvernatsch[8]) Mittervernatsch[8]) Edelvernatsch[8])	
Schiava grossa	Großvernatsch[10])	
Schiava grigia	Grauvernatsch[10])	
Schiava gentile		
Schiava grossa / Schiava grigia	Schiava, Vernatsch[10]	
Traminer aromatico	Gewürztraminer[10])	
Trebbiano toscano		
Trebbiano romagnolo	Trebbiano	Ugni blanc
Trebbiano giallo		
Trebbiano di Soave		
Verdea	Colombana bianca	
Verduzzo friulano	Verduzzo	
Verduzzo trevigiano		
Vernaccia di Oristano	Vernaccia	
Vernaccia di San Gimignano		
Vernaccia nera		
Vespolina	Ughetta	
Zibibbo	Moscato, Moscatello, Moscatellone	

Luxemburg

Rivaner	Müller-Thurgau	
Pinot gris	Ruländer	
Traminer	Gewürztraminer	

Großbritannien

Müller-Thurgau	Rivaner	
Wrotham Pinot	Pinot meunier	

[1]) Dieser Rebsortenname kann nicht für die Bezeichnung eines Weines verwendet werden.
[2]) Ausschließlich für Qualitätsweine b. A. aus den Departments Bas-Rhin und Haut-Rhin.
[3]) Ausschließlich für Qualitätsweine b. A. aus dem bestimmten Anbaugebiet Val de Loire.
[4]) Ausschließlich für Qualitätsweine b. A. aus dem bestimmten Anbaugebiet Limoux.
[5]) Ausschließlich für Weine aus dem Department Corse.
[6]) Ausschließlich für Qualitätsweine aus dem bestimmten Anbaugebiet Württemberg und Tafelweine aus dem Weinbaugebiet Neckar.
[7]) Ausschließlich für Qualitätsweine aus dem bestimmten Anbaugebiet Baden und Tafelweine aus dem Weinbaugebiet Oberrhein.
[8]) Nur für Qualitätsweine b. A. und Tafelweine zugelassen, die aus in den Provinzen Bozen und Trient geernteten Trauben gewonnen worden sind.
[9]) Nur für die Provinz Siena.
[10]) Nur für die Provinzen Bozen und Trient zugelassen.

Weinstraßen in Europa

Frankreich

Burgund
Route du Vin
Verlauf: Dijon – Chambolle (D 122), Vougeot – Beaune (N 74), Circuit des Hautes Côtes de Beaune über Santenay – Beaune.

Route des Grands Crus
Berühmte Weinbauorte und Weinberge an der Côte d'Or.

Mâconnais/Beaujolais
Route du Vin
Verlauf: In Nord-Süd-Richtung von Tournus bis Villefranche parallel zur N 6.

Bordeaux
Verschiedene Einzelrouten in den Gebieten Graves (Léognan – Cadaujac – Martillac), Sauternes (Barsac – Bommes – Sauternes – Fargues – Preignac), Médoc (Blanquefort – Saint-Estèphe – Pauillac, Saint-Laurent – Listrac – Moulis), die „grüne Straße" von Royan nach Libourne durch die Gebiete Blayais, Bourgeais und Fronsac.

Côtes-de-Provence
Route des Vins Côtes de Provence
Gut ausgeschilderte Weinstraße, die in einem Rundkurs die bedeutenden Weinorte verbindet.

Côtes-du-Rhône
Keine offizielle Ausschilderung als Weinstraße. Degustationsmöglichkeiten in Tournon, Tain (unweit der N 86) und wesentlich zahlreicher um Châteauneuf-du-Pape, Gigondas, Rasteau und Avignon.

Champagne
Route du Champagne
Drei Teilrouten: 1. Die blaue Route: La Montagne de Reims. 2. Die rote Route: La Vallée de Marne. 3. Die grüne Route: La Côte des Blancs.

Elsaß
Route du Vin d'Alsace
Durchzieht in Nord-Süd-Richtung auf 100 km das gesamte Weinbaugebiet.

Luxemburg

Luxemburg
Route du Vin
Eine 45 km lange Weinstraße, die viele Gelegenheiten zu Besichtigungen und Weinproben zwischen Schengen und Wasserbillig bietet.

Deutschland

Rheinhessen
Liebfrauenstraße
Bundesstraße 9 zwischen Bingen und Worms.

Rheinpfalz
Deutsche Weinstraße
Erste offizielle Weinstraße Deutschlands, die gleichzeitig geographische und kommunale Bedeutung hat. Der 80 km lange Straßenzug berührt 35 Weinorte. Außerdem sehenswert: Weinmuseum im Historischen Museum der Pfalz in Speyer.

Rheingau
Rheingauer Rieslingroute
Verbindet alle renommierten Rheingauer Weinorte.

Nahe
Naheweinstraße
Reizvoller Rundkurs entlang der Nahe und des Soonwaldes.

Mittelrhein
Rheingoldstraße und Loreley-Burgenstraße
Touristische Straßen im romantischen Teil des Mittelrheingebietes.

Ahr
Ahrtalstraße und Rotweinwanderweg
Gelungene Kombination zwischen Weinstraße und Weinwanderwegen.

Baden
Badische Weinstraße
Gut ausgeschildert, mit Rundkurs am Kaiserstuhl, führt sie in Nord-Süd-Richtung von Heidelberg bis zum Bodensee.

Württemberg
Schwäbische Weinstraße
Vier verschiedene Routen verbinden 85 Weinorte mit 4600 ha Rebfläche.

Franken
Bocksbeutelstraße
Verbindet sehenswerte idyllische Winzerorte am Main zwischen Aschaffenburg und Kitzingen.

Österreich

Wien/Niederösterreich
„Weinstraße" von Wien über Baden nach Gumpoldskirchen.

Burgenland
Neusiedler-See-Weinstraße, Burgenländische Rotweinstraße und *Pinkataler Weinstraße*
Drei Weinstraßen, die dem Touristen Weinbau und Schönheiten des Burgenlandes präsentieren.

Steiermark
Südsteirische Weinstraße
Wenig befahrene Route abseits der großen Verkehrswege.

Schweiz

Wallis/Valais
Route du Vin/Weinbergstraße
Gut ausgeschildert von Martigny bis Salgesch. Eine herrliche Strecke durch eine zauberhafte Landschaft.

Waadt/Vaud
Route du Vin
Prächtige Route oberhalb des Genfer Sees mit grandiosem Panorama.

Genf
Route du Vignoble genevois
1. Strecke Arve et Rhône; 2. Strecke streift das Mandement.

Ostschweiz
Die Autostraße N 4 berührt im Zürcher Weinland einige der schönsten Weindörfer.

Italien

Südtirol
Südtiroler Weinstraße
Durchquert das Kalterersee-Gebiet mit eindrucksvollen Passagen.

Register

Im Register enthalten sind alle im Text erwähnten Orts- und Weinnamen, Sachbegriffe sowie Weinbaubetriebe. Nicht noch einmal aufgenommen wurden die im Anhang aufgezählten Châteaux, Einzellagen und europäischen Weinnamen. Wo es nicht sowieso aus dem Stichwort hervorgeht, sind Weinbaubetriebe und Weingüter mit einem W gekennzeichnet.

A

Aargau 162, 246
Abbeermaschine 26
Abenheim 237
Abfüllen 23
Abgang 68
Abruzzen 175, 176, 248
Abstatt 242
Abstich 22, 23, 27, 29
Abtey, Großlage 235
Abtswind 244
Achaia 207
Achaia Clauss W 207
Achkarren 143, 240
Acqueviti 36
Adelaide 218
Adelberg, Großlage 236
Adelmann, Graf W 145
Adeneuer, J. J. W 134
„Admiral" 77
Adolzfurt 242
Affalterbach 241
Affaltrach 242
Affental 143
Afghanistan 220
Ägäis 209
Ägäische Inseln 208
Ägypten 211
Ahr 119, 134, 231, 251
Ahr, Rotweinlese an der 135
Ahrtalstraße 251
Ahrweiler 134, 231
Ahrweiler Winzer-Verein 134
Aichelberg 243
Aigle 161
Ain-Bessem-Bouira 210
Akaroa 219
Alambic 115
Albana di Romagna 173
Albanien 220
Albersweiler 126, 238
Albig 236
Albisheim 237
Alcobaça 193
Alella 188
Alessandria 172
Alf 232
Alföld 199
Algerien 80, 210
Alicante 183, 189, 210
Aligoté 85, 86, 89
Alken 232
Alkoholgehalt 19
Allmersbach a. W. 241
Alloro W 181
Almansa 183
Almeirim 193
Aloxe-Corton 87, 89
Alsenz 234
Alsheim 122, 123, 236, 237
Altdorf 238, 240
Altenahr 134, 231
Altenbamberg 234
alter Wein 54 f.
Altmannsdorf 244
Altschweier 240

Alzenau 243
Alzey 121, 122, 236, 237
Americano 167
Amigne 158
Amoltern 240
Amontillado 33, 187
Ampudan-Costa Brava 188
Amselfelder 197
amtliche Prüfungsnummer 37, 50
Amylalkohol 69
Amyntheon 207
Analyse, chemische 19
Anatolien 209
Anbaugebiete 49
Anbaugrenze 14
Andel 232
Andelfingen 162
Anheuser, August W 133
–, Rudolf W 133
Anjou 31, 108, 226
Ankara 209
Annaberg Scheurebe 125
Anreicherung 24, 46
Antinori W 175
Aosta-Tal 247
Apéritifs à base de vin 33
Äpfelsäure 17, 19
Appellation (d'origine) contrôlée 25, 46, 48, 82
Appellation d'origine simple (A.O.S.) 47
Appenheim 235
Appenhofen 239
Aprilia 176
Apulien 169, 178, 180, 248
Aragonien 182
Arbeitsaufwand 40
Arbois 112, 113
Archánes 207
Ardon 158
Arenberg, Fürst von W 134
Arezzo 175
Argentinien 80, 216, 217
Argeş 202
Arinto 192
Armagnac 36, 37, 75, 114 f.
Armenien 204, 205
Armsheim 236
Arnstein 243
aromatisierter Wein 33
Arve 164
Arvine 158
Arzheim 126, 238
Arzneiweine 9
Asbach, Hugo 36
Aschaffenburg 243
asciutto 50
Asien 80
Asperg 145, 241
Aspisheim 235
Assemblage 93
Assimilation 14, 15, 16
Assmannshausen-Aulhausen 235
Assmannshäuser Höllenberg 130
Astheim 243
Asti 172
Asti spumante 35, 172
Atacama 217
Atmung 15
Ätna 180
Attestierter Winzerwy 48
Attilafelsen, Großlage 240
Aude 104
Auen 234
Auenstein 242
aufbereiten 15
Auflangen, Großlage 236
Auge 13, 16
Auggen 241

Aurora 215
„Aurora", Coop. Agricola W 181
Ausbruchwein(e) 33, 48, 55, 149, 201
Auslandsweine 48
Auslese(n) 18, 22, 23, 48, 55
Ausonius 136
Auswahl des Weines 42
Australien 41, 218
Autrichien 29
Auvernier 165
Auxerrois 116
Auxey-Duresses 89
Ayen 158
Ayl 233
Ayse 113

B

Bacchus(rebe) 121, 132
Bacharach 134, 231
Bacharach, Bereich 231
Bachem 231
Baco noir 215
Badacsony 199
Badacsonyer Riesling 199
Bad Bellingen 241
Bad Bergzabern 126, 239
Bad Cannstatt 242
Bad Dürkheim 127, 238
Bad Ems 231
Baden 61, 119, 140 ff., 239 ff., 251
Baden (Österreich) 151 f.
Baden-Baden 240
Badenheim 235
Badenweiler 241
Bad Hönningen 231
Badisch Rotgold 25
Badische Bergstraße 143
Badische Bergstraße/ Kraichgau, Bereich 239
Badische Weinstraße 251
Badisches Frankenland 143
Badisches Frankenland, Bereich 239
Bad Kreuznach 133, 234
Bad Krozingen 241
Bad Langenbrücken 239
Bad Mergentheim 239
Bad Mingolsheim 239
Bad Münster-Ebernburg 234
Badoux W 161
Bad Rappenau 239
Badstube, Großlage 232
Bahlingen 240
Bahnbrücken 239
Bairrada 193
Balaton 199
Balatonfüred-Csopak 199
Balbach, Anton W 123
Balkan 206
Ballrechten-Dottingen 241
Bamlach 241
Banat 202
Bandol 104
Banyuls 105
Barbaresco 172
Barbelroth 239
Barbera 55, 75, 171, 172, 173
Barcos Reblos 191
Bardolino 55, 173
Barolo 75, 172, 215
Barolo, Marchese di 57
Barossa Valley 218
Barsac 18, 55, 98
Basel-Land 156, 246
Basel-Stadt 156
Basilicata 180, 248
Bassermann-Jordan, von W 57, 127

Battenberg 237
Bauerbach 240
Baumkelter 22, 168
Bausendorf 232
Bayerfeld-Steckweiler 234
Bayerische Landesanstalt für Weinbau 146
Bayerischer Bodensee, Bereich 244
Beaujeu 91
Beaune 84, 89
Beaujolais 31, 55, 85, 90, 91, 251
Beaujolais Primeur 54
Beaujolais Supérieur 91
Beaujolais-Villages 91
Bechenheim 237
Bechtheim 122, 123, 237
Bechtolsheim 236
Becker, Dr. W 123
Beckstein 239
Beerenauslese(n) 18, 33, 48, 55
Beerenlay, Großlage 232
Beerliwein 48, 163
Bégude, La 104
Beihingen 241
Beilstein 232, 242
Beinstein 243
Bekond 233
Belgien 220
Bellet 104
Bellheim 238
Belsenberg 241
Bengel 232
Benningen 241
Bensheim 235
Bensheim-Auerbach 235
Bensheim-Schönberg 235
Bereiche 49
Bergerac 61, 102
Bergerac sec 102
Berghaupten 240
Berghausen 240
Bergkloster, Großlage 237
Bergtheim 243
Bermatingen 241
Bermersbach 240
Bermersheim v.d.H. 236, 237
Bern 165, 245
Bernex 165
Bernkastel 137, 138, 139
Bernkasteler Doctor 139
Bernkastel-Kues 232
Bernkastel (Mittelmosel), Bereich 232
Béroche, Caves de la 165
Berwangen 239
Besigheim 241
Bestandsklima 15
bestimmte Anbaugebiete 44
Betz, Wilhelm W 123
Beuren 232, 242
Beutelsbach 243
Bevaix 165
Bewertungssystem 71
Bex 161
Beyer, Richard W 123
Bianchello del Metauro 177
Bibergau 243
Bickensohl 140, 143, 240
Biebelnheim 236
Biebelsheim 235
Bieler See 165
Biengen 241
Bieringen 241
Bietigheim 241
Bigi, Luigi W 177
Bilfingen 240
Billigheim-Ingenheim 239
Binau 239
Bingen 121, 122, 123, 235

Bingen, Bereich 235
Bingen-Bingerbrück 233
Binger Scharlachberg Rosengarten 122
Binger Schloßberg-Schwätzerchen 122
Binzen 241
Biondi-Santi W 177
Birkweiler 126, 238
Bisamberg 154
Bischheim 237
Bischoffingen 143, 240
Bischöfliche Weingüter 138
Bischofskreuz, Großlage 238
Bissersheim 237
Bissingen 241
Bitzingen 233
Black Hamburg 29
Blanc de Blancs 35
Blanc fumé de Pouilly 108
Blanquette de Limoux 104
Blansingen 241
Blatt 16
Blattfallkrankheit 13
Blauburgunder s. Burgunder, Blauer
Blaufränkisch 29, 151, 152, 199, 201
Blaustengler 199
Blaye 94, 100
Bleichheim 240
Belgien 220
Bellet 104
„blinde" Verkostung 71
Blüte 16 f.
Bobenheim am Berg 238
Böbingen 238
Böchingen 238
Bockenau 234
Bockenheim 125, 127, 237
Bocksbeutel 42, 67, 143, 146, 176
Bocksbeutelstraße 251
Böddiger 235
Bodega 186, 187
Boden 45
Bodenheim 122, 123, 236
Bodenprofil 14
Bodensee, Bereich 241
Boden und Klima, Einfluß von 14 f.
Böhmen 206
Bois ordinaires 114
Bolanden 237
Bolivien 217
Bollschweil 241
Bombach 240
Bommes 98
Bonne Chauffe 114
Bonnes-Mares 87
Bönnigheim 241
Bonvin W 159
Boos 234
Boppard 134, 231
Bopparder Feuerlay 134
Bopparder Mandelstein 134
Bopparder Ohlenberg 134
Bordeaux 61, 83, 92 ff., 101, 225, 251
Bordeaux Côtes de Castillon 99
Bordeaux Côtes de France 99
Bordeaux Supérieur 94
Bordelais 93
Borderies 114
Bornheim/Rhh. 123, 236
Bornheim/Rhpf. 238
Bornich 231
Botenheim 242
Botrytis cinerea 13, 18
Bottenau 240
Böttigheim 243
Bottwartal 145
Bötzingen 240

Boudry 165
Bouquet Royal 165
Bourg 94, 100
Bourges 108
Bourgogne 86
Bourgogne Aligoté 86
Bourgogne blanc 90
Bourgogne Hautes Côtes de Beaune 86
Bourgogne Hautes Côtes de Nuits 86
Bourgueil 108
Boutari 207
Bouzeron 89
Bouzy 110
Bove W 177
Bowle 76, 77
Bozener Leiten 173
Brachetto d'Acqui 173
Brackenheim 242
Brandy 213, 214
Brandy, Spanish 37
Branntwein 36 f.
Brasilien 217
Braubach 231
Brauneberg 139, 232
Brauneberger Juffer 139
Braunerde 14
Braunweiler 234
Breganze 173
Breisach 143, 240
Breisgau 143
Breisgau, Bereich 240
Breitbach 244
Bremm 232
Bremm, Eduard W 137
Brenner W 123
Brettach 237
Bretzenheim 133, 234
Bretzfeld 242
Breuningsweiler 243
Brey 235
Briedel 139, 232
Briedern 232
Britzingen 241
Brochon 87
Brodenbach 232
Broel-Bloeser W 134
Broggingen 240
Brolio 175
Brouillis 114
Brouilly 91
Bruchsal 239
Brunello di Montalcino 75, 176, 177
Bruttig-Fankel 232
Bual 194
Bubenheim 236, 237
Bucelas 192
Buchbrunn 243
Buchholz 240
Budenheim 236
Büdesheim 235
Buffet, kaltes oder warmes 79
Buggingen 241
Buhl, Weingut Reichsrat von 41, 127
Bühlertal 143, 240
Bukettstoffe 69
Bulgarien 206
Bullay 232
Bullenheim 244
Bündner Herrschaft 163
Bungert-Mauer W 123
Buoch 243
Burg 232
Burg, Großlage 243
Bürg 243
Burgbronn 242
Burgen 232
Burgenland 148, 152, 153, 251

Burgenländischer Winzerverband 152
Bürgerspital W 146
Burg Hammerstein, Großlage 231
Burg Layen 234
Burg Lichteneck, Großlage 240
Burg Neuenfels, Großlage 241
Burg Rheinfels, Großlage 231
Burg Rodenstein, Großlage 237
Burgsponheim 234
Burgstadt 146
Bürgstadt 243
Burgund 61, 83, 84 ff., 225, 251
Burgund, die großen Weine von 229
Burgund, Weinlese in 85, 87
Burgunder 55
Burgunder (Blauer) (s. a. Spätburgunder, Pinot noir) 17, 19, 85, 163, 165, 167, 206
Burgunder (Grauer) (s. a. Ruländer, Pinot gris) 27, 29, 158
Burgunder (Weißer) (s. a. Pinot blanc) 17, 27, 29, 55, 75, 116, 121, 125, 132, 143, 151, 152, 154, 171, 173, 197, 220
Burgundské 206
„Burgundy" 215
Burgweg, Großlage (Franken) 244
Burgweg, Großlage (Nahe) 234
Burg Zähringen, Großlage 240
Burkheim 240
Bürklin-Wolf, Dr. W 127
Burrweiler 238
Busby, James 219
Buschenschank 150
Bütte 28

C

Cabernet 31, 55, 79, 105, 108, 171, 173, 199, 201, 202, 217
Cabernet d'Anjou 108
Cabernet de Saumur 108
Cabernet franc 29, 93, 197
Cabernet Sauvignon 29, 93, 213, 215
Cabinetwein 128
Cahors 102
Camérier 165
Campagna Romana 175
Campas W 207
Canaiolo 176
Canakkale 209
Cankaia 209
Cannellino 176
Cannstatter Halde 145
Cannstatter Zuckerle 145
Caparra & Siciliani W 181
Capataz 187
Capri 180
Carcavelos 193
Carema 172
Carignan 210
Cariñena 183, 184
Carmel W 211
Carras, Domaine W 207
Cartaxo 190, 193
Cäsar 180
Cassis 104
Castel del Monte 180, 181
Castell 146, 244
Castelli Romani 175
Castell'sches Domäneamt, Fürstlich 146
Castelvecchio 181
Castris de, Leone W 181
Catawba Delaware 215
Cato 11
Cerasuolo 177
Cérons 98
Cestas 184
Chablais 160
Chablis 55, 75, 86
„Chablis" 215, 218
Chablis Grand Cru 86
Chai 96
Chalon-sur-Saône 89
Chambertin 75, 87

Chambolle-Musigny 87
Chambrieren 66
Chamoson 158
Champagne 110 f., 251
Champagner 34, 66, 79, 110
„Champagner" 214, 215
Champagner brut 75
Champagner-Flöte 34
Chaptalisieren 24
Chardonnay (s. a. Pinot Chardonnay) 35, 85, 86, 89, 90, 110, 113, 165
Charente 37, 114
Charente-Maritime 114
Charlemagne 89
Charmes-Chambertin 87
Chassagne-Montrachet 89
Chasselas 55, 112, 113, 158, 160, 164, 165, 167
Château 41, 94
Château Ausone 101
Château Beychevelle 40
Château Cantemerle 92
Château Chalon 112
Château Cheval Blanc 101
Château Corton-André 87
Château Cos-d'Estournel 95
Château Grillet 107
Château Haut-Brion 101
Château Lafite-Rothschild 101
Château La Gaffelière 99
Château Latour 101
Château Margaux 101
Château Mouton Rothschild 55, 101
Châteauneuf-du-Pape 75, 106, 107
Château Pétrus 99, 101
Château Romain 210
Chateau Tahbilk 219
Château d'Yquem 93, 101
Chelois 215
Chénas 91
Chenin 109
Chenin blanc 215
Cheyres 167
Chianti 55, 75, 175, 176
chiaretto 30
Chiddo W 181
Chile 217
China 220
Chinon 75, 108
Chiroubles 91
Chläfner 162
Christie's 54, 55
Chur 163
Chusclan 107
Cina, M. u. B. W 159
Cinsault 105, 213
Cirò 180, 181
Cirò Marina 181
Cladiosporium cellare 200, 201
clairet 30
Clairette blanche 213
Clairette de Bellegarde 104
Clairette du Languedoc 104
„Claret" 215
clarete 30
Classico 50
Clavendier 165
Cleebronn 242
Clefs d'Or 165
Cleversulzbach 242
Clevner 112, 143, 162
Clos de Vougeot 87
Cochem 136, 232
Cochemer Krampen 139
Cœur 114
Cognac 36, 37, 75, 79, 114 f.
Cognacdestillation 115
Col de Cygne 115
Colares 190, 193
Cold Duck 214
Colli Albani 175
Colli Euganei bianco 173
Colli Euganei rosso 173
Colli Lanuvini 176
Colmar 112
Cologny 165
Colombier 165
Columella 11
Comblanchien 87
Comité National 48
Commandaria 209
Coñac 37
Concord 215
Condrieu 107

Confrérie des Chevaliers du Tastevin 87
Confrérie Saint-Etienne 112
Constanta 202
Constantia 212, 213
Conthey 158
Coonawarra 218
Coquimbo 217
Corbières 105
Corbières du Roussillon 105
Corgoloin 87
Cornas 107
Cortaillod 165
Corton 89
Corton-Charlemagne 89
Corvino 171
Corvo 75, 180, 181
Cos du Rocher 161
Costières du Gard 105
Cot 108
Côte, La 160
Côte d'Azur 104
Côte de Beaune 55, 75, 87, 89, 91
Côte de Beaune-Villages 89
Côte de Brouilly 91
Côte Chalonnaise 89
Côte de Meursault 89
Côte de Nuits 55, 75, 87
Côte de Nuits-Villages 87
Côte d'Or 85, 86 f.
Côte-Rôtie 75, 107
Coteaux Champenois 110
Coteaux d'Ajaccio 105
Coteaux d'Ancenis 109
Coteaux de la Loire 109
Coteaux de l'Aubance 109
Coteaux de Lully 165
Coteaux de Saumur 109
Coteaux du Jura 161
Coteaux du Layon 75, 108
Coteaux du Loir 108
Coteaux du Zaccar 210
Coteaux Rhodaniens 113
Côtes-de-Bergerac 102
Côtes-de-Bordeaux-Saint-Macaire 100
Côtes de Buzet 105
Côtes de Canon-Fronsac 99
Côtes-de-Fronsac 99
Côtes de Provence 102, 104, 251
Côtes du Jura 112
Côtes du Rhône 55, 75, 106 f., 226, 251
Côtes-du-Rhône-Villages 107
Cotinellei W 162
Coudre, Le 165
Courbu 104
Cramant 35
Cream Sherry 187
Crémant 35, 110
Crémant de Bourgogne 110
Crémant de Loire 110
Crépy 113
Cressier 165
Criadera 187
Criesbach 241
Crosaz, L. W 165
Crozes-Hermitage 107
Cru 50
Cru Bourgeois 50
Cru Exceptionnel 50
Crusted Port 194
CSSR 205 f.
cules la măturitatea deplina 202
cules la măturitatea de innobilarea 202
cules la stăfidirea boabelor 202
Cuneo 172
Cuvée 34, 110

D

Dackenheim 237
Dafnes 207
Dahlem, Dr. W 123
Dahra 210
Dainbach 239
Dalberg 234
Dalheim 236
Dalsheim 237
Dalmatien 197
Dämmerschoppen 79
Dammheim 238
Damscheid 231

Dão 191
Dardagny 165
Dattenberg 231
Dattingen 241
Dausenau 231
Dautenheim 237
DDR 220
Dealul Mare 202
Debröer Linderblättriger 201
Debröi Härslevelü 201
Deck-Rotweine 25
Degerloch 242
Degorgieren 110
Degustation 70
Degustationsglas 68
Deidesheim 41, 127, 238
Deinhard, Weingut Dr. 127, 138
Dekantieren 66, 194
Dekantierkörbchen 66
Dellhofen 231
Denominaçao de Origem 48
Denominacion de Origen 48, 183
Denominazione di Origine Controllata (D.O.C.) 25, 47, 168, 169
Denominazione di Origine Controllata e Garantita (D.O.C.G.) 47
Denominazione di Origine Semplice 47
Denzlingen 240
Depot 66
Dernau 134, 231
Dertingen 239
Desloch 234
Dessert 75
Dessertwein 33
Destiladis 37
Destillat faible 114
Destillation 36
Dettelbach 243
Detzem 233
Deutsche Demokratische Republik 220
Deutsches Weintor 126
Deutsche Weinstraße 125, 126, 251
Deutschland 117 ff., 226, 249, 251
Deutschland, vollständiges Lagenverzeichnis von 231
Deutschordens-Schloßkellerei 152
Deux-Sèvres 114
Dexheim 236
Dézaley 160, 161
Dhron 139
Dickmaulrüßler 13
Dieblich 231
Diedesfeld 127, 238
Diedesheim 239
Diefenbach 241
Diel, Schloßgut 133
Dielheim 239
Dienheim 122, 236
Dierbach 239
Diersburg 240
Dietlingen 240
Dietzenbach 235
Dimbach 242
Dimiat 206
Dingač 197
Dingolshausen 244
Dintesheim 237
Dionysos 10, 11, 207
Dirmstein 237
Distelhausen 239
Dittelsheim 123, 237
Dittelsheim-Heßloch 122
Dittigheim 239
Dittwar 239
Dôle 55, 159
Dolgesheim 236
Dolle, Weingut 151
Doluca 197
Dom Pérignon 34
Domblick, Großlage 237
Domherr, Großlage 236
Domherrenhof/Brogsitter W 134
Donau 14
Donnaz 173
Donnersdorf 244
Donnerskirchen 149, 152

Dordogne 114
Dorfprozelten 243
Dorin 55, 160, 161
Dorn-Dürkheim 237
Dörrenbach 126, 239
Dörscheid 231
Dorsheim 234
Dörzbach 241
Dosage 35
Dosagelikör 110
Dossenheim 239
Dotzheim 235
Douro 12, 14, 190, 193, 194
Drahtrahmen 12
Drahtrahmenerziehung 15
Dränagerohre 63
Dreis 232
Drôme 107
Dromersheim 235
Drusenschnäpse 37
Duchroth 235
Duft des Weines 68
Duftstoffe 69
Dupraz, J. W 165
Durbach 141, 143, 240
Dürkheimer Michelsberg 125
Dürn 240
Dürnstein 151
Dürrenzimmern 242
Duttenberg 242
Duttweiler 238

E

Eau-de-vie 36
Eauze 114
Eberbach 239
Eberbacher Marcobrunn 129
Eberbach, Kloster 54, 70, 71, 128
Ebernach 232
Ebernburg 132
Ebersheim 236
Eberstadt 242
Ebringen 241
Echézeaux 87
Eckelsheim 236
Eckenroth 234
Edelfäule (s. a. Botrytis cinerea) 18
Edelrebe 16
Edelschimmel 18
Edelzwicker 112
Edenkoben 126, 238
Edenkobener Winzergenossenschaft 127
Edes 201
Edesheim 126, 238
Ediger-Eller 232
Efringen-Kirchen 241
Eger 201
Egrappoir 93
Egri Bikavér 201
Egri Leányka 201
Egringen 241
EG-Verordnungen 38
Ehrenstetten 241
Ehrental 231
Eibelstadt 243
Eibensbach 242
Eich 236
Eichelberg/Baden 239
Eichelberg/Wttbg. 242
Eichenfässer 37
Eichstetten 240
Eichtersheim 239
Eimeldingen 241
Eimsheim 123, 236
Einkauf beim Winzer 58
Einkaufsquelle 42
Einschenken 67
Einselthum 237
Eisenberg 152
Eisenstadt 152
Eisental 143, 240
Eisfink W 145
Eisingen 240
Eiswein(e) 21, 133
Eitelsbach 138
Eksi Pekmez 209
Elba 176, 248
Elbe 220
Elbling 35, 116, 136, 162
Ellenz-Poltersdorf 232
Eller 138
Ellerstadt 238

Ellhofen 242
Ellmendingen 240
Elpersheim 241
Elqui-Tal 217
Elsaß 112, 226, 251
Elsenfeld 243
Elsenz 239
Elsheim 236
Eltmann 244
Eltville 128, 130, 235
Eltviller Langenstück 130
Eltviller Sonnenberg 129, 130
Eltviller Taubenberg 130
Eltz'sche Güterverwaltung, Gräflich 130
Emerald Riesling 215
Emilia-Romagna 168, 169, 170, 173, 247
Endersbach 243
Endingen 240
Engehöll 231
Engelsberg 243
Engelstadt 236
England 220
Enkirch 232
Enotria W 181
Ensch 233
Ensheim 236
Ensingen 241
entrappen 21
Entre-Deux-Mers 55, 75, 93, 100
Entsäuerung 24
Epesses 160
Epirus 207
Eppelsheim 237
Eppingen 239, 240
Erbach 130, 235
Erbacher Honigberg 130
Erbacher Marcobrunn 130
Erbacher Michelmark 130
Erbeldinger, Kurt W 123
Erbes-Büdesheim 236
Erblöh'sches Weingut 131
Erden 232
Erdener Prälat 139
Erdener Treppchen 139
Erdmannshausen 241
Ergersheim 244
Erlabrunn 243
Erlach 240
Erlau 201
Erlauer Mädchentraube 201
Erlauer Stierblut 75, 199, 201
Erlenbach 162, 242, 243
Erligheim 241
Ermitage 75, 158
Ernährung 15
Ernsbach 241
Ernst 232
Erpolzheim 237, 238
Ersingen 240
Erster Versteigerungsring der Naheweingüter 133
Erziehungsformen der Rebe 12
Erziehungsschnitt 13
Erzingen 241
Eschbach 126, 241
Eschelbach 242
Eschenau 242
Escherndorf 243
Esselborn 237
Essenheim 236
Essingen 238
Esslingen 242
Est! Est!! Est!!! di Montefiascone 176, 177
Esterházy'sche Weingutsverwaltung, Dr. 152
Estremadura 190, 193
Eschbach 239
Eschelbach 239
Eschenz 162
Etikett 49 ff.
Etna 180, 181
Etna Rosato 31
Etna Rosso 75
Etoile 112
Ettenheim 240
Europa 80
Eußenheim 243
Ewig Leben, Großlage 243
Extra Napoléon 114
Ezerjó 206

F

Faber 121, 132
Fachbach 231
Fachbegriffe, Kleines Lexikon der 221 ff.
Fahr 243
Falerner 180
Falkenstein 151, 233
Falva C. Patzenhofer, Schloß 152
Familienfeier 78
Fara 172
Farbe des Weines 28
Fargues 98
Faro 180
Faßgeschmack 25
Faverges, Les W 167
Feccia 37
Féchy 160
Fédération des Caves genevoises «Vin Union» 164
Federweißer 23
Feilbingert 234
Feldberg 241
Fell 233
Fellbach 242
Fellerich 233
Fels am Wagram 151
Fendant 55, 75, 79, 113, 158
Fernas Pires 190
Fessenbach 240
Fetească 202
Fetească alba 202
Feuchtigkeit 14
Feuerbach 241, 242
Feuerberg, Großlage 238
Feuersteingeschmack 152
Feuerzangenbowle 76
Fiasco 176
Filsen 231
Filter 23
Filzen 139, 233
Fine Champagne 114
Finkenauer, Carl W 133
Fino 33, 187
Fins Bois 114
Fisch 75, 233
Fischingen 241
Fitou 104
Fitz-Ritter, K. W 125
Fixin 87
Fläsch 163
Flaschenabfüllung 23
Flaschengärung 23
Flaschenweinverkauf 40, 58
Flehingen 239
Flein 242
Fleisch 75
Fleischer, Hans-Willi W 123
Flemlingen 238
Flétri 48
Fleurie 91
Flip 77
Flomborn 237
Flonheim 236
Florenz 175
Florhefe 187
Florio W 181
Flörsheim/Rhg. 235
Flörsheim-Dalsheim 123, 237
Flöte 43
Flurbereinigung 12
Flußbach 232
Flûte d'Alsace 112
Foscani 202
Foggia 180
Föhnwein 163
Font 167
Forchtenberg 241
Formia 180
Forst 127, 238
Fortpflanzung 15
Foxgeschmack 215
Framersheim 236
Franciacorta 173
Franken 61, 119, 146 f., 243 f., 251
Frankenweine 75
Frankenwinheim 243
Frankfurt 235
Frankovka 206
Frankreich 38, 41, 80, 82 ff., 225, 249, 251
Frankweiler 238
Fransdruif 213

Franzenheim 233
Frascati 55, 75, 175, 176, 177
Frauenstein 235
Frauensteiner Herrnberg 130
Frauenzimmern 242
Freckenfeld 239
Freiburg/Brsg. 143, 240
Freiburg/Schweiz 167, 245
Freiburger 167
Freilaubersheim 235
Freimersheim 237, 238
Freinsheim 237, 238
Freisa 29, 171
Freisamer 143
Fremdweine 48
French Colombard 215
Frescobaldi W 175
Frettenheim 237
Freudenstein 241
Freudental 241
Freyburg 220
Friaul-Venezia-Giulia 247
Frickenhausen 242, 243
Friedelsheim 238
Friedrich-Wilhelm-Gymnasium W 137
Friesenheim 236, 240
Fronsac 99
Frontignac 218
Fruchtbildung 16 f.
Fruchtzucker 19
Frühburgunder (Blauer) 29, 55, 146
Frühschoppen 79
Fruktose 19
Fuchston 215
Füllhöhe 23
Fully 159
Fürfeld 235
Furfuro 187
Furmint 199, 201, 206
Fürsteneck, Großlage 240
Furth 151

G

Gabsheim 236
Gaibach 243
Gaillac 102
Gaisburg 242
Galicien 182, 184
Gallisieren 24
Gamay 29, 31, 55, 85, 86, 91, 108, 159, 160, 164, 165, 167, 197, 215
Gamay Beaujolais 215
Gambach 243
Gambellara 75, 173
Gamza 206
Ganzbogenerziehung 13
Gard 104, 107
Gardasee 173
Garrafeira 48
Garten- oder Balkonfest 79
Gärfässer 20, 27
Gärführung 21
Gärstutzen 20
Gärtank 25, 28
Gärung, alkoholische 21
Gärung, gelenkte 24
Gärung, geschlossene 21
Gärung im Holzfaß 22
Gärung, offene 21
Gascogne 37, 114
Gattinara 75, 172
Gau-Algesheim 120, 122, 123, 235
Gau-Bickelheim 122, 236
Gau-Bischofsheim 236
Gauersheim 237
Gaugrehweiler 234
Gau-Heppenheim 236
Gau-Königsheim 236
Gaulsheim 235
Gault et Millaut 101
Gau-Odernheim 236
Gau-Weinheim 236
Gay W 159
Gebhardt, Ernst W 146
Gebietscharakter 24
Geddelsbach 242
Gedeonseck, Großlage 231
Geflügel 75
Geil, Johann W 123
Geinsheim 238
Geisenheim 131, 235

Geisenheimer Fuchsberg 131
Geisenheimer Kläuserweg 129, 131
Geisenheimer Mäuerchen 131
Geisenheimer Rothenberg 131
Gellmersbach 242
Gemmingen 239
Gemmingen-Hornberg'sches Weingut, Freiherrl. von W 141, 142
Gemmrigheim 241
Generosos 193
Genf 164 f., 245, 251
Gengenbach 240
Genheim 234
Gensingen 235
Gentil 112
Georgien 205
Geradstetten 243
Gerhardt, Jakob W 122, 123
Gerlachsheim 239
Gerlingen 242
Gerolsheim 237
Gerolzhofen 244
Geschein 17
Gevrey-Chambertin 87
Gewürztraminer 27, 55, 72, 75, 112, 121, 162, 215
Ghemme 173
Gigondas 105, 107
Gimbsheim 236
Gimmeldingen 127, 238
Gipfel, Großlage 233
Gisborne 219
Gissingheim 239
Givry 89
Gläser 43 f., 67
Glaser, Otto W 123
Gleichgepreßter 30
Gleisweiler 238
Gleiszellen-Gleishorbach 126, 239
Glottertal 240
Glühwein 77
Glukose 19
Gobelet-Erziehung 207
Gobelsburg 151
Gochsheim 239
Göcklingen 126, 239
Godramstein 126, 238
Goldbäumchen, Großlage 232
Gols 152
Gommersheim 238
Gönczer 201
Gondorf 231
Gonfaron 104
Gönnheim 238
Goron 159
Gössenheim 243
Göttelsbrunn 151
Gottenheim 240
Gotteshilfe, Großlage 237
Graach 139, 232
Graacher Domprobst 139
Graacher Josephshöfer 139
Gräfenhausen 238
Grafenstück, Großlage 237
Grafschaft, Großlage 232
Grand Cru 50, 112
Grande Champagne 114
Grand Premier Cru 116
Grands-Echézeaux 87
Grandvaux 160
Grand Vin 50, 112
Granges 159
Grantschen 242
Grape Brandy 37
Grappa 37
Graubünden 246
Grauburgunder s. Burgunder, Grauer
Graufäule (s. a. Botrytis cinerea) 18
Graumönch 199
Grauschimmel 13
Graves 18, 55, 75, 79, 93, 98, 101
Graves-Saint-Emilion 99
Graves Supérieures 98
Graves-de-Vayres 100
Great Barossa Champagne 218
Greco di Gerace 180
Greco del Vesuvio 180
Greco di Tufo 180
Grenache 31, 33, 105, 210, 215
Grenache Rosé 215
Grenzach 241

Greuth 244
Grewenich 233
Griechenland 11, 41, 207 f.
Grill, Weingut der Brüder 151
Grimisuat 158
Grinzing 154
Grinzinger Heurigenlokal 155
Groenesteyn, Reichsfreiherr von Ritter zu W 130
Grolsheim 235
Gronau 242
Gros bleu 29
Groslot 108
Gros Plant 109
Gros Rhin 158
Großberg 202
Großbottwar 242
Großbritannien 250
Großfischlingen 238
Großheppach 243
Großingersheim 241
Großkarlbach 237
Großlangheim 244
Großniedesheim 237
Großostheim 243
Großrinderfeld 239
Großsachsen 239
Groß-Umstadt 235
Groß-Vernatsch 29
Großwallstadt 243
Groß-Winternheim 236
Grottammare 176
Grotte di Castro, Cantina 168
Grötzingen 240
Grunbach 243
Grünberg 220
Grunern 244
Grünhaus 138
Grünstadt 127, 237
G'spritzter 76
Gubuk 209
Gueberschwihr 113
Güglingen 242
Güldenmorgen, Großlage 236
Guldental 234
Güls 231
Gumbsheim 236
Gumpoldskirchen 151, 152
Gündelbach 241
Gundelsheim 242
Gunderloch-Usinger W 123
Gundersheim 237
Gundheim 237
Guntersblum 122, 123, 236
Güntersleben 243
Guntrum, Louis W 123
Gut am Steg 151
Gutedel (Weißer) 17, 19, 55, 141, 143, 158, 164, 167, 220
Gütekategorien 46 f.
Gutenberg 151
Gutes Domtal, Großlage 236
Gütetabellen 57
Guttenberg, Großlage 239

H

Haagen 241
Haardt an der Weinstraße 238
Haberschlacht 242
Hackenheim 235
Hadersdorf 151
Häfnerhaslach 241
Hagnau 143, 241
Hahnheim 236
Hainfeld 238
Halbthurn, Schloß 152, 153
Hallau 162
Hallburg 243
Hallgarten 131, 235
Hallgartener Hendelberg 131
Hallgartener Jungfer 131
Hallgartener Schönhell 131
Hallgartener Würzgarten 131
Haltbarkeit des Weines 23, 55
Haltingen 241
Hambach/Hess. Bergstr. 235
Hambach/Rhpf. 127, 238
Hamm 233
Hammelburg 243
Handrefraktometer 19
Handthal 244
Hanepoot 213

Hangen-Weisheim 237
Hanweiler 243
Hargesheim 234
Hárslevelü 199
Harth, G. W 123
Harxheim/Rhh. 236
Harxheim/Rhpf. 237
Haslach 240
Haßmersheim 239
Hattenheim 131, 235
Hattenheimer Engelmannsberg 131
Hattenheimer Hassel 131
Hattenheimer Heiligenberg 131
Hattenheimer Mannberg 131
Hattenheimer Nußbrunnen 131
Hattenheimer Pfaffenberg 131
Hattenheimer Schützenhaus 131
Hattenheimer Wisselbrunnen 131
Hatzenport 232
Haub, Linus W 123
Haugsdorf 151
Hauptlese 16
Hausen-Mabilon W 138
Haustrunk 37, 120
Haut-Médoc 55, 93, 96
Hebron 211
Hebsack 243
Hechtsheim 236
Hecklingen 240
Hedelfingen 242
Hefe 21
Heida 159
Heidelberg 239
Heidelsheim 239
Heidesheim 236, 237
Heidrich, Roland W 134
Heilbronn 145, 242
Heiligenstadt 154
Heiligenthal, Großlage 243
Heiligenzell 240
Heimbach 240
Heimersheim 231, 237
Heinsheim 239
Heitersheim 241
Helfant-Esingen 233
Helfensteiner 29
Helmsheim 239
Hemsbach 239
Henderson/Kumeu 219
Hennessy 114
Heppenheim 235, 237
Heppingen 231
Herat 220
Herbolzheim 239, 240
Herbste, neidische 57
Hergenfeld 233
Hergersweiler 239
Hermitage 75, 107, 213
Heroldrebe 29
Herrenberg/Franken, Großlage 244
Herrenberg/Mittelrh., Großlage 231
Herrliberg 162
Herrlich, Großlage 239
Herrnsheim 237
Herten 241
Hertingen 241
Hertmannsweiler 243
Herxheim am Berg 125, 238
Herxheim bei Landau/Pfalz 239
Herxheimweyher 239
Heßheim 237
Hessigheim 241
Hessische Bergstraße 119, 131, 235
Hessische Forschungsanstalt für Wein-, Obst- und Gartenbau 131
Heßloch 237
Hetzerath 233
Heublein 54
Heuchelberg 145
Heuchelberg, Großlage 242
Heuchelheim bei Frankenthal 237
Heuchelheim-Klingen 126, 239
Heuholz 242
Heuriger 54, 154
Heuweiler 240
Heyl zu Herrnsheim, Freiherr W 122

Hillesheim 236
Hilsbach 239
Hilzingen 241
Himmelstadt 243
Hippokrates 11
Hirschau 243
Hirzenach 231
Höch 154
Hochburg 240
Hochdorf-Assenheim 238
Hochheim 130, 235
Hochheimer Domdechaney 130
Hochheimer Hölle 130
Hochheimer Kirchenstück 130
Hochheimer Königin-Victoria-Berg 50, 130
Hochmeß, Großlage 238
Hochstadt 238
Hochstätten 234
Hock 119, 128, 218
Hof 242
Hofen (Stuttgart) 242
Hofen 241
Höfer, Weingüter Dr. 133
Hofrat, Großlage 243
Hofstück, Großlage 238
Hofweier 240
Höhefeld 239
Hoheim 244
Hohenberg, Großlage 240
Hoheneck 241, 242
Hohenhaslach 241
Hohenlohe 145
Hohenneuffen, Großlage 242
Hohensachsen 239
Hohenstein 241
Hohen-Sülzen 237
Hohen-Wettersbach 240
Holandas 37
Höld, Weingut Sepp 152
Höllenpfad, Großlage 237
Holler, Weingut 152
Holzen 241
Holzfaß 29
Holzfaßlagerung 23
Holzgeschmack 25
Holzkelter 20
Holzspindelkelter 101
Homburg 243
Honigberg, Großlage 243
Honigsäckel, Großlage 238
Höpfigheim 241
Horaz 180
Horchheim 237
Horizontal-Pressen 21
Horizontal-Spindel-Presse 26
Horkheim 242
Hornberg, Burg 142
Horrenberg 239
Horrheim 241
Horrweiler 235
Hörstein 146, 243
Hospice de Beaujeu 91
Hospices de Beaune 88, 89
Hößlinsülz 242
Huelva 183, 188, 189
Hüffelsheim 234
Hügelheim 241
Hugsweier 240
Hulst, Hugo 220
Humagne 158
Hungarian, Green 215
Hunter Valley 218
Hupperath 232
Hüttenheim 244
Huttingen 241
Huxelrebe 121
Hvar 196
Hybridenweine 48

I

Iaşi 202
Igel 233
Ihringen 141, 143, 240
Ilbesheim 126, 239
Illingen 241
Illuminati, Dino W 177
Ilsfeld 242
Imbottigliato nell'origine 50
Imesch's Erben, L. W 159
Immenstaad 241
Immesheim 237
Impfingen 239
Impflingen 126, 239

Imprägnierschaumweine 35
Ingelfingen 241
Ingelheim 121, 122, 123, 128, 236
Ingelheimer 121
Ingenheim 239
Insheim 239
Iphofen 244
Ippesheim 244
Ippolito, Vincenzo W 181
Ipsheim 244
Irsch 233
Ischia 180
Israel 211
Istanbul 209
Istein 241
Istrien 197
Italien 38, 41, 80, 168 ff., 227, 249, 251
Italienische Weine mit kontrollierter Herkunftsbezeichnung (D.O.C.) 247
Izmir 209

J

Jagsttal 145
Jahrgang 45
Jahrgänge, große 57
Jahrgänge, Gütespiegel der 56 f.
Jahrgangs-Armagnac 114
Jahrgangs-Champagner 110
Jahrgangscharakter 24
Jahrgangs-Madeira 194
Jahrgangs-Port 194
Jamek, Weingut 151
Japan 220
Jasnières 108
Jechtingen 143, 240
Jenins 163
Jerez 184, 187
Jerez Amoroso 187
Jerez/Sanlúcar de Barrameda 183
Joching 151
Johannisberg 75, 128, 130, 131, 158, 215, 235
Johannisberg, Bereich 235
Johannisberger Goldatzel 131
Johannisberger Hölle 131
Johannisberger Schwarzenstein 131
Johannisberg, Rentamt Schloß 131
Johannisberg Riesling 215
Johannishof, Weingut 131
Jöhlingen 240
Jois 152
Jordanien 211
Jost, Toni W 134
Jugenheim 236
Jugoslawien 196 f.
Juliénas 91
Juliusspitals W 146
junger Wein 22, 54 f.
Jumilla 183
Jurançon 104
Jurtschitsch, Weingut J. 151
Just, Weingut 152

K

Kabinett 48
Kabul 220
Kadarka 199, 201
Kahlenberg 154
Kahlgrund 146
Kaiserpfalz, Großlage 236
Kaiserstuhl 140, 143
Kaiserstuhl-Tuniberg, Bereich 240
Kalabrien 178, 248
Kalebağ 209
Kalhil, El 211
Kalifornien 214
Kalkböden 14
Kalkofen 127
Kalksteinboden 14
Kallstadt 127, 238
Kalte Ente 76
Kalterer See 55, 173
Kammerforst 244
Kampanien 169, 180, 181, 248

Kamp-Bornhofen 231
Kanada 80, 214
Kanarische Inseln 184, 189
Kandahar 220
Kandel 239
Kantza 207
Kanzem 138, 233
Kap 212
Kapellenberg, Großlage 244
Kapellen-Drusweiler 239
Käppchen 17
Kappelrodeck 143, 240
Kappelrodecker Hex vom Dasenstein 143
Kappes, Leo W 137
Käppishäusern 242
Kapsweyer 239
Karden 232
Karl der Große 11, 89
Karlburg 243
Karlsruhe-Durlach 240
Karlstadt 243
Karthäuserhof W 138
Kasbach 231
Käse 75
Kasel 138
Kasel 137, 233
Kaserer, Weingut 151
Kastel-Staadt 233
Katalonien 182, 184, 188
Kattenes 231
Kaub 231
Kauber Roßstein 134
Kékfrankos 29, 199
Keknyelü 199
Kelleramt des Chorherrenstiftes 151
Kelleramt des Stiftes Göttweig 151
Kellerbuch 65
Kellerei 41
Kellermeister 22, 23
kellertechnische Arbeiten 40
Kelter 27
Keltertrauben 27
Kembach 243
Kempten 235
Kenn 233
Kenzingen 240
Keo Ltd. W 209
Kerikeri 219
Kerner 121, 132, 145
Kerzenheim 237
Kesselfeld 242
Kesselstatt, von W 138
Kesten 232
Kestert 231
Kiechlinsbergen 240
Kiedrich 130, 131, 235
Kiedricher Gräfenberg 130
Kiedricher Sandgrub 129, 130
Kiedricher Wasseros 130
Kindenheim 237
Kinheim 232
Kinsky'scher Schloßkeller, Graf 151
Kippenhausen 241
Kippenheim 240
Kir 79
Kirchardt 239
Kirchberg 241
Kirchberg, Großlage 243
Kirchenweinberg, Großlage 242
Kirchheim 241
Kirchheim/Weinstraße 237
Kirchheimbolanden 237
Kirchhofen 241
Kirf 233
Kirrweiler 126, 238
Kirschroth 234
Kissel, Karl W 123
Kistenpaß 163
Kitzeck 154
Kitzingen 243, 244
Klären 23
Klarettwein 30
Klärfiltration 29
Klarheit 26
Klassifizierungen von Bordeaux 228 f.
Kleinaspach 241
Kleinbottwar 242
Kleinfischlingen 238
Kleingartach 241
Kleinheppach 243
Kleiningersheim 241

Kleinkarlbach 237
Kleinkems 241
Kleinklima 14
Kleinlangheim 244
Kleinniedesheim 237
Kleinochsenfurt 243
Kleinsachsenheim 241
Klein-Umstadt 235
Klein-Winternheim 236
Klepsau 239
Klima 14
Klimastatistik 57
Klingenberg/Franken 243
Klingenberg/Württbg. 242
Klingenberg-Erlenbach 146
Klingenmünster 126, 239
Klöch-Oststeiermark 154
Klosterberg, Großlage 231
Klosterkellerei Siegendorf 152
Kloster Liebfrauenberg, Großlage 239
Klosterneuburg 151
Klotten 232
Klüsserath 139, 233
Klüsserather Bruderschaft 139
Knetzgau 244
Knipperlé 112
Knittelsheim 238
Knittlingen 242
Knöringen 238
Knospen 16
Knoten 16
Knyphausen, Freiherr von W 130
Kobern 231
Kobenzl 154
Koblenz 231
Koblenz-Ehrenbreitstein 134, 231
Kobnert, Großlage 237
Kochen mit Wein 72 f.
Kocherberg, Großlage 241
Kocher-Jagst-Tauber, Bereich 241
Kochertal 145
Kochwein 72
Kohlberg 242
Kohlensäuregehalt 26
Köhler 243
Koehler-Weidmann W 123
Kokelltal 202
Koller und Steinfels 54
Köllig 233
Kolossi 209
Köndringen 240
Könen 233
Köngernheim 236
Königheim 239
Königsbach an der Weinstraße 238
Königsberg, Großlage 233
Königschaffhausen 240
Königsgarten, Großlage 238
Königshofen 243
Königswinter 134, 231
Konstanz 143, 241
Konstanzer Sonnenhalde 143
Konsumweine 61
Konz 233
Kopf, Großlage 243
Kordonerziehung 13
Korb 243
Korbpressen 20
Korinthen 208, 209
Korkenzieher 66
Korkgeschmack 67
Korlingen 233
Korsika 105
Kosovo 197
Kostheim 235
Köwerich 233
Kraichgau 143
Kraljewina 29
Krater 197
Kräuterwein 9
Krautheim/Baden 239
Krautheim/Franken 243
Krebs-Grode W 123
Kreideböden 14
Krems 151
Kressbronn 243
Kreta 207, 209
Kretzer 30
Kreuznach, Bereich 233
Kreuznacher Brückes 133
Kreuznacher Gutental 133
Kreuznacher Hinkelstein 133

Kreuznacher Kahlenberg 133
Kreuznacher Kauzenberg 133
Kreuznacher Krötenpfuhl 133
Kreuznacher Narrenkappe 133
Kreuznacher Osterhöll 133
Kreuzweiler 233
Kreuzwertheim 146, 243
Kriechel, Peter W 134
Krim 205
Krimskoje 205
Kroatien 197
Kronenberg, Großlage 234
Krötenbrunnen, Großlage 236
Kröv 232
Kröver Nacktarsch 139
Ksara 211
Külsheim 239
Kunstwein 9
Künzelsau 241
Kurfürstenstück, Großlage 236
Kurfürstlay, Großlage 232
Kürnbach 239
Kurtz, Alfred G. W 219
Kutschera, Rudolf W 151

L

Lachen/Speyerdorf 238
Lacrima Cristi del Vesuvio 180, 181
Ladfässer 39
Ladismith 213
Ladoix-Serrigny 89
Laföes 193
Lage 45, 49
Lagerfässer 27
Lagerraum 62
Lagerung 22, 62
Lagreinkretzer 31, 173
Lahnstein 231
Lahntal, Großlage 231
Lahr 240
Lalande-de-Pomerol 99
Lambrusco 55, 173
Lambsheim 237
Landau/Pfalz 238
Landenberg, von W 138
Landeron, Le 165
Landesanstalt für Rebenzüchtung Alzey 121
Landgräflich Hessisches Weingut 131
Landhausen 239
Landolt, Freigutkellerei 162
Landwein, deutscher 46
Landweine (Haltbarkeit) 55
Langenbeutingen 242
Langenlois 151
Langenlonsheim 133, 234
Langhorne Creek 218
Langscheid 231
Langsur 231
Languedoc 102, 104
Languedoc-Roussillon 83
Lanzarote 189
Lǎski Rizling 197
Latium 169, 175, 176, 248
Latroun, Kloster W 211
Lauarbeiten 13
Laubblätter 13
Laubenheim/Nahe 133, 236
Laubenheim/Rhh. 122, 234
Lauda 239
Laudenbach/Baden 239
Laudenbach/Franken 243
Laudenbach/Württbg. 241
Laudon 107
Lauf 240
Laufen 241
Lauffen 242
Laumersheim 237
Lauschied 234
Lautenbach 240
Lavaux 160
Lavey 161
Lay 231
Layen, Burg 133
Leánka 206
Lebensmittelhandel 59
Lehen 240
Lehmböden 14
Lehmen 231
Lehrensteinsfeld 242

Leibnitz 154
Leimen 239
Leingarten 242
Leinsweiler 239
Leistadt 238
Leiselheim/Baden 240
Leiselheim/Rhh. 237
Leiwen 139, 233
Lembach 242
Lemberger 145
Lengfurt 243
Léognan 98
Léon 184
Leopoldsberg 154
Lettweiler 234
Leubsdorf 231
Leutershausen 239
Leutesdorf 231
Leutschach 154
Leutschen 156
Levante 211
Levet, Charles 219
Leytron 158
Leyvraz & Stevens W 165
Libanon 211
Libourne 99, 102
Lichten, Domaine de 159
Lie 37
Liebfrauenmilch 120, 122
Liebenfrauenmorgen, Großlage 237
Liebfrauenstraße 251
Liebrecht, Oberstleutnant W 123
Liechtenstein 167
Liel 241
Lienzingen 242
Liersberg 233
Lieser 232
Ligerz 165
Ligurien 247
Likörwein 32 f.
Limberger (Blauer) 17, 29, 55, 145
Limburger 206
Limnos 208
Limoux 104
Lindelbach 239
Lindelberg, Großlage 242
Lindenblättriger 199, 201
Linsenhofen 242
Linz 231
Lipburg 241
Liqueur d'expédition 110
„Liqueur Port" 218
Lirac 107
Lismara 210
Listrac 97
Litomerice 206
Little Karoo 212
Ljaskovez 206
Löchgau 241
Locorotondo 180
Löf 232
Logroño 184
Loire 83
Loire-Tal 108 f.
Loire-Wein 55
Lombardei 173, 247
Longen 233
Longuich 233
Lonsheim 236
Lorch 130, 235
Lorchhausen 130, 235
Loreley-Burgenstraße 251
Loreleyfelsen, Großlage 231
Lorettoberg, Großlage 240
Lörsch 233
Lörzweiler 236
Lösnich 232
Loßböden 14
Loupiac 98
Löwenstein 242
Ludwigshöhe 236
Luftfeuchtigkeit 15
Luftgeschmack 25
Lufton 23
Lugana 173
Luins 160
Lully 164
Lussac 99
Lustadt 238
Lützelsachsen 239
Luxemburg 116, 250, 251
Luxuswein, natürlich süßer 33
Luzern 156, 246

M

Mâconnais 85, 90, 251
Mâcon Supérieur 90
Mâcon-Villages 90
Mad, Franz W 152
Mad, Karl W 152
Mädchentraube 206
Madeira 33, 55, 75, 104, 190, 194, 195
Madiran 104
Mahlberg 240
Mähren 206
Maienfeld 163
Maienfels 242
Maikammer 127, 238
Mailberg 151
Mainbernheim 244
Maindreieck, Bereich 243
Mainriesling 146
Mainstockheim 243
Mainviereck, Bereich 243
Mainz 121, 122, 236
Mainz-Drais 236
Mainz-Finthen 236
Mainz-Hechtsheim 123
Maische 20
Maische-Entsaftungsanlage 26
Maischegärung 21
Makedonien 207
Málaga 33, 187
Malans 162, 163
Malbec 93, 105, 108
Mallorca 184
Malmesbury 212
Malmsey 194
Malsch 239
Malschenberg 239
Malta 208, 209
Malterdingen 240
Malvasia 176
Malvasia bianca 171, 215
Malvasia del Chianti 176
Malvasia del Vulture 180
Malvasier 171, 197
Malvazija 197
Malvoisie 27, 33, 75, 158
Mamertino 180
Mancha, La 182, 183
Mandel 234
Mandelhöhe, Großlage 238
Mandement 164
Mannaberg, Großlage 239
Männedorf 162
Mannweiler-Cölln 234
Manseng 104
Mansourah 210
Mantinia 207
Manubach 231
Manzanilla 187
Maraschino 33
Marbach/Baden 239
Marbach/Wttbg. 241
Marc 37, 75
Margaux 75, 96, 97
Mariengarten, Großlage 238
Marienthal 134, 231
Marignan 113
Maring-Noviand 232
Markdorf 241
Markelsheim 241
Marken 175, 176, 177, 248
Markenweine 61
Markgrafen von Baden, Weingut des 143
Markgräfenland 143
Markgräflerland, Bereich 240
Markgräflich Badisches Weingut Schloß Staufenberg 141
Markgröningen 241
Marksburg, Großlage 231
Marktbreit 243
Markt Einersheim 244
Marmara 209
Marnheim 237
Marokko 80, 210, 211
Marque nationale 116
Marsala 33, 55, 180
Marsala all'uovo 33
Marsala chinato 33
Marsanne blanche 158
Martial 180
Martigny 159
Martillac 98
Martina Franca 180

Martinsheim 244
Martinsthal 130, 235
Martinsthaler Langenberg 130
Martinsthaler Rödchen 130
Martinsthaler Wildsau 130
Martinstein 234
Marzemino 29, 171
Mascara 210
Massenbachhausen 242
Mäßigkeitsvereine 11
Mateus 190
Mathier, Gebr. W 159
Mathier, O. W 159
Mathier & Söhne W 159
Mattersburg 152
Matzen 151
Mauchen 241
Mauchenheim 237
Maulbronn 242
Mautern 151
Mavrodaphne 33, 207
Mavrud 206
Max Markgraf von Baden W 141
Maximin Grünhaus 233
Mayschoß 134, 231
Mazedonien 197
Mazis-Chambertin 87
Meckenheim 238
Mecsek 199
Médéa 210
Meddersheim 234
Médoc 55, 75, 93, 96, 101
Médoc noir 199, 201
Meersburg 141, 143, 241
Meersburger Bengel 143
Meersburger Chorherrenhalde 143
Meerspinne, Großlage 238
Mehltau, Echter 13
Mehring 233
Meier-Charles, Ferd. W 165
Meilen 162
Meimsheim 242
Meisenheim 234
Melbourne 218
Melini W 175
Melnik 206
Mendoza 217
Mengen 241
Mennig 233
Mentrida 183
Menzingen 239
Meraner Küchelberger 173
Mercurey 89
Merdingen 240
Mergelböden 14
Merlot 17, 29, 55, 93, 105, 167, 171, 173, 176, 197, 217
Mertesdorf 233
Mertesheim 237
Merxheim 234
Merzhausen 241
Mesenich 232, 233
Méthode champenoise 34, 35, 110
Mettenheim 123, 236, 237
Metternich'sche Weingüter 151
Metternich-Winneburg'sche Domäne, Fürst von 131
Metzdorf 233
Metzingen 242
Meurich 233
Meursault 75, 89
Mexiko 80, 214, 215
Meylan & Fils W 165
Michelau 237
Michelbach/Franken 146, 243
Michelbach/Wttbg. 242
Michelsberg, Großlage 233
Michelfeld 239
Mietersheim 240
Mi-flétri 48
Miltenberg 146, 243
Mineralstoffe 19
Minervois 105
Minfeld 239
Minheim 233
Minho 190
Misbağ 209
Mise en bouteilles 50
Misket 206
Misox 167
Mistella 9
Mittelhaardt 125
Mittelhaardt/Deutsche Weinstraße, Bereich 125, 237

Mittelheim 131, 235
Mittelheimer Edelmann 131
Mittelrhein 119, 134, 231, 251
Möckmühl 241
Mödling 151
Möglingen 145
Moldau-Region 202
Moldauregionen 205
Molinara 171
Mölsheim 237
Mommenheim 236
Monbazillac 102, 103
Monção 190
Mönchhof 152
Monimpex 199
Monsheim 237
Montagne-Saint-Emilion 99
Montagny 89
Montagu 213
Montana Wines W 219
Mont d'Or 159
Mont d'Or, Domaine 159
Montepulciano 180
Montepulciano d'Abruzzo 177
Mont Granier 113
Monthélie 89
Montilla 184
Montilla-Moriles 183
Montlouis 108
Montmollin, Domaine de 165
Montrachet 75, 79, 89
Montravel 102
Mont-sur-Rolle 160
Mont Vully 167
Monzernheim 237
Monzingen 234
Mór 199
Mörbisch 152
Mórer Tausendgut 199
Morey-Saint-Denis 87
Morges 160, 161
Morgon 91
Morillon blanc 154
Morio-Muskat 121, 125, 132
Morscheid 233
Morschheim 237
Mörstadt 237
Mörzheim 126, 239
Mösbach 240
Moscatel 187
Moscatel de Setubal 193
Moscato 173
Moscato bianco 171
Moscato del Vulture 180
Moscato naturale d'Asti 35
Mosel 12, 40
Moselkern 232
Moselle 218
Mosel-Saar-Ruwer 26, 61, 119, 136 f., 231 ff.
Moselsürsch 231
Moselweiß 231
Moser, Lenz W 151
Most 19
Mostgewicht 19, 57
Mostlotte 124
Motzel, Dr. W 123
Moulin-à-Vent 91
Moulis 97
Mousseux 35
Müden 232
Mühlbach/Baden 240
Mühlbach/Franken 243
Mühlberg 239
Mühlhausen/Rhpf. 239
Mühlhausen/Stgt. 242
Mühlheim 237
Mülheim 232
Müller, Alfred W 123
Müller, Egon W 138
Müller, Heinrich W 134
Müller, Karl-Wilhelm W 123
Müller, Professor 162
Müller Erben, Hermann W 123
Müller-Thurgau 17, 19, 27, 55, 72, 75, 79, 116, 121, 125, 131, 132, 134, 136, 141, 143, 145, 146, 151, 152, 154, 206, 220
Müllerrebe (s. a. Pinot Meunier) 29
Müllheim 241
Müllheimer Weinmarkt 143
Mumm'sches Weingut, G. H. von 131
Münchweiler 240
Mundelsheim 241

Mundingen 240
Münster 242
Münster-Sarmsheim 234
Münsterappel 234
Münzesheim 239
Münzlay, Großlage 232
Murfatlar 202
Murr 241
Muscadel, Roter 213
Muscadelle 102
Muscat 33, 158, 207, 208
Muscat d'Alexandrie 213
Muscat d'Alsace 112
Muscat de Beaumes de Venise 107
Muscat de Frontignac 215
Muscadet 55, 109
Muscadet des Coteaux de la Loire 109
Muscadet de Sèvre-et-Maine 109
Muskat (Gelber) 197, 205, 206, 213, 217
Muškát žluty 206
Muskat-Ottonel 55, 152, 202
Muskat-Silvaner (Muskat-Sylvaner) 27, 152, 154, 197
Muskateller (Gelber) 17, 27, 126, 154, 199, 201
Muškatni Silvanac 197
Mußbach 127, 238
Mützchen 16, 17

N

Nachgeschmack 68
Nack/Baden 241
Nack/Rhh. 236
Nackenheim 122, 123, 236
Nacktarsch, Großlage 232
Naheweinstraße 133, 251
Nantes 109
Naoussa 207
"Napa Rosé" 215
Napier 219
Narbag 209
Nase 69
Nassau 231
Naßzuckerung 24
Naturwein 9
Navarra 182, 183, 188
Nebbiolo 29, 171, 172
Neckarmühlbach 239
Neckarsulm 242
Neckartal 145
Neckarweihingen 241
Neckarwestheim 242
Neckarzimmern 141, 142, 239
Neef 137, 232
Neftenbach 162
Négociant-Eleveur 93
Nehren 232
Neippeg 242
Neipperg, Graf von W 144, 145
Nell, von W 137, 138
Nemea 207
Nennig 138, 233
Nesselried 240
Nestore, Bosco W 177
Neuanlage 13, 14
Neu-Bamberg 235
Neuburger 55, 151, 152, 206
Neuburgské 206
Neudenau 239
Neuenahr 231
Neuenbürg 239
Neuenburg 245
Neuenburger See 161, 165
Neuenstadt 165
Neuershausen 240
Neuffen 242
Neuleiningen 237
Neumagen-Dhron 233
Neumagener Weinschiff 136
Neus, J. W 123
Neusatz 240
Neuseeland 218 f.
Neuses a. Berg 243
Neusetz 243
Neustadt/Weinstraße 125, 126, 238

Neustadt/Wttbg. 243
Neu-Süd-Wales 218, 219
Neuweier 143, 240
Neveu, Gutsverwaltung Freiherr von 141
New York 214
Niagara 215
Nickenig, Franz W 134
Niedecken, Georg W 123
Niederburg 231
Niederdollendorf 231
Niedereggenen 241
Niederemmel 139
Niederfell 231
Niederhausen 234
Niederhausen a. d. Appel 234
Niederheimbach 231
Nieder-Hilbersheim 235
Niederhofen 242
Niederhorbach 239
Niederkirchen 238
Niederlande 220
Niedermoschel 234
Nieder-Olm 236
Niederösterreich 148, 150 ff.
Niederotterbach 239
Niederrimsingen 240
Niederschopfheim 240
Niederstetten 241
Niederwalluf 130, 235
Niederwallufer Berg-Bildstock 130
Niederwallufer Oberberg 130
Niederwallufer Walkenberg 130
Niederweiler 241
Nieder-Wiesen 236
Niefernheim 237
Nierstein 121, 122, 123, 236
Nierstein, Bereich 236
Niersteiner Glöck 122
Niersteiner Schloßkellereien W 123
Nimburg 240
Nittel 138, 233
Noble Joue 108
Nobling 143
Nochern 231
Nonnenhorn 244
Nordafrika 41
Nordamerika 80, 214 f.
Nordbünden 163
Nordhausen 242
Nordheim/Franken 243
Nordheim/Wttbg. 242
Nordweil 240
Norheim 133, 234
Normalweine 9
Norsingen 241
Nostrano 167
Notlese 18
Nudelgerichte 75
Nuits-Saint-Georges 87
Nußbach 240
Nußbaum 234
Nußberg 154
Nußdorf/Österr. 154
Nußdorf/Rhpf. 126, 238
Nußloch 239
Nyon/Avenex 160

O

Oberachern 240
Oberacker 239
Oberbergen 143, 240
Oberbillig 233
Oberderdingen 242
Oberdiebach 231
Oberdollendorf 231
Obereggenen 241
Obereisenheim 243
Oberemmel 233
Oberfell 231
Oberflachs 162
Ober-Flörsheim 237
Obergrombach 239
Oberhaardt 125, 126
Oberhausen a. d. Appel 234
Oberhausen/Nahe 235
Oberhausen/Rhpf. 239
Ober-Hilbersheim 235
Oberhofen 165

Ober-Ingelheimer 122
Oberkirch 240
Oberlauda 239
Oberleinach 243
Obermoschel 234
Obermosel 138
Obermosel, Bereich 233
Obernau 243
Obernbreit 243
Oberndorf 234
Obernhof 231
Ober-Olm 236
Oberotterbach 239
Oberöwisheim 239
Oberrimsingen 240
Oberrotweil 143, 240
Obersasbach 240
Oberschopfheim 240
Oberschüpf 239
Oberschwappach 244
Oberschwarzach 244
Obersöllbach 244
Oberstenfeld 242
Oberstetten 241
Oberstreit 234
Obersülzen 237
Obertsrot 240
Obertürkheim 145, 242
Oberuhldingen 241
Obervolkach 243
Oberwalluf 130, 235
Oberwallufer Fitusberg 130
Oberwallufer Langenstück 130
Oberweier 240
Oberwesel 134, 231
Obrigheim 237
Obrist W 161
Obstweine 9
Ochagavia, Silvestre 217
Ochsenbach 242
Ochsenfurt 243
Oechsle, C. F. 19
Oechslewaage 19
Ockenheim 122, 123, 235
Ockfen 138, 233
Ödenburg 199
Ödenburger Spätburgunder 199
Odenheim 239
Odernheim 234
Ödsbach 240
Oedheim 242
Oestrich 235
Oestricher Lenchen 129
Östringen 239
Ostschweiz 162 f., 251
Ötisheim 242
Ötlingen 241
Ottersheim/Rhpf. 238
Ottersheim/Zellertal 237
Ottersweier 240
Ottoberg 162
Oudsthoorn 213

P

Paarl 212
Pacherenc 104
Pakdis Corporation W 220
pale wine 30
Palido 189
Palomino de Jerez 187
Palzem 138, 233
Pamid 206
Panadés 183, 188
Paradiesgarten, Großlage 234
Paralsystem 217
Parndorf 152
Parsac 99
Party 79
Partenheim 235
Passe-Tout-Grain 86
Pasteur 112
Patersberg 231
Patras 207
Patrimonio 105
Paul, Winzerhof 151
Pauillac 75, 97, 101
Paul Robert 210
Pavlikeni 206
Pécharmant 102
Pedro Ximénez 187
Peissy 165
Pellingen 233
Penaflor 217
Perl 138, 233
Perlan 165
Perle 121, 146
Perle du Mandament 165
Perll, August W 134
Perll, Walter W 134
Peronospora 13
Perriard Frères W 165
Perscheid 231
Persien 220
Peru 217
Pesaro 177
Pessac 98
Petermichl, Otto W 151
Petersberg, Großlage/Mrh. 231
Petersberg, Großlage/Rhh. 236
Petit Chablis 86
Petite Champagne 114
Petite Eau 114
Petite Syrah 215
Petits Châteaux 61
Peza 207
Pfäfers 163
Pfaffen-Schwabenheim 235
Pfaffengrund, Großlage 238
Pfaffenhofen 242
Pfaffenweiler 241
Pfaffstätten 151
Pfalz (s. a. Rheinpfalz) 40
Pfarrgarten, Großlage 234
Pfedelbach 242
Pfeffingen, Weingut 127
Pflege des Weines 42
Pfropfreben 13
Piemont 61, 168, 169, 170, 227, 247
Pieroth, Ferdinand W 133
Pierrefeu 104
Piesport 139, 233
Piesporter Goldtröpfchen 139
Pilgerpfad, Großlage 237
Pineau 113
Pineau de la Loire 108
Pinhel 193
Pinot 217
Pinot bianco 171
Pinot blanc (s. a. Burgunder, Weißer) 27, 55, 112, 116, 165, 215, 217

Pinot Chardonnay (s. a. Chardonnay) 85, 215
Pinot-Chardonnay-Mâcon 90
Pinot grigio 171
Pinot gris (s. a. Ruländer, Burgunder, Grauer) 27, 55, 112, 158, 161, 162, 165, 167, 202
Pinot Meunier 29, 110
Pinot noir (s. a. Spätburgunder, Blauer, Burgunder, Blauer) 29, 55, 85, 86, 89, 90, 108, 110, 159, 160, 161, 165, 202, 210, 215
Pipe 115
Piquette 37
Pisa 175
Pisco 217
Pistoia 175
Plattensee 199
Platon 11
Platten 232
Plavac 197
Pleisweiler-Oberhofen 239
Pleitersheim 235
Plettenberg, Reichsgraf von W 133
Pleven 206
Plinius 11, 57, 169, 180, 183, 206
Polen 220
Pöllich 233
Pomerol 55, 75, 93, 99, 101
Pommard 89
Pommern 232
Poppenweiler 241
Porret, A. W 165
„Port" 215, 218
Portaser 163
Port Jackson 219
Porto 194
Portugal 190 ff.
Portugalské modré 206
Portugieser 29, 55, 122, 127, 131, 132, 134, 145, 146, 152, 199, 206
Portwein 33, 55, 66, 75, 79, 190, 194
„Portwein" 212, 213, 214
Portz 233
Pöttelsdorf 152
Pouilly 75, 108
Pouilly-Fuissé 90
Pouilly fumé 108
Pouilly-Loché 90
Pouilly-Vinzelles 90
Poulsard 112
Poysdorf 151
Prädikatsekt 35
Prädikatswein, deutscher 25
Prädikatsweine 48, 61
Prager, Weingut 151
Preignac 98
Preisgestaltung 45
Preislisten 52
Preisvergleich 60 f.
Premier Cru 86, 116
Premières-Côtes-de-Bordeaux 100
Prichsenstadt 244
Primeur 55
Priorato 188
Prissey 87
Probstberg, Großlage 233
Prokupac 197
Prosecco 171
Prošek 197
Proslava 206
Prospero, di W 177
Provence 31, 83, 102
Prüm, J. J. W 138
Puget-Ville 104
Puisseguin 99
Pulcianella 176
Puligny-Montrachet 89
Pünderich 139, 232
Punktschema 45
Punsch 77
Puttonyos 201
Pyrénées-Orientales 105

Q

Qualität 44
Qualitätsbewertung der Jahrgänge 225 ff.
Qualitätsbranntwein 37
Qualitätsschaumwein 35
Qualitätssteigerung 24 f.
Qualitätswein 46, 61
Qualitätswein, deutscher 25
Qualitätsweine b.A. 44, 46
Qualitätsweine besonderer Reife und Leseart 47, 48
Qualitätsweine mit Prädikat (s. a. Prädikatsweine) 46
Qualitätswein, französischer 25
Qualitätswein, italienischer 25
Qualité Exceptionnelle 210
Queich 126
Queue 114
Quincy 108

R

Rabelais 210
Rahm W 162
Ralingen 233
Rallo, Diego W 181
Ramisco 193
Rammersweier 240
Ramsthal 243
Ramu, Eric W 165
Randersacker 146, 243
Ranke 16
Ranschbach 238
Rappen 21
Rappenhof/Dr. R. Muth W 123
Rasteau 107
Ratzenberger, Jochen W 134
Rauenberg 239
Rauenthal 130, 235
Rauenthaler Baiken 130
Rauenthaler Gehrn 130
Rauenthaler Langenstück 130
Rauenthaler Nonnenberg 130
Rauenthaler Rothenberg 130
Rauenthaler Wülfen 130
Raumbach 234
Räuschling 112, 162
Ravensburg, Großlage 243
Rebblüte 16
Reberziehung 13
Rebholz, Ökonomierat W 127
Rebkern 16
Rebkrankheiten und Schädlinge, Bekämpfung von 13
Reblaus 13
Rebschnitt 13
Rebsorten 27, 29, 45
Rebsorten und ihre Synonyme 249 f.
Rebstocks, Einpflanzen des 13
Rebstocks, Wachstum des 16
Rebstöckel, Großlage 238
Rech 231
Rechberg 241
Recher Winzergenossenschaft 134
Rechnitz 152
Rechtenbach 126
Recioto della Valpolicella 173
Regaleali 181
Região demarçada 48, 190
Regionen 49
Regli W 162
Rehbach, Großlage 236
Rehborn 234
Rehlingen 233
Reichenau 143, 241
Reichenauer Hochwart 143
Reichenbach 240
Reichensteiner 121
Reicholzheim 239
Reife 17
Reifeentwicklung 19
Reifefaktor 19
Reifegrad 45
Reifeprozeß des Weines 22
Reil 139, 232
Reinsbronn 241
Remerschen 116
Remstal 145
Remstal-Stuttgart, Bereich 242
Remuage 110
Renault 210
Renchen 240
Renski Rizling 197
Repperndorf 243
Reserva 48
Réserve exceptionnelle 112
Ress, Balthasar W 131
Restsüße 24
Retsina 207
Rettigheim 239
Retz 151
Retzbach 243
Retzstadt 243
Reuilly 108
Reuschberg, Großlage 243
Reverchon W 138
Rhein 14
Rheinblick, Großlage 237
Rheinbrohl 135, 231
Rheinburgengau, Bereich 231
Rheinfront 121
Rheingau 61, 119, 128 ff., 235, 251
Rheingauer Erziehung 13
Rheingauer Rieslingroute 129, 251
Rheingoldstraße 251
Rheingrafenstein, Großlage 235
Rheinhessen 61, 119, 120 ff., 235 ff., 251
Rheinpfalz 61, 119, 124 ff., 237 ff., 251
Rheinriesling 151, 152, 154, 171, 173, 206
Rheinweiler 241
Rhens 231
Rhine Riesling 218
„Rhine-Wine" 215
Rhodos 208
Rhodt 238
Rhodt unter Rietburg 126
Rhöndorf 231
Rhône 14, 83
Ribatejo 193
Ricasoli W 175
Richebourg 87
Riechen 68
Ried 151
Riedlingen 241
Riegel 240
Riehener „Schlipf" 156
Rielingshausen 241
Rieslaner 121
Ries, J. W. W 134
Riesling (s. a. Rheinriesling) 17, 19, 27, 35, 55, 79, 112, 119, 121, 125, 126, 127, 128, 130, 131, 132, 134, 136, 138, 141, 145, 173, 197, 206, 213, 217, 220
Riesling, Grauer 215
Riesling, Grey 215
Riesling Italian 202
Riesling italico 27, 55
Riesling renano 171
Riesling Spaetlese 218
Riesling × Silvaner (Sylvaner) (s. a. Müller-Thurgau) 143, 161, 162, 165, 167, 199
Rieslingsekt 35
Riesling, White 215
Riet 242
Rietenau 241
Riex 160
Rimbach 243
Rimpar 243
Ringelbach 240
Ringsheim 240
Rio Grande do Sul 217
Rioja 75, 182, 183, 184
Riol 233
Ripaille 113
Riserva 50
Rittersberg, Großlage 239
Rittersheim 237
Rivaner 116
Rivenich 233
Rivera W 181
Riveris 233
Riviera del Garda 173
Riviera del Garda Chiaretto 31
Rizling 206
Rizlink rýnský 206
Rizlink vlašsky 206
Robertson 213
Rocio, El 188
Rödelsee 244

Rödersheim-Gronau 238
Rohrbach 242
Rohrbach 239
Rohrendorf 151
Roll-Bootz W 123
Rolle 160
Rollsiegel, sumerische 10
Romanée 87
Romanée-Conti 87
Romanée-Saint-Vivant 87
Römerberg 238
Römerlay, Großlage 233
Rommelshausen 243
Rosato 30
Roschbach 238
Röschitz 151
Rosé d'Anjou 108
Rosenbühl, Großlage 237
Rosenduft 69
Rosengarten, Großlage 234
Rosenhang, Großlage 232
Rosé Reine 165
Rosette 102
Rosette de Genève 165
Roséwein 25, 30 f., 55, 66, 75
Roßdorf 235
Rosso Conero 176
Rosso Piceno 177
Roßtal, Großlage 243
Roßwag 242
Rotberger 29
Rotenberg/Baden 239
Rotenberg/Wttbg. 242
Rotenberger Schloßberg 145
Roten-Mathier, A. W 159
Rotgipfler 152
Rothschild, Baron Edmond de 210
Rotkäppchen 220
Rotling 25
Rott, Großlage 235
Rottenberg 243
Rottenburg 243
Röttingen 243
Rotwein 22, 25, 28 f., 55, 66
Rotweinbereitung 21, 28 f.
Rotweinwanderweg 251
Roussillon 61, 102
Route du Champagne 251
Route du Vignoble genevois 251
Route du Vin d'Alsace 251
Roveredo 167
Roxheim 234
(Ruby) Cabernet 215
Rück 243
Rückenetikett 49
Rüdesheim/Nahe 234
Rüdesheim/Rhg. 235
Rüdesheimer Apostelwein 57
Rüdesheimer Berg 120, 131
Ruffino W 175
Rulanda 202
Ruländer 17, 19, 27, 29, 55, 72, 75, 112, 116, 121, 125, 131, 132, 134, 141, 143, 145, 152, 154, 158, 171, 202
Rully 89
Rumänien 202 f.
Rümmelsheim 234
Rümmingen 241
Ruppertsberg 127, 238
Russe 206
Rüssingen 237
Rust 152
Rust-Neusiedler-See 152
Rütteln 110
Ruwer 137
Ruwer-Riesling 75

S

Saale 220
Saaleck 243
Saalwächter, Johann W 123
Saalwächter, Paul Christian W 123
Saar 137
Saar-Riesling 75
Saarburg 138, 233
Saar-Ruwer, Bereich 233
Sables 99
Sacavém 193
Sachsen 220
Sachsenflur 239
Saint-Amour 91
Saint-Aubin 165
Saint-Croix-du-Mont 98
Sainte-Foy-Bordeaux 100
Saint-Emilion 55, 75, 93, 99, 101, 228
Saint-Emilion des Charentes 114
Saint-Estèphe 75, 97
Saint-Georges 99
Saint-Joseph 107
Saint-Julien 40, 75
Saint-Laurent (Blauer) 29, 55, 206
Saint-Léonard 158
Saint-Nicolas-de-Bourgueil 108
Saint-Péray 107
Saint-Romain 89
Saint-Saphorin 160, 167
Saint-Tropez 104
Salaparuta, Duca di W 181
Salem 141
Salem-Kirchberg 143
Salento 181
Salgesch 159
Salomon, Fritz W 151
Salvagnin 160
Salzberg, Großlage 242
Samos 55, 208
Samtrot 29
San Benedetto del Tronto 177
Sancerre 75, 108
San Clemente 217
Sanctis, de W 177
Sandböden 14
San Gimignano 176
San Giovese 29, 176
Sangiovese di Romagna 173
San Juan 217
Sankt Alban, Großlage 236
St. Aldegund 232
Sankt Gallen 162 f., 246
St. Georgen 152
St. Goar-Werlau 231
St. Goarshausen 231
Sankt Johann/Rhh. 235
St. Johann/Rhpf. 238
St. Katharinen 234
St. Magdalener 55, 173
St. Margarethen 152
St. Martin 126, 238
St. Michael, Großlage 233
St. Nikolai 154
Sankt Rochuskapelle, Großlage 235
St. Ursula, Weinkellerei W 123
Sanlúcar de Barrameda 187
San Severo 180
Sans-Lorch W 123
Santa Maria di Leuca 180
Santenay 89
Santorin 208
San Vittore 167
Sardinien 178, 248
Sárköy 209
Sartène 105
Sasbach 240
Sasbachwalden 240
Satigny 164
Saulheim 123, 236
Saumagen, Großlage 238
Saumur 55, 109
Sausal 154
Sausenheim 237
„Sauterne" 215, 218
Sauternes 55, 93, 94, 98, 101
Sauvignon (blanc) 27, 55, 98, 102, 105, 108, 197, 199, 206, 215, 217
Savagnin 112
Saviano W 181
Savièse 158
Savigny-lès-Beaune 89
Savoyen 113
Scala, Antonio W 181
Scatovavřinecké 206
Schäfer, Karl Ludwig W 123
Schäfer, Wilhelm W 134
Schaffhausen 162, 163, 246
Schafiser 165
Schäftersheim 241
Schalentiere 75
Schales W 123
Schalkstein, Großlage 241

Schallbach 241
Schallstadt-Wolfenweiler 241
Scharzberg, Großlage 233
Scharzhofberg 233
Schäßburg 202
Schätzel Erben W 123
Schaufässer 21
Schaumwein 34 f., 66
Schaumweine, französische (A.C.) 230
Schaumweinerzeugung 23
Schelingen 240
Schenkenböhl, Großlage 238
Scherzingen 241
Scheu, Georg 121, 132
Scheurebe 19, 121, 125, 132
Schiava 29, 171
Schierstein 235
Schilcher 30, 154
Schild, Großlage 244
Schillerwein 30, 144, 163
Schiller-Wine 218
Schimsheim 235
Schinznach 162
Schlatt 241
Schlatter W 162
Schlattingen 162
Schleich 233
Schliengen 241
Schloßberg, Großlage/Hess. Bergstr. 235
Schloßberg, Großlage/ Franken 244
Schloßböckelheim 132, 133, 234
Schloß Böckelheim, Bereich 234
Schloßböckelheimer Königsfels 133
Schloßböckelheimer Kupfergrube 133
Schloßkapelle, Großlage 233
Schloß Ludwigshöhe, Großlage 238
Schloß Reichenstein, Großlage 231
Schloß Rodeck, Großlage 240
Schloß Schönburg, Großlage 231
Schloß Stahleck, Großlage 231
Schloßstück, Großlage 244
Schmachtenberg 244
Schmecken 68
Schmieheim 240
Schmitt, Gustav Adolf W 123
Schmitt, Karl Georg W 123
Schmitt, Schloßgut 123
Schnait 243
Schnepfenpflug an der Weinstraße, Großlage 238
Schnepfenpflug vom Zellertal, Großlage 237
Schoden 233
Schönberg, Schloß W 131
Schöneberg 234
Schönung 23
Schoppenweine 52
Schorle 76
Schorndorf 243
Schornsheim 236
Schozach 242
Schozachtal, Großlage 242
Schrägsilo 26
Schriesheim 239
Schubert von, W 138
Schuster, Eduard W 127
Schutterlindenberg, Großlage 240
Schützingen 242
Schwabbach 242
Schwabenheim 236
Schwäbische Weinstraße 251
Schwabsburg 236
Schwaigern 145, 242
Schwanz 68
Schwarze Katz, Großlage 232
Schwarze Mädchentraube 202
Schwarzerde, Großlage 237
Schwarzlay, Großlage 232
Schwarzriesling 29, 145
Schwefeln 23
Schwegenheim 238
Schweich 136, 139, 233
Schweigen 126
Schweigen-Rechtenbach 239
Schweighofen 239
Schweinfurt 243

Schweiz 156 ff., 227, 251
Schweiz, Herkunftsangaben der 244
Schweiz, Ost- 157
Schweiz, West- 157
Schweppenhausen 234
Schwyz 156, 246
sec 50
secco 50
Seefelden 241
Seeheim 235
„Seehund" 77
Seelenachse 66
Segnitz 243
Sehlem 233
Sehndorf 233
Seinsheim 244
Sekt 34, 35, 78
Selbstmarkter 40
Sella & Mosca W 181
Selo de Garantia 190
Selzen 123, 236
Sémillon (blanc) 27, 98, 102, 105, 167, 206, 209, 215, 217
Seminare 43
Senhals 232
Senheim 232
Separatoren 23
Seppelt's Weinkellerei, B. 218
Seppeltsfield 218
Serbien 197
Sercial 194
Serpentin 115
Serra d'Arrabida 193
Serrig 138, 233
Servieren, das perfekte 66 f.
Sexau 240
Seyssel 113
Seyval blanc 215
Seyve Villard 215
Sherry 32, 33, 55, 75, 79, 182, 184, 187
„Sherry" 212, 214, 215, 218
Sickershausen 244
Siders 158, 159
Siebeldingen 126, 127, 238
Siebenbürgen 202
Siebeneich 242
Siebengebirge, Bereich 231
Siefersheim 235
Siegendorf 152
Siegerrebe 121, 132
Siena 175, 176
Sifone 33
Sighișoara 202
Siglingen 241
Sikyón 208
Silberberg 154
Silvaner (Grüner),(Sylvaner, Grüner) 17, 19, 27, 55, 72, 75, 79, 112, 121, 125, 126, 131, 132, 134, 141, 143, 145, 146, 158, 165, 173, 206, 215, 220
Silvánské 206
Simburești 202
Singen 241
Sinnenprobe 70
Sinzheim 240
Sion 158
Sitia 207
Sitten 158, 159
Sittmann, Carl W 123
Sizilien 169, 178, 180, 181
Sliven 205
Slowakei 206
Slowenien 197
Soave 26, 55, 75, 172, 173
Sobernheim 234
Sobernheim-Steinhardt 234
Soest 233
Sofia 206
Soherr, Rebhof 131
Solera-System 37, 187, 194, 209
Solera-Verfahren 32
Söllingen 240
Somló 199
Sommelier 52
Sommerach 243
Sommerau 233
Sommerhausen 146, 243
Sommerloch 234
Sommertrieb 17
Sondrio 173
Sonnenufer, Großlage 241

Sonnenbühl, Großlage 243
Sonnenborn, Großlage 234
Sopron 199
Sörgenloch 236
Sortenbukett 26
Sortencharakter 24
Sotheby 54
Southern Wales 218
Sowjetskoje Schampanskoje 205
Sowjetunion 204 f., 206
Spabrücken 234
Spanien 41, 182 ff.
Spätburgunder (Blauer) (s. a. Pinot noir) 29, 31, 55, 122, 128, 132, 134, 141, 143, 145, 146, 152, 162, 197, 202
Spätlese 18, 22, 48, 128
Spätrot 152
Spay 134, 231
Speisen, Wein als Begleiter von 74 f.
Speyer 124
Speyerbach 126
Spezialweine 9
Spiegelberg, Großlage 236
Spielberg 242
Spiesheim 237
Spiez 165
Spinnmilben 13
Spitz 151
Sponheim 234
Sponsheim 235
Sprendlingen 235
Staatliche Domäne Trier W 138
Staatliches Weinbauinstitut Freiburg 143
Staatliche Weinbaudomäne Kloster Marienthal 134
Staatliche Weinbaudomänen Oppenheim 122
Staatliche Weinbaudomäne Schloß Böckelheim 133
Staatliche Weinbaudomäne Staatsweingut Landeslehranstalt W 123
Staatskellerei Zürich 162
Staatsweingut Bensheim 131
Staatsweingüter, Rheingauer 41
Staatsweingut Meersburg 141
Staatsweingut Weinbaulehranstalt Bad Kreuznach 133
Stabilisierung 23, 29
Stadecken 236
Stadelhofen 240
Stadlmann, Weingut 152
Stäfa 162
Stahlbehälter 25
Stammheim 243
Stanniolkapsel 66
Starkenburg 232
Starkenburg, Bereich 235
Staudernheim 234
Staufen 241
Staufenberg 141
Staufenberg, Großlage 242
Steeg 231
Steen 213
Steiermark 148, 154, 251
Steigerwald, Bereich 244
Stein 151
Steinbach/Baden 143, 240
Steinbach/Franken 244
Steinberg 131
Steinberger 50
Stein-Bockenheim 235
Steinenstadt 241
Steinfeld 239
Steinhardt 234
Steinheim 145, 242
Steinheim/Murr 241
Steinsfurt 239
Steinweiler 239
Stellenbosch 212, 213
Stellenbosch Wine Trust Ltd. W 213
Sternenfels 242
Stetten/Baden 143, 241
Stetten/Rhpf. 237
Stetten/Wttbg. 242
Stetten/Franken 243
Stettfeld 239
Stiftes Melk, Weingut des 152
Stiftsberg, Großlage 239
Stift Zwettl W 151
Stockheim 242

Strass 151, 152
Strohweine 33, 113
Stromberg, Großlage 241
Strümpfelbach 243
Strunzweine 79
Stumpf-Fitz'sches Weingut 125
Sturm 23
Stuttgart 145, 242
Stuttgarter Mönchhalde 145
Südafrika 80, 212 f.
Südafrikanische Winzer-Kooperative 213
Südamerika 80, 216 f.
Südliche Weinstraße 125, 126
Südliche Weinstraße, Bereich 238
Südsteirische Weinstraße 251
Südtirol 61, 170, 251
Südtiroler Weinstraße 251
Südwein 33
Sulz 207
Sulzbach 239
Sülzbach 242
Sulzburg 241
Sulzfeld/Baden 240
Sulzfeld/Franken 243
Sulzheim 236
Superiore 50
Süßdruck 30, 163, 165
Süßreserve 24
Süßwein 32 f.
Süßweine, natürliche 9
Süßweine und Likörweine aus Frankreich mit kontrollierter Herkunftsbezeichnung (A.C.) 230
„Sweet Sauterne" 215
Sybillenstein, Großlage 237
Symposion 11
Syrah 210
Szamorodni 201
Szaraz 201
Szekszárd 199
Szekszárder Rotwein 199
Szürkebarát 27, 79, 199

T

Tâche, La 87
Tafeltrauben 209
Tafelwein, Deutscher 25, 46
Tafelweine 46, 55
Tairnbach 239
Talca 217
Talegas 184
Talence 98
Talheim 242
Tankgärung 35
Tannenkirch 241
Taougrite 210
Taradeau 104
Tarragona 183, 188
Tartegnin 160
Tasca, Cantina del Conte W 181
Tastevin 71
Tauberberg, Großlage 241
Tauberbischofsheim 239
Taubergrund 145
Tauberklinge, Großlage 239
Tauberrettersheim 243
Taurasi 180
Tausendgulden 199
Tausendgut 199, 206
Tau- und Tagwurzeln 14
Tavel 31, 107
Tawern 233
Tawny Port 194
Te Kauwhata 219
Tekirdağ 209
Temmels 138, 233
Temperatur, günstige 14
Temperatur, Trink- 66
Ténarèze 114
Tenuta 41
Tenuta „Le Velette" 177
Terlaner 173
Teroldego 173
Terra Alta 183
Terravin 48
Tessin 157, 166, 167, 246
Tête 118
Tête de Cuvée 50
Teufelstor, Großlage 243
Teufen-Freienstein 162

Thalheim 162
Thallern des Stiftes Heiligenkreuz, Freigut 152
Thanisch, H. W 138
Thermenregion 151, 152
Thessalien 207
Thörnich 233
Thrakien 207, 209
Thuner See 165
Thüngersheim 243
Thurgau 162, 246
Thüringen 220
Thurnstein, Schloß 81
Tiefenbach 239
Tiefenstockheim 244
Tiefenthal 235
Tiengen 240
Tiergarten 240
Tirageliqör 35, 110
Tlemcen 210
Tocai 174
Tocsva 200
Tokaier 173
Tokaj 200
Tokajer 18, 199, 200 f., 206
Tokajer Ausbruchwein 33
Tokajer Essenz 33
Tokaji Aszù 201
Tokaji-Hegyalja 201
Tokay d'Alsace 27, 112
Tokayer 162
Torgiano 176
Torkeln 22
Toro 184
Torontel 217
Torres Vedras 193
Toskana 168, 169, 174, 175 f., 227, 247
Touraine 31, 108, 226
Tourigo 191
Traben-Trarbach 139, 232
Traisen 234
Traiskirchen 151
Traismauer-Carnuntum 151
Trakia 206
Trakya beyaz sek 209
Trakya kirmizi sek 209
Tramín 206
Traminec 197
Traminer (Roter) 17, 27, 55, 75, 79, 116, 121, 125, 126, 134, 143, 151, 152, 154, 167, 173, 197, 199, 206, 220
Transdanubien 203
Transsilvanien 202
Trapani 178
Trappenberg, Großlage 238
Traubendrücker 14
Traubenmühle 26, 28
Traubenpressen, mechanische 20
Traubenschaumwein 35
Traubenwickler 13
Traubenzucker 19
Trebbiano 171, 176
Trechtingshausen 231
Treis 23
Treis-Karden 232
Trentino-Südtirol 168
Trentino-Tiroler Etschtal 247
Tresterbranntwein 37
Triebe 16
Trier 136, 138, 233
Trierer Landesmuseum 138
Trittenheim 139, 233
trocken 50
Trockenbeerenauslese 18, 33, 48, 55
Trockenzuckerung 24
Trois-Etoiles 114
Trollinger 17, 29, 55, 145
Trousseau 113
Trub 23
Trubteilchen 21
Tschechoslowakei 205 f.
Tscheppe, Weingut 154
Tübingen 243
Tulbagh 219
Tunesien 80, 210, 211
Tuniberg 143
Tunsel 161
Türkei 207, 209
Tüscherz 165
Tutschfelden 240
Twanner 165

U

Überlingen 241
Überproduktion 80
Überschwefelung 25
Ubstadt 239
Udenheim 236
UdSSR 80, 204 f., 206
Uffhofen 236
Ugni blanc 114
Uhlbach 242
Uhlbacher Götzenberg 145
Uhlbacher Steingrube 145
Uissigheim 239
Ulm 240
Umbrien 175, 176, 248
Umstadt, Bereich 235
Umweg 143
Undenheim 236
Ungarn 198 ff.
Unger, Weingut 152
Ungstein 127, 238
Union der Landwirtschaftsgenossenschaften Patraiki 207
Unkel 231
Unkenbach 234
Unstrut 220
Untereisenheim 243
Untereiseseheim 242
Untergrombach 239
Untergruppenbach 242
Unterhaardt 127
Unterheimbach 242
Unterheinriet 242
Unterjessingen 243
Unteröwisheim 239
Unterschüpf 239
Untersteinbach 242
Untertürkheim 145, 242
Urbar 231
Urbino 176
Ursprungs- und Herkunftsangaben 49
Uruguay 217
Ürzig 232
Ürziger Würzgarten 139
USA 80, 214
Utiel-Requena 183, 189
Uetikon 162
Uvavin, Weinbau-Union 161

V

Vaduz 167
Vaduzer Beerli 167
Vaduzer Süßdruck 167
Vaihingen 242
Valais (Wallis) 251
Valckenberg, P. J. W 120
Valdepeñas 183, 189
Valencia 183, 189
Vallée de l'Isère 113
Valle Maggia 166
Vallendar 231
Valpolicella 55, 75
Valtellina 173
Valwig 232
Varen 159
Varnhalt 143, 240
Varro 11
Vaud (Waadt) 251
V.C.C. 46
Vecchio 50
Veitshöchheim 243
Veldenz 232
Veltlin 173
Veltliner, Grüner 55, 75, 151, 206
Veltlinské zelené 206
Vendersheim 236
Venetien 61, 168, 169, 170, 173, 247
Venningen 238
Verband ostschweizerischer landwirtschaftlicher Genossenschaften 162
Verbesserung 24, 46
Verdelho 194
Verdicchio 175
Verdicchio dei Castelli di Jesi 177
Verdicchio di Matelica 177

Vereinigte Ahrwinzergenossenschaften 134
Vereinigte Hospitien W 138
Vereinigung Rheinhessischer Rieslinggüter 122
Vermentino 171
Vermouth Italian 218
Vernaccia di Oristano 181
Vernaccia di San Gimignano 176
Verrenberg 242
Versanddosage 110
Verschnitt 25
versetzter Wein 9
Versuchs- und Lehrgut Blankenhornsberg 141
Verzenay 111
Vétroz 158
Vevey 160, 161
Vic-Bilh 104
Vieille Réserve 114
Vieille Réserve 114
Viejo 189
Vila Nova de Gaia 194
Villagrande, Barone di W 181
Villamont, Weinkellerei Henri de 89
Villány 199
Villa Sachsen W 123
Villefranche-sur-Saône 91
Villette 160
Vin classé 116
Vin d'Alsace 112
Vin de Blanquette 104
vin de calitate superioară 202
vin de calitate superioară cu denumire de Origine 202
vin de calitate superioară cu denumire de Origine și trepte de calitate 202
Vin de Corse 105
Vin de Marc 37
vin de masă 202
Vin de Paille 107
Vin de pays 46
Vinenka 206
Vingelz 165
Vinho de origem 190
Vinho verde 75, 190, 191
Vin jaune 112
Vino da pasto 46
Vino di tavola 46
Vino novello 55
Vinothek, Aufbau einer 64 f.
Vinotheken 58
Vinprom 206
Vins d'Appellation d'Origine Garantie 210
Vins de Consommation Courante 46
Vins de Constance 213
Vins délimités de qualité supérieure (V.D.Q.S.) 46, 47, 82, 210, 230
Vins de Qualité produits dans des Régions Déterminées 207
Vins de Qualité Supérieure 210
Vins de table 46
vins doux naturels 33
Vins du Soleil 106
Vins génériques 61
Vins ordinaires 46
Vin pétillant 35
Vintage Port 194
Vin Union 165
Vinzel 160
Vionnet, Louis W 165
Visperterminen 12, 158, 159
VITI 48, 167
Vitis vinifera sativa 16
Vitis vinifera silvestris 16
V.O. 114
Vogelsgärten, Großlage 236
Vogtei Rötteln, Großlage 241
Volkach 243
Vollmersweiler 239
Vollrads, Schloß 131
Volnay 89
Volxheim 235
Vom Heißen Stein, Großlage 232
Vorbachzimmern 241
Vorklärbehälter 26
Vorlese 18
Vorspeisen 75
Vöslau 151, 152

Vosne-Romanée 87
Vougeot 87
Vouvray 108
V.S.O.P. 114
Vulkanfelsen, Großlage 240
Vully 167
Vulture 180

W

Waadt 39, 160 f., 245, 251
Wachau 151
Wachenheim 127, 237, 238
Wachstum 15
Wackernheim 236
Wagenstadt 240
Wagner, Klaus W 134
Wahlheim 237
Waiblingen 243
Waihirere Wines Ltd. W 219
Waldangelloch 239
Waldbach 242
Waldböckelheim 234, 235
Wald-Erbach 234
Waldlaubersheim 234
Waldrach 138, 233
Waldulm 240
Walheim 241
Wallburg 240
Walldorf, Heinz W 123
Wallertheim 236
Wallhausen 234
Wallis 156, 157, 158 f., 244, 251
Walporzheim 134, 231
Walporzheim/Ahrtal, Bereich 231
Walsheim 238
Waltershofen 240
Wangen 243
Warmsroth 234
Wasem, Julius W 123
Wasenweiler 240
Wasserliesch 233
Wasserlos 146, 243
Wartbühl, Großlage 243
Wawern 233
Weber, Helmut W 123
Wehlen 138, 232
Wehlener Sonnenuhr 139
Wehr 233
Weikersheim 241

Weil 241
Weil, Dr. R. W 130
Weiler/Baden 239
Weiler/M-S-R 233
Weiler/Nahe 234
Weiler/Wttbg. 242
Weiler, Heinrich W 134
Weilheim 242
Weimersheim 244
weinähnliche Getränke 9
Weinähr 231
Weinauktionen 54
Weinbau 12
Weinbaubetriebe 38, 40
Weinbauforschungsanstalt Wädenswil 162
Weinbaugebiete für Tafelwein 46
Weinbauorte 49
Weinbauversuchsanstalt 24
Weinbereitung 20 f.
Weinbrand 36 f.
Weinbruderschaften 43
Weinclubs 43
Weineinkauf 58 f.
Weinetiketten, historische 51
Weinfachgeschäft 59
Weinfälschungen 11
Weinfelden 162
Weinflasche, römische 11
Weinflaschen-Kühlschränke 63
Weinflaschenthermometer 66
Weingart, Adolf W 134
Weingarten/Baden 240
Weingarten/Rhpf. 238
Weingeschmacks, Beurteilung des 68 f.
Weingesetze 48 f.
Weingut 41
Weingütesiegel 149
Weingütesiegel Österreich 52
Weinhandel 41
Weinheim/Baden 239
Weinheim/Rhh. 237
Weinhex, Großlage 231
Weiningen 162
Wein-Investment-Clubs 61
Weinkarten 52 f.
Weinkeller 63
Weinkeller, burgundischer 49
Weinkönigin, Deutsche 127
Weinkonsum in der Welt 80
Weinkrieg 38
Weinkultur, Anfänge der 10

Weinlehrpfad 126, 138
Weinlese 13, 17
Weinlesefest, Deutsches 127
Weinmuseum Speyer 125
Weinolsheim 236
Weinprämierungen 52
Weinpreisliste 52
Weinprobe 58, 68, 70 f., 79
Weinprobiergläser 71
Weinqualität 45
Weinqualität, Beurteilung der 44
Weinregale 62, 63
Weinsäure 17, 19
Weinsberg 242
Weinsberger Lehr- und Versuchsanstalt 145
Weinsberger Tal 145
Weinsheim/Nahe 234
Weinsheim/Rhh. 237
Weinsiegel, gelbes 119
Weinsiegel, rotes 52
Weinstein 23, 66
Weinsteige, Großlage 242
Weinstraßen 251
Weinstraßen in Norditalien 173
Weintrübung 25
Weinverkostung 58, 68, 70
Weinversandfirmen 59
Weinversteigerungen 54, 55
Weinviertel 151
Weisenbach 240
Weisenheim am Berg 237, 238
Weisenheim am Sand 237
Weißbach 241
Weißburgunder s. Burgunder, Weißer
Weissenkirchen 151, 153
Weißherbst 30, 31, 66, 143
Weißwein 25, 26 f., 55, 66
Welgesheim 235
Wellen 233
Wellmich 231
Welmlingen 241
Welschriesling 27, 55, 75, 152, 154, 197, 199, 202, 206
Weltrebfläche 80
Weltweinernte 80
Wendelsheim/Rhh. 236
Wendelsheim/Wttbg. 243
Wenigumstadt 243
Werbach 239
Werlau 231
Wermut 33, 172, 214
Wermutshausen 241

Wertheim 239
Westhofen 122, 237
Wettelbrunn 241
Weyher in der Pfalz 238
Wicker 235
Widdern 241
Wien 148, 154, 251
Wiesbaden 235
Wiesbadener Neroberg 130
Wiesenbronn 244
Wiesendangen 162
Wiesloch 237
Wies-Oppenheim 237
Wild 75
Wildbacherrebe 30, 154
Wildreben 10
Wildtal 240
Willanzheim 244
Willsbach 242
Wiltingen 138, 233
Wimmental 242
Wimmer W 152
Wincheringen 138, 233
Winden 239
Windesheim 234
Windischenbach 242
Wine Lodges 194
Winiak 220
Winkel 131, 235
Winkeler Dachsberg 131
Winkeler Hasensprung 129, 131
Winkeler Jesuitengarten 131
Winkeler Schloßberg 129
Winnenden 243
Winningen 231
Winterbach 243
Winterborn 234
Wintersdorf 233
Wintersheim 236
Wintersweiler 241
Wintrich 232
Winzer 38, 39
Winzergenossenschaft „Deutsches Weintor" 126
Winzergenossenschaft Dinstlgut Loiben 151
Winzergenossenschaften 41
Winzergenossenschaft Gumpoldskirchen 152
Winzergenossenschaft Jois/ Winden 152
Winzergenossenschaft Provins Valais 159

Winzergenossenschaft St. Martinus 152
Winzergenossenschaft „Vier Jahreszeiten" 127
Winzergenossenschaft Wachau 151
Winzerhausen 242
Winzer-Verein Walporzheim 134
Wipfeld 243
Wirmsthal 243
Wistenlach 167
Wittlich 232
Wittnau 241
Wohnsiedler, Friedrich 219
Woiwodina 197
Wolf 232
Wolff Metternich'sches Weingut, Gräflich W 141
Wolfsheim 235
Wolfsmagen, Großlage 235
Wolkersdorf 151
Wollbach 241
Wollmesheim 126, 239
Wöllstein 235, 236
Wonnegau 122
Wonnegau, Bereich 237
Wonsheim 235
Worms 122, 237
Worcester 213
Wörrstadt 236
Wöschbach 240
Wunnenstein, Großlage 242
Wurmlingen 243
Wurstmarkt Dürkheim 127
Württemberg 61, 119, 144 f., 241 ff., 251
Württembergische Hofkammer-Kellerei 145
Württembergisch Unterland, Bereich 241
Würzburg 146, 243
Würzburger Innere Leiste 146
Würzburger Leiste 146
Würzburger Stein 146
Wurzeln 16

Y

Yakut 209
Yecla 183, 189
Yildizi 209

Yukich, Ivan 219
Yvorne 161

Z

Zaberfeld 242
Zaisenhausen 239
Zeil am Main 244
Zeilitzheim 244
Zeiskam 238
Zellertal 127, 237
Zell/Franken 244
Zellingen 243
Zell/M-S-R 137, 139, 232
Zell/Rhpf. 237
Zell (Untermosel), Bereich 231
Zell-Kaimt 232
Zell-Merl 232
Zell-Weierbach 240
Zeltingen 137, 139
Zeltingen-Rachtig 232
Zentralamerika 80
Zentralkellerei Badischer Winzergenossenschaften 143
Zentralkellerei der Württembergischen Weingärtnergenossenschaften 145
Zentralkellerei Rheinischer Winzergenossenschaften 122
Zeutern 239
Ziegelanger 244
Zielona Gora 220
Zierfandler 152
Zinfandel 215
Zisers 163
Zitronenflip 76
Zitza 207
Zornheim 236
Zotzenheim 235
Zuckergehalt 17, 19
Zuckerung 45, 46
Zuffenhausen 243
Zunge 68
Zunsweier 240
Zunzingen 241
Zürich 162, 245
Zweifel & Co. W 162
Zwierlein, Freiherr von W 131
Zwicker 112
Zwingenberg 235
Zypern 208, 209

Bildquellennachweis
Der überwiegende Teil der Fotos stammt von dem Autor
Heinz-Gert Woschek.
Weiteres Bildmaterial trugen bei:
Antinori: 174
Australian News and Information Bureau: 218 (2), 219 (2)
BASF, Werkfoto Limburgerhof: 17 rechts oben, rechts Mitte,
links unten
CIVC: 14, 23 unten, 110
Martin Collin: 42/43
Comet Photo AG: 38/39, 106 links, 161, 167
Daily Telegraph: 168
Daub: 94, 97
DWI: 71, 79, 122 unten, 127, 133, 135, 141 links
Grants of St. James: 183
Holford: 184
F. Lazi: Schutzumschlag rechts unten
R. Löbl: Schutzumschlag rechts oben
Kurt Otto-Wasow: 31
OVG/Halter: 164
Pictor Ltd.: 18 links, 36 links, 168 unten, 170 oben,
    176/177, 178
Picture Point Ltd.: 18 links, 190, 192, 195
roebild, Kurt Roehrig: 81
Jutka Rona: 141
Toni Schneiders: 140
Spectrum Color Library: Schutzumschlag links unten, 37,
    46/47, 102, 104, 105 oben, 108/109, 112 rechts, 114,
    115 (2), 145 oben, 191, 193, 209
Tony Stone: 150, 153 oben, 202
Teubner-Studio: Schutzumschlag Mitte, 2, 32, 74
Peter van de Velde: Schutzumschlag 2. von links unten, 22, 53,
    82, 84/85, 86 links 90, 91, 92 links 99, 112 links
Zefa 111, 135 oben, 204 rechts
Die Zeichnungen stammen von:
Otto van Eersel: 40
Eddy Schoonheyt: 13, 15, 16, 26/27, 28/29, 68
Die Karten gestaltete: Jelle van der Tooren

Lizenzausgabe mit Genehmigung des Verlages
Gräfe und Unzer GmbH, München
für die Europäische Bildungsgemeinschaft Verlags-GmbH, Stuttgart.
für Bertelsmann Club GmbH, Gütersloh,
für die Buchgemeinschaft Donauland Kremayr & Scheriau, Wien
und für die Buch-und Schallplattenfreunde GmbH, Züg/Schweiz
Diese Lizenz gilt auch für die Deutsche Buch-Gemeinschaft
C.A. Koch's Verlag Nachf., Berlin - Darmstadt - Wien.
Nachdruck, auch auszugsweise, ohne ausdrückliche
Genehmigung des Verlages nicht gestattet
© 1978 Smeets Illustrated Projects, Weert/Holland und
Gräfe und Unzer GmbH, München
Redaktion: Susi Piroué, München
Schutzumschlag- und Einbandgestaltung: Ingeborg Saar
Schutzumschlagfoto: Helmut Adam - ZEFA
Gesamtherstellung: Smeets Offset, Weert/Holland
Printed in the Netherlands - Bestellnummer: 07939 2